WORLD FOOTBALL RECORDS

M

Título original: *World Football Records 2018*

Primera edición: noviembre de 2017

© 2017, Carlton Books Limited
20 Mortimer Street, W1T 3JW Londres (Reino Unido)

© 2017, Penguin Random House Grupo Editorial, S.A.U.
Travessera de Gràcia, 47-49, 08021 Barcelona

Editor: Martin Corteel
Diseñadores: Darren Jordan y Luke Griffin
Documentación gráfica: Paul Langan
Producción: Lisa Cook

Traducción: abm Communication Management, S.L.
Realización: abm Communication Management, S.L.

Depósito legal: B-17087-2017
Impreso en Eslovenia
ISBN: 978-84-9043-853-4
GT38534

Penguin
Random House
Grupo Editorial

Derecha: el capitán Julian Draxler celebra el triunfo en la Copa
FIFA Confederaciones, donde Alemania venció a Chile por 1-0
en la final de 2017 celebrada en San Petersburgo (Rusia).

**Páginas siguientes (izquierda a derecha): Arriba: Claudio
Bravo (Chile), Michael Bradley (Estados Unidos): Centro:
Neymar (Brasil), Christian Bassogog (Camerún); Abajo: Timo
Werner (Alemania), Cristiano Ronaldo (Portugal), Lionel
Messi (Argentina).**

WORLD FOOTBALL RECORDS

NOVENA EDICIÓN

KEIR RADNEDGE

Montena

CONTENIDO

INTRODUCCIÓN

EL fútbol es hoy más que nunca un fenómeno global. En otras épocas, era simplemente el más popular de un gran abanico de deportes, pero la explosión de los medios de comunicación y de los patronazgos publicitarios durante las últimas tres décadas ha impulsado su auge hasta llevarlo a un plano diferente.

El seguimiento a nivel mundial de la Eurocopa 2016, el campeonato europeo organizado por la UEFA celebrado en Francia, demostró este hecho. La cobertura televisiva llevó los 51 partidos a los hogares de más de 200 países. Y se espera sobrepasar esta cifra en la fase final del Mundial 2018 de la FIFA que se celebrará en Rusia, la primera anfitriona de Europa del Este.

Alemania defenderá la Copa Mundial que ganó por cuarta vez, la primera desde la reunificación en 1990, en Brasil en 2014. Ya demostró su poderío con la victoria en la Copa FIFA Confederaciones, que se celebró en Rusia entre junio y julio de 2017, y sirvió de calentamiento para el Mundial.

El fútbol nunca permanece estático. Siempre progresa. Prueba de ello son la tecnología de línea de gol, cada vez más utilizada en las porterías, y la experimentación con el arbitraje por vídeo bajo la supervisión de la Junta de la Federación Internacional de Fútbol.

Un factor que cautiva a la afición futbolera es la mezcla de la tradición de los equipos y la pericia individual. Esto ha quedado patente por la forma en que estrellas como el argentino Lionel Messi y el portugués Cristiano Ronaldo meten goles tanto con sus selecciones como con sus clubes, el Barça y el Real Madrid, respectivamente.

Cada pequeño aspecto del panorama mundial futbolístico figura en la novena y última edición de *World Football Records*. Aquí, encontrarás las hazañas de las estrellas actuales y de antaño, así como datos de todos los torneos importantes del fútbol masculino y femenino de cualquier nivel.

Keir Radnedge
Londres, julio de 2017

Zabivaka, la mascota del Mundial 2018, se unió a los artistas en el escenario de la ceremonia inaugural de la Copa FIFA Confederaciones celebrada en San Petersburgo.

PARTE 1: LAS SELECCIONES

ALGUNOS lo llaman *soccer,* otros fútbol, *calcio* o *futebol,* pero en cualquier lugar del mundo se puede encontrar a alguien hablando sobre este deporte. El fútbol no conoce fronteras raciales, políticas ni religiosas.

Su estructura es sencilla, lo que ayuda a garantizar su éxito. En lo alto de la pirámide del fútbol está la federación mundial: la FIFA. Las seis confederaciones geográficas regionales que representan a África, Asia, Europa, Oceanía, Sudamérica y el Caribe, Centroamérica y Norteamérica respaldan la labor de la FIFA. A su vez, las federaciones nacionales de 211 países secundan a las federaciones regionales; de este modo, la FIFA cuenta con más países miembros que la propia ONU (193 miembros) y las Olimpiadas (206 países).

Estas organizaciones son vitales, pues presentan a sus selecciones nacionales, que han construido la historia de este deporte con su larga lista de logros, en competiciones a nivel mundial, como la Copa Mundial de la FIFA. También supervisan el desarrollo del fútbol en sus países, desde las ligas profesionales hasta las categorías inferiores.

Las selecciones de Inglaterra y Escocia disputaron los primeros partidos internacionales oficiales a finales del siglo XIX, estableciendo así el precedente de las cuatro naciones británicas compitiendo por separado dentro de una familia futbolística mundial formada por estados. El British Home Championship original fue la primera competición de selecciones nacionales, pero su desaparición a consecuencia de la saturación en el calendario de encuentros ha hecho de la Copa América la competición más antigua, después de los Juegos Olímpicos.

El ejemplo de las Olimpiadas de 1920 llevó directamente a la creación de la Copa Mundial de la FIFA en 1930. Para entonces, Sudamérica ya celebraba su propio campeonato, y las otras cinco regiones de la FIFA no tardaron en emularla. Los ganadores de los campeonatos regionales se enfrentan cada cuatro años en la Copa FIFA Confederaciones, que es la antesala del Mundial, la máxima celebración del deporte rey en todo el mundo.

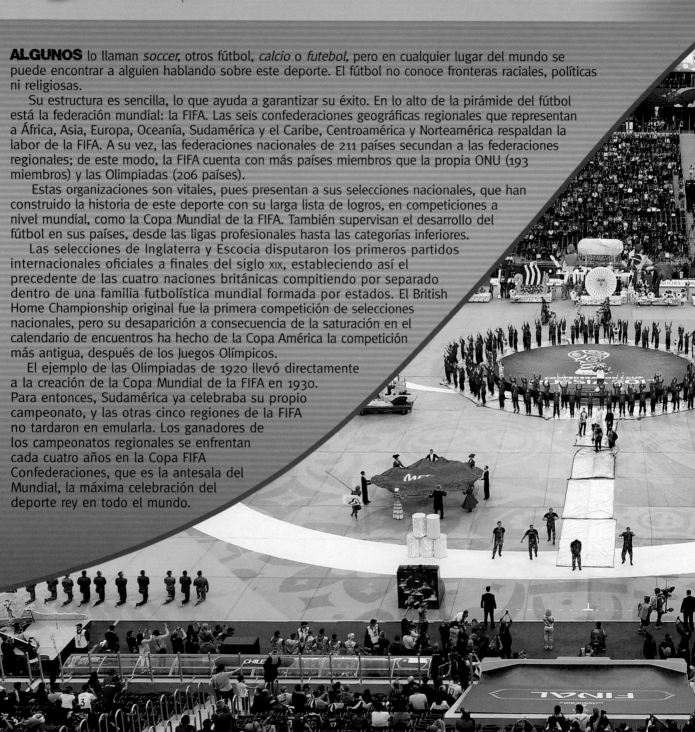

La Copa FIFA Confederaciones 2017 celebrada en Rusia ha sido la antesala del Mundial, que tendrá lugar en el mismo país el año que viene. San Petersburgo se transformó en un mar de color en la ceremonia inaugural.

EUROPA

Tan pronto como se establecieron las normas del fútbol en Inglaterra, comenzó su rápido crecimiento, generando un gran entusiasmo en toda Europa, cuna del juego. La confederación europea de fútbol, la UEFA, presume ahora de contar con 55 Estados miembros, desde las diminutas Andorra y Gibraltar hasta los gigantes mundiales: España, Italia y Alemania. Este deporte se juega y se sigue con pasión a nivel de clubes y de selecciones. Alemania ganó la Copa FIFA Confederaciones 2017, un año después de que Portugal se convirtiese en la campeona europea.

La ganadora del Mundial 2014, Alemania, envió un claro mensaje a los que osan desafiarla al llevarse la Copa FIFA Confederaciones 2017, y eso que no jugaron estrellas como Özil, Neuer o Müller.

Inglaterra es la patria del fútbol: la nación donde se concibió, que fue testigo de la creación de la primera Federación de Fútbol y la primera liga organizada, que ahora cuenta con la liga nacional más rica del mundo. No obstante, a Inglaterra no le ha ido tan bien como cabría esperar en el plano internacional, sino todo lo contrario. Aparte de una única Copa Mundial de la FIFA como anfitriones en 1966, a los «Tres Leones» les ha resultado difícil librarse de las críticas por no rendir lo suficiente en torneos importantes.

CON LA GORRA

En el histórico primer partido contra Escocia, los ingleses llevaban **gorras de *cricket*** y los escoceses capuchas. Este estilismo originó que la palabra *cap* (en español «gorra») se use en inglés para designar cualquier aparición internacional. Todavía se mantiene la tradición de regalar una gorra a los internacionales británicos.

COLE QUE TE COLE

El lateral izquierdo del Chelsea **Ashley Cole** es uno de los nueve futbolistas ingleses que han jugado cien partidos internacionales, aunque es el único que consiguió el récord sin haber marcado un tanto. El siguiente de la lista es Gary Neville (85 internacionalidades). Superó a Kenny Sansom como zaguero inglés más veces internacional cuando representó a su país por 87.ª vez, contra Dinamarca en febrero de 2011, e hizo su 100.ª aparición contra Brasil en Wembley en febrero de 2013. La 98.ª internacionalidad de Cole, contra Italia en cuartos de la Eurocopa 2012, acabó un poco mal, ya que falló el último tiro de Inglaterra en la tanda de penaltis. Sin embargo, ese día estableció otro récord: llegar a 22 partidos en la fase final. Tras 107 internacionalidades, Cole anunció su retirada del fútbol internacional cuando no le incluyeron en el combinado nacional para el Mundial 2014. Cole también ha ganado más medallas de la FA Cup inglesa que ningún otro jugador, tras tres triunfos con el Arsenal y cuatro con el Chelsea.

APABULLANTE

Inglaterra ha alcanzado cinco veces los dos dígitos en el marcador: al machacar a Irlanda 13-0 y 13-2 en 1882 y 1899, en la paliza a Austria 11-1 en 1908, y al derrotar a Portugal 10-0 en 1947 y a Estados Unidos con el mismo resultado en 1964; de esos diez, Roger Hunt marcó cuatro; Fred Pickering, tres; Terry Paine, dos; y **Bobby Charlton**, uno.

LOS COMIENZOS

Todo empezó... el 30 de noviembre de 1872. Inglaterra disputó su primer partido internacional, contra Escocia, en Hamilton Crescent (Partick). El resultado fue empate a cero ante 4.000 asistentes, que habían pagado un chelín por la entrada. En realidad, Inglaterra y Escocia ya se habían enfrentado en cinco ocasiones, pero la mayoría de los jugadores escoceses vivían en Inglaterra y los partidos no se consideraban oficiales. La selección inglesa que disputó el primer partido oficial fue convocada por Charles Alcock, el secretario de la Federación de Fútbol, que lo único que lamentó fue no poder jugar él mismo por estar lesionado. Por el contrario, la primera contienda internacional de *rugby* entre Inglaterra y Escocia se había celebrado ya en 1871, aunque el primer partido internacional de *cricket* de Inglaterra no se jugó hasta marzo de 1877 contra Australia en Melbourne.

LA PRIMERA DERROTA

La victoria de Hungría en Wembley por 6-3 en 1953 supuso el primer batacazo de Inglaterra ante un oponente continental. Su primera derrota en casa ante un contrincante no británico fue frente a la República de Irlanda, que venció por 2-0 en Goodison Park (Liverpool) en 1949.

TRAPICHEOS

Sam Allardyce solo permaneció 67 días como seleccionador inglés, el trabajo de sus sueños. Fue nombrado el 22 de julio de 2016, y le despidieron el 27 de septiembre, cuando unos periodistas encubiertos le cazaron aconsejando a los jugadores que acababan de firmar cómo saltarse las normas de la Federación de Fútbol. Fue el cargo más corto de un seleccionador inglés, y solo se celebró un partido, una victoria por 1-0 contra Eslovaquia en un clasificatorio para el Mundial de 2018. El seleccionador de la Sub-21, **Gareth Southgate,** se hizo cargo de la absoluta. Únicamente Kevin Keegan, que también fue técnico de la selección, ganó más internacionalidades como jugador (63) que Southgate (57), seguido de Glenn Hoddle (53).

CABEZA PARA EL GOL

Dos zagueros imponentes tuvieron el honor de marcar el último tanto inglés en la antigua versión del estadio Wembley, cerrado en 2000, y el primero en la nueva, abierta finalmente en 2007. Tony Adams metió el segundo gol de Inglaterra sobre Ucrania en el 2-0 de mayo de 2000 (cuatro meses después, el alemán Dietmar Hamann metió el único gol internacional en el antiguo Wembley); el capitán **John Terry** marcó de cabeza y puso a su combinado por delante en el nuevo estadio en el amistoso de junio de 2007 contra Brasil, que acabaría en empate a 1. Comparte el honor de ser el defensa con más goles (seis) con el ganador del Mundial 1966 Jack Charlton.

MAYORES VICTORIAS

1882	Irlanda 0 - Inglaterra 13	
1899	Inglaterra 13 - Irlanda 2	
1908	Austria 1 - Inglaterra 11	
1964	EE. UU. 0 - Inglaterra 10	
1947	Portugal 0 - Inglaterra 10	
1982	Inglaterra 9 - Luxemburgo 0	
1960	Luxemburgo 0 - Inglaterra 9	
1895	Inglaterra 9 - Irlanda 0	
1927	Bélgica 1 - Inglaterra 9	
1896	Gales 1 - Inglaterra 9	
1890	Irlanda 1 - Inglaterra 9	

PEORES DERROTAS

1954	Hungría 7 - Inglaterra 1
1878	Escocia 7 - Inglaterra 2
1881	Inglaterra 1 - Escocia 6
1958	Yugoslavia 5 - Inglaterra 0
1964	Brasil 5 - Inglaterra 1
1928	Inglaterra 1 - Escocia 5
1882	Escocia 5 - Inglaterra 1
1953	Inglaterra 3 - Hungría 6
1963	Francia 5 - Inglaterra 2
1931	Francia 5 - Inglaterra 2

CHICOS MALOS

La tarjeta roja de Raheem Sterling cuando jugaba contra Ecuador en 2014 fue la 15.ª para un inglés que disputaba un partido internacional con la absoluta. Alan Mullery fue el primer internacional inglés en ser expulsado, contra Yugoslavia en la Eurocopa 1968. David Beckham y Wayne Rooney han sido expulsados dos veces. Paul Scholes fue el único inglés en ser expulsado del antiguo estadio Wembley, contra Suecia en 1999.

MADURO

El arquero David James se convirtió en el jugador de mayor edad en debutar en un Mundial. Tenía 39 años y 321 días cuando jugó por primera vez para Inglaterra en el torneo de 2010 en Sudáfrica. Mantuvo la portería imbatida en el encuentro del Grupo C que terminó con empate a cero contra Argelia.

NI PARA TI, NI PARA MÍ

Un empate a cero contra Argelia, en Ciudad del Cabo en junio de 2010, convirtió a Inglaterra en el primer país en lograr diez empates a cero en los Mundiales. El primer encuentro fue contra Brasil en 1958, seguido de otros como los de 1982 contra los subcampeones del torneo, la RFA, y los anfitriones, España. El 11.er empate sin goles fue el de Costa Rica en Belo Horizonte en 2014.

FRANK Y STEVIE G

La era de 15 años que vio nacer a la llamada «generación de oro» terminó en 2014 cuando los míticos centrocampistas **Steven Gerrard** y Frank Lampard se retiraron del fútbol internacional. Gerrard se despidió como el tercer jugador con más internacionalidades de su país y un registro de 21 goles en 114 apariciones. Fue capitán en los torneos de 2010 y 2014, así como en la Eurocopa 2012. La leyenda del Liverpool, que se unió al LA Galaxy en el verano de 2015, es el único jugador que ha marcado en una final de la FA Cup, la liga inglesa, la Copa de la UEFA y la Champions League. Lampard, que se unió al New York City FC en 2014, es el anotador de penaltis más prolífico de Inglaterra y puede presumir de haber marcado nueve de los 29 goles con su país en 106 apariciones.

EL ALTO Y EL BAJO

Con 2,01 m, el delantero centro Peter Crouch es el jugador más alto que ha sobresalido entre los defensas ingleses, mientras que el extremo del Tottenham Fanny Walden, que ganó dos partidos como internacional en 1914 y 1922, fue el más bajito con 1,57 m. El portero del Sheffield United, Billy «Fatty» Foulkes, fue el futbolista inglés más grueso: pesaba 114 kilos cuando se enfrentó a Gales el 29 de marzo de 1897.

CIUDADANO KANE

El delantero del Tottenham Hotspur **Harry Kane** no tardó en dejar su impronta cuando debutó con su selección al anotar a los 79 segundos de entrar como suplente en la victoria por 4-0 sobre Lituania en marzo de 2015. Solo dos jugadores de la selección inglesa han anotado antes: Bill Nicholson, también de los Spurs, a los 19 segundos de su único partido internacional, contra Portugal en 1951, y John Cock, que metió gol a los 30 segundos contra Irlanda en 1919, y solo jugó otro internacional. El debut inglés de Kane culminó una exitosa temporada en la que anotó 37 goles para su club y su selección. Cabe destacar que su primera Premier League no comenzó hasta noviembre de 2014, para cuando ya había anotado 10 veces con los Spurs. Ganó la Bota de Oro de la Premier League en 2016 y 2017, capitaneó dos veces a Inglaterra en junio de 2017 y marcó tres tantos contra Escocia y Francia.

ESPERANDO LA LLAMADA

Hubo cuatro internacionales ingleses que jugaron en el Mundial de 1966 y sin embargo se perdieron la triunfal final contra la RFA: Ian Callaghan, John Connelly, Jimmy Greaves y Terry Paine. El extremo del Liverpool, Callaghan, tuvo que soportar después la espera más larga antes de volver a jugar, 11 años y 49 días, entre su victoria por 2-0 sobre Francia en el torneo de 1966 y su regreso a la acción internacional en un empate sin goles con Suiza en septiembre de 1977. El partido contra los suizos fue su tercer y penúltimo encuentro como internacional inglés.

JOVEN PROMESA

Marcus Rashford, del Manchester United, se convirtió a los 18 años y 209 días en el debutante inglés más joven en marcar un gol, cuando metió el balón bajo los palos a los tres minutos de un amistoso contra Australia el 27 de mayo de 2016. El debutante más joven de Inglaterra fue Theo Walcott, que contaba 17 años y 75 días cuando se enfrentó a Hungría en mayo de 2006. Michael Owen, a los 18 años y 183 días, pasó a ser el jugador más joven del país en un Mundial cuando entró como suplente contra Túnez en 1998.

EL RÉCORD DE BECKHAM

David Beckham jugó su partido número 109 con la selección inglesa cuando entró como suplente en el amistoso que Inglaterra ganó contra Eslovaquia por 4-0 el 28 de marzo de 2009. Así, logró superar el récord de partidos con el combinado inglés como jugador de campo que ostentaba Bobby Moore, capitán del equipo ganador del Mundial 1966. Beckham, nacido el 2 de mayo de 1975 en Leytonstone (Londres), debutó con Inglaterra el 1 de septiembre de 1996, en un partido de clasificación mundialista contra Moldavia. En 2001, el entonces seleccionador Sven-Göran Eriksson le nombró capitán titular de la selección, puesto al que renunció después de la derrota ante Portugal en los cuartos de final del Mundial 2006. Dio por finalizada su carrera con la selección tras 115 partidos y colgó las botas en mayo de 2013, a los 38 años, cuando acababa de ganar su cuarta liga, esta vez francesa, con el club galo París Saint-Germain. Sus 68 partidos de competición para Inglaterra fueron superados por Steven Gerrard en el partido contra Costa Rica del Mundial 2014. En el verano de 2013, también se retiró del juego el cuarto máximo anotador inglés, **Michael Owen,** que anotó un impresionante gol contra Argentina en el Mundial 1998, que también acabó con Beckham expulsado, un empate a dos y una derrota en penaltis.

ALEXANDER EL TARDÓN

El futbolista inglés de mayor edad en debutar con la selección sigue siendo Alexander Morten, que contaba 41 años y 114 días cuando se enfrentó a Escocia en marzo de 1873 en el primer partido en casa de Inglaterra, en el estadio The Oval, en Kennington (Londres). Ese día también fue capitán y todavía sigue ostentando el récord de ser el jugador más mayor en llevar el brazalete.

DE TAL PALO...

El extremo de 18 años Alex Oxlade-Chamberlain se convirtió en el quinto internacional inglés cuyo padre también fue internacional cuando debutó ante Noruega en mayo de 2012, 28 años después de que su padre, Mark Chamberlain, jugase el último de sus ocho partidos internacionales. Oxlade-Chamberlain pasó a ser el goleador más joven de Inglaterra en un clasificatorio mundialista gracias a su tanto contra San Marino en octubre de 2013. Los anteriores fueron George Eastham Snr (un encuentro, 1935) y George Eastham Jnr (19, 1963-66); Brian Clough (dos, 1959) y Nigel Clough (14, 1989-1993); Frank Lampard Snr (dos, 1972-1980) y **Frank Lampard Jnr** (106, 1999-2014); e Ian Wright (33, 1991-1998) y su hijo adoptivo Shaun Wright-Phillips (36, 2004-10). Los únicos abuelo y nieto que han jugado para Inglaterra son Bill Jones, que ganó dos internacionales en 1950, y Rob Jones, que ganó ocho entre 1992 y 1995.

EL «ABUELO»

Stanley Matthews se convirtió en el jugador de mayor edad de la historia de la selección inglesa cuando, con 42 años y 104 días, apareció en el once que jugó contra Dinamarca en 1957. Eso ocurrió 22 años y 229 días después de su debut. También es el anotador más mayor de Inglaterra: tenía 41 años y ocho meses cuando marcó ante Irlanda del Norte en octubre de 1956. En marcado contraste con su carrera, la más dilatada de Inglaterra, el defensa Martin Kelly ostenta el récord de la más corta: una suplencia de dos minutos en un amistoso que acabó en victoria por 1-0 sobre Noruega en 2012.

SOLO CAPITÁN

Claude Ashton, delantero centro del Corinthians, estableció un récord al capitanear a Inglaterra en su único partido como internacional, un empate a cero contra Irlanda del Norte en Belfast en octubre de 1925.

MÁXIMOS GOLEADORES

1	Wayne Rooney	53
2	Bobby Charlton	49
3	Gary Lineker	48
4	Jimmy Greaves	44
5	Michael Owen	40
6	Tom Finney	30
=	Nat Lofthouse	30
=	Alan Shearer	30
9	Frank Lampard	29
=	Vivian Woodward	29

LOS CAPITANES CORAJE

Las carreras internacionales de Billy Wright y **Bobby Moore**, ambos capitanes de Inglaterra la cifra récord de 90 partidos, casi se solapan. Wright, del Wolves, lideró a Inglaterra entre 1946 y 1959, y Moore, del West Ham, entre 1962 y 1973, incluido el triunfo de Inglaterra en el Mundial de 1966. Moore sigue siendo el capitán más joven de Inglaterra: tenía 22 años y 47 días cuando se le entregó el brazalete en un partido contra Checoslovaquia el 29 de mayo de 1963.

INTERNACIONALES

1	Peter Shilton	125
2	Wayne Rooney	119
3	David Beckham	115
4	Steven Gerrard	114
5	Bobby Moore	108
6	Ashley Cole	107
7	Bobby Charlton	106
=	Frank Lampard	106
9	Billy Wright	105
10	Bryan Robson	90

COMPARTIR RESPONSABILIDADES

Las sustituciones supusieron que el brazalete de capitán se turnase entre cuatro jugadores en el amistoso de Inglaterra contra Serbia y Montenegro el 3 de junio de 2003. El capitán habitual, David Beckham, no jugaba, así que Michael Owen dirigió el equipo durante el primer tiempo. Los capitanes en la segunda parte fueron los compañeros de Owen en el Liverpool Emile Heskey y Jamie Carragher, y el jugador del Manchester Phillip Neville. La primera vez que tres capitanes diferentes han dirigido a Inglaterra en una final mundialista fue contra Marruecos en 1986, cuando el capitán Bryan Robson se lesionó, el segundo capitán Ray Wilkins fue expulsado y el arquero Peter Shilton tuvo que asumir los deberes de líder.

RA–PI–DI–TO

Bryan Robson ostenta el récord del gol de Inglaterra más rápido en un Mundial, a los 27 segundos de haber empezado la victoria por 3-1 contra Francia en 1982, y del más rápido en Wembley, al meter la pelota bajo los palos a los 38 segundos de la victoria por 2-1 sobre Checoslovaquia en 1989. Otro jugador del Manchester, Teddy Sheringham, marcó antes que cualquier otro jugador inglés tras salir al campo: anotó de cabeza contra Grecia a los 15 segundos de entrar como suplente en un clasificatorio para el Mundial 2002 en 2001.

SIETE, CASI NADA

La selección de Roy Hodgson igualó un récord nacional cuando venció a San Marino por 8-0 en el clasificatorio para el Mundial 2014 celebrado en marzo de 2013: también marcaron siete tantos cuando Inglaterra venció a Luxemburgo por 9-0 en diciembre de 1982. Esta vez, debido al autogol inicial de Alessandro Della Valle, solo seis de los anotadores fueron ingleses. Los jugadores que contribuyeron a obtener este récord fueron: Jermain Defoe, con dos tantos, y Alex Oxlade-Chamberlain, Ashley Young, Frank Lampard, Wayne Rooney y **Daniel Sturridge.**

ROON EN LA CIMA

Cuando **Wayne Rooney** anotó contra Macedonia en septiembre de 2003, a la edad de 17 años y 317 días, se convirtió en el jugador más joven de Inglaterra en anotar un gol, y fue cuestión de tiempo que superase el récord inglés de 49 goles de Sir Bobby Charlton. Logró esta cifra con un penalti contra San Marino en 2015 y, luego, alcanzó el medio centenar con otro penal, esta vez contra Suiza, tres días después. En aquel momento, Rooney no solo capitaneaba al Manchester United, sino también a Inglaterra. Su internacional número 100 fue contra Eslovenia en noviembre de 2014. Con 29 años y 22 días, tenía tres años menos que Bobby Moore, el jugador más joven en lograrlo anteriormente. Rooney igualó a David Beckham como jugador de campo con más internacionalidades en la Eurocopa 2016, tras haber superado el récord de Steven Gerrard de 69 partidos mundialistas y europeístas. En 2017, Rooney contaba con 119 internacionalidades, 53 goles y 74 partidos en torneos.

HASTA AQUÍ HAN LLEGADO

En 1951 Argentina fue el primer equipo no británico que jugó en Wembley (Inglaterra venció por 2-1), pero Ferenc Puskás y los «Magiares Mágicos» de Hungría fueron el primer equipo «extranjero» que derrotó a Inglaterra en Wembley, con su famosa victoria por 6-3 en 1953. Esta humillación supuso el último partido de Alf Ramsey como jugador de la selección. Inglaterra probó el sabor de su primera derrota fuera de casa ante un equipo «extranjero» en un 4-3 en Madrid contra España en 1929; dos años más tarde Inglaterra se vengó con un 7-1 en Highbury.

CAMEOS

El ariete Jermain Defoe ha sido suplente para Inglaterra en más ocasiones que ningún otro jugador, 34 desde su debut en marzo de 2004. En sus primeras 17 apariciones acabó siendo sustituido antes de que terminaran los 90 minutos.

LA OLA

La mayor asistencia a un partido de Inglaterra se registró en Hampden Park en 1937, donde 149.547 personas se congregaron para ver la victoria de Escocia por 3-1 en el British Home Championship. En cambio, solo 2.378 espectadores vieron el susto que San Marino dio a Inglaterra al marcar a los nueve segundos. El triunfo por 7-1 no bastó para que los ingleses se clasificasen para el Mundial 1994.

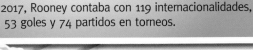

LOS PRIMEROS Y MEJORES

El primer encuentro internacional oficial de Inglaterra acabó en empate a cero contra Escocia en Glasgow el 30 de noviembre de 1872, aunque antes de eso ambos equipos ya se habían enfrentado varias veces en partidos extraoficiales. Dado que durante cuatro décadas los únicos contrincantes de Inglaterra fueron naciones británicas, y durante los siete primeros años solo Escocia, no es de extrañar que el primer empate, la primera victoria y la primera derrota de Inglaterra fueran contra sus vecinos del norte. Tras el primer encuentro sin goles, el segundo, celebrado en The Oval el 8 de marzo de 1873, fue un poco más emocionante: Inglaterra ganó 4-2. En su tercer partido, otra vez en Glasgow casi un año después, Escocia niveló las cosas con una victoria por 2-1. Estos encuentros completaron el trío de victoria, derrota y empate de los primeros participantes del fútbol internacional. Las celebraciones del 150.º aniversario de la Asociación de Fútbol en 2013 incluyeron un amistoso contra Escocia: fue la primera vez que se enfrentaban desde el eliminatorio de ida y vuelta de la Eurocopa 2000 en octubre de 1999. La rivalidad se volvió a apreciar en la clasificatoria para el Mundial 2018..

MÁS DE LO MÁS

El tiro libre que acabó en gol del centrocampista defensivo Eric Dier en el primer partido de la Eurocopa 2016 de Inglaterra contra Rusia le convirtió en el octavo jugador del Tottenham Hotspur en anotar para Inglaterra en un torneo importante; más que cualquier otro club. Seguía los pasos de otras leyendas goleadoras de Inglaterra y los Spurs, como Jimmy Greaves y **Gary Lineker**. Greaves ostenta el récord inglés de *hat tricks,* seis en total, mientras que Lineker anotó más goles mundialistas que ninguno de sus compatriotas, seis en 1986, que le valieron la Bota de Oro, antes de marcar otros cuatro en 1990. Los Spurs también han aportado más jugadores a la selección que ningún otro club: Kieran Trippier fue el 76.º y último jugador cuando debutó en junio de 2017 contra Francia.

TU PAÍS TE NECESITA

Los primeros combinados ingleses se eligieron en pruebas de selección abiertas a cualquier inglés que respondiese a los anuncios de la FA (Federación Inglesa) en busca de futbolistas. En 1887 ya se presentaba mucha gente y la FA decidió gestionar el proceso mediante un Comité de Selección Internacional, que siguió diseñando el equipo hasta el nombramiento de Sir Alf Ramsey en 1962.

CUADRO DE HONOR DE SELECCIONADORES

Walter Winterbottom	(1946-62)
Sir Alf Ramsey	(1962-74)
Joe Mercer	(1974)
Don Revie	(1974-77)
Ron Greenwood	(1977-82)
Bobby Robson	(1982-90)
Graham Taylor	(1990-93)
Terry Venables	(1994-96)
Glenn Hoddle	(1996-98)
Howard Wilkinson	(1999-2000)
Kevin Keegan	(1999-2000)
Peter Taylor	(noviembre 2000)
Sven-Göran Eriksson	(2001-06)
Steve McClaren	(2006-07)
Fabio Capello	(2008-2012)
Stuart Pearce	(marzo 2012)
Roy Hodgson	(2012-2016)
Sam Allardyce	(jul 2016-sept 2016)
Gareth Southgate	(2016-)

SUPERACIÓN

El delantero del Liverpool Daniel Sturridge anotó el gol de la victoria en el tiempo de descuento del choque de primera ronda de la Eurocopa 2016 contra Gales celebrado en Lille, después de que el Jugador del Año de la Premier League Jamie Vardy marcase el del empate. Era la primera vez que Inglaterra se adelantaba en el segundo tiempo en un torneo importante. Sturridge también se convirtió en el décimo inglés en anotar tanto en un Mundial como en una Eurocopa, ya que metió un gol contra Italia en el Mundial de Brasil dos años antes.

WALTER EL MAGNÍFICO

Walter Winterbottom fue el primer seleccionador de Inglaterra a tiempo completo, y sigue siendo el que disputó más encuentros durante su cargo (138 partidos) y el más joven de la historia de la selección inglesa, pues solo tenía 33 años cuando aceptó el puesto en 1946 (primero como entrenador y a partir de 1947 como seleccionador). Fue profesor y jugador del Manchester antes de clasificar a Inglaterra para cuatro Mundiales.

FRANCIA

La selección francesa, conocida como «Les Bleus» (Los Azules), es una de las que más éxitos ha cosechado en la historia del fútbol y una de las tres que ha logrado ser campeona de un Mundial y una Eurocopa a la vez. Ganó el Mundial en 1998 como anfitriona, machacando a Brasil por 3-0 en la final. Dos años después, protagonizó una sensacional remontada en el último momento para vencer a Italia en la final de la Eurocopa 2000: los franceses empataron en el minuto 5 del tiempo de descuento y vencieron 2-1 con un gol de oro. Francia ya había conquistado la Eurocopa en 1984, tras ganar también a España en la final de París. Además, ganó la Copa FIFA Confederaciones 2001 y 2003, y el oro en las Olimpiadas de 1984, pero perdió sus últimas dos finales, la del Mundial 2006 ante Italia y, como anfitriona ante Portugal, en la Eurocopa 2016.

KOPA: EL PRIMER *CRACK* FRANCÉS

Raymond Kopa (nacido el 13 de octubre de 1931) fue la primera superestrella internacional gala. Nació en el seno de una familia de inmigrantes polacos, cuyo apellido era Kopaszewski. Contribuyó decisivamente a los logros del campeonato del Reims a mediados de la década de 1950. Después se marchó al Real Madrid y se convirtió en el primer jugador francés en ganar una Copa de Europa. Gracias a su gran visión de juego, lideró a la selección francesa que terminó tercera en el Mundial de 1958. Sus actuaciones con Francia aquel año le hicieron merecedor del Balón de Oro. Murió en 2017, a los 85 años.

PLATINI, EL PECADOR

Michel Platini ha disfrutado de una carrera brillante tanto dentro como fuera del campo. Debutó en su club local, el Nancy, antes de jugar en el Saint-Étienne, la Juventus y la selección. Anotó un récord de nueve goles cuando su país fue anfitrión y ganó la Eurocopa de 1984, antes de convertirse en el seleccionador nacional para la Eurocopa 1992 y, después, en copresidente del Comité Organizador (junto con Fernand Sastre) del Mundial de 1998 celebrado en Francia. Fue presidente de la UEFA, la organización que rige el fútbol europeo, desde enero de 2007 hasta su suspensión por mala praxis en diciembre de 2015.

BENZE MÁS

Karim Benzema fue el primer jugador francés en fallar un penalti durante un partido mundialista, sin tener en cuenta los tiros desde el punto de penal. Su lanzamiento, que detuvo Diego Benaglio, llegó en un partido del Grupo E contra Suiza en el torneo de 2014: el décimo penalti mundialista concedido a Francia. Expió el fallo marcando el cuarto gol de Francia en su victoria por 5-2. Benzema anotó dos veces en el primer partido de Francia, una derrota por 3-0 sobre Honduras, y no logró un *hat trick* porque su disparo golpeó el poste y superó la línea de meta después de rebotar sobre el portero, Noel Valladares, así que fue gol en propia meta. Fue la primera vez en la historia mundialista que se confirmó un gol con el sistema de detección automática de goles, introducido en la fase final de 2014. A Benzema le cancelaron otro gol en el partido contra Suiza cuando el árbitro holandés Björn Kuipers sopló el silbato justo cuando Benzema empotraba el tiro de largo alcance en la puerta suiza. Los tres tantos de Benzema en la fase final de 2014 le llevaron al noveno puesto de la tabla de máximos anotadores de Francia, por delante de Jean Vincent, que había muerto a los 82 años el octubre anterior.

TANTOS TANTOS

La anfitriona de la Eurocopa 2016, Francia, disputó los primeros cuatro encuentros sin meter un gol bajo los palos en la primera parte. Luego, en su victoria de cuartos de final por 5-2 contra Islandia, se convirtió en el primer equipo de la historia del torneo en registrar hasta cuatro goles en el primer tiempo. A diferencia de cuando acogió la Eurocopa 1984 y el Mundial 1998, acabó con las manos vacías debido a la derrota por 1-0 ante Portugal en la final. Aun así, el delantero **Antoine Griezmann** se hizo con los premios a mejor jugador y máximo anotador, con seis goles, el doble de los de sus rivales. Solo Michel Platini ha alojado más pelotas bajo los palos en una sola Eurocopa.

EL DIEZ PERFECTO

Ocho jugadores diferentes forjaron el marcador de Francia en su victoria internacional más amplia: un 10-0 sobre Azerbaiyán en Auxerre en septiembre de 1995 en un clasificatorio para la Eurocopa 96. **Marcel Desailly** abrió el marcador a los 13 minutos, antes de que anotasen Youri Djorkaeff y Vincent Guérin. Tras el descanso, Reynald Pedros llevó a los galos al 4-0 y, después, Frank Leboeuf, Christophe Dugarry y Zinedine Zidane siguieron metiendo goles. Djorkaeff y Leboeuf completaron sus dobletes antes de que el suplente Christophe Cocard rematase la faena con el único gol de su carrera internacional de nueve partidos.

FRANCIA Y LA FIFA

Francia fue uno de los miembros fundadores de la FIFA en 1904. El francés Robert Guérin se convirtió en el primer presidente del Comité Ejecutivo. Le siguió Jules Rimet, que presidió la organización de 1921 a 1954. Rimet fue el impulsor de la Copa Mundial de la FIFA y la primera versión del trofeo más codiciado del mundo futbolístico recibió su nombre.

LO DE RAY ES UNA PENA

El fracaso de Francia, que no ganó ni un partido en el Mundial de 2010, supuso que el técnico Raymond Domenech igualase y no superarase el récord de 41 victorias de Michel Hidalgo a cargo del combinado galo, pero Domenech por lo menos acabó su mandato de seis años superando el récord de partidos disputados por el campeón de la Eurocopa de 1984. El último encuentro de Domenech, contra Sudáfrica, fue su partido 79 como entrenador, cuatro más que Hidalgo. Domenech, un férreo defensa que el mismo Hidalgo convocó a la selección, demostró ser bastante excéntrico. Admitió que juzgaba a los jugadores por su signo del zodiaco y cuando fueron eliminados de la Eurocopa 2008 respondió declarándose a su novia en directo por televisión.

POTENCIA POGBA

El triunfo de Francia en la Copa Mundial Sub-20 2013 en Turquía la convirtió en la primera selección en completar un Grand Slam de títulos internacionales de fútbol 11, ya que antes había ganado el Mundial, la Copa Mundial Sub-17 y el oro en los Juegos Olímpicos. La estrella del espectáculo de 2013 fue el dinámico centrocampista y capitán Paul Pogba, que se llevó el Balón de Oro por ser el mejor jugador del torneo. Fue uno de los futbolistas galos que anotó en la tanda de penaltis de la victoria por 4-1 sobre Uruguay en la final, tras una prórroga sin goles. Pogba debutó con la absoluta en marzo de 2013, en una victoria por 3-1 sobre Georgia, pero fue expulsado en su siguiente partido contra España cuatro días después. La cosa mejoraría en el verano de 2014, cuando Pogba fue nombrado Mejor Jugador Joven Hyundai del Mundial. También ha disfrutado de un enorme éxito a nivel de clubes. Pogba pasó tres años de su adolescencia en el Manchester United antes de que un traspaso en 2012 a la Juventus le proporcionase tres títulos de liga en la Serie A y la medalla de subcampeón en la Champions en 2015. A su regreso al Manchester United en 2016 por la cifra récord de 101 millones de euros, ganó la liga Cup EFL y la Europa League en su primera temporada con el club inglés.

MICHEL PLATINI (selección y liga)

Años	Equipo	Partidos	Goles
1972-79	Nancy	181	98
1979-82	Saint-Étienne	104	58
1982-87	Juventus	147	68
1976-87	Francia	72	41

DESCHAMPS, EL LÍDER

Su compatriota Éric Cantona le calificó despectivamente de simple «chico del agua» en el centro del campo, pero Didier Deschamps se vengó de su infame crítico al convertirse en el capitán con más éxitos cosechados en la historia del fútbol francés. Consiguió los trofeos del Mundial 1998 y de la Eurocopa 2000 como capitán, y llevó el brazalete hasta 55 veces, una cifra récord hasta que Hugo Lloris le superó, durante sus 103 apariciones internacionales antes de retirarse en julio de 2000. Deschamps sucedió a Laurent Blanc como seleccionador nacional tras la Eurocopa 2012 y llevó a Francia hasta la final de la Eurocopa 2016. Se convirtió en el tercer jugador, después del alemán Berti Vogts y del italiano Dino Zoff, en llegar a la Eurocopa como jugador y como seleccionador.

LAS MEMORIAS AGRIDULCES DE TREZEGUET

El delantero David Trezeguet tiene recuerdos agridulces de los choques contra Italia en finales importantes. Marcó el gol de oro que derrotó a los italianos en la prórroga de la final de la Eurocopa 2000, pero seis años después falló el disparo e hizo perder a Francia la final del Mundial en penaltis. El tiro de Trezeguet rebotó en el larguero y no logró cruzar la línea.

INTERNACIONALES

1	Lilian Thuram	142
2	Thierry Henry	123
3	Marcel Desailly	116
4	Zinedine Zidane	108
5	Patrick Vieira	107
6	Didier Deschamps	103
7	Laurent Blanc	97
=	Bixente Lizarazu	97
9	Sylvain Wiltord	92
10	Hugo Lloris	90

INDULTO PRESIDENCIAL

El imperioso central **Laurent Blanc** era conocido como «El Presidente» durante sus días de jugador, ahora es el seleccionador de su país, al sustituir a Raymond Domenech tras el Mundial de 2010. Blanc tuvo la mala suerte de perderse la final del Mundial de 1998 después de ser expulsado en la semifinal por empujar a Slaven Bilic, aunque las repeticiones mostraron que el defensa croata había sobreactuado. Blanc se redimió jugando con el combinado galo que ganó la Eurocopa dos años más tarde. Asumió la dirección de la selección francesa 12 meses después de conquistar el campeonato nacional de 2008-09 con el Burdeos, y acabar con la racha del Olympique de Lyon de siete títulos de liga seguidos.

MÁXIMOS GOLEADORES

1	Thierry Henry	51
2	Michel Platini	41
3	David Trezeguet	34
4	Zinedine Zidane	31
5	Just Fontaine	30
=	Jean-Pierre Papin	30
7	Youri Djorkaeff	28
8	Karim Benzema	27
=	Olivier Giroud	27
10	Sylvain Wiltord	26

UNIDOS POR ABIDAL

El defensa Éric Abidal, miembro clave de los conjuntos franceses en los Mundiales de 2006 y 2010, estaba disfrutando de lo lindo en el Barça cuando le diagnosticaron un cáncer de hígado en marzo de 2011. Se recuperó para jugar la final de la Champions League contra el Manchester United tres meses más tarde, donde pudo alzar el trofeo como si fuese capitán. Incluso el Real Madrid donó camisetas para apoyarle antes de un partido. Le realizaron un trasplante de hígado en 2012 y pronto volvió a la acción.

VÍDEOS DE PRIMERA

Antoine Griezmann ha sido el primer jugador que ve cómo un árbitro asistente de vídeo anula uno de sus goles internacionales. El gol, contra España en el Stade de France el 28 de marzo de 2017, se produjo en fuera de juego. España ganó por 2-0. La tecnología VAR (siglas en inglés de «árbitro asistente de vídeo») fue aprobada a modo de ensayo por la Junta Internacional de la FIFA y se utilizó por primera vez en septiembre de 2016 cuando Francia derrotó a Italia por 3-1 en otro amistoso.

EL QUE ES BUENO...

Los seis jugadores que han llegado a las 100 internacionalidades con la selección gala jugaron en el Mundial 1998 y la Eurocopa 2000: Lilian Thuram, Thierry Henry, Marcel Desailly, Zinedine Zidane, Patrick Vieira y Didier Deschamps. Solo Vieira y Desailly añadieron la medalla de la Copa FIFA Confederaciones 2001 a su colección, y Vieira anotó el único tanto de la final contra Japón, uno de los seis que el potente centrocampista marcó para su país.

HENRY AL BANQUILLO

Thierry Henry no pudo participar en el Mundial de 1998 debido a la tarjeta roja a Marcel Desailly. Henry, el máximo goleador francés de la fase final con tres tantos, era suplente, y el técnico Aimé Jacquet tenía planeado usarlo más tarde. Sin embargo, la expulsión de Desailly le obligó a replanteárselo: Jacquet acabó reforzando el centro del campo, y su compañero en el Arsenal Patrick Vieira fue el que entró, así que Henry se pasó los 90 minutos de la final en el banquillo. Pero Henry puede presumir de ser el único francés en jugar en cuatro Mundiales (1998, 2002, 2006 y 2010). Superó el récord de anotación de todos los tiempos de la Francia de Michel Platini cuando metió dos goles a Lituania en octubre de 2007.

VÍCTOR HUGO

Hugo Lloris ha llevado el brazalete de capitán en más ocasiones que ningún otro francés tras dirigir a la nación anfitriona a lo largo de la Eurocopa 2016. La derrota en la final ante Portugal fue la 58.ª aparición del portero como capitán de Francia. Aun así, tardó bastante en recibir este honor. Después de que Patrice Evra perdiese la capitanía por su papel en el fiasco francés del Mundial 2010, cuando los jugadores se declararon en huelga y Nicolas Anelka fue expulsado por insultar al entrenador Raymond Domenech, el nuevo entrenador, Laurent Blanc, probó a tres capitanes durante la clasificatoria de la Eurocopa 2012 antes de elegir a Lloris, que se quedó con el puesto de forma permanente en febrero de 2012.

KIT COMPLETO

Son cinco las estrellas francesas que tienen toda la colección de medallas internacionales: Mundial, Eurocopa y Copa de Europa. Didier Deschamps, Marcel Desailly, Christian Karembeu, Bixente Lizarazu y Zinedine Zidane jugaron en las selecciones ganadoras de 1998 y 2000. Además, Desailly ganó la Copa de Europa con el Marsella en 1993 y con el AC Milan al año siguiente. Deschamps la ganó con el Marsella en 1993 y con la Juventus en 1996; Lizarazu con el Bayern de Múnich en 2001; Karembeu con el Real Madrid en 1998 y 2000; y Zidane con el Real Madrid en 2002. Aunque Karembeu terminó la temporada 1999-2000 con medallas de campeón de la Champions League y la Eurocopa, solo había estado presente como suplente, así que no llegó a jugar, siendo el único futbolista que ha saboreado este doble triunfo agridulce.

LILIAN COMO UNA ROSA

Lilian Thuram protagonizó su 142.ª y última aparición con Francia en la derrota ante Italia de la Eurocopa 2008. Su carrera internacional abarcó casi 14 años, desde su debut contra la República Checa el 17 de agosto de 1994. Thuram nació en Pointe-à-Pitre (Guadalupe) el 1 de enero de 1972. Jugó en el Mónaco, el Parma, la Juventus y el Barça antes de retirarse en el verano de 2008 debido a un problema cardiaco. Fue una de las estrellas del combinado francés del Mundial de 1998 celebrado en Francia y marcó los dos goles de la victoria en la semifinal ante Croacia (los únicos goles internacionales de su carrera). Obtuvo otra medalla de campeón en la Eurocopa 2000. Se retiró por primera vez del fútbol internacional tras la eliminación de Francia en la Eurocopa 2004, pero el entrenador Raymond Domenech le convenció para volver en el Mundial 2006 y jugar su segunda final de un Mundial. Batió el récord de Desailly de 116 veces internacional en el choque contra Togo.

ALBERT EL PRIMERO

Albert Batteux fue el primer seleccionador de Francia. Antes de su nombramiento en 1955, un comité de selección elegía el equipo. Batteux fue además el entrenador de más éxito de la historia del fútbol galo. Combinó la dirección de la selección gala con la del Reims. Su principal logro fue llevar al combinado nacional al tercer puesto en el Mundial de 1958. Las dos grandes estrellas del equipo, Raymond Kopa y Just Fontaine, estuvieron bajo sus órdenes en el Reims. El único extranjero en ser seleccionador de los galos fue el rumano Stefan Kovacs. Le sucedió Michel Hidalgo tras no conseguir ni el Mundial de 1974 ni la Eurocopa de 1976.

UN TITI CON SUERTE

El defensa central del Barcelona, Samuel Umtiti, debutó con la selección en la victoria de Francia contra Islandia por 5-2 en cuartos de final de la Eurocopa 2016. Se convirtió en el primer jugador de campo francés en debutar en un torneo internacional desde Gabriel De Michèle en el Mundial 1966.

BALÓN OVAL

Fabien Barthez ostenta el récord de su país de más partidos mundialistas, 17, entre 1998 y 2006. Su ritual supersticioso durante el campeonato de 1998, que Francia ganó como anfitriona, era que el líbero Laurent Blanc le besase la calva antes del inicio del partido. El padre de Fabien, Alain Barthez, fue un jugador de rugby que disputó un partido con la selección francesa. En 2017, Hugo Lloris superó el récord de Barthez de 87 internacionalidades, convirtiéndose en el portero con más partidos con la selección.

EL TRIUNFO DE JACQUET

Aimé Jacquet, que condujo a Francia a la victoria del Mundial en 1998, también fue el técnico francés más polémico. Fue criticado por supuestas tácticas defensivas a pesar de que Francia llegó a la semifinal de la Eurocopa 96 y logró un récord de solo tres derrotas en cuatro años. Un mes antes de la fase final de 1998, el diario deportivo *L'Equipe* afirmaba que no era capaz de formar un equipo vencedor.

FONTAINE APENAS DURA

El antiguo delantero **Just Fontaine** duró menos que un suspiro como seleccionador del equipo francés. Logró el puesto el 22 de marzo de 1967 y lo dejó el 3 de junio tras dos derrotas en amistosos. Afortunadamente, todavía mantiene el récord de más tantos en un solo Mundial, 13 en los seis partidos que jugó en el torneo de 1958, incluidos los cuatro de la victoria de Francia sobre la RFA por 6-3, que les daría el tercer puesto. Sigue siendo el único francés en lograr un *hat trick* en un Mundial.

SELECCIONADORES

Albert Batteux	1955-62
Henri Guérin	1962-66
José Arribas/Jean Snella	1966
Just Fontaine	1967
Louis Dugauguez	1967-68
Georges Boulogne	1969-73
Stefan Kovács	1973-75
Michel Hidalgo	1976-84
Henri Michel	1984-88
Michel Platini	1988-92
Gérard Houllier	1992-93
Aimé Jacquet	1993-98
Roger Lemerre	1998-2002
Jacques Santini	2002-04
Raymond Domenech	2004-10
Laurent Blanc	2010-12
Didier Deschamps	2012-

OLIVIER GIRÓ EL MARCADOR

Francia se convirtió en la quinta selección en lograr 100 goles mundialistas cuando Olivier Giroud anotó el primer gol en el minuto 17 de su victoria por 5-2 sobre Suiza en Salvador en su encuentro de primera ronda de 2014. De esta forma, los franceses se unieron a Brasil, Alemania (incluida la RFA), Argentina e Italia en contar goles con tres cifras. Al final del Mundial 2014, Francia, con 106 tantos en total, estaba a más de 20 goles por detrás de Italia, que era la cuarta al quedar por detrás de Argentina, y a doce por delante de España, la sexta más prolífica.

VENCER CON JUVENTUD

A principios de la década de 1990, Francia se convirtió en el primer país europeo en fundar un programa nacional de desarrollo de jóvenes talentos. Se escogía a los mejores para que asistiesen a la academia de Clairefontaine. Después eran enviados a las canteras de los clubes más importantes del país. De este proyecto han surgido muchas estrellas. Los campeones del mundo como Didier Deschamps, Marcel Desailly y Christian Karembeu comenzaron en el Nantes. Lilian Thuram, Thierry Henry, Manu Petit y David Trezeguet en el Mónaco y **Zinedine Zidane** y Patrick Vieira en el Cannes. Zidane anotó el único gol, contra España, en el partido inaugural de enero de 1998 celebrado en el estadio nacional, el Stade de France de St Denis (norte de París), con aforo para 81.000 personas.

VISTO Y NO VISTO

El poco afortunado debut del defensa internacional Franck Jurietti duró solo cinco segundos; jamás volvió a tener otra oportunidad. El zaguero del Burdeos entró poco antes del pitido final del partido de Francia contra Chipre en octubre de 2005, lo que hizo que tuviese una carrera internacional incluso más corta que la de su compatriota Bernard Boissier, que jugó dos minutos contra Portugal en abril de 1975.

NO ES TAN FÁCIL

A pesar de las hazañas goleadoras de los prolíficos delanteros franceses, como Thierry Henry, **David Trezeguet** y Karim Benzema, ningún francés ha logrado un *hat trick* en un partido internacional desde que lo lograse el extremo Dominique Rocheteau en una victoria por 6-0 contra Luxemburgo en octubre de 1985. Solo Fontaine logró el récord de cinco *hat tricks* de los 21 de Francia, aunque únicamente Eugène Maës contra Luxemburgo en abril de 1913 y Thadée Cisowski contra Bélgica en noviembre de 1956 han conseguido anotar cinco veces en un partido.

EL HÁBITO NO HACE AL MONJE

Francia ha sido el único país que ha disputado un partido mundialista con la equipación de otro equipo. En el torneo de 1978 en Argentina, para un partido de primera ronda en Mar del Plata, *Les Bleus* se vieron obligados a llevar las rayas verdes y blancas de un club local, el Atlético Kimberley, cuando se enfrentaron con Hungría. Francia y Hungría se presentaron con su segunda equipación, las dos blancas. El rápido cambio no pareció afectar a Francia, que ganó el partido 3-1.

COMAN YOGURÍN

Con 19 años y 363 días, el delantero **Kingsley Coman** se convirtió en el jugador galo más joven en entrar al campo en un torneo importante cuando jugó como suplente contra Rumanía en el partido inaugural de la Eurocopa 2016. Cinco días después, estaba en la alineación inicial contra Albania y, a los 20 años y dos días, superó a Bruno Bellone, que contaba 20 años y 122 días en el eliminatorio por el tercer puesto del Mundial 1982, como el francés más joven en empezar un partido con la absoluta. El internacional francés más joven sigue siendo René Girard, que contaba 17 años y 330 días cuando disputó un partido contra Escocia el 8 de mayo de 1932.

ALEMANIA

Los futbolistas alemanes están casi siempre presentes en las fases finales de los principales torneos, pero su merecido triunfo en el Mundial 2014 les proporcionó mucha alegría y descanso en casa, ya que acabó con una sequía de trofeos de 18 años. También fue el primer triunfo mundialista de la Alemania reunificada, ya que todavía era la RFA cuando ganaron en 1954, 1974 y 1990. Los alemanes también fueron campeones europeos en tres ocasiones (1972, 1980 y 1996) y en 1974 se convirtieron en la primera selección en ostentar el título mundial y europeo a la vez. En 2017, Alemania ganó la Copa FIFA Confederaciones por primera vez.

A TIRO HECHO

Alemania es conocida por ser una especialista en los penaltis, pero, al contrario que para sus dos anteriores títulos, el Mundial 1990 y la Eurocopa 1996, no necesitó tandas de penaltis cuando ganó el Mundial 2014. En 1990 y 1996, las victorias en semifinales fueron por penaltis contra Inglaterra.

SIN PÉRDIDA

Alemania mantuvo su récord de no perder nunca un partido inicial en la Eurocopa al vencer a Ucrania por 2-0 en la Eurocopa 2012, gracias a los goles de **Shkodran Mustafi** y Bastian Schweinsteiger. Han ganado ya más partidos iniciales de Eurocopa que ningún otro país, siete, y el resto han sido empates. Además, Alemania (incluida la RFA) también es el único país que ha aparecido en 12 ocasiones en la fase final.

BASTIAN, EL BASTIÓN

Ningún otro jugador ha disputado más partidos en la fase final del Mundial y de la Eurocopa que el alemán **Bastian Schweinsteiger,** que sumó 38 encuentros en la Eurocopa 2016, uno más que su compatriota Miroslav Klose. Schweinsteiger alcanzó su hito en la derrota de Alemania ante Francia en semifinales por 2-0, donde tocó el balón con la mano, concediendo un penalti a Francia y su gol inicial. Sin embargo, no todo fueron malas noticias en julio de 2016 para Schweinsteiger, quien se convirtió en capitán de la selección alemana tras la retirada de su compañero ganador del Mundial 2014 Philipp Lahm. Dos días después de la final, Schweinsteiger contrajo matrimonio con la tenista serbia Ana Ivanovic.

EQUIPOS UNIDOS

Ocho internacionales jugaron para la antigua República Democrática y para Alemania tras la reunificación en octubre de 1990.

Jugador	RDA	Alemania
Ulf Kirsten	49	51
Matthias Sammer	23	51
Andreas Thom	51	10
Thomas Doll	29	18
Dariusz Wosz	7	17
Olaf Marschall	4	13
Heiko Scholz	7	1
Dirk Schuster	4	3

REPÚBLICA DEMOCRÁTICA DE ALEMANIA

Internacionales

1	Joachim Streich	98
2	Hans-Jürgen Dorner	96
3	Jürgen Croy	86
4	Konrad Weise	78
5	Eberhard Vogel	69

Máximos goleadores

1	Joachim Streich	53
2	Eberhard Vogel	24
3	Hans-Jürgen Kreische	22
4	Rainer Ernst	20
5	Henning Frenzel	19

GOLEADAS

La derrota de Brasil por 7-1 ante Alemania en la semifinal del Mundial 2014 no solo sorprendió a la anfitriona, sino que convirtió a Alemania en la máxima goleadora de la historia del campeonato. Los goles mundialistas de Alemania son ya 224, tres más que Brasil. Stanislaus Kobierski marcó el primero en la victoria por 5-2 sobre Bélgica en 1934. Alemania fue el primer equipo en disfrutar de tres oleadas de cuatro goles en un torneo, cuando venció a Australia 4-0, Inglaterra 4-1 y Argentina 4-0 en 2010. La oleada de 2014 comenzó cuando ganó a Portugal por 4-0.

MOMENTO HISTÓRICO

Las selecciones absolutas de la República Democrática y la Federal solo se enfrentaron una vez, el 22 de junio de 1974 en el Mundial celebrado en la parte occidental. Emparejadas en el mismo grupo, la República Democrática sorprendió con su victoria por 1-0 en Hamburgo. Ambas pasaron a la segunda ronda. Jürgen Sparwasser, anotador del gol de la victoria de la RDA, desertó a la RFA en 1988.

SAMMER SUMA

Matthias Sammer no solo es uno de los ocho futbolistas que jugaron tanto para la RDA como para la Alemania reunificada, sino que también ostenta el honor de ser el capitán y haber marcado los dos goles del último partido de la RDA, una victoria por 2-0 a domicilio sobre Bélgica el 12 de septiembre de 1990, 21 días antes de la reunificación oficial. Sus potentes actuaciones en el centro del campo llevaron a Alemania a la gloria en la Eurocopa 1996, donde fue votado jugador del torneo.

LA SAMBA SILENCIADA

La victoria de **Alemania** por 1-0 sobre Argentina en 2014 llegó en su octava final mundialista, tras convertirse en el primer equipo en llegar a cuatro semifinales consecutivas. Sin embargo, puede que el partido que perdure en la memoria sea la humillación de Brasil en la semifinal por 7-1. Alemania iba por delante 5-0 a mitad del partido en la que se convirtió en la victoria más holgada de una semifinal mundialista y la derrota más dura de una anfitriona. Otros récords mundialistas son los dos goles de Toni Kroos en 69 segundos, que fueron el doblete más rápido, y los cuatro goles en seis minutos, que logró Alemania por primera vez. Además, el gol inicial de Thomas Müller fue el 2.000.º de Alemania.

A LA CABEZA Y A LA COLA

En 2014, Alemania terminó la primera de la clasificación mundial de la FIFA, una posición que no ocupaba desde diciembre de 1993, cuando se inició esta clasificación.

MILAGRO DE ORO

Alemania fue el primer conjunto en ganar un título importante gracias al ya abolido sistema del gol de oro al vencer a la República Checa en la final de la Eurocopa 96 en Wembley. El tanto del empate de **Oliver Bierhoff** forzó la prórroga tras el penalti de Patrik Berger para los checos. Bierhoff marcó el gol de la victoria a los cinco minutos de la prórroga y puso fin al partido y al campeonato.

LOS BENDER

Uno podía haber pensado que estaba viendo doble cuando el técnico Joachim Löw hizo dos suplencias a la vez a 12 minutos de terminar la derrota por 5-3 ante Suiza en mayo de 2012. Sus dos sustituciones fueron las de los hermanos gemelos Lars y Sven Bender. Nacieron el 27 de abril de 1989 y comenzaron su carrera con el 1860 München antes de que Lars (el mayor por 12 minutos) se trasladase al Bayer Leverkusen y Sven al Borussia Dortmund. Ambos jugaron en la selección Sub-19 que ganó la Eurocopa 2008, pero solo Lars fue convocado para la de 2012. Fueron los segundos gemelos que jugaron para Alemania después de Erwin y Helmut Kremers. Erwin, ariete, anotó tres goles en 15 encuentros entre 1972 y 1974, mientras que Helmut, zaguero, jugó en ocho ocasiones sin anotar. Erwin formó parte del combinado vencedor de la Eurocopa 1972, pero prescindieron de él para el equipo triunfal del Mundial de 1974, un combinado que sí incluyó a Helmut.

LA *VENDETTA* DE ALEMANIA

Antes de perder por 2-0 ante la anfitriona, Francia, en la semifinal de la Eurocopa 2016, Alemania, la campeona mundial, logró acabar con la maldición que sufría al haber perdido 9 veces consecutivas contra Italia cuando ganó a los *Azzurri* por 6-5 en penaltis tras un empate a uno en Burdeos. Esto sucedió a pesar de que tres de los jugadores alemanes, Thomas Müller, Mesut Özil y Bastian Schweinsteiger, fallasen sus tiros. En la victoria de la ronda anterior contra Eslovaquia por 3-0, Özil se convirtió en el primer jugador alemán en fallar un penalti en el torneo desde Uli Hoeness en la final de la Eurocopa 1976.

NO HAY SALIDA

La selección alemana de Joachim Löw batió un récord nacional de 11 horas y 19 minutos sin encajar un tanto. Fue el tiempo que transcurrió entre el gol de Antoine Griezmann para Francia en la semifinal de la Eurocopa 2016 y el tanto del empate en el minuto 31 del azerí Dimitrij Nazarov el 26 de marzo de 2017 en un clasificatorio para el Mundial 2018 que Alemania ganó por 4-1. El artífice de las porterías a cero fue **Marc-André ter Stegen**, que cuatro días antes lo había hecho posible en una victoria por 1-0 de un amistoso sobre Inglaterra.

DER BOMBER

Gerd Müller fue el anotador más prolífico de la era moderna. Aunque no era alto ni elegante, era rápido, fuerte y tenía un ojo clínico para el gol. También tenía el don de marcar tantos primordiales en partidos importantes, como el decisivo en la final del Mundial de 1974, el de la victoria de la semifinal frente a Polonia y dos cuando ganaron a la URSS en la final de la Eurocopa 1972. Marcó 68 goles en 62 apariciones con la República Federal y es el máximo anotador de la Bundesliga y el máximo goleador de la historia de su club, el Bayern de Múnich.

LA LLAMADA DE LAHM

Philipp Lahm sorprendió a muchos cuando se retiró del fútbol internacional tras el Mundial 2014, con solo 30 años. Se fue cuando estaba en lo alto, habiéndose llevado el trofeo como capitán alemán al final de su 113.ª aparición. Lahm ya había dejado su impronta en las dos fases finales previas. Anotó el gol inicial en el Mundial 2006 y disputó cada minuto de ese torneo. Cuatro años más tarde, se convirtió en el hombre más joven en ser capitán mundialista, y el único encuentro que se perdió fue el eliminatorio por el tercer puesto contra Uruguay, por un descanso merecido. En su juventud, Lahm fue recogepelotas en el Bayern de Múnich y más tarde lo capitaneó hasta la victoria de la Champions League 2013.

DER KAISER

Franz Beckenbauer está considerado el mejor jugador de la historia del fútbol alemán. También ha dejado una importante huella como entrenador, administrador y organizador de la Copa Mundial de la FIFA. Beckenbauer (nacido el 11 de septiembre de 1945) era un medio-extremo atacante de 20 años cuando su selección llegó a la final del Mundial 1966. Más tarde creó la posición de líbero atacante en el Mundial 1970 y en el triunfo de la República Federal en la Eurocopa 1972 y el Mundial 1974. Cuando a mediados de la década de 1980 la República Federal necesitó un seleccionador, se pensó en él, aunque no tenía experiencia. Entre sus logros destacan la final del Mundial 86, la semifinal de la Eurocopa 88 y la consecución del Mundial 90 en su último partido en el cargo. Fue presidente del Bayern de Múnich, el club al que capitaneó en las tres Copas de Europa de 1974 a 1976. También dirigió la exitosa apuesta del Mundial 2006 en Alemania y el comité organizador. Se le apodó «el Káiser» por su influencia en el fútbol alemán.

MATADOR MATTHÄUS

Lothar Matthäus es el futbolista que ha sido más veces internacional con Alemania. Ha participado en cinco Mundiales (1982, 1986, 1990, 1994 y 1998), todo un récord para un jugador de campo. El polifacético Matthäus podía jugar como centrocampista defensivo, mediocentro atacante o como líbero. Ganó el Mundial 90, fue finalista en los Mundiales 82 y 86, y logró la Eurocopa 80. En su récord de 150 apariciones (en 20 años de carrera como internacional) repartidas entre la República Federal (87) y Alemania (63), anotó 23 goles. Fue elegido uno de los mejores jugadores del Mundial 1990.

INTERNACIONALES
(RFA y Alemania)

1	Lothar Matthäus	150
2	Miroslav Klose	137
3	Lukas Podolski	130
4	Bastian Schweinsteiger	120
5	Philipp Lahm	113
6	Jürgen Klinsmann	108
7	Jürgen Kohler	105
8	Per Mertesacker	104
9	Franz Beckenbauer	103
10	Thomas Hässler	101

MÁXIMOS GOLEADORES
(RFA y Alemania)

1	Miroslav Klose	71
2	Gerd Müller	68
3	Lukas Podolski	49
=	Jürgen Klinsmann	47
=	Rudi Völler	47
6	Karl-Heinz Rummenigge	45
7	Uwe Seeler	43
8	Michael Ballack	42
9	Oliver Bierhoff	37
=	Thomas Müller	37

KLOSE TIENE CLASE

Miroslav Klose se convirtió en el tercer jugador, después de Uwe Seeler y Pelé, en anotar en cuatro fases finales mundialistas. Su primer gol en Brasil, el del empate contra Ghana, le puso al nivel de Ronaldo en las listas de máximos goleadores mundialistas. Fue contra el Brasil de Ronaldo cuando Klose le adelantó, y su gol número 16 en la fase final supuso el final oportuno para dar una ventaja por 2-0 a Alemania en semifinales. Los 16 goles mundialistas de Klose provienen de dentro del área de penalti. Acabó el Mundial 2014 no solo con el récord de anotación y una medalla de campeón, sino también con 24 apariciones, por detrás de su compatriota Lothar Matthäus (25), y 17 victorias, una por delante del actual poseedor del récord, el brasileño Cafú. Klose se retiró en 2014 como máximo goleador alemán de todos los tiempos, con 71 tantos en 137 encuentros, y sus compañeros nunca han perdido un internacional en el que él haya marcado.

KÖPKE LO COPA

Andreas Köpke tuvo mucho que ver (y celebrar) en el triunfo de la RFA en los Mundiales de 1990 y de 2014. Fue uno de los suplentes elegidos por Franz Beckenbauer del portero titular Bodo Illgner en 1990 y, 24 años más tarde, fue entrenador de porteros con la selección de Joachim Löw y se encargó de entrenar al arquero titular, Manuel Neuer, así como a los reservas Ron-Robert Zieler y Roman Weidenfeller. Köpke al menos jugó toda la clasificatoria para la Eurocopa 1996 y tuvo un papel crucial que permitió que Alemania llegara a la final: paró un tiro del inglés Gareth Southgate en la tanda de penaltis de la semifinal.

LUKAS, EL CENTURIÓN MÁS JOVEN

Lukas Podolski fue durante un breve intervalo el jugador europeo más joven en conseguir 100 internacionalidades con Alemania a la edad de 27 años y 13 días en el tercer partido de primera ronda de la Eurocopa 2012, contra Dinamarca. Para la ocasión anotó el primer gol de una victoria por 2-1. Podolski nació en Gliwice (Polonia), pero optó por jugar para Alemania. Su familia emigró al país germano cuando tenía dos años. Fue votado mejor jugador joven del torneo cuando Alemania acogió el Mundial 2006 y quedó tercera. Se retiró del fútbol internacional en marzo de 2017 con el único gol, el número 49, del que dijo que sería su 130.º y último partido para Alemania, una victoria por 1-0 sobre Inglaterra en un amistoso en Dortmund.

KROOS CONTROLA

El centrocampista ofensivo **Toni Kroos** se convirtió en 2014 en el único hombre nacido en la RFA en ganar el Mundial. Nació en Greifswald en enero de 1990, nueve meses antes de la reunificación alemana. Sus dos goles en la semifinal en la que aplastaron a la anfitriona, Brasil, por 7-1 sucedieron en los minutos 24 y 26, lo que subió el marcador de 2-0 a un impresionante 4-0. También jugó toda la final contra Argentina y acabó el torneo en la lista de los 10 aspirantes al Balón de Oro. La medalla mundialista llegó un año después de ganar la Champions League con el Bayern de Múnich, y continuó triunfando en 2014 cuando, tras un traspaso al Real Madrid en verano, se hizo con la Supercopa de Europa y la Copa Mundial de Clubes de la FIFA.

PARA TODO HAY UNA PRIMERA VEZ

Joachim Löw fue, en 2014, el 19.º entrenador en ganar un Mundial de la FIFA, y el primer entrenador alemán en hacerlo sin haber jugado para su país. Después de una respetable carrera como centrocampista para varios clubes, incluido el SC Freiburg, y temporadas como entrenador en Alemania, Austria y Turquía, Löw fue nombrado asistente de Jürgen Klinsmann en 2004, antes de conseguir el puesto principal tras el Mundial 2006. Llevó a Alemania a la final de la Eurocopa 2008 y a las semifinales de la Eurocopa 2012, así como a un tercer puesto en el Mundial 2010. El entrenador ganador del Mundial 1954, Sepp Herberger, había ganado tres internacionales como jugador; el técnico de 1974, Helmut Schön, hizo 16 apariciones; y el de 1990, Franz Beckenbauer, ganó 103 internacionales y se alzó con el trofeo como capitán en 1974.

EL RÉCORD DE NEUER

Manuel Neuer ha batido el récord de tiempo entre goles internacionales encajados por Alemania. Pasaron 557 minutos entre el último gol de Brasil en la semifinal del Mundial 2014, que quedó 7-1 a favor de los germanos, y el gol del italiano Leonardo Bonucci en cuartos de la Eurocopa 2016. Alemania ganó por 6-5 en los penaltis gracias a los dos parones de Neuer. El artífice del récord anterior, una secuencia de 481 minutos en la década de 1970, fue Sepp Maier. Neuer, famoso por su facilidad con el balón a los pies, fue elegido capitán de la selección germana en septiembre de 2016, tras la retirada de Bastian Schweinsteiger. Además de su talento futbolístico, Neuer ha doblado al alemán a un personaje de Monstruos University, la película de animación Pixar y Disney de 2013.

SELECCIONADORES DE ALEMANIA

Otto Nerz	1928-36
Sepp Herberger	1936-64
Helmut Schön	1964-78
Jupp Derwall	1978-84
Franz Beckenbauer	1984-90
Berti Vogts	1990-98
Erich Ribbeck	1998-2000
Rudi Völler	2000-04
Jürgen Klinsmann	2004-06
Joachim Löw	2006-

BATALLA DE PRIMAS

Los campeones del mundo de 1974 estuvieron a punto de retirarse antes de la fase final. **Helmut Schön** estaba dispuesto a volver a casa por las disputas sobre las primas. Al final se llegó un acuerdo entre Franz Beckenbauer y el vicepresidente de la Federación, Hermann Neuberger. Los jugadores no se decidían a aceptar la oferta, pero Beckenbauer los convenció para que lo hicieran. Fue lo correcto, pues ganaron 2-1 a Holanda en la final.

FIEBRE GOLEADORA

La victoria más amplia de Alemania fue un 16-0 a Rusia en las Olimpiadas de 1912. Gottfried Fuchs, del Karlsruhe, marcó diez goles, un récord de la selección que todavía perdura.

REUNIÓN DE NOVATOS

Mario Götze, del Bayern de Múnich, fue el héroe cuando Alemania superó finalmente la resistencia de Argentina en la final del Mundial 2014. Su volea en el minuto 113 fue el primer tanto ganador de un suplente. Parecía adecuado que el primer triunfo mundialista de Alemania desde la reunificación de la RFA y la RDA en 1990 fuese asegurado por Götze, con un pase de André Schürrle, ya que eran los primeros internacionales alemanes que nacieron después de la reunificación. Debutaron como suplentes en el minuto 79 del partido contra Suecia en noviembre de 2010.

LOS AÑOS DE BRONCE DE ALEMANIA

La eliminatoria por el tercer puesto en el Mundial de 2010 entre Alemania y Uruguay fue la revancha del partido de igual naturaleza del torneo de 1970, cuando la RFA ganó por 1-0. El equipo germano consiguió el tercer puesto 40 años después, gracias a una impresionante victoria por 3-2 en el estadio Bahía Nelson Mandela de Puerto Elizabeth. El resultado, asegurado gracias a un gol tardío de Sami Khedira, supuso el cuarto tercer puesto de Alemania en el Mundial, ya que también quedó tercero en 1934 y 2006.

EL TIEMPO DE FRITZ WALTER

Fritz Walter era delantero centro y capitán cuando la RFA ganó su primer Mundial en 1954 tras remontar y vencer a la favorita Hungría por 3-2 en la final de Suiza, un triunfo que los alemanes recuerdan como «El Milagro de Berna». Su hermano Ottmar y él se convirtieron en los primeros hermanos en ganar un Mundial conjuntamente. Fritz jugó durante toda su carrera en el FC Kaiserslautern, en cuyo estadio se disputó un encuentro mundialista entre Italia y Estados Unidos que acabó en empate el 17 de junio de 2006, cuando se cumplía el cuarto aniversario de la muerte de Fritz a los 81 años. Antes del inicio del partido, se guardó un minuto de silencio. Se acuñó la expresión «hace tiempo de Fritz Walter» por su habilidad para jugar en las condiciones meteorológicas más adversas.

PRESIÓN SOBRE JULIAN

Alemania, campeona del mundo, ganó su primera Copa FIFA Confederaciones en Rusia en 2017, a pesar de que el técnico Joachim Löw pusiese a descansar a muchas de las estrellas de la absoluta, incluidos Thomas Müller, Mesut Özil y Toni Kroos. Lars Stindl anotó el único gol de la final, contra Chile, mientras que el portero Marc-André ter Stegen fue nombrado jugador del partido. El Balón de Oro del torneo fue a parar a manos del capitán de 23 años **Julian Draxler,** el jugador más joven de Alemania desde Max Breunig en los Juegos de 1912. La Bota de Oro recayó en su compañero Timo Werner, con tres goles. Alemania contó también con la media de edad más baja de cualquier Copa FIFA Confederaciones: 24 años y cuatro meses.

UN SORPRENDENTE SEPP

Sepp Herberger (1897-1977) fue uno de los personajes más influyentes en la historia del fútbol alemán. Fue el seleccionador que más tiempo estuvo en el cargo (28 años) y su maestría quedó ratificada cuando la República Federal sorprendió a la selección favorita, Hungría, en la final del Mundial 1954, resultado al que se atribuye la salida del país de la depresión de la posguerra. Herberger se hizo cargo del equipo en 1936 y lo llevó hasta la fase final del Mundial 1938. Durante la guerra utilizó su influencia para alejar del frente a sus mejores hombres. Cuando se reanudó la competición en 1949, la federación decidió buscar un entrenador, pero Herberger convenció al presidente de la Federación Alemana, Peco Bauwens, de que le devolviera su antiguo empleo. Tenía una cláusula en su contrato que le garantizaba carta blanca para organizar y seleccionar. Una de sus frases célebres fue: «El balón es redondo, el partido tiene una duración de noventa minutos, todo lo demás es pura teoría».

ITALIA

Solo Brasil (con cinco victorias) puede atribuirse más Mundiales que Italia. Los *Azzurri* («los azules») fueron la primera nación que revalidó el título, con dos triunfos consecutivos en 1934 y 1938. Consiguieron una inesperada victoria en España 82 y recogieron el trofeo futbolístico más codiciado por cuarta vez en 2006 tras vencer a Francia en una reñida tanda de penaltis. Si a esto se le añade la Eurocopa de 1968, pocos países pueden presumir de tener un registro mejor. Pero su historial de logros no acaba ahí, los clubes italianos han ganado 12 Copas de Europa y la liga nacional del país, la Serie A, está considerada una de las mejores de este deporte. Por todo esto se puede afirmar que Italia es una potencia del fútbol.

GUANTES

Walter Zenga estuvo 517 minutos sin encajar un gol en el Mundial de 1990, un récord en toda la historia de la competición que superó el argentino Claudio Caniggia en semifinales.

TAN MAYORES

Italia fue uno de los cuatro equipos invictos que se clasificó para la Eurocopa 2016 y, mientras que Austria y Rumanía cayeron en primera ronda, e Inglaterra en segunda, el combinado de Antonio Conte llegó a cuartos de final antes de perder contra Alemania en penaltis. Simone Zaza, que entró como suplente justo a tiempo para los penaltis, se disculpó por fallar el lanzamiento tras una carrerilla un tanto peculiar. El partido de apertura de Italia contra Bélgica mostró una alineación inicial con una media de edad de 31 años y 169 días, siendo el equipo de mayor edad de la historia de la Eurocopa.

LA TOMATINA ITALIANA

Italia fue eliminada del Mundial en primera ronda tanto en 2010 como en 2014; la primera vez que lo hicieron en dos torneos consecutivos fue en 1962 y 1966. Al menos, los jugadores actuales no sufrieron el destino de los que volvieron a casa desde Inglaterra en 1966: les arrojaron fruta podrida tras una penosa derrota por 1-0 ante la pequeña Corea del Norte.

EN BUENAS MANOS

Durante la Segunda Guerra Mundial, el trofeo Jules Rimet que Italia consiguió en 1938 permaneció escondido en una caja de zapatos bajo la cama del dirigente del fútbol italiano, Ottorino Barassi. Prefirió guardar el trofeo allí en vez de en el banco de Roma donde estaba y fue devuelto a la FIFA sano y salvo cuando se reanudó la Copa Mundial de fútbol en 1950.

EN EL PUNTO DE MIRA

Solo Inglaterra ha perdido tantas veces en los penaltis del Mundial como Italia, tres cada una. **Roberto Baggio**, apodado «la Divina Coleta», participó en las tres derrotas de su selección desde el punto de penalti, en 1990, 1994 y 1998. El lateral izquierdo Antonio Cabrini es el único que ha fallado un penalti en el tiempo reglamentario de la final de un Mundial: en 1982 el marcador señalaba 0-0, pero por suerte para él, ganaron a la RFA por 3-1.

DON CHIQUITÍN

Dino Zoff y Gianluigi Buffon fueron reconocidos no solo por sus hazañas en la portería y su liderazgo en la selección, sino también por su longevidad. Por el contrario, **Gianluigi Donnarumma**, con 17 años y 189 días, estableció el récord de arquero internacional más joven cuando sustituyó a Buffon contra Francia en 2016. Ya había sido el segundo guardameta más joven en comenzar un partido de la Serie A, con el AC Milan a los 16 años y 242 días, en octubre de 2015, justo 73 días después de que Giuseppe Sacchi debutase para el mismo club con 13 días menos. Donnarumma ya era el más joven en la Sub-21, con 17 años y 28 días, cuando Italia cayó por 4-1 ante la República de Irlanda. El internacional más joven de Italia sigue siendo Renzo De Vecchi, con 16 años y 112 días.

DE ROSSI NO SE VA DE ROSITAS

El combativo centrocampista Daniele de Rossi fue castigado rotundamente cuando le expulsaron por un codazo al estadounidense Brian McBride durante el partido de grupos de Italia en el Mundial 2006. Regresó de la suspensión a tiempo para entrar de suplente en la final, que Italia arrebató a Francia. Y eso que anteriormente, en marzo de ese mismo año, había recibido numerosos elogios por su honestidad en un partido de la Serie A del AS Roma contra el Messina. Roma consiguió un tanto, pero De Rossi convenció al árbitro de que lo anulara porque había hecho mano. Aun así el Roma venció 2-1. Entre sus logros en el plano internacional se incluyen una medalla de bronce en las Olimpiadas de 2004, y en 2014 se convirtió en el sexto italiano en lograr 100 internacionales.

EMPATADÍSIMOS

Ningún equipo ha terminado más partidos mundialistas en empate que Italia, que elevó su récord a 21 con los empates a uno contra Paraguay y Nueva Zelanda en el torneo de 2010 en Sudáfrica. Su primer empate también fue a uno, contra España en cuartos de final de 1934. El italiano **Giuseppe Meazza** marcó el único tanto en la repetición al día siguiente, y ese año Italia se alzó con el trofeo por primera vez.

ESPECIALISTAS EN TORNEOS

COPA MUNDIAL: 18 apariciones - campeones 1934, 1938, 1982, 2006
EUROCOPA: 8 apariciones - campeones 1968
PRIMER INTERNACIONAL: Italia 6 - Francia 2 (Milán, 15 de mayo de 1910)
MAYOR VICTORIA: Italia 9 - EE. UU. 0 (Brentford, Londres, 17 de agosto de 1948 - Juegos Olímpicos)
PEOR DERROTA: Hungría 7 - Italia 1 (Budapest, 6 de abril de 1924)

APUNTAR ALTO

Vittorio Pozzo es el único entrenador que ha conquistado dos veces la Copa Mundial de la FIFA, ambas con la selección italiana, en 1934 y 1938 (solo dos jugadores estuvieron en ambas finales: Giuseppe Meazza y Giovanni Ferrari). También dirigió a Italia en su triunfo olímpico de 1936. Pozzo, que nació en Turín el 2 de marzo de 1886, aprendió a valorar el fútbol al ver jugar al Manchester United mientras estudiaba en Inglaterra, pero regresó a casa para la boda de su hermana y no le dejaron volver a irse del país. Pozzo enardeció a su selección antes de la semifinal contra Brasil en 1938 contándoles que sus rivales ya habían reservado el billete para ir a la final de París, e Italia ganó 2-1.

CONTE CUENTA

Tras la debacle de Italia en la primera ronda de 2014 por segundo Mundial consecutivo, la selección buscó a un hombre con experiencia mundialista, aunque el centrocampista **Antonio Conte** era suplente cuando perdieron ante Brasil en 1994. También estaba en el banquillo cuando Italia fue vapuleada con un 2-1 por Francia en la final de la Eurocopa 2000 y perdió tres finales de la Champions League con la Juventus, en 1997, 1998 y 2003. No obstante, jugó 20 partidos internacionales y obtuvo cinco títulos de liga y la Champions League con la Juve. Más tarde, regresó al club de Turín como entrenador y ganó la liga Serie A tres temporadas seguidas antes de ocuparse de la selección italiana en 2014. Luego, llevó a Italia hasta cuartos de final de la Eurocopa 2016 y, después, anunció que se uniría al club inglés Chelsea. Le sucedió en el cargo Giampiero Ventura, igual que ocurrió con el Bari en 2009.

LOS SELECCIONADORES

Vittorio Pozzo	**1912, 1924**
Augusto Rangone	**1925-28**
Carlo Carcano	**1928-29**
Vittorio Pozzo	**1929-48**
Ferruccio Novo	**1949-50**
Carlino Beretta	**1952-53**
Giuseppe Viani	**1960**
Giovanni Ferrari	**1960-61**
Giovanni Ferrari/Paolo Mazza	**1962**
Edmondo Fabbri	**1962-66**
Helenio Herrera/Ferruccio Valcareggi	**1966-67**
Ferruccio Valcareggi	**1967-74**
Fulvio Bernardini	**1974-75**
Enzo Bearzot	**1975-86**
Azeglio Vicini	**1986-91**
Arrigo Sacchi	**1991-96**
Cesare Maldini	**1997-98**
Dino Zoff	**1998-2000**
Giovanni Trapattoni	**2000-04**
Marcello Lippi	**2004-06**
Roberto Donadoni	**2006-08**
Marcello Lippi	**2008-10**
Cesare Prandelli	**2010-14**
Antonio Conte	**2014-16**
Giampiero Ventura	**2016-**

EL HIJO PRÓDIGO

Paolo Rossi fue el inesperado héroe del triunfo de Italia en el Mundial 82, ya que ganó la Bota de Oro con seis tantos, entre los que se incluyen su memorable *hat trick* a Brasil en la segunda ronda y el primero de los tres goles italianos de la victoria final sobre la RFA. Pero casi no llega a tiempo al Mundial, ya que solo seis semanas antes del comienzo del torneo cumplió la sanción de dos años por su supuesta implicación en un escándalo de apuestas.

HÉROES EN SAN SIRO

Italia amplió su trayectoria de 93 años invicta en Milán a 43 partidos cuando empató a cero con la campeona mundial, Alemania, en San Siro en un amistoso en noviembre de 2016. Su última derrota fue contra Hungría por 2-1 en enero de 1925.

MISTER INTER, GIACINTO

Ningún jugador del Inter llevará nunca la camiseta n.º 3, ya que fue retirada en honor del legendario zaguero **Giacinto Facchetti**, tras su fallecimiento en 2006 a los 64 años. Dedicó toda su carrera adulta al Inter, entre 1960 y 1978, y más tarde fue director técnico y presidente del club. Sus días como jugador le ayudaron a cimentar el papel de los defensas como atacantes. Utilizaba mucho el pie derecho aunque jugaba en el lateral izquierdo. Capitaneó a Italia en 70 de los 94 partidos internacionales que disputó y se alzó con el trofeo de la Eurocopa en 1968.

MORDER EL POLVO

Italia salió del Mundial 2014 de Brasil en primera ronda. Tras vencer a Inglaterra en Manaos, perdió por 1-0 ante la campeona sorpresa del grupo: Costa Rica. Fue su primera derrota mundialista contra una nación centroamericana. Luego, perdió un partido decisivo contra Uruguay con el mismo marcador por un gol tardío de Diego Godín. Los italianos se enfurecieron cuando el ariete del equipo contrario, Luis Suárez, no fue expulsado por morder a Giorgio Chiellini en el hombro. El subcapitán italiano se bajó la camiseta para mostrar al árbitro mexicano Marco Rodríguez las marcas que los dientes le habían dejado en la piel, pero fue un gesto inútil. En 2014, Chiellini anotó los tres goles de la victoria de Italia por 2-1 contra Azerbaiyán en un clasificatorio para la Eurocopa 2016 en Palermo. Abrió el marcador justo antes del descanso, marcó en propia meta cuando quedaban 14 minutos y anotó el gol de la victoria de los *Azzurri* en el minuto 82.

INTERNACIONALES

1	Gianluigi Buffon	169
2	Fabio Cannavaro	136
3	Paolo Maldini	126
4	Andrea Pirlo	116
5	Daniele De Rossi	114
6	Dino Zoff	112
7	Gianluca Zambrotta	98
8	Giacinto Facchetti	94
9	Giorgio Chiellini	92
10	Alessandro Del Piero	91

MÁXIMOS GOLEADORES

1	Luigi Riva	35
2	Giuseppe Meazza	33
3	Silvio Piola	30
4	Roberto Baggio	27
=	Alessandro Del Piero	27
6	Alessandro Altobelli	25
=	Adolfo Baloncieri	25
=	Filippo Inzaghi	25
9	Francesco Graziani	23
=	Christian Vieri	23

ZOFF ZOZOBRA

El guardameta **Dino Zoff** estableció un récord internacional al llegar a disputar 1.142 minutos de juego sin encajar un gol entre septiembre de 1972 y junio de 1974. Zoff fue el capitán de Italia cuando se proclamó campeona del mundo en 1982, emulando la proeza de otro cancerbero de la Juventus, Gianpiero Combi, que fue el capitán vencedor en 1934. Como seleccionador de Italia, Zoff logró llegar a la final de la Eurocopa 2000, pero perdió 2-1 frente a Francia por culpa de un gol de oro en la prórroga. Al poco tiempo dimitió a causa de las feroces críticas que le dedicó el primer ministro italiano, Silvio Berlusconi.

UNO PARA TODOS

Marcelo Lippi utilizó a todos los suplentes del equipo cuando Italia ganó su cuarto Mundial en Alemania en 2006. Los seis delanteros designados anotaron una vez cada uno, salvo Luca Toni, que marcó dos tantos que podrían haber sido tres si su gol de cabeza en el minuto 61 de la final contra Francia no se hubiese anulado por posición adelantada. Los otros delanteros que anotaron un tanto fueron Alessandro Del Piero, Francesco Totti, Alberto Gilardino, Vincenzo Iaquinta y Filippo Inzaghi. Luca Toni se retiró al final de la temporada 2015-2016 a los 39 años de edad, tras haberse convertido un año antes en el jugador de más edad en haber terminado la Serie A como máximo anotador.

A LA DE TRES

Alberto Gilardino fue el último hombre en lograr un *hat trick* para Italia en un internacional oficial al ayudar a su combinado a batir a Chipre por 3-2 en octubre de 2009 en un clasificatorio para el Mundial 2010. Gianluca Lapadula anotó tres veces cuando Italia derrotó a San Marino por 8-0 en Empoli el 31 de mayo de 2017, aunque su amistoso no se consideró un internacional oficial.

BUEN COMIENZO

El defensa del Torino Emiliano Moretti se convirtió en el debutante de más edad de la selección italiana cuando saltó al campo en un amistoso contra Albania en noviembre de 2014 a la edad de 33 años y 160 días. Pero este debut palidece en comparación con el del ariete Christian Vieri, que no solo firmó su primera aparición con un gol, el segundo de su combinado en la victoria por 3-0 sobre Moldavia en marzo de 1997, sino que también fue el gol número 1.000 de Italia a nivel internacional.

EL ARROLLADOR RIVA

El máximo goleador italiano de todos los tiempos es **Luigi, o «Gigi», Riva**, que anotó 35 goles en 42 encuentros como internacional. Uno de sus tantos más famosos fue el primer gol de la victoria sobre Yugoslavia en la final de la Eurocopa de 1968. A pesar de su trayectoria goleadora, tras haber cambiado de extremo izquierdo a delantero, Riva (Leggiuno, 7 de noviembre de 1944) nunca fichó por ninguno de los legendarios grandes clubes italianos, sino que pasó toda su carrera deportiva en el modesto equipo sardo del Cagliari y llegó a rechazar una oferta de la poderosa Juventus. Con sus 21 goles logró que su club ganara su primer y único título de liga, en 1970. Sin embargo, tuvo mala suerte con las lesiones y se rompió la pierna izquierda en 1966 y la derecha en 1970 mientras jugaba con la selección.

FELIZ CENTENARIO

Cuando Italia ganó el Mundial 2006, su capitán, **Fabio Cannavaro,** fue nombrado Jugador Mundial de la FIFA 2006 a los 33 años, convirtiéndose en el ganador más veterano y el primer defensa en recibir el premio. Cannavaro, nacido en Nápoles en 1973, jugó todo el torneo de 2006 y su triunfo en la final contra Francia fue la mejor forma de celebrar sus cien partidos como internacional.

NADA DE BUFONADAS

El arquero italiano **Gianluigi Buffon** no solo ha sido uno de los mejores porteros del mundo, sino que ha superado las hazañas de su legendario predecesor Dino Zoff. Buffon emuló al campeón del Mundial 1982 cuando formó parte de la selección ganadora del Mundial 2006 al encajar únicamente dos goles durante el torneo, un autogol y un penalti. El progreso de la selección hasta la final de la Eurocopa 2012 le permitió jugar su 25.º encuentro para Italia en una fase final, uno más que Zoff, y solo por detrás de los defensas Paolo Maldini (36) y Fabio Cannavaro (26). La salida de Italia en primera ronda en el Mundial 2010 podría achacarse en gran medida a la lesión de espalda de Buffon en la primera parte del primer partido, que le dejó fuera para el resto del torneo. Al contrario que los veteranos Cannavaro y Gennaro Gattuso, que se retiraron del plano internacional tras el Mundial, Buffon insistió en seguir, y Cesare Prandelli le recompensó con la capitanía. Buffon se convirtió en el tercer futbolista seleccionado para cinco Mundiales cuando apareció dos veces en Brasil en 2014, y solo se perdió el partido inicial contra Inglaterra debido a una lesión en el tobillo. Buffon igualó el récord europeo de 167 internacionalidades, junto con el portero español Iker Casillas y el centrocampista letón Vitalijs Astafjevs, cuando mantuvo su portería a cero en un empate sin goles contra Alemania en Milán el 15 de noviembre de 2016, batiendo después este récord en marzo de 2017 con otra portería virgen en el partido número 1.000 de su carrera contra Albania.

VICTORIA APLASTANTE

En la temporada 1989-90, tres clubes italianos lograron un triplete único: los tres trofeos de la UEFA. El AC Milan conquistó la Copa de Europa; la Juventus, la Copa de la UEFA y la Sampdoria, la Recopa de Europa.

TODO QUEDA EN FAMILIA

Cesare y **Paolo Maldini** son los únicos padre e hijo que se han alzado con la Copa de Europa como capitanes, ambos con el AC Milan y en Inglaterra por primera vez. Cesare levantó el trofeo cuando su equipo se impuso al Benfica en Wembley (Londres) en 1963. Paolo repitió la hazaña 40 años después, cuando el Milan derrotó a la Juventus en Old Trafford (Mánchester). Cesare fue seleccionador, y Paolo, capitán del combinado italiano que disputó el Mundial 98, y ambos también coincidieron en 2002, aunque entonces Cesare estaba a cargo de Paraguay. La tercera generación, Christian Maldini, nacido en 1996, trató de emular a su padre y abuelo, pero se fue de Milán en 2016 sin llegar a disputar ni un partido con la absoluta. Hubiese sido el único jugador en poder lucir la famosa camiseta de su padre con el dorsal 3. Aunque Paolo se retiró como segundo futbolista italiano con más partidos en la selección, nunca ganó un trofeo internacional y tuvo que conformarse con ser tercero y subcampeón en el Mundial, y subcampeón en la Eurocopa. Cesare murió el 3 de abril de 2016, a los 84 años.

ACE VENTURA

Giampiero Ventura fue designado para suceder a Antonio Conte como seleccionador italiano el 7 de junio de 2016, convirtiéndose en el técnico más mayor cuando superó los 69 años de Fulvio Bernardini, que había ostentado el cargo durante seis partidos, de 1974 a 1975. El seleccionador más mayor de Italia en un Mundial fue Cesare Maldini, que tenía 70 años y 131 días cuando se dirigió a Paraguay en 2002. Ventura batirá este récord si sigue siendo seleccionador en Rusia 2018.

LOS MEJORES JUGADORES ITALIANOS

(según la Federación Italiana de Fútbol)

1 Giuseppe Meazza
2 Luigi Riva
3 Roberto Baggio
4 Paolo Maldini
5 Giacinto Facchetti
6 Sandro Mazzola
7 Giuseppe Bergomi
8 Valentino Mazzola

PIRLO, EL MIRLO BLANCO

El volante **Andrea Pirlo,** el cuarto futbolista italiano
más veces internacional con 116 partidos, es
uno de los mejores futbolistas en la ejecución
de pases de la era moderna. Fue uno de los
jugadores que destacó cuando Italia ganó
el Mundial 2006 y el único en recibir
tres premios al jugador del partido en
la Eurocopa 2012. Quizás su momento
álgido en esta edición fue en el penalti
«Panenka» que logró insertar en el centro de la
portería en la tanda de penaltis de cuartos de
final contra Inglaterra. Pirlo llegó al torneo tras
haber ganado la liga italiana esa temporada con
la Juventus después de su traspaso como agente
libre desde el AC Milan en 2011.

MEDALLISTAS

Giovanni Ferrari no solo ha sido campeón del
mundo en dos ocasiones, en 1934 y 1938, sino que
también comparte el récord de mayor número de títulos
de la Serie A con ocho trofeos: cinco con la Juventus, dos
con el Inter y uno con el Bologna. Virginio Rosetta
la ganó dos veces con el Pro Vercelli y seis con
la Juventus, mientras que Giuseppe Furino y
Gianluigi Buffon lograron ocho con la Juventus.
Buffon tiene 10 títulos, pero los de 2004-2005 y
2005-2006 se anularon por el escándalo Calciopoli.

LOS *AZZURRI* VEN EL ROJO

Tres jugadores han visto la roja dos veces
con Italia, y otros tres han sido expulsados
en su debut. Pietro Rava se estrenó como
internacional con una expulsión a los
53 minutos del partido contra Estados
Unidos de agosto de 1936
en las Olimpiadas de Berlín.
Gianfranco Leoncini, de la
Juventus, contra Argentina en
junio de 1966, y Davide
Astori, del Cagliari,
contra Ucrania en marzo
de 2011, también
fueron expulsados en
su primera aparición
con los *Azzurri*. El
trío de jugadores
con dos tarjetas
rojas cada uno
lo componen
Giancarlo
Antognoni, Franco
Causio y **Daniele
De Rossi.**

TÍTULOS DE LA LIGA ITALIANA

Juventus	33	Lazio	2
Internazionale	18	Napoli	2
AC Milan	18	Cagliari	1
Genoa	9	Casale	1
Bologna	7	Hellas Verona	1
Pro Vercelli	7	Novese	1
Torino	7	Sampdoria	1
Roma	3	Spezia	1
Fiorentina	2		

EL GRAN TORINO

El Torino era el club de fútbol más exitoso de Italia
cuando su primer equipo falleció en la tragedia aérea
de Superga, a las afueras de Turín, el 4 de mayo de
1949. Desde entonces solo ha ganado un título de
liga de la Serie A, en la temporada 1976-77. Entre las
víctimas mortales estaba el *crack* Valentino Mazzola,
que había acompañado al equipo aunque estaba
enfermo. Su hijo **Sandro,** que entonces tenía seis
años, despuntó en la selección italiana que ganó la
Eurocopa 1968 y fue subcampeona del mundo dos
años después.

SAN SIRO

El estadio que comparten el AC Milan y el Inter de
Milán se conoce como San Siro por el barrio en el
que se encuentra, pero su nombre oficial es Stadio
Giuseppe Meazza en honor al centrocampista y
entusiasta del baile que jugó para ambos equipos,
así como en la selección que ganó los Mundiales
de 1934 y 1938. A Meazza (Milán, 23 de agosto de
1910) lo descubrió un ojeador del Inter mientras
daba toques con la cabeza a un balón de trapo,
pero era tan escuálido que tuvo que engordar
a base de filetes. Su último gol para Italia fue
el penalti de la semifinal contra Brasil en el
Mundial de 1938, que marcó mientras
se sujetaba los pantalones porque se le
había roto la goma.

VISTO Y NO VISTO

Emanuele Giaccherini marcó el gol más rápido de
Italia, a los 19 segundos de su amistoso contra
Haití en junio de 2013, un segundo más rápido
que el tanto de Salvatore Bagni contra México 29
años antes. El partido contra Haití terminó 2-2 y se
disputó para recaudar fondos para las víctimas del
terremoto de ese país de 2010.

HOLANDA

Puede que las gradas repletas de hinchas holandeses con sus camisetas naranjas sea algo habitual en las principales competiciones futbolísticas del mundo hoy día, pero no siempre ha sido así. El país no tuvo un equipo digno de convertirse en leyenda hasta la década de 1970 con Johan Cruyff y el espectacular sistema del «Fútbol Total» de su equipo. Ganaron la Eurocopa 1988 y desde entonces han competido para conseguir los máximos galardones de este deporte.

SELECCIONADORES
(DESDE 1980)

Jan Zwartkruis	1978-81
Rob Baan	1981
Kees Rijvers	1981-84
Rinus Michels	1984-85
Leo Beenhakker	1985-86
Rinus Michels	1986-88
Thijs Libregts	1988-90
Nol de Ruiter	1990
Leo Beenhakker	1990
Rinus Michels	1990-92
Dick Advocaat	1992-95
Guus Hiddink	1995-98
Frank Rijkaard	1998-2000
Louis van Gaal	2000-02
Dick Advocaat	2002-04
Marco van Basten	2004-08
Bert van Marwijk	2008-12
Louis van Gaal	2012-14
Guus Hiddink	2014-2015
Danny Blind	2015-17
Dick Advocaat	2017-

EL MAESTRO MICHELS

La FIFA designó a **Rinus Michels** (1928-2005) mejor entrenador del siglo XX en 1999 por los éxitos cosechados con los Países Bajos y el Ajax. El exdelantero de ambos conjuntos se hizo cargo de su antiguo club en 1965 y comenzó a crear el equipo que dominaría el fútbol europeo a comienzos de la década de 1970. Michels formó el equipo en torno a Johan Cruyff (como haría más tarde en la selección) e introdujo el concepto de «Fútbol Total». Tras ganar la Copa de Europa con el Ajax en 1971, se marchó al Barcelona, pero regresó a su país para dirigir la apuesta holandesa para el Mundial 1974. Fue apodado «el General» por su disciplina, ya que podía imponer el orden entre las diversas facciones del vestuario neerlandés. Michels hizo uso de esta habilidad cuando volvió a ocuparse del equipo nacional en la campaña de la Eurocopa 1988. En la fase final, los Países Bajos derrotaron a Inglaterra y a la República de Irlanda y pasaron a semifinales. Entonces eliminaron a la anfitriona, la República Federal de Alemania, y más tarde vencieron a la Unión Soviética por 2-0 en la final. Michels se encargó por tercera vez de la selección holandesa en la Eurocopa 92, que llegó a semifinales, pero se jubiló justo después del torneo.

EL MAGO CRUYFF

El fútbol mundial se unió para rendir tributo a una de las leyendas de todos los tiempos y uno de los mejores jugadores del mundo: **Johan Cruyff**, que murió a los 68 años el 24 de marzo de 2016. Gary Lineker, exdelantero del Barcelona dijo: «Cruyff fue el que más se esforzó en hacer bonito el juego bonito». Maradona afirmó: «Nunca te olvidaremos, compañero». El primer ministro holandés Mark Rutte dijo: «Se le conocía en el mundo entero y, a través de él, el mundo conoció a Holanda». Cruyff, que nació en Ámsterdam el 25 de abril de 1947, no solo fue un genio con la pelota a sus pies, sino también un inspirador filósofo del fútbol, que divulgó el concepto de «Fútbol Total», no solo con el Ajax de Ámsterdam y la selección holandesa en la década de 1970, sino también en España, donde jugó y dirigió al Barcelona y actuó como mentor de los que le siguieron, como Pep Guardiola y Xavi Hernández. También ofreció al mundo su imitadísimo «giro de Cruyff», una finta en la que lanzaba el balón hacia atrás con la parte interna de su pie antes de girar. Cuando lo ejecutó, dejó desconcertado al defensa sueco Jan Olsson.

KLAASSEN CON CLASE

El primer internacional del centrocampista Davy Klaassen, una derrota por 2-0 ante Francia en marzo de 2014, lo convirtió en el 100.º jugador en debutar con la absoluta siendo jugador del Ajax de Ámsterdam y habiéndose formado en su cantera. Aunque tuvo que esperar 12 meses para volver a salir, se las apañó para anotar su primer gol internacional en la victoria por 2-0 sobre España en marzo de 2015.

MENUDOS 69

Dick Advocaat, con 69 años, pasó a ser el seleccionador holandés más mayor cuando le reeligieron en mayo de 2017. Guus Hiddink, despedido en 2015, tenía 68 años cuando le relegaron de su cargo. Advocaat, que había sido asistente técnico en tres ocasiones, volvió a ser seleccionador por tercera vez, tras las temporadas de 1992-1994 y 2002-2004. En 2017, el asistente de Advocaat fue Ruud Gullit. El predecesor de Advocaat fue el sucesor de Hiddink, Danny Blind, miembro del combinado en 1994, aunque sus equipos como entrenador no lograron clasificarse para la Eurocopa 2016 y sufrieron en el grupo de clasificación que les tocó para el Mundial 2018.

GOLEADA

Solo cuatro jugadores han anotado cinco goles en un partido para Holanda: Jan Vos, cuando Finlandia acabó aplastada por 9-0 en 1912; Leen Vente, en la derrota por 9-3 ante Bélgica en 1934; John Bosman, en el machaque a Chipre en casa por 8-0 en 1987, y Marco van Basten, en una victoria 8-0 en Malta en diciembre de 1990. Bosman logró tres *hat tricks* para los holandeses, al igual que Mannes Francken, Beb Bakhuys y Faas Wilkes. Dos de los tripletes de Wilkes fueron en 1946; el tercero llegó 13 años más tarde.

HAPPEL, EL HÉROE

Ernst Happel es el entrenador que ha conseguido más logros con equipos holandeses tras Rinus Michels. El exdefensa austriaco hizo historia en 1970 al conseguir la Copa de Europa con el Feyenoord, el primer equipo neerlandés en ganar el trofeo. Fue reclutado para dirigir a los Países Bajos en el Mundial 1978 tras llevar al Club Brujas hasta la final de la Copa de Europa. Ya sin Johan Cruyff, Happel sacó el máximo partido a Ruud Krol, Johan Neeskens y Arie Haan al llegar a la final, aunque perdieron ante Argentina en la prórroga.

LA ORANJE SUFRE CAMBIOS

Diez de los once hombres que comenzaron la final del Mundial 2010 participaron en la desastrosa Eurocopa de 2012. Perdieron los tres partidos de primera ronda, por lo que no pasaron a la siguiente fase de un torneo importante por primera vez desde que se clasificaron para la Eurocopa 2004. Las cosas mejoraron bastante en el Mundial 2014, ya que Holanda quedó tercera tras perder la semifinal contra Argentina en la tanda de penaltis. Solo nueve miembros de los 23 hombres del combinado de la Eurocopa 2012 llegaron a Brasil 2014. La actuación holandesa más notable en Brasil llegó en el partido inicial, en el que vengaron su derrota en el Mundial anterior al demoler a la campeona España por 5-1 en Salvador de Bahía. El fantástico cabezazo de **Robin van Persie** desde el borde del área que superó a Iker Casillas fue lo mejor. Van Persie se convertía con este tanto en el primer holandés en anotar en tres Mundiales diferentes. El Mundial 2014 fue el primero en el que Holanda acabó su trayectoria con una victoria: en el partido por el tercer puesto, con un 3-0 sobre la anfitriona, Brasil. Esto estableció otro récord: Holanda fue la primera selección en haber vencido a Brasil en tres partidos mundialistas.

EL TORNEO DE VAN BASTEN

Marco van Basten fue el héroe del triunfo neerlandés en la Eurocopa 1988. Logró un *hat trick* que privó a Inglaterra de su pase a semifinales, endilgó el gol decisivo a la RFA en la semifinal y sentenció la final por 2-0 frente a la Unión Soviética con una espectacular volea. El delantero holandés deslumbró en la Serie A italiana con el AC Milan y fue dos veces el máximo goleador de la liga antes de verse obligado a retirarse prematuramente por continuos problemas en el tobillo. Entonces se convirtió en el entrenador de Holanda en su paso por segunda ronda del Mundial 2006 y por cuartos de la Eurocopa 2008.

HACIENDO TIEMPO

El arquero Sander Boschker tuvo que esperar bastante hasta entrar en el fútbol internacional, pero estableció dos récords holandeses cuando finalmente fue suplente en el segundo tiempo del amistoso contra Ghana en junio de 2010. Con 39 años y 256 días, no fue solo el holandés más mayor en ganar su primer y único internacional, sino también el más veterano de la historia de la selección. Se retiró en 2014.

BERGKAMP SE PIERDE PARTIDOS POR MIEDO A VOLAR

Dennis Bergkamp habría jugado más de 79 partidos internacionales si no hubiese tenido miedo a volar. Bergkamp se negó a viajar en avión después de que la selección holandesa sufriera un falso aviso de bomba en el Mundial 1994 en EE. UU. No competía con la selección ni sus clubes si no podía llegar en coche, tren o barco. Su intrincado gol de la victoria contra Argentina en cuartos de final del Mundial 1998 es considerado por muchos como uno de los goles más bonitos y elegantes del torneo.

LAS DIFERENTES CARAS DE SNEIJDER

El 9 de junio de 2017, Holanda venció a Luxemburgo por 5-0 en un clasificatorio para el Mundial 2018, y el volante **Wesley Sneijder** no solo se convirtió en el futbolista con más internacionalidades, sino que también marcó su 131.ª aparición internacional con su 31.er gol. Cinco noches antes, en un amistoso que ganó por 5-0 a Costa de Marfil, Sneijder había igualado los 130 internacionales del arquero Edwin van der Sar. Disfrutó de una temporada casi perfecta en 2010, ya que hizo triplete con el Inter (liga, copa y supercopa) y ganó la Champions League, pero no logró la Copa Mundial, ya que Holanda perdió por 1-0 ante España en la final. Sneijder casi gana la Bota de Oro; sus cinco goles le igualaron con Diego Forlán, Thomas Müller y David Villa.

INTERNACIONALES

1	Wesley Sneijder	131
2	Edwin van der Sarr	130
3	Frank de Boer	112
4	Rafael van der Vaart	109
5	Gio van Bronckhorst	106
6	Dirk Kuyt	104
7	Phillip Cocu	101
=	Robin van Persie	101
9	Arjen Robben	92
10	John Heitinga	87
=	Clarence Seedorf	87

EL PRECOZ GOL DE NEESKENS

Los Países Bajos se adelantaron en el marcador en el primer minuto de la final del Mundial 1974 antes de que los alemanes tocaran el balón. Consiguieron dar 14 pases desde el saque inicial hasta que Uli Hoeness derribó a Cruyff en el área. **Johan Neeskens** anotó el primer penalti en la final de un Mundial... pero aun así perdieron.

A KRUL NO SE LAS KRUELAN

Louis van Gaal se sacó un as de la manga al sustituir al portero Jasper Cillessen por Tim Krul en el minuto 119 del partido de cuartos contra Costa Rica en el Mundial 2014. Pensó que tendrían más posibilidades de ganar la tanda de penaltis resultante con Krul entre los palos, ya que era unos centímetros más alto que Cillessen. Como era de esperar, Krul paró dos penaltis y los holandeses continuaron en el Mundial. Las suplencias forzosas durante la semifinal contra Argentina impidieron que van Gaal pudiese repetir el truco y Cillessen no pudo emular las proezas de Krul. El tercer portero Michel Vorm sustituyó a Cillessen durante el tiempo de descuento del eliminatorio por el tercer puesto contra Brasil, lo que convirtió a Holanda en la primera selección en poner en el campo a los 23 miembros del equipo durante el Mundial de la FIFA.

PERDEDORES POR PARTIDA DOBLE

Nueve jugadores neerlandeses integraron el equipo que perdió las finales de los Mundiales 1974 (2-1 ante la RFA) y 1978 (3-1 ante Argentina). Jan Jongbloed, Ruud Krol, Wim Jansen, Arie Haan, Johan Neeskens, Johnny Rep y Rob Rensenbrink fueron titulares en ambos partidos. Wim Suurbier fue titular en 1974 y suplente en 1978, y René van der Kerkhof fue suplente en 1974 y titular en 1978.

EL CAPITÁN GANADOR

Con sus inconfundibles rizos rastafaris, **Ruud Gullit** causó sensación en el mundo del fútbol durante las décadas de 1980 y 1990. Dos veces campeón de Europa con el AC Milan y ganador del Balón de Oro, la afición holandesa siempre le recordará con cariño por ser el primer hombre con camiseta neerlandesa que levantó un trofeo importante, el de la Eurocopa 1988.

MÁXIMOS GOLEADORES

1	Robin van Persie	50
2	Klaas-Jan Huntelaar	42
3	Patrick Kluivert	40
4	Dennis Bergkamp	37
5	Ruud van Nistelrooy	35
=	Faas Wilkes	35
7	Johan Cruyff	33
=	Abe Lenstra	33
=	Arjen Robben	33
10	Wesley Sneijder	31

LOS DE BOER BATEN RÉCORDS

Los gemelos **Frank** y **Ronald de Boer** ostentan el récord holandés de mayor número de partidos disputados por hermanos. Frank jugó 112 veces con la selección, y Ronald, 67. Ronald falló un penalti crucial cuando los holandeses perdieron ante Brasil en la semifinal del Mundial de 1998, mientras que a Frank le pasó algo similar en la misma fase de la Eurocopa dos años más tarde. Frank se convirtió en el técnico del Ajax de Ámsterdam en diciembre de 2010, habiendo sido anteriormente ese año asistente de Bert van Marwijk, a quien ayudó a llevar a Holanda a la final del Mundial.

VAYA PAR DE GEMELOS

Los gemelos Arnold y Anton Hörburger fueron convocados para disputar un partido contra Bélgica en 1910, aunque solo se eligió a Arnold para jugar cuando aún no se permitían las suplencias. Arnold se lesionó la rodilla a la media hora de empezar, aunque volvió, aparentemente recobrado, en el segundo tiempo. Los belgas estaban convencidos de que había sido Anton el que había vuelto al campo, algo que los gemelos desmintieron riéndose. Arnold jugó otras ocho veces con la selección; Anton, sin embargo, nunca fue seleccionado (oficialmente).

REP–ITE GOLES

Arjen Robben y Robin van Persie son los únicos futbolistas holandeses que han anotado en tres Mundiales diferentes, en 2006, 2010 y 2014. Tienen seis goles mundialistas cada uno, al igual que Rob Rensenbrink (1974 y 1978), Dennis Bergkamp (1994 y 1998) y Wesley Sneijder (2010 y 2014). Sin embargo, el máximo anotador de Holanda en Mundiales sigue siendo Johnny Rep, que marcó siete goles entre los torneos de 1974 y 1978.

POR POCO

Rafael van der Vaart se convirtió en el quinto jugador en llegar a los cien partidos con la selección holandesa, tras Edwin van der Sar, Frank de Boer, Giovanni van Bronckhorst y Phillip Cocu. Sin embargo, durante un tiempo, pareció que no lo iba a conseguir: acabó la Eurocopa 2012 con 99 internacionalidades y el técnico Bert van Marwijk apuntó a que podían dejarle fuera en futuros combinados. Pero la marcha de Van Marwijk ese verano supuso que van der Vaart jugase su internacional número 100 en un amistoso que acabaron perdiendo por 4-2 ante Bélgica en agosto de 2012. El volante celebró su 99.ª internacionalidad con un impresionante gol inicial a larga distancia contra Portugal en un partido de primera ronda de la Eurocopa 2012, aunque su equipo terminó perdiendo y dejó el torneo antes de lo esperado. Por desgracia, una lesión le dejó fuera del Mundial 2014 tres días antes de que Louis van Gaal anunciase a los 23 convocados.

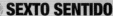

MÁXIMOS GOLEADORES HISTÓRICOS

El ariete **Patrick Kluivert** debutó con los Países Bajos en 1994. En los diez años siguientes, disputó 79 encuentros con la selección y fue entonces el máximo anotador holandés con 40 goles. Esa marca fue superada por Robin van Persie, capitán de Holanda en el Mundial 2014, mientras Kluivert le observaba como segundo entrenador de Louis van Gaal. Cinco goles en cuatro partidos entre noviembre de 2014 y junio de 2015 llevaron a Klaas-Jan Huntelaar a los 41, uno más que Kluivert, en 72 encuentros.

SEXTO SENTIDO

Maarten Stekelenburg, el sucesor de Edwin van der Sar bajo los palos, impresionó a muchos con su actuación en el Mundial 2010, encajando solo seis goles en siete encuentros, dos de ellos de penalti. Su ascenso es incluso más espectacular porque es sordo de un oído. También cuenta con el poco envidiable honor de ser el primer guardameta holandés en haber recibido una tarjeta roja: el 6 de septiembre de 2008, en la derrota por 2-1 en el amistoso contra Australia en Eindhoven, fue expulsado por una falta sobre Josh Kennedy.

LA GENTE DE KOEMAN

El único hombre que ha jugado y ha sido entrenador de los tres grandes equipos de Holanda, el Ajax Ámsterdam, el PSV Eindhoven y el Feyenoord, es Ronald Koeman. Ganó la Eurocopa dos veces, con el PSV Eindhoven en 1988 y con el Barcelona cuatro años después, en un encuentro en el que anotó el gol de la victoria, un feroz tiro libre a larga distancia. A pesar de dedicarse a la defensa, marcó 14 goles en 78 partidos para los Países Bajos. Su hermano mayor, Erwin, jugó en 31 ocasiones para Holanda y su padre, Martin, ganó un internacional para su país en 1964. Tanto Ronald como Erwin formaron parte del combinado ganador de la Eurocopa 1988.

ZUECOS HOLANDESES

Holanda se convirtió en el primer equipo en recibir hasta nueve tarjetas en un solo partido mundialista, ocho de ellas amarillas, incluida la merecida a Nigel de Jong por dar una patada a Xabi Alonso en el pecho, en la final de 2010 contra España. Holanda también protagonizó el encuentro con más tarjetas, su derrota en segunda ronda ante Portugal cuatro años antes, donde se mostraron 20 tarjetas en total: 16 amarillas y cuatro rojas.

MEMPHIS CRECE

El suplente Memphis Depay se convirtió en el holandés más joven en anotar en un Mundial, a los 20 años y 125 días, al meter el esférico en la red en la victoria por 3-2 del Grupo B sobre Australia en Porto Alegre en 2014. Además, anotó contra Chile cinco días más tarde, también como suplente. Depay fue uno de los tres nominados al premio Jugador Joven Hyundai, que recayó en Paul Pogba.

BLIND–AJE

El defensa holandés **Danny Blind** jugó 42 internacionales entre 1986 y 1996, y participó en los Mundiales de 1990 y 1994. También jugó la final de 2014, esta vez, como asistente del técnico Louis van Gaal. Llegó a ver a su hijo **Daley,** que al igual que Danny era defensa en el Ajax de Ámsterdam, no solo aparecer regularmente al inicio de los partidos, sino también marcar su primer gol internacional en la victoria sobre Brasil del eliminatorio por el tercer puesto. Danny Blind fue nombrado asistente de Guus Hiddink para la campaña de clasificación de la Eurocopa 2016, pero le ascendieron en mayo de 2015, tras el despido de Hiddink. Por desgracia, Blind no pudo revertir la mala suerte de los holandeses, que no lograron clasificarse para Francia 2016 y, tras una serie de resultados catastróficos en la clasificatoria mundialista para 2018, fue retirado del cargo en mayo de 2017.

MATT–IZANDO

A los 17 años y 225 días, el defensa central **Matthijs de Ligt** pasó a ser el jugador más joven de Holanda desde Mauk Weber en 1931 (17 años y 92 días) cuando debutó con la absoluta contra Bulgaria en marzo de 2017. El jugador más joven de Holanda de todos los tiempos fue Jan van Breda Kolff, que anotó en su debut contra Bélgica el 2 de abril de 1911 a los 17 años y 74 días. Para de Ligt, su debut no fue un cuento de hadas, ya que le culparon por los dos goles de Bulgaria en el primer tiempo y le sustituyeron en el medio tiempo. Sesenta días más tarde, de Ligt se convirtió en el jugador más joven en una final de la UEFA, pero su equipo, el Ajax, perdió ante el Manchester United en la final de la Europa League en Estocolmo. Otro defensa holandés, el lateral izquierdo Jetro Willems, es el jugador más joven en haber jugado una fase final europeísta. Fue en el primer partido de Holanda en la Eurocopa 2012 contra Dinamarca, el 9 de junio. Willems, con 18 años y 71 días, era 44 días más joven que el belga Enzo Scifo en 1984.

ABE MARÍA

Abe Lenstra fue, hasta 2010, no solo el internacional de más edad de la selección holandesa, sino que sigue siendo el jugador más mayor en anotar un gol; con 38 años y 144 días marcó en un empate a dos con Bélgica el 19 de abril de 1959. Le sigue en la lista un compañero en la delantera, Faas Wilkes, que metió su último gol dos años más tarde, cuando anotó en una derrota ante México por 2-1, a los 37 años y 199 días. Lenstra marcó 33 goles en 47 internacionales, mientras que Wilkes, que estuvo sin jugar con la selección durante seis años cuando fichó con el Inter, el Torino y el Valencia, anotó 35 en 38 encuentros. Se cree que Lenstra es también el primer deportista holandés en grabar y lanzar un single: «Geen, maar daden» («Más hechos y menos palabras»), en 1958.

LA PLAGA DEL PENALTI

Los penaltis fallidos son la pesadilla de los Países Bajos y han sido su ruina en varios torneos. El gafe empezó en la semifinal de la Eurocopa 92, cuando Peter Schmeichel paró el lanzamiento de Van Basten que otorgó la victoria a Dinamarca en la tanda de penaltis. Holanda perdió los cuartos de final de la Eurocopa 96 contra Francia y cayó de la misma manera ante Brasil en la semifinal del Mundial 98. Pero lo peor ocurrió en la Eurocopa 2000, cuando Holanda falló dos penaltis en el tiempo reglamentario de la semifinal contra Italia y dos más en la tanda de penaltis. En el Mundial 2014, salieron victoriosos de la tanda de penaltis contra Costa Rica, pero las tornas cambiaron cuando perdieron en penaltis ante Argentina en la semifinal.

VAN DER SAR SE CORONA

El cancerbero **Edwin van der Sar** (nacido en Voorhout el 29 de octubre de 1970) es el segundo jugador neerlandés que ha sido más veces internacional, con 130 encuentros. En 1990 fichó por el Ajax, que gracias a él se proclamó campeón de la Copa de Europa cinco años después. Debutó con el combinado nacional el 7 de junio de 1995 contra Bielorrusia y fue portero titular durante 13 años. Abandonó la selección tras la eliminación de los Países Bajos en la Eurocopa 2008, pero el nuevo técnico, Bert van Marwijk, le hizo regresar a raíz de las lesiones de sus sucesores, Maarten Stekelenburg y Henk Timmer. También ha ganado la Copa de Europa con el Manchester United tras su paso por la Juventus y el Fulham.

DERBY EN LOS PAÍSES BAJOS

El primer partido internacional de Holanda se celebró contra Bélgica en abril de 1905: una victoria en la prórroga por 4-1. Desde entonces, se han cruzado 126 veces, casi tres veces más que con cualquier otro oponente, como Alemania, contra la que han jugado en 40 ocasiones. Solo Argentina y Uruguay (186), y Austria y Hungría (135) se han enfrentado más veces. Las cifras globales de Holanda contra Bélgica son: 56 victorias, 30 empates y 41 derrotas. Uno de los choques más amargos fue un clasificatorio para el Mundial de 1974 que quedó sin goles y que convirtió a Holanda en cabeza de grupo al anularse un controvertido «gol» belga en el último minuto. Entre los marcadores memorables, se encuentran las victorias por 9-3 en 1934, por 8-0 en 1936 y por 9-1 en 1959; las derrotas por 7-1 en 1940 y por 7-6 en 1951; y un empate a cinco en 1999. El partido más reciente fue el empate a uno en un amistoso en noviembre de 2016.

ESPAÑA

España cuenta con algunos de los clubes de fútbol más... (suman un total de 16 Copas de Europa) y gran parte... más relevantes de este deporte son españoles. Sin... durante años su fracaso en los principales torneos se... en la tónica (a excepción de la Eurocopa 1964), por... la Roja fue calificada como la selección que peor cum... las expectativas. Todo eso cambió en 2008, cuando... ganó la Eurocopa, su primer éxito internacional en... 44 años y encabezó la clasificación... de la FIFA/Coca Cola por... historia. Tras ganar el... 2010 y revalidar el... 2012, salieron del Mu... en primera ronda.

TRIPLE CORONA

Andrés Iniesta fue elegido mejor jugador del partido en la final de la Champions League 2015 que el Barça ganó a la Juve, convirtiéndose en el primero en ganar este título en la final de una Champions, de una Eurocopa (2012) y de un Mundial (2010). España no pudo lograr su tercera Eurocopa consecutiva en 2016, pero sus triunfos en octavos hicieron que Iniesta y su compañero **Cesc Fàbregas** lograsen el récord del torneo de 11 victorias cada uno.

DOBLETE

El triunfo de **España** en el Mundial 2010 la convirtió en el primer país desde la RFA en 1974 en alzarse con el trofeo siendo la vigente campeona de Europa. Cuando Francia obtuvo los dos títulos, lo logró al revés, ganó primero el Mundial 1998 y después la Eurocopa dos años más tarde. Pero lo que no había logrado ningún país era ganar tres torneos importantes seguidos hasta que España consiguió la Eurocopa 2012, al aplastar a Italia por 4-0 en la final. Esto hizo que España fuese también el primer combinado en defender su título europeo con éxito. La final tuvo el marcador más abultado de una final de un Mundial o de una Eurocopa. La portería imbatida de esta final también supuso alcanzar los 990 minutos sin encajar un gol en un partido eliminatorio de un gran torneo.

DURO DE BATIR

España comparte con Brasil el récord del mayor número de partidos internacionales invictos: los brasileños lograron 35 partidos sin una derrota entre 1993 y 1996, una cifra compartida con los españoles desde 2007 hasta su derrota por 2-0 ante Estados Unidos en la semifinal de la Copa FIFA Confederaciones 2009. El excombinado español también se convirtió en el único equipo en asegurarse 30 de 30 puntos en la campaña de clasificación para el Mundial, logrando el preciado trofeo en Sudáfrica en 2010.

NO HAY DOS SIN TRES

David Villa y Fernando Torres comparten el récord español de más *hat tricks*: tres. Incluso se procuraron uno cada uno en el mismo partido, cuando aplastaron por 10-0 a Tahití en la Copa FIFA Confederaciones 2013. Fue la tercera victoria más amplia de España, después de un 13-0 sobre Bulgaria en 1933 y un 12-1 sobre Malta en 1983. Torres batió otro récord en la Copa FIFA Confederaciones de 2009: logró el *hat trick* más rápido para España, que llegó en los primeros 17 minutos de una victoria por 5-0 sobre Nueva Zelanda.

TERRENOS DE JUEGO

Ningún otro país anfitrión de la Copa Mundial de la FIFA ha facilitado más instalaciones que los 17 estadios (en 14 ciudades) que ofreció España en 1982. El campeonato de 2002 se jugó en 20 campos, pero diez eran japoneses y otros diez surcoreanos. El torneo de 1982 fue el primer Mundial en el que participaron 24 equipos en lugar de 16. La final se disputó en el estadio Santiago Bernabéu.

IAGO, EL HÉROE

Iago Aspas soportó una difícil temporada en el Liverpool inglés, donde jugó 14 partidos de liga entre 2013 y 2015 sin anotar goles. Sin embargo, disfrutó de un regreso más satisfactorio el 15 de noviembre de 2016, cuando debutó con la Roja como suplente del segundo tiempo en un amistoso en Wembley. Inglaterra ganaba por 2-0, en lo que parecía una clara victoria, cuando Iago metió el balón bajo los palos en el último minuto del tiempo reglamentario. En el descuento, Isco marcó el gol del empate.

PRINCIPALES COMPETICIONES

COPA MUNDIAL DE LA FIFA:
14 apariciones - campeones 2010

EUROCOPA:
10 apariciones - campeones 1964, 2008, 2012

PRIMER INTERNACIONAL:
España 1 - Dinamarca 0 (Bruselas, Bélgica, 28 de agosto de 1920)

MAYOR VICTORIA:
España 13 - Bulgaria 0 (Madrid, 21 de mayo de 1933)

PEOR DERROTA:
Italia 7 - España 1 (Ámsterdam, Países Bajos, 4 de junio de 1928); Inglaterra 7 - España 1 (Londres, Inglaterra, 9 de diciembre de 1931)

QUIEN RÍE EL ÚLTIMO...

Cuando en mayo de 1929 España pasó de perder por 0-2 y después por 2-3 a ganar por 4-3 en Madrid, se convirtió en el primer equipo no británico en vencer a Inglaterra. España ganó en el Estadio Metropolitano gracias a la ayuda de su entrenador inglés Fred Pentland, que se había trasladado a España en 1920. Logró su mayor éxito con el Athletic de Bilbao al conseguir el doblete en liga y copa en 1930 y 1931, e infligir la peor paliza de la historia al Barcelona, un contundente 12-1 en 1931.

SIN DEFENSA

España fue al Mundial 2014 de Brasil con el objetivo no solo de conservar su corona, sino también de hacerse con su cuarto título internacional consecutivo, tras ganar la Eurocopa en 2008 y 2012. Sin embargo, su defensa fue un desastre. A pesar de ir por delante de Holanda en el partido inicial gracias a un penalti de Xabi Alonso, perdieron el partido por 5-1: la derrota más fuerte en una fase final mundialista que haya sufrido una vigente campeona. Una derrota por 2-0 ante Chile la convirtió en la primera campeona en ser eliminada con un partido pendiente, pero se llevaron el premio de consolación al derrotar a Australia por 3-0. El torneo también acabó con las gloriosas carreras internacionales de jugadores como Xavi Hernández y David Villa.

ALERTA ROJA

En 1960 España se negó a disputar la primera Eurocopa como protesta por tener que viajar a la Unión Soviética, un país comunista. No obstante, cuatro años más tarde cambió de opinión y no solo fue la anfitriona del campeonato, sino que también lo ganó al derrotar a los visitantes soviéticos por 2-1 en la final. España estaba capitaneada por Fernando Olivella y dirigida por José Villalonga, que fue el primer entrenador que ganó la Copa de Europa, con el Real Madrid en 1956.

MENTE SABIA, PERRO VIEJO

Con el torneo de 2008, **Luis Aragonés** se convirtió en el entrenador más mayor en ganar una Eurocopa, apenas un mes antes de cumplir 70 años. Aragonés, llamado «Luis» a secas en sus días de delantero centro, ganó 11 internacionales con España. Durante su época como seleccionador entre 2004 y 2008, el apodado «Sabio de Hortaleza» ganó 38 partidos, solo superados por su sucesor, Vicente del Bosque. Aragonés murió de leucemia el 1 de febrero de 2014, con 75 años. Se le rindieron homenajes en todo el mundo futbolístico, pero sobre todo en su antiguo club, el Atlético de Madrid, que, ese mismo fin de semana, llegó a lo alto de la clasificación liguera por primera vez desde la temporada 1995-96, cuando Aragonés era su entrenador. Más tarde, el Atlético ganó su primer título desde 1996. Los jugadores también llevaron su nombre bordado dentro de los cuellos de sus camisetas durante la final de la Champions League 2014.

¡TORRES! ¡TORRES!

Fernando Torres quería ser portero cuando era niño, pero terminó convirtiéndose en delantero. Tiene el don de sentenciar finales con un 1-0, anotando el tanto más famoso en la Eurocopa 2008 contra Alemania en Viena. Ya había conseguido esta hazaña en el Campeonato Europeo Sub-16 en 2001 y en el Sub-19 al año siguiente. Torres pasó a ser el jugador español más caro de la historia cuando el Chelsea pagó 58,5 millones de euros para ficharle cuando estaba en el Liverpool en enero de 2011. En 2012, Torres se convirtió en el primer jugador en marcar en la final de dos Eurocopas, cuando entró como suplente y hundió el balón bajo los palos de Italia. El gol de Torres en la victoria por 3-0 de España sobre Australia en junio de 2014 fue el primero de una fase final mundialista desde Alemania 2006. Por tanto, se convirtió en el noveno jugador español en haber anotado cuatro goles mundialistas.

REINA REINA

José «Pepe» Reina vio finalmente algo de acción mundialista en la tercera fase final en la que participó, cuando le hicieron entrar al campo en la victoria por 3-0 sobre Australia en junio de 2014. En Alemania 2006 y Sudáfrica 2010 no había jugado. Fue la 34.ª aparición de Reina con España desde que debutara en 2005. Su padre, Manuel Reina, también arquero, jugó cinco internacionales entre 1969 y 1973.

XAVI ES FELIZ

El segundo jugador de campo más veces internacional de España, con 133 partidos, se retiró del fútbol internacional tras el Mundial 2014 y de la Liga un año después. Es el jugador más condecorado del país. Resulta curioso que tanto la primera como la última aparición de **Xavi Hernández** a nivel internacional fueran derrotas ante combinados holandeses liderados por Louis van Gaal, por 2-1 en 2000 y por 5-1 en 2014, pero la verdad es que Xavi estaba más familiarizado con el triunfo que los holandeses. Fue uno de los pilares de la Roja cuando ganó el Mundial 2010 y la Eurocopa en 2008 y 2012. El último partido de sus 24 años con el Barça fue la victoria en la final de la Champions League, cuando el presidente de la UEFA, Michel Platini, le entregó el trofeo, después de entrar como suplente de Andrés Iniesta. Xavi consiguió el récord de 25 medallas de oro con el Barcelona, fue nombrado mejor jugador del partido de la Eurocopa 2008, y sus 82 partidos de competición lo sitúan en segundo lugar en Europa, solo por detrás de Vitalijs Astafjevs.

MÁXIMOS GOLEADORES

1	David Villa	59
2	Raúl González	44
3	Fernando Torres	38
4	David Silva	32
5	Fernando Hierro	29
6	Fernando Morientes	27
7	Emilio Butragueño	26
8	Alfredo Di Stéfano	23
9	Julio Salinas	22
10	Michel	21

NADIE LE SACA DE SUS CASILLAS

El guardameta español Iker Casillas es conocido por la afición desde hace tiempo como «San Iker», un título ampliamente respaldado por los trofeos y medallas acumulados, tanto a nivel de equipo como individual. Es uno de los tres únicos jugadores, junto con el alemán Franz Beckenbauer y el francés Didier Deschamps, ganadores de un Mundial, una Eurocopa y una Champions League como capitán. Además de ganar la Eurocopa 2008 y 2012, y el Mundial de 2010, sigue siendo el jugador con más internacionalidades de España y Europa (junto con Buffon). Logró el récord español en una inusual derrota por 1-0 ante Inglaterra en noviembre de 2011, antes de superar al letón Vitalijs Astafjevs y ganar su 167.ª internacionalidad con una victoria por 6-1 en un amistoso con Corea del Sur en junio de 2016. Por desgracia, se quedó en el banquillo durante toda la Eurocopa 2016.

INTERNACIONALES

1	Iker Casillas	167
2	Sergio Ramos	143
3	Xavi Hernández	133
4	Andoni Zubizarreta	126
5	Andrés Iniesta	119
6	Xabi Alonso	114
7	David Silva	113
8	Cesc Fàbregas	110
=	Fernando Torres	110
10	Raúl	102

VILLA SE PONE LAS BOTAS

David Villa se convirtió en el máximo goleador español de los Mundiales con su gol contra Chile en la primera ronda de 2010, el sexto entre los torneos de 2006 y 2010. «El Guaje» también se convirtió en el primer español en fallar un penalti en un partido mundialista, cuando perdió la oportunidad de lograr un *hat trick* contra Honduras al lanzar el balón fuera en 2010. España había marcado los 14 penaltis mundialistas señalados, sin contar los de las tandas. Villa se convirtió en el máximo anotador español de todos los tiempos con un doblete contra la República Checa en marzo de 2011, pero se rompió una pierna y se quedó fuera de la Eurocopa 2012, por lo que no pudo añadir esta medalla de campeón a la de la Eurocopa 2008 y a la del Mundial 2010. Villa se retiró del fútbol internacional cuando España salió del Mundial 2014, despidiéndose con un gol de taco contra Australia, su 59.º gol internacional en 97 partidos y el primer tanto de talón mundialista desde el del austríaco Bruno Pezzey contra Irlanda del Norte en 1982.

SERGIO POLIVALENTE

Sergio Ramos pasó a ser el jugador europeo más joven de todos los tiempos en alcanzar los 100 encuentros internacionales en marzo de 2013, a los 26 años y 358 días, y celebró la ocasión con el tanto en el empate a uno contra Finlandia. Le arrebató el récord al alemán Lukas Podolski, que tenía 21 días más cuando llegó a los cien internacionales. El surcoreano Cha Bum-Kun, que contaba 24 años y 139 días cuando alcanzó esta marca, ostenta el récord del mundo. Ramos, que puede jugar de defensa derecho o central, formó parte del combinado español que ganó las Eurocopas de 2008 y 2012, así como el Mundial 2010. En estas ocasiones cogió el trofeo mejor que cuando alzó la Copa del Rey, que había ganado su club, el Real Madrid. Durante un paseo en autobús en abril de 2011, se le cayó la copa desde el piso superior del autobús y vio como este la arrollaba. Superó a Xavi Hernández como segundo español más veces internacional en la Eurocopa 2016.

MARCHEN A LA VICTORIA

El central Carlos Marchena se convirtió en el primer futbolista en participar en 50 partidos internacionales seguidos sin perder cuando España venció por 3-2 a Arabia Saudí en 2009; un partido más que el extremo brasileño Garrincha, que jugaba en las décadas de 1950 y 1960. Marchena integró el combinado que se hizo con el Mundial 2010, al final del cual llevaba 54 partidos consecutivos sin perder. Su trayectoria de partidos invictos se acabó en el 57.º, cuando Argentina venció a España por 4-1 en septiembre de 2010.

APTO PARA EL PUESTO

Luis Suárez jugó lesionado la final de la Eurocopa 1964, y aun así sentenció con dos goles el triunfo por 2-1. En 1960, recibió el Balón de Oro, convirtiéndose en el único jugador nacido en España en conseguir este premio.

ADURIZ, EL MAYOR

Aritz Aduriz se convirtió en el anotador más mayor de España cuando su tiro alcanzó la meta en la victoria por 4-0 sobre Macedonia el 13 de noviembre de 2016, en un clasificatorio para el Mundial de 2018. Tenía 35 años y 275 días, 50 días más que el anterior poseedor del récord, José María Peña, que anotó el único gol del amistoso contra Portugal del 30 de noviembre de 1930. El lanzamiento de Aritz, delantero del Athletic de Bilbao, contra Macedonia llegó nueve días después de que anotase los cinco goles de su club en la victoria por 5-3 de la Europa League de la UEFA sobre el equipo belga Genk. Fue la primera vez que alguien marcaba cinco goles en la Europa League desde que lo hiciese el italiano Fabrizio Ravanelli para la Juventus en 1994.

UN PAN DEBAJO DEL BRAZO

Al guardameta de primera división que logra encajar menos goles por partido en cada temporada se le concede el trofeo Zamora, en honor al legendario cancerbero **Ricardo Zamora**, que disputó 46 partidos con la selección entre 1920 y 1936, incluido el mítico 4-3 contra Inglaterra en Madrid en 1929. Zamora fue el primer *crack* español que jugó en el Barça y en el Madrid. Más tarde, logró ganar un título de liga como entrenador con... el Atleti.

JUAN CON SUERTE

Solo un jugador ha fallado el lanzamiento en una tanda de penaltis mundialista que de haber entrado hubiese supuesto la victoria del partido: Juan Carlos Valerón, contra la República de Irlanda en 2002. Cuando falló, el marcador iba 2-1 a favor de España y a Irlanda le quedaba una oportunidad; pero de todas formas La Roja terminó ganando.

TU CARA ME SUENA

Se convocaron 16 jugadores que habían jugado en el Mundial 2010 para jugar en 2014 y siete de ellos salieron al campo en su primer partido de fase final contra Países Bajos (los holandeses sacaron a cuatro). Fue la primera vez que las dos selecciones que habían jugado una final mundialista se enfrentaban de nuevo en la primera ronda del siguiente torneo. La derrota por 5-1 de España a manos de los holandeses en Salvador fue su peor resultado desde que perdiesen por 6-1 ante Brasil en 1950.

CAMPEONATOS DE LIGA ESPAÑOLA

Real Madrid	33
Barcelona	24
Atlético de Madrid	10
Athletic de Bilbao	8
Valencia	6
Real Sociedad	2
Deportivo de la Coruña	1
Sevilla	1
Betis	1

EL TEMA RAÚL

Raúl González Blanco, conocido como Raúl, sigue siendo un icono en España y en el Real Madrid, a pesar de que su récord de goles haya sido superado por David Villa y Cristiano Ronaldo. Fue canterano del Atlético antes de firmar con el Real Madrid, donde anotó 228 goles en 550 partidos y ejerció de capitán entre 2003 y 2010. A pesar de haber jugado en cinco torneos entre los Mundiales de 1998 y 2006, se quedó fuera de la Eurocopa 2008, cuando la selección se alzó con el trofeo. Tras dejar el Real Madrid, Raúl conoció de nuevo el éxito con el Schalke alemán, el Al-Sadd catarí y el New York Cosmos estadounidense.

¡¡¡PEDRO!!!

El lateral **Pedro** es el único futbolista que ha marcado en seis torneos de clubes oficiales diferentes en un mismo año. Logró llegar a la red para el Barcelona en la Liga, la Copa del Rey, la Supercopa, la Champions League, la Supercopa de Europa y el Mundial de Clubes. También estaba en la alineación inicial de la final del Mundial 2010, menos de dos años después de integrar el equipo de reserva del Barcelona que jugaba en tercera división, cuando la intervención de Guardiola evitó que le traspasasen al Tenerife.

EL PICHICHI PERFECTO

El galardón anual al máximo anotador de la Liga se denomina «pichichi», el apodo de Rafael Moreno, un ariete que jugó en el Athletic de Bilbao entre 1911 y 1921. Marcó 200 goles en 170 partidos con el club y uno en cinco partidos internacionales. Pichichi, que solía entrar al terreno de juego con un pañuelo blanco en la cabeza, murió en 1922 a los 29 años.

QUE NO SE ESCAPE EL TREN

El centrocampista del Barça **Sergio Busquets** ganó el Mundial, la Eurocopa y dos Champions Leagues antes de cumplir 24 años en julio de 2012, pero no empezó a meter goles para España hasta su 68.º partido como internacional, en la victoria por 5-1 sobre Macedonia de septiembre de 2014. Desde entonces, ha logrado una tercera Champions League y su segundo gol internacional. Su padre, Carles Busquets, fue portero del Barcelona en la década de 1990 y formó parte del combinado de Johan Cruyff ganador de la Copa de Europa 1992 (aunque a la sombra de Andoni Zubizarreta).

PRIMERA FIFA

El Real Madrid fue el único club que contó con representación oficial en la primera reunión de la FIFA en París en 1904, aunque por entonces al equipo se le conocía solo como Madrid FC. Los clubes españoles, como el Real Madrid y el Real Betis, prescindieron de la palabra «Real» durante la Segunda República española, entre 1931 y 1939.

SILVA VA SUMANDO

La victoria de España por 2-1 en Macedonia en junio de 2017 amplió su trayectoria de partidos invictos en la clasificatoria mundialista a 58 encuentros. Tras la derrota por 1-0 ante Dinamarca en marzo de 1993, comenzó una racha que incluye 45 victorias y 13 empates. **David Silva** anotó en su cuarto internacional consecutivo, lo que catapultó su registro a 32 goles en 113 partidos. Sus otros tiros certeros son el tercer tanto de la victoria por 3-0 sobre Rusia en la semifinal de la Eurocopa 2008 y el primero de la victoria sobre Italia por 4-0 en la final de la Eurocopa 2012.

JUGADORES EN EL MUNDIAL 2010 Y EN LAS EUROCOPAS 2008 Y 2012

Iker Casillas*
Sergio Ramos*
Andrés Iniesta*
Xabi Alonso*
Xavi Hernández*
Cesc Fàbregas*
Fernando Torres*
David Silva
Álvaro Arbeloa
Raúl Albiol
Pepe Reina

= jugaron en las tres finales.

DEL BOSQUE, EL JEFAZO

Vicente del Bosque fue suplente durante el partido número 68 y último de Ladislao Kubala como técnico de la selección española en 1980. Volvió a estar en el banquillo cuando La Roja se enfrentó a Dinamarca en marzo de 2013, pero en esta ocasión como entrenador. Fue su 69.ª aparición, lo que le permitió superar el récord de Kubala. Del Bosque ganó el Mundial 2010 y la Eurocopa 2012 como técnico de la selección, a los que hay que añadir las dos Champions League que consiguió como míster del Real Madrid. Junto al italiano Marcello Lippi, es el único que ha logrado la Champions League o Copa de Europa y el Mundial, pero su triunfo en la Eurocopa 2012 supuso un *hat trick* de órdago. Otra gesta sin parangón fueron sus 13 victorias en sus 13 primeros partidos como seleccionador español tras suceder a Luis Aragonés en 2008. Su 100.º partido a cargo de la Roja fue un clasificatorio para la Eurocopa de 2016: una victoria por 1-0 en Bielorrusia en junio de 2015. Del Bosque dimitió tras la salida de España en octavos de la Eurocopa 2016, pero se le prometió seguir en la federación española.

BÉLGICA

La selección belga, apodada «Los diablos rojos», se embarcó en un período dorado tras ocho años al margen de las competiciones internacionales: primero, al terminar subcampeona en la Eurocopa de 1980, y después, al lograr llegar a las semifinales del Mundial de 1986. Sin embargo, un nuevo brote de estrellas ayudó a Bélgica a llegar a cuartos de final del Mundial 2014, su primera fase final desde 2002. Dando aún más patente su progreso cuando llegaron al puesto número 1 de la clasificación mundial en noviembre de 2015.

MÁXIMOS GOLEADORES

1	Paul van Himst	30
=	Bernard Voorhoof	30
3	Marc Wilmots	29
4	Joseph Mermans	28
5	Robert De Veen	26
6	Wesley Sonck	24
7	Raymond Braine	23
=	Marc Degryse	23
=	Romelu Lukaku	23
10	Jan Ceulemans	22

FUERA DEL EDÉN

Enzo Scifo fue, hasta 2012, el jugador más joven en una Eurocopa cuando el 13 de junio de 1984, con 18 años y 115 días, ayudó a Bélgica a vencer a Yugoslavia. Treinta y dos años más tarde, el capitán de Bélgica era **Eden Hazard,** nacido en La Louvière, como Scifo. Bélgica fue a la Eurocopa 2016 como favorita, pero perdió por 3-0 ante Gales en cuartos. Con el Lille, Hazard fue el segundo hombre, después del portugués Pauleta en 2002 y 2003, en ganar el trofeo de Jugador del Año de la Ligue 1 francesa en dos temporadas seguidas cuando recibió el premio en 2011 y 2012. Ya con el Chelsea, ganó el equivalente en la Premier League inglesa en 2014 y 2015. Además, es hijo de dos futbolistas; su madre se retiró cuando se quedó embarazada. Hazard anotó cuando Bélgica igualó su mayor victoria a domicilio, un 6-0 contra Gibraltar, en octubre de 2016, repitiendo un resultado contra Luxemburgo 20 años antes. En junio de 2011, tuvo que disculparse cuando le sustituyeron en un clasificatorio europeísta en 2012 y le pillaron comiéndose una hamburguesa con su padre y agente en un puesto fuera del estadio antes del pitido final.

EL VIEJO TIMMY

El segundo belga con más internacionalidades, Timmy Simons, se convirtió también en el internacional más mayor de su selección cuando, con 39 años y 338 días, se enfrentó a Estonia en noviembre de 2016 en un clasificatorio del Mundial 2018.

ES NUESTRO CHICO

El entrenador de Bélgica que más tiempo estuvo en el cargo y más éxitos cosechó fue **Guy Thys,** que llevó al equipo a la final de la Eurocopa 1980 y a las semifinales del Mundial seis años después. Ocupó el puesto durante 13 años, desde 1976 hasta 1989, y recuperó el cargo ocho meses después de dimitir para clasificar a su selección para el Mundial de 1990. Durante su carrera futbolística en las décadas de 1940 y 1950, ejerció de delantero y ganó dos partidos internacionales para Bélgica. Falleció a la edad de 80 años, en agosto de 2003.

EL DIVO DIVOCK

Divock Origi fue uno de los últimos convocados para el Mundial 2014. Lo eligió el técnico Marc Wilmots para sustituir al lesionado Christian Benteke. Justificó la confianza que habían depositado en él con el único gol del segundo partido de Bélgica, en el minuto 88, contra Rusia, media hora después de entrar como suplente. Con 19 años y 65 días, se convirtió en el anotador mundialista más joven de Bélgica. Su padre, Mike Origi, fue internacional para su Kenia natal, pero pasó la mayor parte de su carrera en Bélgica, donde nació y se crió Divock. El anotador mundialista más mayor de Bélgica sigue siendo el zaguero central Leo Clijsters, con 33 años y 250 días. Metió de cabeza el primer gol de la victoria por 3-1 sobre Uruguay en Italia 90.

CINCO ESTRELLAS

El croata Josip Weber anotó una vez en tres partidos en 1992 para el país en el que nació antes de pasar a formar parte del combinado belga, para el que anotó seis veces en ocho apariciones en 1994, aunque cinco de esos goles se produjeron en un solo partido, su debut, un triunfo por 9-0 sobre Zambia.

TRIUNFOS Y TRAGEDIAS

El estadio de fútbol más grande de Bélgica es el Estadio Rey Balduino, en Bruselas, con capacidad para 50.000 personas, que fue inaugurado como Estadio del Centenario el 23 de agosto de 1930 y pasó a llamarse Heysel en 1946. Fue el escenario de una tragedia en 1985 cuando una pared se derrumbó y 39 aficionados fallecieron en el tumulto mientras se celebraba la final de la Eurocopa entre el Liverpool y la Juve. Se reconstruyó y se rebautizó con su nombre actual en 1995. Cuando Bélgica y Holanda acogieron la Eurocopa 2000, la ceremonia inaugural y el primer partido se celebraron aquí con una victoria de Bélgica sobre Suecia por 2-1. Ahora se utiliza para los partidos internacionales que Bélgica juega en casa. Ha sido elegido para acoger cuatro partidos de la Eurocopa 2020.

NIÑO DE MAMÁ

Pocos futbolistas rechazarían un fichaje por el AC Milan, pero fue lo que hizo Jan Ceulemans siguiendo los consejos de su madre. El jugador con más internacionalidades de Bélgica pasó la mayor parte de su carrera en el Club Brujas, sin embargo, es más recordado por su actuación en tres Mundiales consecutivos, en 1982, 1986 y 1990. Anotó tres goles como capitán en México 1986, cuando Bélgica acabó cuarta. Ceulemans, natural de Lier, se retiró del fútbol internacional después del Mundial de 1990, cuando Bélgica quedó eliminada en octavos. Sin embargo, la carrera internacional más larga de Bélgica es la de Hector Goetinck, que debutó en 1906 e hizo su última aparición, la 17.ª, 16 años, seis meses y diez días más tarde en 1923.

COMPAÑEROS DE CLUB

En 1964, Bélgica terminó un partido contra los Países Bajos con un equipo formado íntegramente por jugadores del Anderlecht, después de que el portero del Lieja, Guy Delhasse, fuese sustituido por Jean Trappeniers.

INTERNACIONALES

1	Jan Ceulemans	96
2	Timmy Simons	94
3	Jan Vertonghen	89
4	Eric Gerets	86
=	Franky van der Elst	86
6	Enzo Scifo	84
7	Daniel van Buyten	83
8	Paul van Himst	81
9	Axel Witsel	80
10	Bart Goor	78

LOS CUATRO MAGNÍFICOS

Bélgica disfrutó de su mayor margen de victoria cuando venció a Hungría en octavos de la Eurocopa 2016 por 4-0. Hasta entonces, sus victorias más rotundas habían sido por 3-0 contra la República de Irlanda en la ronda previa y contra El Salvador en el Mundial de 1970. Los dos goles del delantero **Romelu Lukaku** en el partido de Irlanda le convirtieron en el primer jugador belga en marcar dos goles en un torneo desde que su seleccionador Marc Wilmots hiciese lo mismo contra México en el Mundial 1998.

BULGARIA

Bulgaria vivió sus días de gloria con la «Generación de Oro», cuando terminó cuarta en la Copa Mundial de la FIFA de 1994 en EE. UU. tras derrotar a la entonces campeona, Alemania, por 2-1 en los cuartos de final, pero desde entonces las cosas no han sido tan positivas para el fútbol búlgaro. El país, que se suele clasificar con regularidad para las grandes competiciones futbolísticas y es la cuna de algunos de los grandes nombres de este deporte (como Hristo Stoichkov o Dimitar Berbatov), no ha estado a la altura en las grandes ocasiones ni ha triunfado a nivel mundial.

MÁXIMOS GOLEADORES

1	Dimitar Berbatov	48
2	Hristo Bonev	47
3	Hristo Stoichkov	37
4	Emil Kostadinov	26
5	Ivan Kolev	25
=	Petar Zhekov	25
7	Atanas Mihaylov	23
=	Nasko Sirakov	23
9	Dimitar Milanov	20
=	Martin Petrov	20

NO SIEMPRE EL QUE MAL EMPIEZA, MAL ACABA

Martin Petrov comenzó su carrera internacional de forma terrible cuando le expulsaron por dos tarjetas amarillas a los ocho minutos de su debut como suplente en el clasificatorio de la Eurocopa 2000 contra Inglaterra. Se marchó del campo llorando, pero se recuperó de la experiencia hasta llegar a ser uno de los jugadores búlgaros con más internacionalidades y jugó algunas temporadas en clubes de primera como el Atlético de Madrid y el Manchester City. Su registro: 90 partidos internacionales y 20 tantos, incluido el único de Bulgaria en la Eurocopa 2004, contra Italia.

EL ALCALDE SIN PELO

El calvo **Yordan Letchkov** remató de cabeza el gol de la victoria contra la entonces campeona Alemania en los cuartos de final del Mundial 1994 en Estados Unidos. En ese momento jugaba en el Hamburgo alemán. Después se convirtió en el alcalde de Sliven, ciudad donde nació en julio de 1967.

LUTO NACIONAL

Bulgaria perdió a dos de sus futbolistas con mayor talento en un accidente de tráfico en junio de 1971, en el que fallecieron los delanteros Georgi Asparukhov, 28, y Nikola Kotkov, 32. Asparukhov anotó 19 goles en 50 partidos como internacional, incluido el único tanto búlgaro en la derrota por 3-1 contra Hungría en el Mundial 1966.

APRENDER DE LA MAFIA

El ariete búlgaro **Dimitar Berbatov** asegura que aprendió inglés con las películas de *El Padrino*. En 2008 Berbatov pasó del Tottenham al Manchester por 36 millones de euros, una cifra récord para un club y para un jugador búlgaro. Antes de llegar al Tottenham, militó en el Bayern Leverkusen que casi logra el triplete en 2002; acabó subcampeón de la Liga de Campeones, la Bundesliga alemana y la Copa de Alemania. Berbatov sorprendió y decepcionó a los aficionados cuando anunció su retirada del ámbito internacional a la edad de 29 años, en mayo de 2010. Marcó la cifra récord de 48 goles para Bulgaria en 78 apariciones. Consideró brevemente el retorno a la selección en 2012, pero al final desechó la idea; dijo que prefería dar la oportunidad a «jugadores más jóvenes». Tras unirse al Fulham ese mismo verano, sorprendió a todos durante un partido al enseñar una camiseta en la que ponía: «Mantén la calma y pásame el balón».

STAN, EL DE LAS HAMBURGUESAS

Stiliyan Petrov, apodado «Stan» por la hinchada de su club inglés, el Aston Villa, fue aplaudido en el césped en marzo de 2011 por ser el primer jugador de campo búlgaro en alcanzar el centenar de encuentros internacionales. El centrocampista y capitán de Bulgaria ha jugado en Gran Bretaña desde 1999, cuando se unió, con 20 años, al gigante escocés Celtic. Sin embargo, ha tenido que hacer frente a la nostalgia por su país. Más tarde reveló que su inglés solo mejoró cuando comenzó a trabajar detrás del mostrador de la caravana de hamburguesas de un amigo escocés. Petrov dijo: «Algunos clientes me miraban pensando: "Se parece a Stiliyan Petrov, pero no puede ser" y pronto comencé a entender mejor el idioma». Cuando reveló en marzo de 2012 que le habían diagnosticado leucemia le comenzaron a rendir homenajes. Durante el resto de la temporada, en el minuto 19 de cada partido en casa, la afición del Villa se levantaba y aplaudía 60 segundos. Petrov lleva el 19.

INTERNACIONALES

1	Stiliyan Petrov	106
2	Borislav Mikhaylov	102
3	Hristo Bonev	96
4	Krassimir Balakov	92
5	Dimitar Penev	90
=	Martin Petrov	90
7	Radostin Kishishev	83
=	Hristo Stoichkov	83
9	Zlatko Yankov	80
10	Ayan Sadkov	79
=	Nasko Sirakov	79

DE CABEZA

El segundo jugador búlgaro que ha sido más veces internacional es **Borislav Mikhailov,** nacido en Sofía el 12 de febrero de 1963; a veces llevaba peluca para jugar y más tarde se sometió a un injerto. Tras su retirada en 2005, fue nombrado presidente de la Unión Búlgara de Fútbol. Su padre, Bisser, también fue portero, y el hijo de Borislav, Nikolay, celebró su debut internacional con un gol contra Escocia en mayo de 2006. Los tres han jugado en el Levski Sofia.

UNA HISTORIA NADA BULGAR

El portero Vladislav Stoyanov ha conseguido parar hasta dos penaltis de Cristiano Ronaldo. El primero fue a nivel de clubes, cuando en octubre de 2014 el Real Madrid venció al Ludogorets Razgrad por 2-1 en la Champions League; el segundo, en un amistoso internacional en marzo de 2016, cuando Bulgaria venció a Portugal por 1-0; fue el cuarto fallo de Ronaldo desde los 11 metros esa temporada. Supuso la primera victoria de Bulgaria sobre Portugal desde diciembre de 1981, gracias al gol de debut del centrocampista Marcelinho, que había llegado a Bulgaria cinco años antes.

TODOS DEL 94

El exdefensa central Petar Hubchev fue nombrado seleccionador de Bulgaria en 2016, lo que lo convirtió en el segundo miembro del combinado semifinalista del Mundial 1994 en el cargo, tras el periplo de Hristo Stoichkov de 2004 a 2007. Lubo Penev, en el cargo de 2011 a 2014, es el sobrino del técnico de 1994, Dimitar Penev. Lubo no pudo jugar en 1994, pero se recuperó y disputó la Eurocopa 1996 y el Mundial 1998. Lothar Matthäus, miembro del combinado alemán al que ganaron en 1994, fue seleccionador de Bulgaria de 2010 a 2011.

EL COMPLETO ALEKSANDAR

El defensa Aleksandar Shalamanov jugó en la selección búlgara en el Mundial 1966, seis años después de representar a su país como esquiador alpino en las Olimpiadas de Invierno. También fue a las de 1964 como suplente del equipo de voleibol. Fue elegido mejor deportista búlgaro en 1967 y 1973.

LA HISTORIA DE HRISTO

Hristo Stoichkov, nacido en Plovdiv (Bulgaria) el 8 de febrero de 1968, compartió la Bota de Oro del Mundial de 1994, premio otorgado al máximo goleador del torneo, con el ruso Oleg Salenko. Ambos marcaron seis goles, aunque Stoichkov fue ganador en solitario del Balón de Oro de aquella temporada. Anteriormente ese mismo año, se había aliado en la delantera con el brasileño Romário y logró llevar al Barcelona a la final de la Liga de Campeones. Al principio de su carrera estuvo sancionado un año por la pelea de la final de la Copa de Bulgaria de 1985 entre el CSKA Sofia y el Levski Sofia. Stoichkov ganó títulos con clubes de Bulgaria, España, Arabia Saudí y Estados Unidos antes de retirarse como jugador en 2003.

CROACIA

La emblemática elástica croata de cuadros rojos y blancos se ha convertido en una de las más reconocidas en el fútbol mundial, y sus flamantes dueños en unos de los jugadores más admirados del mundo. Cuando eran parte de Yugoslavia, llegaron a cuartos de final en su primera competición importante (la Eurocopa 96), y después terminaron terceros en el Mundial 1998, y desde entonces se han clasificado de forma regular en los dos torneos.

MÁXIMOS GOLEADORES

1	Davor Suker	45
2	Eduardo da Silva	29
=	Mario Mandzukic	29
4	Darijo Srna	22
5	Ivica Olic	20
6	Niko Kranjcar	16
=	Ivan Perisic	16
8	Goran Vlaovic	15
9	Nikola Kalinic	14
=	Niko Kovac	14

OLÉ, OLIC

El segundo encuentro de Croacia en el Mundial 2014, el aplastamiento por 4-0 de Camerún, fue notable por dos motivos: era la primera vez que anotaban hasta cuatro goles en un único partido mundialista y se vio cómo el delantero **Ivica Olic** se convertía en el primer jugador croata en marcar en dos Mundiales diferentes, ya que en 2002 ya había anotado. Esta larga espera entre goles solo se vio igualada por la del danés Michael Laudrup, que anotó en el torneo de 1986 y tuvo que esperar hasta la fase final de 1998 para hacerlo de nuevo.

LOCURA CON LUKA

Luka Modric se convirtió en el primer futbolista croata en anotar en dos Eurocopas diferentes cuando su elegante volea de largo alcance dio a su combinado la victoria por 1-0 sobre Turquía en el partido inicial del torneo de 2016. Había anotado previamente un penalti en el cuarto minuto del partido en el que venció a la coanfitriona Austria en la Eurocopa 2008, aunque falló otro cuando Croacia perdió ante Turquía en la tanda de penaltis de cuartos. Modric estuvo cuatro años en el club inglés Tottenham Hotspur, antes de trasladarse al gigante español Real Madrid y ayudarle a ganar la Champions League en 2014, 2016 y 2017.

DOBLE TRIPLETE

Croacia disfrutó de lo lindo en su último amistoso de calentamiento antes de la Eurocopa 2016, trituró a San Marino por 10-0 y logró su mayor margen de victoria de la historia. Hubo dos jugadores que lograron *hat tricks* aquel día, y ambos juegan en clubes italianos: **Mario Mandzukic** en la Juventus y Nikola Kalinic en la Fiorentina. Este último acabaría anotando el primer gol de la victoria de Croacia por 2-1 sobre la vigente campeona, España, en el último partido de primera ronda de la Eurocopa 2016, situándose cabeza de grupo e infligiendo la primera derrota de España en una fase final europeísta desde 2004. Sin embargo, a pesar de impresionar a muchos con su atractivo estilo en la fase de grupos, Croacia fue eliminada en segunda ronda por Portugal.

RAKITICTAKA

Solo dos futbolistas han ganado el premio Deportista del Año de Croacia desde que lo hiciese Davor Suker en 1998: Mario Mandzukic en 2013 e Ivan Rakitic dos años más tarde. Rakitic nació en Suiza y jugó cuatro veces para la Sub-17, la Sub-19 y la Sub-21 de ese país antes de jugar para Croacia, el país de sus padres. Los logros en clubes del centrocampista incluyen la Europa League con el Sevilla en 2014 y la Champions League con el Barcelona al año siguiente; fue el autor del primer gol del 3-1 sobre la Juventus de esa final. También recibió el premio Futbolista Croata del Año en 2015, único año que no recayó en Luka Modric desde 2013, quien ya lleva seis.

CIERVO DARIJO

Darijo Srna es el cuarto máximo goleador croata a pesar de jugar muchas veces como lateral o extremo derecho. Tiene un tatuaje en su pantorrilla en forma de ciervo (en croata *srna*). También lleva tatuado en el pecho el nombre de su hermano Igor, que tiene síndrome de Down y a quien dedica cada gol que marca. Srna es el jugador con más internacionalidades de Croacia y compartió el honor de llegar a los 100 internacionales (contra Corea del Sur en febrero de 2013) con dos compañeros: el guardameta Stipe Pletikosa y el defensa Josip Simunic.

VALE UN RIÑÓN

El ariete Ivan Klasnic volvió al panorama internacional a pesar de haber sufrido una insuficiencia renal a principios de 2007. El primer intento de trasplante fue infructuoso, ya que su cuerpo rechazó un riñón donado por su madre, pero la cirugía posterior, con un riñón de su padre, tuvo éxito. Se recobró lo suficiente como para jugar por Croacia de nuevo en marzo de 2008 y representó a su país en la Eurocopa de ese verano, y anotó dos goles, incluyendo el de la victoria contra Polonia.

AL SON DE BILIC

Slaven Bilic e Igor Stimac formaron una defensa central formidable cuando Croacia terminó tercera en el Mundial 1998. Bilic tuvo más éxito como seleccionador nacional, dirigiendo a Croacia en las Eurocopas 2008 y 2012 durante su reinado de seis años. Stimac cogió el relevo en 2012, pero una decepcionante campaña en la clasificatoria para el Mundial 2014 hizo que le sustituyeran por otro internacional, Niko Kovac, en el eliminatorio contra Islandia de noviembre de 2013, que ganaron por 2-0 en total. En Brasil, Croacia cayó en primera ronda, a pesar de ir por delante en el partido inicial, que perdieron 3-1 ante la anfitriona.

INTERNACIONALES

1	Darijo Srna	134
2	Stipe Pletikosa	114
3	Josip Simunic	105
4	Ivica Olic	104
5	Dario Simic	100
6	Luka Modric	97
7	Vedran Corluka	95
8	Robert Kovac	84
9	Niko Kovac	83
=	Ivan Rakitic	83

DOBLE IDENTIDAD

Robert Jarni y Robert Prosinecki han tenido el honor de jugar para dos naciones diferentes en distintos Mundiales. Los dos representaron a Yugoslavia en 1990, en Italia, y ocho años más tarde a la recién independizada Croacia, en Francia. En realidad, Jarni jugó para Yugoslavia y Croacia en 1990 y solo para Yugoslavia en 1991, antes de volver a cambiar (ya permanentemente) a los colores croatas en 1992 después de que el país se uniera oficialmente a la UEFA y la FIFA. Se retiró con 81 internacionales para Croacia y siete para Yugoslavia.

SUPERSUKER

El delantero **Davor Suker** ganó la Bota de Oro por ser el máximo goleador en el Mundial 1998, marcó seis goles en siete partidos y Croacia terminó tercera. Entre ellos se incluye el gol inicial en la semifinal en la que Croacia cayó eliminada ante la que sería campeona, Francia, por 2-1, y el gol de la victoria del triunfo por 2-1 ante los Países Bajos en el eliminatorio por el tercer puesto. Suker, el máximo goleador en la historia de su país, metió tres goles en la Eurocopa 1996, incluido uno de vaselina a gran distancia al portero danés Peter Schmeichel. Suker fue nombrado presidente de la Federación Croata de Fútbol en julio de 2012.

REPÚBLICA CHECA

La selección con más éxito del antiguo Bloque del Este, Checoslovaquia, terminó subcampeona en los Mundiales de 1934 y 1962, y más tarde traumatizó a la República Federal de Alemania en los penaltis al alzarse con la Eurocopa de 1976. Compitiendo como la República Checa desde 1994, rozó con la punta de los dedos la Eurocopa 96 y perdió la de 2004 en semifinales. Los últimos tiempos han sido más duros y, aunque la República Checa sigue siendo una de las selecciones más fuertes de Europa, no se clasificó para el Mundial 2010 ni 2014, pero llegó a cuartos en la Eurocopa 2012.

EL LUGAR DE PLASIL

El centrocampista **Jaroslav Plasil** comenzó la Eurocopa 2016 siendo el cuarto jugador checo en haber alcanzado el centenar de internacionales, un hito logrado en un amistoso que acabó en derrota por 2-1 ante Corea del Sur. Había sido parte del combinado que llegó a semifinales de la Eurocopa 2004, anotó contra Turquía en el torneo cuatro años más tarde y también jugó todos los minutos de su carrera hasta segunda ronda de la Eurocopa 2012. Además, fue uno de los pilares para llegar a la Eurocopa 2016, aunque los 14 goles que encajaron los checos en la clasificatoria superaron los de cualquier otro combinado en busca de la fase final.

SE LA COLÓ A TODOS

Uno de los penaltis más famosos de la historia fue el lanzamiento de **Antonin Panenka** para Checoslovaquia contra la RFA en la final de la Eurocopa de 1976, que dio la victoria a los checos en la tanda de penaltis. A pesar de la tensión y la responsabilidad, Panenka picó el esférico hacia el centro de la portería mientras el arquero Sepp Maier se tiraba a un lado. Ahora se conoce ese tipo de disparo como «Panenka» y el francés Zinedine Zidane lo reprodujo exactamente igual en la final del Mundial de 2006.

APLASTANTE

A pesar de perder la final de la Eurocopa 1996, la República Checa sustituyó a la ganadora, Alemania en la Copa FIFA Confederaciones de 1997 celebrada en Arabia Saudí. Los checos, dirigidos en los dos torneos por Dusan Uhrin, terminaron terceros tras vencer a Uruguay por 1-0. El centrocampista Edvard Lasota anotó el único gol, pero el máximo anotador fue Vladimir Smicer, con cinco tantos, incluido un *hat trick* en el 6-1 sobre Emiratos Árabes Unidos.

EL CASCO DE CECH

El arquero **Petr Cech** lleva un casco protector cuando juega desde que en octubre de 2006 sufriese una fractura de cráneo en un partido de la Premier League inglesa. Después, añadió un protector de barbilla tras una operación facial a raíz de un accidente en un entrenamiento. Cech es el hermano trillizo de Sárka y Michal, quien murió trágicamente de una infección a los dos años. Cech dio buena cuenta de su talento desde muy pronto al encajar solo un penalti en una tanda decisiva contra Francia en la final de la Eurocopa Sub-21 de 2002, una actuación que ayudó a los checos a alzarse con el trofeo. También estaba en el Chelsea cuando ganó la Champions League 2012 (fue nombrado mejor jugador del partido en penaltis contra el Bayern) y la Europa League 2013. Ahora, es el checo con más internacionalidades. Celebró su aparición número 100 en 2013 con una portería virgen en la victoria por 3-0 sobre Armenia. Jugó los tres partidos de la Eurocopa 2016, pero su combinado regresó a casa en primera ronda.

SUPERAR A PUC

La final del Mundial de 1934 fue la primera en terminar en prórroga. Checoslovaquia acabó perdiendo por 2-1 ante los anfitriones, Italia, a pesar de liderar el partido durante 76 minutos gracias a Antonin Puc. Puc era el máximo goleador internacional checo con 34 goles cuando se retiró en 1938, hasta que fue superado por Jan Koller, 67 años después y, más tarde, por Milan Baros.

CASI MOZART

El último jugador de la República Checa en anotar en un Mundial fue el actual capitán **Tomás Rosicky**, cuyo par de goles selló una victoria por 3-0 sobre EE. UU. en el Grupo E del torneo de 2006 en Alemania. A pesar de una carrera plagada de lesiones, se convirtió en el tercer checo en llegar al centenar de internacionalidades, cuando derrotaron a Islandia en 2015 por 2-1 en un clasificatorio para la Eurocopa 2016. Se le apodó «el pequeño Mozart» por la forma en que orquesta sus jugadas, aunque además ha tocado con la banda Tri sestry. Su padre y su hermano, ambos de nombre Jirí, fueron futbolistas profesionales, pero no llegaron a ser internacionales. Rosicky se retiró del fútbol internacional cuando la República Checa fue eliminada de la Eurocopa 2016 en primera ronda. Con 35 años, fue el checo más mayor en aparecer en la fase final de una Eurocopa. También fue el más joven, con 19 años, en 2000.

LA ESPANTADA

La victoria de Bélgica en los Juegos Olímpicos de 1920 se vio eclipsada cuando Checoslovaquia abandonó el campo a la media hora para protestar por lo que consideraba un arbitraje amañado. Checoslovaquia es el único equipo que ha sido descalificado en toda la historia del fútbol olímpico.

PREMIOS PARA LOS CHECOS

La elección de **Pavel Nedved** como Balón de Oro en 2003 puso fin a la impaciente espera de los aficionados checos que habían visto cómo pasaban desapercibidos una serie de excelentes jugadores desde que Josef Masopust fuera galardonado en 1962. El centrocampista Masopust anotó el primer gol de la final del Mundial de aquel año antes de que Brasil remontara para ganar 3-1 en la capital chilena de Santiago. Años más tarde, Masopust fue recordado y nombrado por Pelé como uno de los 125 mejores futbolistas vivos. A nivel de clubes, Masopust ganó ocho títulos de la liga checoslovaca con el Dukla Praga, el club del ejército. En 1962 también consiguió el primer Balón de Oro checo como futbolista nacional del año. Eran otros tiempos. Masopust recibió su premio antes del saque inicial de unos cuartos de final de la Copa de Europa ante el Benfica, sin el más mínimo alboroto. Años más tarde, Masopust declaró: «Eusébio me dio la mano, yo metí el trofeo en mi bolsa de deporte y volví a casa en tranvía».

MÁXIMOS GOLEADORES
Solo República Checa

1	Jan Koller	55
2	Milan Baros	41
3	Vladimir Smicer	27
4	Tomás Rosicky	23
5	Pavel Kuka	22*
6	Patrik Berger	18
=	Pavel Nedved	18
8	Vratislav Lokvenc	14
9	Tomás Necid	12
10	Marek Jankulovski	11

* +7 goles para Checoslovaquia

INTERNACIONALES
Solo República Checa

1	Petr Cech	124
2	Karel Poborsky	118
3	Tomás Rosicky	105
4	Jaroslav Plasil	104
5	Milan Baros	93
6	Jan Koller	91
=	Pavel Nedved	91
8	Vladimir Smicer	80*
9	Tomas Ujfalusi	78
=	Marek Jankulovski	78

* +1 internacional para Checoslovaquia

DIEZ DE DIEZ

El delantero gigante **Jan Koller** es el anotador checo más destacado de todos los tiempos con 55 goles en 91 partidos. Marcó en su debut con la selección absoluta contra Bélgica y metió diez tantos en diez partidos internacionales seguidos. Además anotó seis goles en las fases de clasificación para las Eurocopas de 2000, 2004 y 2008. Comenzó su carrera en el Sparta de Praga, que lo transformó de cancerbero a anotador. Ya en Bélgica, fue máximo goleador con el Lokeren, antes de marcar 42 goles con el Anderlecht, que les valieron dos ligas. Más tarde, en el Borussia Dortmund alemán, tuvo que jugar de portero ante la expulsión de Jens Lehmann y, tras anotar en la primera parte, mantuvo su portería a cero.

DINAMARCA

Dinamarca cuenta con selección de fútbol desde 1908, pero hasta mediados de la década de 1980 no empezó a destacar en los principales torneos. Su momento de consagración sobrevino en la Eurocopa 1992 cuando, tras acudir como sustituta tan solo diez días antes del comienzo del torneo, se marchó a casa con el trofeo sorprendiendo con un 2-0 en la final a la por entonces campeona del mundo, la República Federal de Alemania. Puede que no haya repetido un logro semejante, pero sigue siendo un equipo importante en el fútbol mundial.

INTERNACIONALES

1	Peter Schmeichel	129
2	Dennis Rommedahl	126
3	Jon Dahl Tomasson	112
4	Thomas Helveg	108
5	Michael Laudrup	104
6	Martin Jorgensen	102
=	Morten Olsen	102
8	Thomas Sorensen	101
9	Christian Poulsen	92
10	John Sivebaek	87

GUANTES DE ORO

Peter Schmeichel fue considerado el mejor portero del mundo a principios de la década de 1990 por ganar muchos títulos con el Manchester pero, sobre todo, por conquistar la Eurocopa con su selección. Su hijo, Kasper Schmeichel, integró el combinado danés en la Eurocopa 2012, aunque terminó el torneo sin salir al campo. Desde entonces, Kasper se ha convertido en la primera opción de Dinamarca y emuló a su padre al ganar la Premier League inglesa con el Leicester City en 2016.

MADERA DE LÍDER

Morten Olsen capitaneó a Dinamarca en el Mundial de 1986 y más tarde se convirtió en el primer danés en llegar a 100 internacionales. Cuando se retiró en 1989, había anotado cuatro goles en 102 apariciones internacionales. Tras dejar de jugar al fútbol, pasó a entrenar, primero a nivel de clubes con el Brondby, el FC Koln y el Ajax Ámsterdam, antes de aceptar el trabajo de seleccionador de Dinamarca en 2000 y llevar al conjunto a los Mundiales de 2002 y 2010. La derrota de Dinamarca por 2-1 ante Inglaterra en un amistoso en febrero de 2011 fue su 116.º internacional al mando. Superó así el récord anterior establecido entre 1979 y 1990 por el que fuera su seleccionador, Sepp Piontek. El reinado de 15 años de Olsen como entrenador de Dinamarca acabó en noviembre de 2015, tras una derrota agregada por 4-3 ante Suecia en la repesca para la Eurocopa 2016. Sus 163 partidos al cargo con su selección vieron 79 victorias, 42 empates y 47 derrotas, un porcentaje de victorias de un 48,47%. Su sucesor fue el noruego Age Hareide, que fue el técnico de Noruega entre 2003 y 2008. Su asistente fue el goleador danés Tomasson.

REDENCIÓN EN LOS PENALTIS

El centrocampista del Dundee, el Celtic y el Brondby Morten Wieghorst es el único jugador que ha sido expulsado dos veces cuando competía con Dinamarca y aun así ha recibido un premio especial por juego limpio. Su primera tarjeta roja internacional llegó solo tres minutos después de entrar en el campo como suplente, contra Sudáfrica en el Mundial de 1998. También le echaron cuando salió como suplente contra Italia en la Eurocopa 2000, aunque esta vez logró permanecer 28 minutos en el campo y marcar un gol del 3-2 para Dinamarca. Pero se pudo ver su otra cara en un partido de la Copa Carlsberg contra Irán, en febrero de 2003, cuando falló intencionadamente un penalti. El penal se concedió porque el defensa iraní Jalal Kameli Mofrad levantó el balón con las manos, ya que pensaba que un pitido del público había sido el del árbitro marcando el final de la primera parte. El Comité Olímpico Internacional le otorgó a Wieghorst un premio a juego limpio por fallar el penalti de forma deliberada, un gesto de gran deportividad ya que Dinamarca perdió el encuentro por 1-0.

DINAMITA DANESA

La derrota de Uruguay por 6-1 ante Dinamarca en la fase de grupos del Mundial de 1986 celebrada en Neza, México, se considera una de las mejores actuaciones de la selección. Por eso es triste que la aventura danesa terminase 5-1 en octavos a manos de los españoles, cuando un horrible pase hacia atrás de Jesper Olsen, del Manchester United, permitió a España abrir el marcador. Los daneses ya habían encontrado dificultades al no poder contar con el volante Frank Arnesen, expulsado durante el último partido de grupos, en la victoria sobre la que acabaría subcampeona, la RFA. El conjunto, conocido popularmente por «Dinamita Danesa», estaba capitaneado por el que más tarde sería seleccionador nacional Morten Olsen y dirigido por Sepp Piontek, un alemán que se convirtió en el primer técnico profesional de la selección danesa en 1979.

AYUDA CRISTIANA

El veloz volante y especialista en tiros libres **Christian Eriksen** es el último de una larga tradición de creativos jugadores daneses y otro que ha disfrutado de una fértil y popular asociación con el Ajax Ámsterdam. Siguió la misma trayectoria que otras estrellas danesas, como Soren Lerby y Frank Arnesen en las décadas de 1970 y 1980, y los hermanos Laudrup, Michael y Brian, a finales de la década de 1990. Eriksen inspiró al club de Ámsterdam con un *hat trick* de títulos antes de cruzar el Mar del Norte para incorporarse al Tottenham Hotspur en el verano de 2013 y terminó su debut en la temporada siendo votado jugador del año y jugador joven del año por la afición del club londinense. Debutó con la absoluta en marzo de 2010, cuando acababa de cumplir 18 años, lo que le convirtió en el cuarto debutante más joven de su país de todos los tiempos, y fue el jugador más joven del Mundial 2010. El primer tanto internacional de Eriksen fue en la victoria contra Islandia en abril de 2011. Entre sus fans está la leyenda de Países Bajos y del Ajax Johan Cruyff, quien dijo: «Es un jugador que realmente me apasiona. Se puede comparar con Brian y Michael Laudrup».

MÁXIMOS GOLEADORES

1	Poul Nielsen	52
=	Jon Dahl Tomasson	52
3	Pauli Jorgensen	44
4	Ole Madsen	42
5	Preben Elkjaer Larsen	38
6	Michael Laudrup	37
7	Nicklas Bendtner	29
=	Henning Enoksen	29
9	Michael Rohde	22
=	Ebbe Sand	22

EBBE EL RÁPIDO

Ebbe Sand fue el autor del gol más rápido de la historia de un Mundial anotado por un suplente, al marcar a los 16 segundos en el choque de Dinamarca contra Nigeria en el Mundial de 1998.

TOMA TOMASSON

Jon Dahl Tomasson, que comparte el récord de máximo anotador danés, fue nombrado asistente del seleccionador de Dinamarca, el noruego Age Hareide, en 2016. El último de los 52 goles de Tomasson para Dinamarca llegó con la derrota por 3-1 ante Japón en el Mundial 2010, que no pudo remontar debido a la pericia del arquero Eiji Kawashima. Tomasson jugó 112 partidos para su país, mientras que los 52 tantos de Poul «Tist» Nielsen llegaron en tan solo 38 encuentros entre 1910 y 1925. Pauli Jorgensen también fue bastante prolífico: anotó 44 goles en solo 47 partidos de 1925 a 1939.

UN IMPREVISTO EN 1992

Pocos aficionados al fútbol podrán olvidar la excelente actuación de Dinamarca en junio de 1992, cuando su equipo logró ganar la Eurocopa. Dinamarca no se había clasificado para la ronda final en Suecia, pero diez días antes del partido inaugural, la UEFA le pidió que ocupara la plaza de Yugoslavia, que fue excluida del torneo a raíz de las sanciones internacionales por la guerra de los Balcanes. Los daneses habían quedado segundos de su grupo, por detrás de Yugoslavia. No había ninguna expectativa, pero entonces ocurrió lo inesperado. Con gran fe en su guardameta Peter Schmeichel, en su defensa y en la chispa creativa de Brian Laudrup, Dinamarca fue la artífice de una de las mayores sorpresas de la historia del fútbol moderno al ganar el torneo, firmando una victoria por 2-0 frente a la campeona del mundo, Alemania. Su hazaña fue incluso más extraordinaria, ya que su mejor jugador, Michael Laudrup, abandonó el equipo durante la fase de clasificación tras discutir con el técnico Richard Moller Nielsen. Reanudó su carrera internacional en 1993, pero Dinamarca no logró clasificarse para el siguiente Mundial, el de Estados Unidos. Entre los que presentaron sus respetos a Moller Nielsen en su funeral en febrero de 2014 estuvieron Schmeichel, Brian Laudrup, Preben Elkjaer Larsen y John Jensen.

DULCE VENGANZA

Michael Krohn-Dehli pasó por el Ajax sin pena ni gloria. De hecho, solo jugó cuatro veces con el club entre 2006 y 2008. Pero, si guardaba el más mínimo rencor hacia Holanda o por las lesiones que impidieron que progresase mientras estaba en la selección, la Eurocopa 2012 supuso su redención. Krohn-Dehli anotó el único gol de la victoria sorpresa de Dinamarca sobre Holanda.

HERMANOS AL PODER

Michael (derecha) y **Brian Laudrup** son dos de los hermanos futbolistas con mayor éxito de los últimos tiempos. Además de sus 186 partidos como internacionales han jugado en clubes de Europa. Michael (104 internacionales, 37 goles) jugó en Italia con el Lazio y la Juventus, y en España con el Barcelona y el Real Madrid. Brian (82 internacionales, 21 goles) destacó en Alemania con el Bayer Uerdingen y el Bayern de Múnich, en Italia con la Fiorentina y el AC Milan, en Escocia con los Rangers y en Inglaterra con el Chelsea.

GRECIA

No cabe duda de cuál fue el mejor momento futbolístico de Grecia: su apabullante triunfo, contra todo pronóstico, en la Eurocopa 2004. Conducida por un entrenador alemán, Otto Rehhagel, la selección griega participaba por segunda vez en el torneo. Grecia llegó también a cuartos en la Eurocopa 2012 en Polonia y Ucrania. En lo referente a los Mundiales, Sudáfrica 2010 supuso su segunda clasificación mundialista y en Brasil 2014 llegaron a segunda ronda por primera vez.

MÁXIMOS GOLEADORES

#		
1	Nikos Anastopoulos	29
2	Angelos Charisteas	25
3	Theofanis Gekas	24
4	Dimitris Saravakos	22
5	Mimis Papaioannou	21
6	Nikolas Machlas	18
7	Demis Nikolaidis	17
8	Panagiotis Tsalouchidis	16
9	Giorgos Sideris	14
10	Nikos Liberopoulos	13
=	Konstantinos Mitroglou	13
=	Dimitris Salpingidis	13

THEO ES EL MEJOR

Theodoros «Theo» Zagorakis nació cerca de Kavala el 27 de octubre de 1971 y fue el capitán de la selección griega cuando esta ganó la Eurocopa 2004. Este centrocampista también obtuvo el premio al mejor jugador del torneo en esa ocasión. Es el segundo futbolista griego que ha disputado más encuentros internacionales (120), pero no fue hasta su 101.ª aparición internacional, diez años y cinco meses después de su debut con Grecia, cuando metió el primer gol para su país, en un clasificatorio para el Mundial contra Dinamarca, en febrero de 2005. Se retiró del fútbol internacional tras una breve aparición de 15 minutos frente a España en agosto de 2007.

A POR TODAS

Grecia, la sorprendente ganadora de la Eurocopa 2004, pasó a ser la primera selección en vencer a los vigentes campeones y a los anfitriones en el camino para proclamarse campeón del mundo o de Europa. De hecho, acabó con Portugal dos veces, en el partido inaugural y en la final, con una victoria en cuartos sobre los defensores del título, Francia, entremedias.

AMARÁS A SAMARAS

Georgios Samaras ejecutó el penal en el último minuto que hizo que Grecia pasase a octavos en un Mundial por primera vez, en la apabullante victoria por 2-1 sobre su oponente del Grupo C, Costa de Marfil, en el torneo de Brasil 2014. El tanto, tras una falta de Giovanni Sio, supuso el noveno gol del exariete del Celtic Samaras, el primero fue en su debut contra Bielorrusia en febrero de 2006. Samaras podría haber jugado como internacional con Australia, porque su padre, Ioannis, nació en Melbourne y se trasladó a Grecia a los 13 años. Ioannis ganó de hecho 16 internacionales con Grecia entre 1986 y 1990, pero no llegó tan alto como su hijo, que ya ha jugado 81 internacionales.

TODOS DE BLANCO

El triunfo inesperado de la Eurocopa 2004 transformó completamente el fútbol internacional griego: cambiaron el color de su equipación del azul al blanco. El azul se había utilizado desde que se fundó la Federación Helénica de Fútbol en 1926 pero el éxito de los hombres de Otto Rehhagel con la segunda equipación promovió un cambio permanente.

INTERNACIONALES

1	Giorgos Karagounis	139
2	Theodoros Zagorakis	120
3	Kostas Katsouranis	116
4	Angelos Basinas	100
5	Stratos Apostolakis	96
6	Antonios Nikopolidis	90
=	Vasilis Torisidis	90
8	Angelos Charisteas	88
9	Dimitris Salpingidis	82
10	Georgios Samaras	81

COMO UN TORO

El defensa **Vasilis Torosidis**, ahora capitán de Grecia, anotó el gol de la victoria sobre Nigeria en 2010, que aseguró la primera victoria de su país en un partido mundialista. Lo logró pese al golpe que le propinó el centrocampista nigeriano Sani Kaita, que fue expulsado. Torosidis también formó parte del combinado griego de las Eurocopas 2008 y 2012, y del Mundial 2014. No hubo tercera Eurocopa para Torosidis, ya que Grecia terminó última de su grupo en 2016, a pesar de ser cabeza de serie. Su desastrosa campaña incluyó derrotas en casa y a domicilio ante las Islas Feroe.

YOGURÍN GRIEGO

El guardameta Stefanos Kapino se convirtió en el internacional más joven de Grecia al debutar en noviembre de 2011 en un amistoso contra Rumanía, a los 17 años y 241 días, cuando era 80 días más joven que el anterior titular del récord, el ariete Thomas Mavros, que logró el récord en el partido contra Holanda en febrero de 1972. El jugador más mayor de Grecia fue otro portero, Kostas Chalkias, que contaba 38 años y 13 días cuando jugó su último internacional, contra la República Checa en junio de 2012. Encajó dos goles en los primeros seis minutos y le sustituyó Michalis Sifakas a mitad del primer tiempo.

DIMI MÁS

El delantero **Dimitrios Salpingidis** no solo anotó el único gol del partido de repesca para el Mundial 2010 contra Ucrania que firmó su plaza en Sudáfrica, sino que se convirtió en el primer griego en marcar en un Mundial, con un tiro desviado en el minuto 44 del partido del Grupo B que acabó 2-1 sobre Nigeria. También logró otra hazaña notable al marcar el gol del empate contra Polonia en el partido inicial de la Eurocopa 2012: esto le convirtió en el primer griego en anotar en un Mundial y una Eurocopa.

GRECIA SIN GRACIA

Con solo dos tantos, Grecia fue el equipo que menos goles anotó en su camino a segunda ronda del Mundial 2014. En su primera tanda de penaltis del torneo, en octavos, perdió ante Costa Rica por 5-3 tras un empate a uno. El único fallo fue el de Theofanis Gekas, que a los 34 años y 37 días fue el segundo hombre más mayor en fallar en una tanda de penaltis mundialista. El capitán italiano Franco Baresi tenía 33 días más cuando falló en la final del Mundial de 1994 contra Brasil.

DOLOR Y GLORIA PARA GIORGOS

El día que el centrocampista y capitán griego **Giorgos Karagounis** igualó el récord nacional de internacionalidades fue bastante agridulce. Fue su 120.º internacional, contra Rusia, en el último partido del Grupo A de la Eurocopa 2012. Karagounis marcó el único gol del encuentro, lo que le valió a Grecia una plaza en los cuartos de final a expensas de Rusia, pero la segunda tarjeta amarilla del torneo hizo que no pudiese jugar el siguiente encuentro, una derrota por 4-2 ante Alemania que eliminó a los griegos. Karagounis fue uno de los tres supervivientes del combinado de la Eurocopa 2004, junto con el centrocampista Kostas Katsouranis y el arquero Kostas Chalkias, aunque Chalkias jugó por primera vez en Polonia, ya que en 2004 y 2008 era suplente. El técnico Fernando Santos sorprendió a muchos al no convocar al héroe de 2004, Angelos Charisteas. Chalkias, que en la Eurocopa 2012 era el jugador más mayor, jugó su último internacional, el número 32, durante este torneo.

EL REY OTTO

El entrenador alemán Otto Rehhagel fue el primer extranjero en ser elegido «Griego del Año» en 2004, tras alcanzar la gloria con la selección en la Eurocopa de ese año. También le ofrecieron la nacionalidad honoraria griega. Sus nueve años al cargo tras ser nombrado en 2001 le convirtieron en el seleccionador que más tiempo entrenó a Grecia. Su triunfo en la Eurocopa de 2004 fue la primera vez que una selección con entrenador extranjero triunfaba en la Eurocopa o el Mundial. Rehhagel tenía 65 años en ese momento, lo que le convertía en el técnico más mayor en haber ganado la Eurocopa, aunque ese récord le fue arrebatado cuatro años más tarde, cuando el técnico español Luis Aragonés, con 69 años, se alzó con el trofeo.

HUNGRÍA

Hubo una época, a principios de la década de 1950, que contaba con la selección de fútbol con mejor historial: alzó con el oro olímpico en Helsinki 1952, asestó la primera derrota a Inglaterra en casi cuatro años invicta. Llegó a la Copa Mundial de la FIFA de 1954 como firme favorita para el trofeo. Perdió ante la República Federal de Alemania en la final y jamás el fútbol húngaro en el panorama mundial nunca ha vuelto a ser la misma.

MÁXIMOS GOLEADORES

1	Ferenc Puskás	84
2	Sándor Kocsis	75
3	Imre Schlosser	59
4	Lajos Tichy	51
5	György Sárosi	42
6	Nandor Hidegkuti	39
7	Ferenc Bene	36
8	Tibor Nyilasi	32
=	Gyula Zsengellér	32
10	Flórián Albert	31

DZSUDZSÁK NO DUDA

Hungría ha logrado remontar en los últimos años, llegando a segunda ronda en la Eurocopa 2016, menos de tres años después de su batacazo por 8-1 a manos de Holanda en un clasificatorio para el Mundial 2014, que igualó el margen de sus peores derrotas hasta la fecha, 7-0 ante Inglaterra en 1908 y ante Alemania en 1941. Bajo las órdenes del técnico alemán Bernd Storck y del capitán **Balázs Dzsudzsák**, derrotó a Noruega en la repesca hasta llegar a su primer torneo importante desde el Mundial 1986, cuando perdió por 4-0 ante Bélgica en octavos. Hungría volvió a tocar fondo en la clasificatoria para el Mundial 2018. Una derrota por 1-0 ante Andorra en junio de 2017 acabó con la trayectoria de 66 partidos sin ganar de Andorra. Storck ofreció entradas gratuitas para futuros partidos a los aficionados húngaros que asistieron.

EL BERRINCHE DE GERA

Aunque nadie se puede comparar con Ferenc Puskás, el elegante mediocentro **Zoltán Gera**, que jugaba con la izquierda, ha sido uno de los mejores futbolistas de Hungría de las últimas décadas. Su registro de internacionalidades podría haber sido mayor, pero una disputa con el técnico Erwin Koeman le llevó a retirarse por un tiempo en 2009. Los primeros tres de sus 26 goles internacionales llegaron en su victoria por 3-0 sobre San Marino en 2002, mientras que el número 25 fue una atronadora volea en el empate a tres contra Portugal en primera ronda de la Eurocopa 2016. A los 37 años y 62 días, se convirtió en el segundo jugador más mayor en anotar en la Eurocopa, por detrás del austriaco Ivica Vastic, que tenía 38 años y 257 días cuando marcó en la Eurocopa 2008.

LA CABEZA DE ORO

Sándor Kocsis, máximo anotador del Mundial de 1954 con 11 goles, era tan bueno en el juego aéreo que le llamaban «el hombre de la cabeza de oro». En 68 partidos como internacional anotó la friolera de 75 goles, entre ellos siete *hat tricks*. También marcó dos goles decisivos en la prórroga de la semifinal del Mundial de 1954 contra Uruguay, cuando parecía que Hungría estaba a punto de perder.

EL COMANDANTE GALOPANTE

Ferenc Puskás fue uno de los mejores futbolistas de todos los tiempos, alcanzando un asombroso registro de 84 goles en 85 encuentros con Hungría y 514 goles en 529 partidos en las ligas húngara y española. Poseedor del zurdazo más letal de la historia del fútbol, era conocido como el «Comandante Galopante», debido a su vinculación con el equipo del ejército húngaro Honved antes de fichar por el Real Madrid y jugar con España. Durante la década de 1950 fue máximo goleador y capitán de los «Magiares Mágicos» (apodo de la selección), así como del club militar Honved.

EMPERADOR ALBERT

El único jugador húngaro galardonado con el Balón de Oro al mejor futbolista del año fue **Flórián Albert** en 1967, cuando organizaba el evento la revista *France Football* en lugar de la FIFA. Albert, apodado «el Emperador», acabó como máximo anotador en el Mundial de 1962 con cuatro goles y ayudó a su país a llegar al tercer puesto en las Olimpiadas de 1960 y la Eurocopa de 1964. El amistoso en casa de Hungría contra Liechtenstein que acabó 5-0 a favor de los húngaros en noviembre de 2011 estuvo dedicado a Flórián, que había muerto el mes anterior a los 70 años. Su hijo, Flórián Albert Jr., jugó seis internacionales para Hungría como centrocampista entre 1993 y 1996.

HACER HISTORIA

La victoria de Hungría sobre Inglaterra por 6-3 en Wembley en 1953 sigue siendo uno de los resultados internacionales más importantes de todos los tiempos. Hungría se convirtió en el primer equipo no británico en ganar a Inglaterra en casa, un récord que se mantenía desde 1901. Los húngaros llevaban cuatro años invictos y se habían alzado con el oro olímpico el año anterior, mientras que los ingleses eran los supuestos «inventores» del fútbol. La prensa británica lo denominó «el partido del siglo». Al final, el encuentro revolucionó el fútbol inglés, después de que la rotunda victoria de Hungría pusiera en evidencia la ingenuidad de las tácticas inglesas. Más tarde, el capitán inglés Billy Wright resumió así la humillación: «Infravaloramos totalmente los progresos de Hungría, y no solo en cuanto a su táctica. Cuando saltamos al terreno de juego, miré hacia abajo y me di cuenta de que los húngaros se habían puesto unas botas extrañas y ligeras, cortadas como zapatillas por debajo del tobillo. Me giré hacia el gran Stan Mortensen y le dije: «Nos debería de ir bien, Stan, ellos no tienen la equipación adecuada».

EL QUE SE ESCAPÓ

Ladislao Kubala fue uno de los jugadores húngaros con más proyección, a pesar de jugar solo tres partidos para su selección y representar a otros dos países. Nació en Budapest el 10 de junio de 1927 y debutó internacionalmente en 1946 con Checoslovaquia, llegando a jugar seis veces para el país de sus padres. Se mudó a Hungría en 1948, donde jugó sus tres internacionales. Se vio obligado a huir de Hungría como refugiado en 1951 y se trasladó a España, donde disputó 19 encuentros tras unirse al Barça. Kubala pasó dos temporadas como entrenador del Barcelona y fue seleccionador de España de 1969 a 1980.

PIONEROS EUROPEOS

El encuentro entre Argentina y Uruguay en 1902 fue el primer partido internacional celebrado fuera de las islas británicas, pero la derrota de Hungría ante Austria por 5-0 en Viena tres meses después fue el primer partido europeo entre dos equipos no ingleses (los anteriores fueron de clubes). Diez de los 16 primeros partidos internacionales de Hungría fueron contra Austria: cuatro victorias, un empate y cinco derrotas. En total, Hungría ha ganado 67 partidos, ha empatado 30 y ha perdido 40 contra sus vecinos.

NERVIOS Y ACERO

Puede que Gábor Király haya ganado más internacionales y reconocimiento gracias a sus pantalones de chándal (que parecen de pijama), pero Gyula Grosics sigue siendo considerado el mejor portero que ha tenido Hungría. Aunque era algo extraño para un arquero de su generación, estaba cómodo con la pelota entre los pies y no le importaba salir del área. Esa confianza en el campo no se trasladaba a su vida personal, ya que era bastante nervioso, hipocondríaco y solitario. Supuestamente pidió que le sustituyesen antes del final del partido de 1953 en Wembley y sufrió mucho tras la derrota inesperada de Hungría ante la RFA en el Mundial 1954, ya que le culparon por el tanto del empate.

AÑOS DORADOS

La espléndida alineación húngara de principios de la década de 1950 era conocida como la *Aranycsapat* (el Equipo de Oro). Establecieron un récord de partidos ganados: 31 consecutivos desde mayo de 1950 a julio de 1954, cuando perdieron en la final del Mundial contra la RFA, pero en el camino consiguieron una medalla de oro en Helsinki en 1952. La hazaña de 31 partidos invictos solo ha sido superada por Brasil y España. En esa década Hungría también estableció el récord de más partidos consecutivos marcando al menos un gol, 73 encuentros, mientras que la media de 5,4 tantos por partido en el Mundial de 1954 sigue siendo todo un logro mundialista.

INTERNACIONALES

1	Gábor Király	108
2	Jozsef Bozsik	101
3	Zoltán Gera	97
4	Roland Juhász	95
5	László Fazekas	92
6	Balázs Dzsudzsák	89
7	Gyula Grosics	86
8	Ferenc Puskás	85
9	Imre Garaba	92
10	Sandor Mátrai	81

IRLANDA DEL NORTE

Irlanda del Norte ha competido como país independiente desde 1921, ya que antes existía un equipo de toda Irlanda. Se ha clasificado para disputar el Mundial en tres ocasiones (1958, 1982 y 1986), pero han tenido que pasar 30 años para que se clasifique para otro torneo importante, llegando a segunda ronda de la Eurocopa 2016, su primera aparición en una fase final europeísta.

GEORGE BEST

Best, uno de los grandes futbolistas que no llegó a honrar un Mundial con su presencia (fue 37 veces internacional con Irlanda del Norte), logró premios nacionales y europeos con el Manchester United, incluidos una Copa de Europa y el Balón de Oro en 1968. También jugó en Estados Unidos, Hong Kong y Australia antes de retirarse para siempre en 1984.

GRAN JENNINGS

Las 119 apariciones históricas de **Pat Jennings** con Irlanda del Norte también fueron un récord internacional durante algún tiempo. El exportero del Tottenham Hotspur y del Arsenal debutó como internacional ante Gales con 18 años en 1964 y celebró su 41 cumpleaños jugando su último partido ante Brasil en el Mundial 1986.

«PEDRO EL GRANDE»

El antiguo delantero del Manchester City y el Derby County, Peter Doherty, uno de los jugadores más caros de la época, conquistó la liga inglesa y la Copa de Inglaterra como jugador y disputó 19 partidos con la selección norirlandesa en una carrera interrumpida por la Segunda Guerra Mundial. En 1947, su último tanto en un 2-2 logró evitar que su país cayera derrotado ante Inglaterra por primera vez. Como entrenador, llevó a Irlanda del Norte a los cuartos de final del Mundial 1958, convirtiéndolo en el país más pequeño en alcanzar esa fase del torneo. Francia, que acabó en tercera posición, les venció por 4-0.

¡VAYA CON DANNY!

El capitán de Irlanda del Norte en el Mundial de 1958 fue el cerebral **Danny Blanchflower**, del Tottenham Hotspur, que fue el primer capitán del siglo XX de un club inglés en ganar tanto la liga como la Copa de Inglaterra en la misma temporada, en 1960-61. Cuando se le preguntó el secreto del éxito de su selección en 1958, explicó: «Nuestra táctica es empatar antes de que los otros marquen». Pero mucho más famosa es su filosofía: «La gran falacia es que en un partido lo principal es ganar. Es todo lo contrario. Se juega por la gloria, por hacer las cosas con estilo, con gesto triunfal, por salir y vencer al rival, no esperar a que se mueran de aburrimiento».

MÁXIMOS GOLEADORES

1	David Healy	36
2	Kyle Lafferty	20
3	Colin Clarke	13
=	Billy Gillespie	13
5	Gerry Armstrong	12
=	Joe Bambrick	12
=	Iain Dowie	12
=	Jimmy Quinn	12
9	Olphie Stanfield	11
10	Billy Bingham	10
=	Johnny Crossan	10
=	Jimmy McIlroy	10
=	Peter McParland	10

VAYA CON EL CRÍO

El centrocampista **Steven Davis** se convirtió en el capitán más joven de la posguerra cuando dirigió a la selección contra Uruguay en mayo de 2006, con tan solo 21 años, cinco meses y 20 días. Siguió siendo capitán bajo la batuta del actual técnico Michael O'Neill, quien sustituyó a Nigel Worthington en 2012 para convertirse en el primer entrenador católico de Irlanda del Norte en medio siglo.

LA FORTUNA DE McAULEY

Irlanda del Norte se clasificó para la Eurocopa 2016 como cabeza de grupo y llegó a la fase final con su mejor marca de la historia: 12 partidos invictos. El triunfo por 2-0 sobre Ucrania fue su primera victoria en fase final desde que venciera a España en el Mundial 1982, y el gol inicial de Gareth McAuley fue el primer tanto en un torneo importante desde el de Colin Clarke, también contra España, en el Mundial 1986. Sin embargo, McAuley anotó en la portería «equivocada» y dio a Gales el único gol de un encuentro de segunda ronda, el primer autogol de Irlanda del Norte desde el de octubre de 2011 contra Italia ¡también de él! Aaron Hughes disputó el encuentro contra Ucrania con 36 años, tras convertirse en el primer jugador de campo en llegar a los 100 internacionales en 2016.

INTERNACIONALES

1	Pat Jennings	119
2	Aaron Hughes	106
3	Steven Davis	95
=	David Healy	95
5	Mal Donaghy	91
6	Sammy McIlroy	88
=	Maik Taylor	88
8	Keith Gillespie	86
9	Chris Baird	79
10	Jimmy Nichol	73

BARÓN AARON

Aaron Hughes debutó internacionalmente contra Ucrania en la Eurocopa 2016, a los 36 años. En un amistoso antes del torneo contra Eslovaquia, se convirtió en el primer jugador de campo de Irlanda del Norte en jugar 100 internacionales. Se retiró del fútbol internacional en septiembre de 2011, pero cambió de idea cinco meses más tarde. El único tanto internacional de Hughes llegó en su partido número 78, una victoria por 4-0 sobre las Islas Feroe en agosto de 2011.

«PETER, EL BREVE»

Se cree que el pobre Peter Watson disfrutó de la carrera internacional más corta de Irlanda del Norte con su aparición de dos minutos en el clasificatorio de la Eurocopa contra Chipre en abril de 1971, que acabó 5-0 a favor de los norirlandeses. Watson jugó esa temporada en el club Distillery, junto con Martin O'Neill, que acabaría logrando 64 internacionalidades y sería capitán de su selección en el Mundial 1982.

JOVEN PROMESA

Norman Whiteside fue el jugador más joven en disputar un Mundial (batiendo el récord de Pelé), cuando representó a Irlanda del Norte en España 82 con 17 años y 41 días. Fue internacional en 38 ocasiones y marcó nueve goles, antes de retirarse por una lesión a los 26 años.

ANFITRIÓN HOSTIL

Irlanda del Norte encabezó su grupo de primera ronda en el Mundial 1982, gracias a una victoria 1-0 sobre la anfitriona, España. El delantero del Watford Gerry Armstrong anotó el gol y los irlandeses siguieron luchando a pesar de la expulsión del defensa Mal Donaghy. Una derrota por 4-1 en segunda ronda ante Francia impidió a los norirlandeses llegar a la semifinal. Luego, Armstrong se trasladó a España, para unirse al Mallorca al año siguiente.

HÉROE HEALY

El máximo goleador de Irlanda del Norte, **David Healy,** arrancó su carrera mejor imposible, marcando dos tantos en su debut internacional contra Luxemburgo en febrero de 2000. Pero, quizá, los dos mejores días para su selección fueron cuando anotó el único gol contra la Inglaterra de Sven-Göran Eriksson en 2005 (la primera victoria de Irlanda del Norte sobre su vecina desde 1972) y el día en que, doce meses después, logró un *hat trick* con el que venció a la finalmente campeona, España, por 3-2 en un clasificatorio para la Eurocopa 2008. Después, sufrió una sequía de goles de cuatro años y 24 partidos de 2008 a 2012. Su último tanto para su país fue en la derrota ante Israel en 2013. Se retiró ese mismo año, a los 34 años.

NORUEGA

Aunque Noruega jugó por primera vez como selección contra Suecia en 1908 y se clasificó para la Copa Mundial de la FIFA de 1938, tuvo que esperar la friolera de 56 años y la llegada de un especialista del fútbol directo, para reaparecer en un torneo internacional importante. Su éxito en este tipo de competiciones ha sido escaso, nunca ha pasado de la segunda ronda, pero Noruega puede presumir de ser la única selección que nunca ha perdido contra Brasil.

JUVE EL POLIFACÉTICO

Jorgen Juve cuenta con el récord nacional de 33 goles internacionales en 45 partidos entre 1928 y 1937. No anotó cuando Noruega se hizo con el bronce en las Olimpiadas de 1936 en Berlín, pero jugaba cuando Noruega venció a Alemania en cuartos de final por 2-0, lo que provocó que los espectadores Adolf Hitler y demás líderes nazis salieran del campo enfurecidos. Tras retirarse en 1938, trabajó como académico de derecho, periodista deportivo y escritor de libros sobre las Olimpiadas y el fútbol.

LOS GOLES DE LOS IVERSEN

Steffen Iversen anotó el único tanto de la única victoria de Noruega en una Eurocopa, en el torneo del año 2000 contra España. El padre de Iversen, Odd, había sido ariete en la selección, donde contribuyó a las victorias inesperadas sobre Francia y Suecia en el Mundial de 1970 y 1978, respectivamente. Odd marcó 19 veces en 45 partidos para Noruega entre 1967 y 1979. Steffen igualó el marcador internacional de su padre con un *hat trick* contra Malta en noviembre de 2007 y, en septiembre de 2008, marcó sus siguientes dos goles contra Islandia. Su 79.ª y última internacionalidad llegó en 2011, a los 34 años, cuando contaba con 21 goles en su haber.

SE HAN LLEVADO UNA BUENA PALIZA

El famoso comentario de Bjorge Lillelien, comentarista de deportes de invierno y de fútbol desde 1957 hasta justo antes de morir de cáncer en 1987, después de que Noruega derrotara a Inglaterra por 2-1 en un partido de clasificación para el Mundial de 1982, sigue siendo uno de los momentos míticos del fútbol europeo. Su traducción a grandes rasgos sería la siguiente: «Lord Nelson, Lord Beaverbrook, Sir Winston Churchill, Sir Anthony Eden, Clement Attlee, Henry Cooper, Lady Diana, Maggie Thatcher, ¿pueden oírme? Sus chicos se han llevado una buena paliza». Aunque hizo el comentario en una radio noruega, enseguida llegó a los oyentes ingleses y logró la categoría de cliché. En 2002, el suplemento deportivo del diario *Observer* calificó las palabras de Lillelien como el mejor comentario deportivo. Tanta trascendencia tiene el comentario en la cultura deportiva británica que se han escrito parodias del mismo para celebrar una gran serie de victorias nacionales.

MÁXIMOS GOLEADORES

1	Jorgen Juve	33
2	Einar Gundersen	26
3	Harald Hennum	25
4	John Carew	24
5	Tore André Flo	23
=	Ole Gunnar Solskjaer	23
7	Gunnar Thoresen	22
8	Steffen Iversen	21
9	Jan Age Fjortoft	20
10	Odd Iversen	19
=	Oyvind Leonhardsen	19
=	Olav Nilsen	19

NO DAN NADA DE RISA

Los potentes tiros del exdefensa del Liverpool, AS Mónaco y AS Roma, John Arne Riise, marcaron el partido en el que igualó el récord de apariciones con la selección noruega de Thorbjörn Svenssen, contra Grecia en agosto de 2012, ya que acabó sumando un gol al marcador, a pesar de que cayeron por 3-2. También estaba en el equipo perdedor cuando superó el récord, una derrota por 2-0 en Islandia al mes siguiente, antes de meter su gol internacional número 16 en su 106.º partido, en el que Noruega venció a Eslovenia por 2-1. Su hermano pequeño, Bjorn Helge Riise, centrocampista, se unió a él en su club actual, el Fulham, y ha sido internacional más de 35 veces.

LA VUELTA DE OLSEN

Egil Olsen, uno de los técnicos más excéntricos de Europa, fue contratado para un segundo periodo con la selección. Noruega depositó su confianza en manos de este especialista del fútbol directo en la previa para el Mundial de 2010, quince años después de que llevase al equipo hasta la fase final de 1994. Esa había sido la primera aparición de Noruega en una fase final desde 1938 y la remató con una victoria ante Brasil en la primera ronda de 1998, lo que convirtió a Olsen en un héroe tras colocar a su país en un impresionante segundo puesto en la clasificación oficial de la FIFA. Antes de responder a la llamada de su país por segunda vez, Olsen entrenó a la selección iraquí. En su primer partido de nuevo al mando de Noruega, ganó a Alemania por 1-0 como visitante con su táctica de juego largo.

ERIK EL VIKINGO

El guardameta Erik Thorstvedt participó en las Olimpiadas de Los Ángeles de 1984, cuando Noruega se clasificó para sustituir a Polonia y la RDA, que boicoteaban el torneo. También fue un miembro clave de la selección en el Mundial de 1994 y disputó 97 partidos internacionales entre 1982 y 1996.

NUEVA GAARDIA

El mediapunta **Martin Odegaard** se convirtió en el internacional más joven de Noruega cuando debutó contra los Emiratos Árabes Unidos en agosto de 2014, a los 15 años y 253 días. Cuarenta y siete días después, se convirtió en el jugador más joven en participar en un clasificatorio para la Eurocopa, acabando con el récord ostentado por el islandés Siggi Jónsson durante 31 años. En marzo de 2015, en una derrota por 5-1 a manos de Croacia, Odegaard, que por entonces contaba 16 años y 101 días, pasó a ser el jugador europeo más joven en iniciar un internacional de competición. Era 164 días más joven que el portero del Liechtenstein Peter Jehle, que jugó en un clasificatorio para la Eurocopa 98. Su rápido ascenso continuó cuando se unió al Real Madrid desde el Stromsgodset en enero de 2015.

INTERNACIONALES

1	John Arne Riise	110
2	Thorbjörn Svenssen	104
3	Henning Berg	100
4	Erik Thorstvedt	97
5	John Carew	91
=	Brede Hangeland	91
7	Oyvind Leonhardsen	86
8	Morten Gamst Pedersen	83
=	Kjetil Rekdal	83
10	Steffen Iversen	79

VIAJEROS DE LARGA ESTANCIA

El mejor resultado de Noruega en un campeonato internacional fue la medalla de bronce que consiguió en las Olimpiadas de 1936 en Berlín, cuando perdió ante Italia en la semifinal pero venció a Polonia 3-2 en el eliminatorio por el tercer puesto, gracias al *hat trick* de Arne Brustad. El combinado de ese año es recordado en la historia del fútbol noruego como el *Bronselaget* (equipo de bronce), pero comenzaron el campeonato con pocas expectativas y se les obligó a modificar sus planes antes de la semifinal contra Italia el 10 de agosto: las autoridades del fútbol noruegas habían reservado su viaje de vuelta para el día anterior, porque no esperaban llegar tan lejos. Italia derrotó a Noruega por 2-1 en la prórroga, no solo en la semifinal de esos Juegos Olímpicos, sino también en la primera ronda del Mundial dos años más tarde, para al final quedar campeones.

FRODE BOLSÓN

Frode Johnsen tuvo que esperar seis años, hasta septiembre de 2013, para ser convocado de nuevo como internacional. Fue en septiembre de 2013. Un mes más tarde, se convirtió en el jugador más mayor en jugar para Noruega. Contaba 39 años y 212 días cuando ganó el último de sus 35 internacionales: un clasificatorio mundialista por 1-1 contra Islandia en octubre de 2013. Le siguen Gunnar Thoresen (38 años y 342 días, contra Finlandia en 1959) y Ronny Johnsen (38 años y 73 días, contra Argentina en 2007).

ESTRELLA DE ROCK

Ya no ostenta el récord de internacionalidades con Noruega, pero **Thorbjörn Svenssen** fue capitán de la selección en más ocasiones que ningún otro jugador: 93 veces. El defensa no anotó un solo gol en sus 104 partidos con Noruega entre 1947 y 1962, pero se convirtió en el primer noruego en alcanzar el centenar de internacionales y, en aquel momento, el segundo de de todo el mundo, por detrás del inglés Billy Wright. Svenssen, apodado «Klippen», o «La roca», hizo su última aparición en mayo de 1962, a los 38 años y 24 días. Murió en enero de 2011 a los 86 años.

POLONIA

La historia del fútbol polaco está plagada de brusco
El éxito olímpico de 1972, que les valió la medalla
tercer puesto en los Mundiales de 1974 y 1982 pr
fracaso en las rondas clasificatorias de todos los
hasta 1992. Polonia llegó a la fase final de la Euro
por primera vez en 2008 y acogió el cam
junto con Ucrania en 2012, aunque en
dos ocasiones fue eliminad
en primera ronda. En la
Eurocopa 2016, llegó a
cuartos.

MÁXIMOS GOLEADORES

1	Wlodzimierz Lubanski	48
2	Robert Lewandowski	46
3	Grzegorz Lato	45
4	Kazimierz Deyna	41
5	Ernest Pohl	39
6	Andrzej Szarmach	32
7	Gerard Cieslik	27
8	Zbigniew Boniek	24
9	Ernest Wilimowski	21
10	Darius Dziekanowski	20
=	Euzebiusz Smolarek	20

QUÉ LATA LO DE LATO

El polaco **Michal Zewlakow** se retiró del fútbol internacional en un césped que le resultaba familiar, aunque su selección jugaba a domicilio. La última aparición del versátil defensa para su país, la 102.ª, fue en un amistoso que acabó sin goles en Grecia en marzo de 2011, en el estadio Karaiskakis de El Pireo, donde solía jugar para el Olympiacos. Zewlakow había superado el récord de internacionales de Grzegorz Lato para Polonia en el partido anterior, un amistoso en octubre de 2010 contra Ecuador. Ya había contribuido a la historia futbolística de su país cuando él y su hermano Marcin, ariete, se convirtieron en los primeros gemelos en luchar juntos para Polonia, contra Francia en febrero de 2000. Marcin terminó su carrera internacional con 25 apariciones y cinco goles.

EN LAS BOTAS DE LUBANSKI

Polonia llegó a su mejor puesto (sexto) en el ránking de la FIFA en 2017 y lo celebró venciendo a Rumanía por 3-1 en un clasificatorio mundialista. El capitán Robert Lewandowski consiguió un *hat trick* con el que sumó 46 goles y le colocó segundo en la lista de máximos goleadores, por encima de Grzegorz Lato. El máximo anotador sigue siendo **Wlodzimierz Lubanski**, con 48 tantos en 75 encuentros desde su debut en 1963, cuando, con 16 años y 188 días, fue el anotador más joven de Polonia, hasta su partido final en 1980, en el que también marcó. Su registro incluye el segundo tanto en la victoria crucial por 2-0 sobre Inglaterra en junio de 1973, en la clasificatoria para el Mundial 1974, aunque más tarde abandonó el partido por una lesión.

LEWANDOWSKI, EL DESEADO

Al delantero **Robert Lewandowski**, quinto máximo anotador polaco, le encanta demostrarle a la gente que se equivoca. El Legia de Varsovia le rechazó cuando tenía 16 años, y el entrenador polaco Franciszek Smuda no vio nada en él cuando tenía 20 años, llegándole a decir al hombre que lo había recomendado: «Me debes los gastos del viaje». Sus logros en el Lech Poznan le aseguraron un sustancioso traspaso al Borussia Dortmund en 2009, aunque su primera temporada en la Bundesliga fue difícil. Pronto se convirtió en uno de los máximos anotadores europeos e inspiró al Dortmund para que ganase dos títulos de Bundesliga y la Champions League de 2013. Recibió un caluroso aplauso de la afición cuando se despidió en 2014, tras acordar un traspaso al e Bayern de Múnich. Anotó en su debut internacional, como suplente contra San Marino en 2008, y también marcó el gol inicial de la Eurocopa 2012. Su padre era futbolista y campeón de yudo; su madre y su hermana jugaban al voleibol de alto nivel; y su mujer es campeona de kárate.

INTERNACIONALES

1	Michal Zewlakow	102
2	Grzegorz Lato	100
3	Kazimierz Deyna	97
4	Jacek Bak	96
=	Jacek Krzynowek	96
6	Jakub Blaszczykowsk	91
=	Wladyslaw Zmuda	91
8	Robert Lewandowski	87
9	Antoni Szymanowski	82
10	Zbigniew Boniek	80

UNA MISIÓN LATOSA

Grzegorz Lato no solo es el segundo en la lista de internacionales y el tercero en la de máximos goleadores de Polonia, sino que también es el único jugador polaco que ha ganado la Bota de Oro con sus siete goles en el Mundial 1974 y una medalla de oro en las Olimpiadas de 1972. También fue una de las figuras principales cuando Polonia acogió junto a Ucrania la Eurocopa 2012, ya que se había convertido en el presidente de la federación de fútbol del país en 2008. «Estoy decidido a cambiar la imagen del fútbol polaco para hacerlo transparente y puro», afirmó. En 2012, le sucedió Zbigniew Boniek como presidente de la federación.

SUPERERNEST

Ernest Wilimowski se labró un nombre en la historia del Mundial en 1938 al lograr marcar cuatro goles en un encuentro y aun así acabar perdiendo ante Brasil por 6-5 en la prórroga de un partido de primera ronda en Estrasburgo.

CASTIGO POR IMPUNTUAL

Kazimierz Gorski era el técnico (también jugó un partido internacional) que llevó a Polonia al tercer puesto en el Mundial de 1974, y ya había ganado el oro en las Olimpiadas de Múnich (Alemania) dos años antes. A pesar de tener fama de llevarse muy bien con sus jugadores, Gorski también podía ser implacable: el jugador estrella Adam Musial se perdió el partido de segunda ronda contra Suecia en el torneo de 1974 como castigo por llegar 20 minutos tarde al entrenamiento. Polonia ganó el partido de todas formas por 1-0.

TRAGEDIA Y TRIUNFO

Jacub Blaszczykowski marcó el gol del triunfo contra Ucrania en el último partido de grupos de Polonia en la Eurocopa 2016, dándole el pase a la fase eliminatoria por primera vez en la historia. Volvió a anotar de nuevo en el empate en segunda ronda contra Suiza —Polonia ganó en penaltis—, convirtiéndose en el primer polaco en anotar en encuentros sucesivos en un campeonato importante desde que lo hiciese Zbigniew Boniek en el Mundial 1982. Sin embargo, su penalti fallido supuso que Polonia perdiese en cuartos ante Portugal. Fue uno de los pocos jugadores de su país en salir de la Eurocopa 2012 bien parado, a pesar de haber llegado al torneo de prueba. Se unió al resto del equipo después de asistir al funeral de su padre. Cuando tenía diez años, Blaszczykowski vio cómo su padre apuñalaba hasta la muerte a su madre, Anna. Su padre pasó 15 años en prisión por este crimen. El que le animó a ser futbolista en su adolescencia fue su tío Jerzy Brzeczek, antiguo capitán de Polonia y medalla de plata olímpica en 1992.

LOS CINCO

Hubo cinco anotadores polacos en la victoria a Perú por 5-1 en el Mundial de 1982: Wlodzimierz Smolarek, Grzegorz Lato, Zbigniew Boniek, Andrzej Buncol y Wlodzimierz Ciolek. Esta gesta no se repitió hasta que los holandeses Phillip Cocu, Marc Overmars, Dennis Bergkamp, Pierre van Hooijdonk y Ronald de Boer ganaron por 5-0 a Corea del Sur en el Mundial de 1998.

MILIK-ITO

Arkadiusz Milik fue el héroe cuando Polonia por fin ganó un partido europeísta en 2016, tras tres empates y tres derrotas en los dos torneos previos de 2008 y 2012. El ariete del Ajax de Ámsterdam marcó en la victoria contra Irlanda del Norte, iniciando una carrera que llevaría al combinado hasta cuartos, cuando, finalmente, la derrota en penaltis ante Portugal truncó las esperanzas polacas. De hecho, Polonia no se vino abajo ni un solo minuto hasta que perdió en los penaltis por 5-3.

¿Y SI?

Zbigniew Boniek, probablemente el mejor jugador que ha salido de Polonia, se ganó un lugar entre las leyendas de fútbol por su gran labor en la consecución del tercer puesto en el Mundial de 1982. No obstante, su ausencia en la semifinal del torneo pasará a la historia como uno de los grandes «¿y si?» de la competición. Si su delantero no hubiera sido suspendido, ¿podría Polonia haber desbaratado el pase de Italia y los pronósticos y haber llegado a la final? La realidad fue que perdieron 2-0.

PORTUGAL

La primera participación de Portugal en una competición internacional casi acaba en triunfo. Guiados por Eusébio, llegaron a la semifinal de la Copa Mundial de 1966, donde cayeron derrotados contra la campeona final, Inglaterra. Aparte de su actuación en la Eurocopa de 1984, hubo que esperar más de 30 años para que Portugal volviera a llegar tan alto. Dos generaciones de grandes futbolistas han hecho que la selección esté en lo más de 20 años en primera línea de la escena futbolística europea, pero la Eurocopa 2016 supuso su primer trofeo con la selección absoluta.

INTERNACIONALES

1	Cristiano Ronaldo	143
2	Luís Figo	127
3	Nani	112
4	Fernando Couto	110
5	João Moutinho	102
6	Rui Costa	94
7	Bruno Alves	93
8	Ricardo Carvalho	89
9	Pauleta	88
10	Pepe	86

MÁXIMOS GOLEADORES

1	Cristiano Ronaldo	75
2	Pauleta	47
3	Eusébio	41
4	Luís Figo	32
5	Nuno Gomes	29
6	Hélder Postiga	27
7	Rui Costa	26
8	Nani	24
9	João Pinto	23
10	Nené	22
=	Simão	22

LA «EDERNA» ESPERA

El delantero suplente **Éder** se convirtió en héroe inesperado cuando Portugal logró finalmente un trofeo internacional en su triunfo en la Eurocopa 2016. Éder, cedido al club galo Lille durante la temporada 2015-2016, marcó el único y más tardío gol de apertura de una final europeísta en el minuto 109 ante la anfitriona, Francia. El combinado portugués de Fernando Santos empató en sus tres partidos de primera ronda y se clasificó como uno de los mejores terceros. Posteriormente, venció a Croacia por 1-0 en la prórroga, cuando Ricardo Quaresma logró anotar el único gol del encuentro en el minuto 117, a Polonia en los penaltis de cuartos de final tras empatar a uno y a Gales por 2-0 en la semifinal. La victoria en la final supuso el primer triunfo de Portugal sobre Francia desde 1975 tras 11 intentos e hizo que Santos, exentrenador de la selección griega, no perdiera en sus primeros 14 partidos de competición con su equipo nacional. El triunfo llegó 12 años después de la derrota de Portugal ante Grecia en la final de la Eurocopa 2004.

LA PANTERA NEGRA

Nacido en Mozambique, **Eusébio** da Silva Ferreira fue elegido el «Jugador de Oro» de Portugal con motivo del cincuenta aniversario de la UEFA, en 2004. En 1960 fichó por el Benfica, a los 18 años, y anotó un *hat trick* en su segundo partido (contra el Santos en un torneo amistoso en París), eclipsando a la promesa del rival, Pelé. En 1962 contribuyó a que el Benfica ganara su segunda Copa de Europa, en 1965 recibió el Balón de Oro y situó a Portugal en el tercer puesto del Mundial de 1966, logrando ser el máximo goleador del torneo con nueve tantos. Eusébio fue un fantástico delantero: anotó 320 goles en 313 partidos de la liga portuguesa, ganó la primera Bota de Oro europea en 1968 (título que repitió en 1973). El mundo del fútbol en su totalidad rindió tributo a Eusébio cuando murió a los 71 años en enero de 2014. Portugal declaró tres días de luto, su estatua en el Estádio da Luz del Benfica se transformó en un santuario, su ataúd fue transportado por el campo y los jugadores del Benfica llevaron su nombre en la espalda durante una victoria por 2-0 sobre el Oporto.

PODER PRESIDENCIAL

Cristiano Ronaldo dos Santos Aveiro recibió su segundo nombre a raíz de la admiración de su padre por el presidente de EE. UU. Ronald Reagan. Hoy en día, es una gran superestrella del fútbol. De niño, era aficionado del Benfica, aunque comenzó su carrera con su archirrival, el Sporting de Lisboa, antes de conseguir un traspaso al Manchester United en 2003 y, luego, al Real Madrid en 2009 por el récord mundial de 96 millones de euros. Cuatro veces Balón de Oro de la FIFA, también es máximo anotador de todos los tiempos de la Champions League, un trofeo con el que se ha hecho en cuatro ocasiones. Además, ha marcado más goles con el Real Madrid que ningún otro jugador. Ya era el máximo anotador de su país, pero se convirtió en el jugador con más internacionalidades en la Eurocopa 2016, donde acabó alzándose con el trofeo a pesar de haberse lesionado a los 25 minutos del partido contra Francia. Batió el récord luso de internacionales en el empate de primera ronda contra Austria, aunque empañó su 128.º partido al dar en el poste en un penalti. Anotó tres veces en encuentros consecutivos, lo que le convirtió en el primer hombre en marcar en cuatro Eurocopas diferentes.

EL FAMOSO QUINTETO

Eusébio, Mário Coluna, José Augusto, António Simões y José Torres fueron los «Cinco Magníficos» del Benfica, el *dream team* de la década de 1960 que constituyó la columna vertebral del conjunto luso en el Mundial 1966. Coluna («el Monstruo Sagrado») anotó el tercer gol vital en la final de la Copa de Europa de 1961 y capitaneó a la selección en 1966. José Augusto, que marcó dos goles en el primer partido contra Hungría, llegó a entrenar a la selección y después al equipo femenino. António Simões («el Gnomo Gigante» por su 1,58 m de altura) debutó con Portugal y con el Benfica en 1962, con solo 18 años. José Torres, el único de los cinco que no ganó la Copa de Europa (disputó las finales que perdieron en 1963 y 1968), marcó el gol de la victoria contra la Unión Soviética en el partido por el tercer puesto en 1966 y después dirigió al combinado nacional en su siguiente aparición, en la fase final del Mundial de 1986.

SAN RENATO

Renato Sanches es el jugador portugués más joven de un torneo internacional al contar 18 años y 301 días en el partido de apertura de la Eurocopa 2016 contra Islandia. Se convirtió en una de las estrellas de la competición y fue votado Jugador Joven del Torneo. Su increíble gol de largo alcance en cuartos de final frente a Polonia lo convirtió en el anotador más joven de una eliminatoria europeísta la edad de 18 años y 316 días. Diez días después, se convirtió en el jugador más joven en disputar una final.

PENALIZADOS

Las esperanzas de Portugal de añadir la Copa FIFA Confederaciones 2017 a la Eurocopa 2016 se vieron truncadas en el punto de penal. Fallaron tres penaltis en la semifinal contra Chile, que acabaron perdiendo por 3-0 tras un empate a cero. Ricardo Quaresma, João Moutinho y **Nani** vieron cómo sus trallazos eran detenidos uno tras otro por Claudio Bravo. Al capitán portugués y estrella del partido, Cristiano Ronaldo, se le negó la posibilidad de lanzar. En el eliminatorio por el tercer puesto, André Silva falló un penalti en el minuto 14 contra México; sin embargo, Adrien Silva anotó su primer gol internacional a los 14 minutos de la prórroga, después de que Pepe hubiese marcado el gol del empate. El gol de Silva fue decisivo en la victoria de Portugal por 2-1.

REP. DE IRLANDA

Hicieron falta una astuta gestión y veinte intentos frustrados a lo largo de la historia para que la República de Irlanda por fin lograra clasificarse para una competición importante. Pero desde que Jack Charlton llevara al equipo nacional a la Eurocopa 88, Irlanda se ha convertido en uno de los contrincantes más peligrosos de Europa.

ROBBIE Y LOS GOLES

El récord de goles de la República de Irlanda fue batido por **Robbie Keane** en octubre de 2004, aunque siguió añadiendo tantos hasta 2016, cuando anotó su gol número 68 en su 146.º y último partido, una victoria por 4-0 en un amistoso contra Omán. Sus tantos más famosos fueron los del empate en el último minuto contra Alemania y España en el Mundial 2006. Hizo un *hat trick* a San Marino en 2006, en el antiguo Lansdowne Road, y, cuatro años más tarde, ganó el partido que inauguraba el Aviva Stadium tras su remodelación, su 100.º internacional. La victoria de Irlanda por 2-1 sobre Macedonia en 2011 fue la 41.ª aparición de Keane como capitán, igualando el récord establecido por Andy Townsend. Su doblete contra Macedonia en junio de 2011 aumentó su registro a 51 tantos. Fue el primer británico en meter 50 goles internacionales. Su tercer *hat trick* como internacional, en una victoria por 7-0 sobre Gibraltar en 2014, le llevó a alcanzar los 65 goles, además de ayudarle a establecer un nuevo récord en el clasificatorio europeísta, 21 tantos, superando a Hakan Sükür. Tras el pitido final en el partido contra Omán, sus compañeros celebraron una ceremonia en su honor.

CHARLTON CAMPEÓN

Jack Charlton se convirtió en un héroe al lograr llevar a Irlanda a la primera fase final en 1988 y derrotar a Inglaterra 1-0 en su primer partido en una Eurocopa. Incluso mejor fue su primera clasificación para un Mundial dos años después, donde solo perdieron ante la anfitriona, Italia, en los cuartos de final.

KILBANE NO PARA

Solo el inglés Billy Wright, con 70 encuentros, ha disputado más partidos internacionales consecutivos que **Kevin Kilbane**, cuyo internacional 109 contra Macedonia en marzo de 2011 fue también su 65.º sucesivo, en un periodo de 11 años y cinco meses. A este versátil lateral izquierdo, apodado «Zinedine Kilbane» por los aficionados, le dejaron descansar tres días más tarde en el amistoso contra Uruguay.

KEANE SIGUE EN LAS SUYAS

Pocas estrellas han salido del campo de entrenamiento de su selección con tanto dramatismo como el capitán irlandés **Roy Keane** en el Mundial 2002 de Saipán (Japón). El intenso capitán del Manchester United se fue antes de que se pusiese en juego el balón, quejándose de la falta de profesionalidad que percibía en el combinado irlandés y en el técnico Mick McCarthy. Irlanda llegó a segunda ronda sin él, perdiendo en penaltis ante España, pero su comportamiento dividió a la nación. Cuando McCarthy se fue, Keane y la federación irlandesa de fútbol pactaron una tregua, y volvió a ser internacional en abril de 2004 bajo la batuta del nuevo técnico, Brian Kerr. Pocos esperaban su vuelta cuando fue nombrado segundo entrenador del técnico Martin O'Neill en noviembre de 2013. O'Neill, que jugó 64 veces para Irlanda del Norte entre 1971 y 1984, reemplazó al veterano italiano Giovanni Trapattoni, que dimitió tras no lograr clasificar a la selección para el Mundial 2014.

LA TRIBU DE LOS BRADY

Los irlandeses volvieron a sonreír a expensas de Italia en el último partido de grupos de la Eurocopa 2016, cuando **Robbie Brady** marcó de cabeza un esperadísimo gol de la victoria. Colocó al equipo de Martin O'Neill en segunda ronda, donde se pusieron en cabeza gracias a su penalti contra Francia, aunque acabaron sucumbiendo por 2-1. El tiro, a los 118 segundos, fue el más rápido de la fase final de la Eurocopa. Brady era el primer jugador irlandés en anotar en partidos europeístas consecutivos; Robbie Keane logró la gesta a nivel mundial en 2002.

CON ESTILO

Los felices recuerdos mundialistas de la afición irlandesa se vieron reavivados en junio de 2017, cuando la rapera inglesa M.I.A. apareció con una vieja camiseta del portero **Packie Bonner** en una sesión de fotos. Bonner participó en la Eurocopa 1988 y en los Mundiales 1990 y 1994, y sugirió que uno de sus jerséis parcheados en rojo y amarillo, donados a la caridad tras Estados Unidos 94, pudo haber acabado en manos del estilista de M.I.A. Bonner fue el héroe nacional tras salvar el tiro de Daniel Timofte en la tanda de penaltis de su victoria sobre Rumanía en Italia 90, antes de que el penalti del veterano David O'Leary le asegurase el puesto en cuartos, donde perdió por poco: un 1-0 ante la anfitriona, Italia.

MOORE SE PONE MORADO

Paddy Moore fue el primero en marcar cuatro goles en un clasificatorio para un Mundial cuando Irlanda empató a cuatro con Bélgica el 25 de febrero de 1934. Don Givens fue el único irlandés capaz de igualar a Moore al anotar los cuatro goles de la victoria irlandesa sobre Turquía en octubre de 1975.

UN HURRA POR RAY

Puede que Ray Houghton naciera en Glasgow y hablara con acento escocés, pero anotó dos de los goles más famosos de Irlanda. Uno de cabeza dio a la República una impactante victoria por 1-0 ante Inglaterra en la Eurocopa 88 en la RFA y, seis años más tarde, un disparo a gran distancia fue el único tanto del partido contra los que acabarían siendo subcampeones, Italia, en la primera ronda del Mundial 1994 en EE. UU. Exactamente 18 años después de ese día, Irlanda, dirigida por el italiano Giovanni Trapattoni, perdió por 2-0 ante Italia en su tercer y último partido del Grupo C, en la Eurocopa 2012. En la defensa irlandesa se encontraba John O'Shea, que antes había formado parte de la selección que había vencido a Italia por 2-1 en la final del Europeo Sub-16 1998 celebrada en Escocia. El otro título continental de Irlanda fue el Europeo Sub-19 que ganaron al vencer a Alemania, también en 1998.

INTERNACIONALES

1	Robbie Keane	146
2	Shay Given	134
3	John O'Shea	118
4	Kevin Kilbane	110
5	Steve Staunton	102
6	Damien Duff	100
7	Niall Quinn	91
8	Aiden McGeady	90
9	Tony Cascarino	88
10	Paul McGrath	83

ROMPIENDO MOLDES

Cornelius «Con» Martin fue un jugador de fútbol gaélico cuya pasión por el fútbol le acarreó la expulsión de la Asociación Atlética Gaélica. Probó su versatilidad tanto de medio centro como de portero en su club, el Aston Villa, y en la selección. Jugó en ambas posiciones en la novata selección irlandesa y marcó un penalti que supuso la victoria por 2-0 ante Inglaterra en Goodison Park en 1949, la primera derrota de los ingleses en casa ante un adversario no británico.

MÁXIMOS GOLEADORES

1	Robbie Keane	68
2	Niall Quinn	21
3	Frank Stapleton	20
4	John Aldridge	19
=	Tony Cascarino	19
=	Don Givens	19
7	Shane Long	17
8	Noel Cantwell	14
=	Kevin Doyle	14
=	Jonathan Walters	14

RUMANÍA

La historia del fútbol rumano está salpicada de una serie de momentos geniales (fue uno de los cuatro países, junto con Brasil, Francia y Bélgica, que participó en las tres primeras ediciones de la Copa Mundial de la FIFA), seguidos de importantes rachas de estancamiento: desde 1938 solo se han clasificado para la fase final del torneo cuatro veces de catorce. El gran momento futbolístico del país se produjo en 1994 cuando, alentados por Gheorghe Hagi, llegaron a cuartos de final del Mundial.

INTERNACIONALES

1	Dorinel Munteanu	134
2	Gheorghe Hagi	124
3	Gheorghe Popescu	115
4	Razvan Rat	113
5	Ladislau Boloni	102
6	Dan Petrescu	95
7	Bogdan Stelea	91
8	Michael Klein	89
9	Bogdan Lobont	85
10	Marius Lacatus	83
=	Mircea Rednic	83

CUARTETO DEMOLEDOR

Gheorghe Hagi, Florin Raducioiu, Ilie Dumitrescu y Gheorghe «Gica» Popescu brillaron en el Mundial de Estados Unidos de 1994. Juntos, anotaron nueve de los diez goles de Rumanía (Raducioiu, cuatro; Dumitrescu, tres; y Hagi, dos). Este trío transformó sus lanzamientos en la tanda de penaltis de cuartos de final contra Suecia, pero los fallos de Dan Petrescu y Miodrag Belodedici supusieron su eliminación. Además de ser compañeros de equipo, Popescu y Hagi son también cuñados: sus mujeres, Luminita Popescu y Marilena Hagi, son hermanas.

LO COMIDO POR LO SERVIDO

Rumanía encajó solo dos goles durante toda la campaña de clasificación para la Eurocopa 2016 (menos que cualquier otra selección), pero acabó encajando los mismos en el primer partido del torneo, una derrota por 2-1 ante la anfitriona, Francia. Se fueron del campeonato en primera ronda tras un empate a uno contra Suiza y una derrota por 1-0 contra Albania. Los dos goles rumanos en la fase final fueron perpetrados desde el punto de penal por el delantero Bogdan Stancu.

RUDOLF POR DESIGNIO REAL

Rumanía jugó en el primer Mundial, disputado en Uruguay en 1930, donde venció a Perú por 3-1 antes de ser eliminada por el 4-0 que le encajó la anfitriona. El seleccionador Constantin Radulescu fue linier en partidos en los que no participaba su selección. Se dice que el combinado lo eligió el rey Carlos II y su capitán fue Rudolf Wetzer, el único rumano que ha marcado cinco goles en un partido, una victoria por 8-1 sobre Grecia.

PELIGRO AMARILLO

A pesar de encabezar el Grupo G, por delante de Inglaterra, Colombia y Túnez en el Mundial de 1998, es probable que se recuerde mejor a los jugadores rumanos de dicho torneo por haber tomado la decisión unánime de teñirse de **rubio** antes del último partido de primera ronda. Los rumanos tuvieron que luchar para alcanzar un empate a uno frente a Túnez, antes de ser eliminados 1-0 por Croacia en la segunda ronda.

MÁXIMOS GOLEADORES

1	Gheorghe Hagi	35
=	Adrian Mutu	35
3	Iuliu Bodola	31
4	Viorel Moldovan	25
=	Ciprian Marica	25
6	Ladislau Boloni	23
7	Rodion Camataru	21
=	Dudu Georgescu	21
=	Anghel Iordanescu	21
=	Florin Raducioiu	21

CENTINELA EN EL CEMENTERIO

El ariete internacional Victor Piturca tuvo más suerte la segunda vez que entrenó a Rumanía, en la Eurocopa de 2008 en Austria y Suiza, aunque fueran eliminados en primera ronda, que cuando fue seleccionador en la Eurocopa 2000, cuando se le hizo dimitir antes del torneo tras discutir con jugadores de renombre como Gheorghe Hagi. El primo de Piturca, Florin Piturca, también fue futbolista profesional, pero murió en 1978 con tan solo 27 años. El padre de Florin y tío de Victor, Maximilian, un zapatero, no solo construyó un mausoleo para Florin, sino que también durmió por las noches en el cementerio hasta que murió en 1994.

REGRESO AL FUTURO

El lateral derecho Cristian Manea pasó a ser el internacional más joven de Rumanía cuando debutó contra Albania en mayo de 2014, a los 16 años, nueve meses y 22 días, habiendo jugado solo cinco partidos con su club, el Viitorul Constanta. Batió el récord establecido en 1928 por Gratian Sepi, de 17 años, tres meses y 15 días, cuando este se enfrentó a Turquía. A las autoridades futbolísticas rumanas también les embargó la nostalgia, y en octubre de 2014 convencieron a Anghel Iordanescu, de 64 años, para que volviese a ser seleccionador nacional por tercera vez. En su primera temporada, llegó a cuartos de final del Mundial de 1994. Uno de los asistentes de Iordanescu fue el exdelantero Viorel Moldovan, que jugó para él en la Eurocopa 1996 y el Mundial 1998. Iordanescu se volvió a retirar en 2016.

EL HOMBRE DEL SIGLO

Gheorghe Hagi, el «Jugador del Siglo (xx)» de Rumanía, anotó tres goles y fue incluido en el 11 ideal del Mundial de 1994 de Estados Unidos, donde Rumanía acabó perdiendo en la tanda de penaltis frente a Suecia tras empatar a dos en cuartos. Hagi debutó con su selección en 1983 con solo 18 años, marcó su primer tanto a los 19 (en una derrota por 3-2 ante Irlanda del Norte) y sigue siendo el máximo goleador de Rumanía con 35 tantos en 125 partidos. Aunque se retiró del fútbol internacional tras el Mundial 1998, no se pudo resistir a la llamada de su selección para participar en la Eurocopa 2000. Por desgracia, dos tarjetas amarillas por sendas faltas en menos de seis minutos en los cuartos de final contra Italia supusieron que, en su última aparición como internacional, Hagi viera la tarjeta roja. El Farul Constanta, equipo de su ciudad natal, bautizó el estadio en su honor en 2000, pero los aficionados dejaron de llamarlo así después de que Hagi aceptara el puesto de entrenador del rival, el Timisoara.

DORINEL PERDURA

Dorinel Munteanu jugó con Rumanía en más ocasiones que ningún otro, a pesar de que en un momento dado, el récord de 125 internacionalidades de su antiguo compañero Gheorghe Hagi parecía asegurado. Se creía que Munteanu, un versátil centrocampista defensivo, no iba a superar los 119 partidos internacionales, ya que estuvo ausente de la escena internacional 18 meses antes de volver a ser convocado a los 37 años por el técnico Victor Piturca en febrero de 2005. Acabó su carrera con la selección rumana dos años después, habiendo marcado 16 veces en 134 partidos. Muchos rumanos creen que le anularon un gol injustificadamente cuando un tiro contra Bulgaria en la Eurocopa 1996 sobrepasó la línea pero no se aprobó. El partido acabó 1-0 a favor de Bulgaria y Rumanía fue eliminada en primera ronda tras tres derrotas consecutivas.

LA AYUDITA DE ADRIAN

Rumanía solo ha perdido una vez si **Adrian Mutu** ha marcado; lo que además ha contribuido a que, con 35 goles, se haya convertido (con Gheorghe Hagi) en el máximo anotador de su país. Mutu igualó a Hagi en el tanto del empate del clasificatorio mundialista contra Hungría en 2013, aunque fue su primer gol internacional en 21 meses y el último. Por desgracia para Rumanía, la controversia no ha abandonado a su mejor jugador del siglo XXI: ha sido sancionado en dos ocasiones por dopaje. La primera vez fue por una prueba privada de su club, el Chelsea, en 2004, que demostró que tenía rastros de cocaína y que hizo que el equipo inglés lo despidiese. También se le prohibió jugar durante siete meses pero consiguió relanzar su carrera en Italia, con la Juventus y después la Fiorentina, antes de recibir una suspensión de nueve meses tras dar positivo en enero de 2010 por un fármaco contra la obesidad prohibido. Anotó, contra Italia, el único gol del último torneo importante para el que se clasificó Rumanía, la Eurocopa 2008.

RUSIA

Antes de la disolución de la Unión Soviética en 1992, la URSS una de las grandes potencias del fútbol mundial: conquistó primera Eurocopa en 1960, el oro olímpico en 1956 y 1988 y se clasificó para la Copa Mundial en siete ocasiones. Desde que empezó a competir como Rusia en agosto de 1992 no ha tenido buena suerte, a excepción del tercer puesto en la Eurocopa 2008. No obstante, llegaron al Mundial 2014 de la mano del entrenador italiano Fabio Capello, aunque esperan mejorar sus resultados en primera ronda cuando Rusia sea la anfitriona del torneo por primera vez en 2018.

MÁXIMOS GOLEADORES
(solo Rusia)

1	Aleksandr Kerzhakov	30
2	Vladímir Beschástnyj	26
3	Roman Pavlyuchenko	21
4	Andréi Arshavin	17
=	Valeri Karpin	17
6	Dmitri Sychev	15
7	Román Shirókov	13
8	Aleksandr Kokorin	12
=	Igor Kolyvano	12
10	Artem Dzyuba	11

KERZH, EL MALDITO

Solo un futbolista participó en el combinado ruso que fue al Mundial 2002 y en el de la siguiente vez que se clasificaron en 2014: Aleksandr Kerzhakov. Debutó a los 19 años en marzo de 2002 y solo jugó ocho minutos en la fase final tres meses más tarde. Con cinco tantos, fue el máximo anotador de Rusia en la clasificatoria de 2014 y marcó su 26.º gol internacional, que le valió un empate a uno en el primer partido de Rusia contra Corea del Sur en Cuiabá. Este tanto igualó el récord de anotación de todos los tiempos de Rusia logrado por uno de sus compañeros en 2002: Vladímir Beschástnyj. Kerzhakov siguió jugando hasta hacerse con el récord de anotación de todos los tiempos marcando dos goles en la victoria de Rusia por 4-0 en un amistoso contra Azerbaiyán en septiembre de 2014.

TODO QUEDA EN CASA

Serguéi Ignashévich, defensa y capitán durante años de la selección rusa, se enfrentó a Suecia en 2002, pero no pudo debutar en la fase final de un Mundial hasta 2014, cuando disputó su internacional número 100 en el Grupo H contra Argelia, que terminó en empate a uno, pero supuso su eliminación. Se retiró del fútbol internacional tras la Eurocopa 2016, con una derrota por 3-0 ante Gales. Muchas de sus participaciones para Rusia se produjeron junto a alguno de los gemelos Berezutski, Vasili (101 internacionalidades) y Aleкséi (58). La selección rusa fue la única del Mundial 2014 en la que sus 23 integrantes jugaban en clubes del propio país, hecho que se repitió en la Copa FIFA Confederaciones 2017. Tras vencer a Nueva Zelanda por 2-0 en su primer encuentro, Rusia salió de la fase de grupos tras perder ante Portugal (1-0) y México (2-1).

JOVEN PROMESA

El internacional más joven de la Rusia postsoviética ha sido el guardameta del CSKA Moscú **Ígor Akinféyev**, que tenía 18 años y 20 días cuando hizo su debut en el amistoso frente a Noruega el 28 de abril de 2004. La siguiente temporada fue probablemente igual de memorable para él, ya que se hizo con la liga y la copa rusas, mientras se alzaba con la Copa de la UEFA cuando el CSKA Moscú se convirtió en el primer país de Europa del Este en ganar un trofeo de clubes. Eduard Streltsov festejó ser el internacional más joven de la URSS firmando un *hat trick* en su debut frente a Suecia en junio de 1956, a la edad de 17 años y 340 días.

QUÉ ARTEM

Artem Dzyuba anotó su primer gol internacional el 8 de septiembre de 2014, en una victoria por 4-0 sobre Liechtenstein, y gozó de un feliz aniversario justo un año después, cuando aplastaron al mismo oponente por 7-0 en un partido en el que marcó cuatro goles. Igualó la mayor victoria de la historia rusa, un 7-0 contra San Marino en junio de 1995. Dzyuba fue el máximo anotador de Rusia, con ocho goles, durante la clasificatoria para la Eurocopa 2016, pero no llegó a meter el balón bajo los palos en la fase final, ya que Rusia quedó la última de su grupo, por detrás de Gales, Inglaterra y Eslovaquia, lo que le costó el puesto al seleccionador Leonid Slutsky.

PAV ES EL HÉROE

El golazo de **Roman Pavlyuchenko** cuando entró de suplente sirvió para afianzar la victoria de Rusia por 4-1 sobre la República Checa en el primer partido de los rusos en la Eurocopa 2012 y le sirvió para situarse a cinco tantos del récord de goles (tras la época soviética) de Vladímir Beschástnyj. Pavlyuchenko también anotó el primer gol de la Eurocopa 2008, esta vez en una derrota por 4-1 a manos de la que acabaría siendo campeona, España. Aun así, Rusia se las arregló para llegar a semifinales, mientras que en 2012 y 2016 no consiguió pasar de primera ronda. Pavlyuchenko es el máximo anotador de Rusia en la Eurocopa con cuatro tantos: tres en 2008 y uno en 2012, que fue el último para su país.

INTERNACIONALES

(solo Rusia)

1	Sergéi Ignashévich	120
2	Viktor Onopko	109
3	Ígor Akinféyev	101
=	Vasili Berezutski	101
5	Aleksandr Kerzhakov	91
6	Yuri Zhirkov	78
7	Aleksandr Anyukov	77
8	Andréi Arshavin	75
9	Valeri Karpin	72
10	Vladímir Beschástnyj	71

EL GRAN PARADOR

La FIFA nombró a **Lev Yashin** mejor portero del siglo XX y lo incluyó en su once ideal de ese siglo. En una carrera deportiva de 20 años, Yashin disputó 326 partidos de liga con el Dínamo de Moscú (el único equipo en el que jugó) y 78 como internacional con la URSS, donde le encajaron una media de menos de un gol por partido (solo 70 en total). Con el Dínamo, ganó cinco ligas y tres Copas de la Unión Soviética, la última de ellas en su última temporada completa en 1970. Paró alrededor de 150 penaltis en su dilatada trayectoria y mantuvo cuatro veces su portería a cero en sus doce partidos mundialistas. Tal era su reputación que el internacional chileno Eladio Rojas estaba tan emocionado por haber batido al legendario Yashin en el Mundial 1962 que dio un fuerte abrazo al arquero con el esférico aún en el fondo de la red.

Yashin fue apodado «la Araña Negra» por su inconfundible camiseta negra y su asombrosa habilidad para interceptar todo tipo de disparos y remates de cabeza con la mano, el brazo, la pierna o el pie. En 1963, fue el primer y hasta ahora el único guardameta premiado con el Balón de Oro, el mismo año en el que se alzó con su quinto campeonato soviético y fue clave en el equipo de estrellas internacionales del partido del centenario de la Federación Inglesa en Wembley.

CARAMBOLA RUSA

A pesar de que Viktor Onopko nació en Ucrania, pasó toda su carrera deportiva en las filas de las selecciones de la CEI y Rusia. El primero de sus 113 partidos como internacional (los cuatro primeros fueron con la CEI) fue un empate a dos ante Inglaterra en Moscú el 29 de abril de 1992. Disputó los Mundiales de 1994 y 1998, así como la Eurocopa 96. Fue convocado para la Eurocopa de 2004, pero no pudo acudir por una lesión. Aparte de en la selección, sus 19 años como jugador transcurrieron entre el Shakhtar Donetsk, el Spartak de Moscú, el Real Oviedo, el Rayo Vallecano, el Alania Vladikavkaz y el FC Saturn. Fue elegido futbolista del año en Rusia en 1993 y 1994.

EL CHICO DE ORO

Igor Netto capitaneó a la selección soviética en sus dos grandes logros: el oro de las Olimpiadas de 1956 en Melbourne y la primera Eurocopa de la historia, en Francia en 1960. Netto, nacido en Moscú en 1930, fue condecorado con la Orden de Lenin en 1957 y se convirtió en entrenador de *hockey* sobre hielo tras retirarse del fútbol.

ESCOCIA

Escocia, un país con una emocionante liga y una rica tradición futbolística (fue el anfitrión del primer partido internacional de fútbol de la historia, contra Inglaterra en noviembre de 1872), nunca ha obtenido los resultados necesarios para alcanzar sus grandes expectativas a nivel internacional. Ha disfrutado de momentos de éxito, como su inesperada victoria ante los Países Bajos en la Copa Mundial de la FIFA de 1978, pero también ha sufrido mucho: no se han clasificado para la fase final de un torneo importante desde 1998.

MÁXIMOS GOLEADORES

1	Kenny Dalglish	30
=	Denis Law	30
3	Hughie Gallacher	23
4	Lawrie Reilly	22
5	Ally McCoist	19
6	Kenny Miller	18
7	Robert Hamilton	15
=	James McFadden	15
9	Maurice Johnston	14
10	Bob McColl	13
=	Andrew Wilson	13

HOGAR DULCE HOGAR

Hampden Park es el estadio donde se celebran los partidos de competición de Escocia, pero en 2013 se buscaron alternativas, ya que se estaba preparando para los Juegos de la Commonwealth de 2014. Bajo el mando de **Gordon Strachan**, en los clasificatorios de la Eurocopa 2016, la selección escocesa usó el Ibrox Stadium del Rangers para vencer a Georgia por 1-0 en octubre y el Celtic Park para derrotar a la República de Irlanda un mes más tarde.

CUANTOS MÁS, MEJOR

Denis Law es, junto con Kenny Dalglish, el máximo anotador de Escocia, con 30 tantos en solo 55 partidos, mientras que Dalglish tardó 102 en lograrlo. Law marcó cuatro goles en dos encuentros distintos con la selección. El primero contra Irlanda del Norte el 7 de noviembre de 1962, que propició la conquista del British Home Championship. El 7 de noviembre de 1963 repitió la hazaña en un amistoso ante Noruega, a la que meses antes le había hecho un *hat trick* en Bergen.

EL REY KENNY

Kenny Dalglish es, junto a Denis Law, el máximo goleador de la selección escocesa y sigue siendo el único jugador que ha logrado disputar más de un centenar de encuentros con el combinado nacional, hasta 102, 11 más que el siguiente, el guardameta Jim Leighton. Dalglish nació en Glasgow el 4 de marzo de 1951 y, aunque de niño era seguidor del Rangers, triunfó liderando al Celtic, el mejor de Escocia en la década de 1970 al conseguir cuatro Premier League de Escocia, cuatro Copas de Escocia y una Copa de la Liga escocesa. Más tarde se convirtió en una leyenda en el Liverpool, cuando ganó tres Copas de Europa (1978, 1981 y 1984) y dirigió al equipo como entrenador-jugador en el primer doblete de la historia del equipo en 1986. Después llegó a ser, al igual que Herbert Chapman y Brian Clough, uno de los pocos técnicos que logró el título de liga con dos equipos distintos, al llevar al Blackburn Rovers a lo más alto del fútbol inglés en 1994-1995. Con la selección, Dalglish marcó en los Mundiales de 1978 y 1982, anotando el primer gol de la famosa victoria por 3-2 sobre los Países Bajos, los subcampeones finales, en la fase de grupos de 1978. En 1986 disputó su último internacional.

CONFIANZA EN LEIGH

Los dos primeros goles de **Leigh Griffiths** para Escocia tuvieron algo de sobrenatural. En su partido número 13 con la selección, el ariete de los Celtic llegó a la red por primera vez con un tiro libre en el minuto 87 contra su archienemiga Inglaterra en un clasificatorio mundialista en junio de 2017, repitiendo la hazaña con otro increíble lanzamiento tres minutos más tarde. Esto dio a Escocia la ventaja por 2-1. Parecía que, por primera vez desde el único gol de Richard Gough en un choque en 1985 en Hampden Park, iban a vencer a su vecina. Sin embargo, a los escoceses se les rompió el corazón cuando el capitán inglés Harry Kane hizo una volea que dejó el partido en empate. El doblete de Griffiths se produjo al final de una temporada en la que el Celtic había ganado la Liga, la FA Cup y la Copa de la Liga de Inglaterra, y había sido el primer equipo en salir vencedor en todas las competiciones del país.

LEALTADES DIVIDIDAS

El extremo escocés Jim Brown jugó y marcó para el combinado estadounidense que perdió ante Argentina en el primer Mundial de 1930. Se había trasladado a Nueva Jersey tres años antes y fue convocado porque su padre era ciudadano estadounidense. Dos de sus hermanos también jugaron profesionalmente: el pequeño John, portero, fue internacional con Escocia, pero el otro, Tom, no llegó a jugar con la selección. El hijo de Jim, George, jugó con EE. UU. una vez, en 1957, mientras que dos de los hijos de John, Peter y Gordon, jugaron al rugby con Escocia. Los primeros hermanos en jugar para países diferentes fueron John y Archie Goodall, miembros del Preston North End, que ganó la liga 1888-89 y la Copa de Inglaterra, y aunque sus padres eran escoceses, John, nacido en Londres, jugó con Inglaterra, y Archie, nacido en Belfast, representó a Irlanda. Otra pareja de hermanos de padres escoceses fueron Joe y Gerry Baker, aunque Joe eligió jugar con Inglaterra en la década de 1960 y Jerry, con Estados Unidos.

INTERNACIONALES

1	Kenny Dalglish	102
2	Jim Leighton	91
3	Darren Fletcher	78
4	Alex McLeish	77
5	Paul McStay	76
6	Tom Boyd	72
7	Kenny Miller	69
=	David Weir	69
9	Christian Dailly	67
10	Willie Miller	65

NO HABÍA SENTIDO NADA IGUAL DESDE QUE ARCHIE GEMMILL MARCÓ EL GOL CONTRA HOLANDA

Archie Gemmill marcó el mejor gol de Escocia en un Mundial cuando derrotaron por 3-2 a Holanda en el torneo de 1978. Regateó a tres defensas antes de marcarle un gol de vaselina al arquero holandés, Jan Jongbloed. En 2008 este mágico momento se transformó en una de las coreografías de la obra *The Beautiful Game* del Ballet Nacional Inglés.

FLETCH REVIVE

Para Steven Fletcher, los goles internacionales son como los autobuses: esperas años a que llegue uno y, de pronto, aparecen tres. Acabó con una sequía de goles de seis años gracias a un *hat trick* en la victoria de Escocia sobre Gibraltar por 6-1 en 2015 en Hampden Park. Gracias a ello, fue el primer futbolista escocés en lograr un *hat trick* desde que Colin Stein anotase cuatro goles en un clasificatorio mundialista contra Chipre en 1969. Su único gol previo, en 20 partidos, fue en la victoria por 2-1 sobre Islandia en abril de 2009. Fletcher, que nació en Shrewsbury (Inglaterra), se trasladó a Escocia con diez años y pudo jugar para esta selección gracias a su madre, Mary.

WEIR SIGUE DÁNDOLE

El zaguero de los Rugged Rangers **David Weir** pasó a ser el internacional más mayor de Escocia cuando se enfrentó a Lituania en un clasificatorio para la Eurocopa de 2012 el 3 de septiembre de 2010, a la edad de 40 años y 111 días, su 66.ª aparición. Aún representaba a su país tres internacionales y 39 días después, cuando jugó contra la campeona del Mundial y la Eurocopa, España. El récord de edad lo ostentaba hasta la fecha el exportero del Aberdeen y Manchester United Jim Leighton, que tenía 40 años y 78 días cuando disputó su último internacional en 1998.

CAMPEÓN DEL MUNDO EXTRAOFICIAL

Una de las victorias más apreciadas por los aficionados escoceses fue el triunfo por 3-2 sobre Inglaterra, su archirrival y campeona del mundo de entonces, en abril de 1967 en Wembley; la primera vez que el equipo de Sir Alf Ramsey perdía tras conquistar el Mundial de 1966. La estrella del partido fue el centrocampista escocés Jim Baxter. Fue además el primer partido para el primer técnico a tiempo completo de Escocia, Bobby Brown. Lo que no recuerdan con tanto cariño es la paliza 9-3 que recibió el combinado ante el mismo rival en el mismo estadio en abril de 1961, que hizo del desafortunado arquero Frank Haffey el objeto de una famosa broma en Escocia. Fue el segundo y último partido de Haffey con Escocia.

SERBIA

La antigua Yugoslavia fue una de las naciones más fuertes de Europa del Este en cuestión de fútbol. Llegaron a las semifinales de los Mundiales de 1930 y 1962, y fueron subcampeones en las Eurocopas 1960 y 1968. Además, el club líder de Yugoslavia, el Estrella Roja de Belgrado, fue el segundo equipo de Europa del Este (tras el Steaua de Bucarest rumano en 1986) en ganar la Copa de Europa, cuando vencieron al Marsella en penaltis en la final de 1991.

INTERNACIONALES
(Yugoslavia y Serbia [unidas])

1	Dejan Stankovic	103
2	Savo Milosevic	102
3	Branislav Ivanovic	94
4	Dragan Dzajic	85
5	Dragan Stojkovic	84
6	Zoran Tosic	76
7	Predrag Mijatovic	73
=	Vladimir Stojkovic	73
9	Zlatko Vujovic	70
10	Aleksandar Kolarov	68

BOBEK EL DURO

El máximo anotador de todos los tiempos de Yugoslavia/Serbia sigue siendo **Stjepan Bobek**,  con 38 goles en 63 apariciones. También ostenta el récord de más goles en un partido de altos vuelos. En junio de 1948, logró nueve goles para el Partizan Belgrado en un encuentro contra el FK 14. Oktobar que terminó 10-1. Aunque el Partizan ganó el título esa temporada, sus 24 goles no llegaron a los 28 de Franjo Wölfl, del Dínamo de Zagreb. Wölfl anotó seis goles en 12 encuentros internacionales, y entre los dos ayudaron a Yugoslavia a hacerse con la medalla de plata en los Juegos Olímpicos de 1948. Bobek también estuvo en el combinado yugoslavo que ganó la plata en los Juegos de 1952.

MÍTIC-0

El estadio nacional de Serbia, ubicado en la capital, Belgrado, fue conocido durante mucho tiempo como el Marakana, por el famoso Maracaná de Río de Janeiro (Brasil), aunque se rebautizó en 2014 en honor al antiguo ariete y técnico yugoslavo Rajko Mitic. Anotó 32 goles en 59 encuentros con su selección entre 1946 y 1951, y ayudó a conseguir la plata en las Olimpiadas de 1948 y 1952 antes de convertirse en el seleccionador nacional entre 1966 and 1970. Bajo su mando, Yugoslavia acabó subcampeona en la Eurocopa de 1968.

SOBRESALIENTE

El centrocampista **Andrija Zivkovic** pasó a ser el internacional más joven de Serbia cuando, a los 17 años y 92 días, apareció en un amistoso contra Japón en octubre de 2013. Después, volvió a los rangos más jóvenes y llevó a Serbia hasta la gloria en el Mundial Sub-20 2015, su segundo título internacional desde la declaración de independencia, junto con el Campeonato Europeo Sub-19 de 2013. Zivkovic anotó dos veces en el torneo, incluido un tiro libre contra México, que fue votado el mejor tanto de la fase final. Después, el técnico serbio Sinisa Mihajlovic, otro especialista en tiros libres que le dio la oportunidad de debutar con la absoluta, dijo de Zivkovic: «Este chico será un gran jugador».

MÁXIMOS GOLEADORES

(Yugoslavia y Serbia [unidas])

1	Stjepan Bobek	38
2	Milan Galic	37
=	Savo Milosevic	37
4	Blagoje Marjanovic	36
5	Rajko Mitic	32
6	Dusan Bajevic	29
7	Todor Veselinovic	28
8	Borivoje Kostic	26
=	Predrag Mijatovic	26
10	Zlatko Vujovic	25

STAN EL INVENCIBLE

Dejan Stankovic puede jactarse de ser el primer hombre en jugar en tres selecciones distintas en Mundiales diferentes: Yugoslavia en 2002, Serbia y Montenegro en 2006 y Serbia en 2010. Su pragmático comentario sobre este logro fue: «Estoy contento con el registro, pero preferiría ganar. Está bien haber competido en tres Mundiales, pero me hubiese gustado obtener mejores resultados». Stankovic marcó dos veces en su debut internacional para Yugoslavia en 1998. También metió dos goles memorables de volea desde casi el mediocampo: una vez para el Inter contra el Génvoa, en la temporada 2009-10, con un disparo en un primer momento a partir del despeje del portero, y otro casi idéntico contra el club alemán FC Schalke 04 en la Champions League la siguiente temporada. Stankovic igualó el récord de apariciones del serbio Savo Milosevic en su último internacional de competición en octubre de 2011, aunque le superó en octubre de 2013, cuando jugó los primeros diez minutos del amistoso que Japón perdió por 2-0 en Novi Sad.

SAVO SABE

Savo Milosevic fue el primer jugador serbio en alcanzar el centenar de internacionalidades y puede vanagloriarse de haber jugado para su país con cuatro equipaciones diferentes, representando a Yugoslavia antes y después de que se dividiese, a Serbia y Montenegro y finalmente solo a Serbia. La 100.ª internacionalidad de Milosevic fue memorable pero no por alcanzar la centena, sino porque supuso una derrota por 6-0 ante Argentina en el Mundial 2006. Regresó al campo para un partido de despedida: un amistoso contra Bulgaria el 19 de noviembre de 2008. Milosevic jugó los primeros 34 minutos y logró no solo anotar dos veces, sino también fallar dos penaltis. Dijo bromeando: «Quizás estos 34 minutos sean un resumen de mi carrera, de la mejor forma posible, con buenos y malos momentos, cuando estás en la cima y lo más bajo. Creedme, nunca he fallado dos penaltis antes, ni siquiera en los entrenamientos».

GRAN BRAN

El versátil zaguero del Chelsea y capitán de Serbia **Branislav Ivanovic** destaca por haber marcado goles tardíos importantes contra oponentes portugueses. Su primer gol contra Portugal fue el que supuso el empate en el minuto 88 en el clasificatorio a domicilio de la Eurocopa en septiembre de 2007. Y su cabezazo en el tiempo de descuento le dio al Chelsea la victoria sobre el Benfica en la final de la Europa League 2013, un año después de que una suspensión no le dejase disfrutar del triunfo de su club sobre el Bayern de Múnich en la Champions League. Fue elegido Futbolista Serbio del Año en 2012 y 2013, convirtiéndose en el primer jugador en lograrlo dos años consecutivos desde la independencia de Serbia, aunque luego lo lograse también Nemanja Matic en 2014 y 2015.

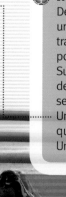

MILORAD MARCA UN HITO

El primer hombre en capitanear y después entrenar a su país en un Mundial fue Milorad Arsenijevic, que lideró a Yugoslavia hasta las semifinales del torneo inaugural de 1930 en Uruguay y después dirigió a su combinado en Brasil 20 años más tarde.

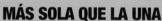

MÁS SOLA QUE LA UNA

Después de que en el Mundial de 2006 Serbia y Montenegro compitiese como un único país, el torneo de 2010 fue el primero en el que participó Serbia sola tras la independencia de Montenegro. Aunque se clasificó como cabeza de grupo, por delante de Francia, el conjunto de Radomir Antic no logró pasar a octavos en Sudáfrica, a pesar de la victoria por un gol sobre Alemania. En parte, tuvo la culpa de esto un serbio que trabajaba para otro equipo, Milovan Rajevac, que era el seleccionador de la Ghana que venció a Serbia 1-0 en su partido de primera ronda. Un puntal de la defensa serbia fue el dominante zaguero central **Nemanja Vidic**, que ganó la Champions League 2008 y fue todo un líder en el Manchester United. Anunció su retirada del fútbol internacional en octubre de 2011.

ESLOVAQUIA

Eslovaquia por fin puede jactarse de ser un equipo potente ante su vecina, la República Checa. Hubo ya un equipo eslovaco que jugó durante la Segunda Guerra Mundial, pero después tuvo que esperar a que la Checoslovaquia de la posguerra se dividiese en Eslovaquia y la República Checa en 1993. Eslovaquia volvió a la competición durante la clasificatoria para la Eurocopa de 1996, donde consiguió un prometedor tercer puesto en su grupo. Continuó su ascenso gradual hasta clasificarse para su primer Mundial, en 2010, cuando no solo puso en aprietos a los entonces campeones, Italia, con una victoria por 3-2, sino que también llegó a segunda ronda.

TODOS SON VLAD

Tres parientes llamados Vladimir Weiss, de diferentes generaciones, han representado a su país en torneos internacionales; dos de ellos estuvieron incluso presentes en el Mundial 2010. El primer Vladimir ganó una medalla de plata con Checoslovaquia en las Olimpiadas de 1964, antes de que su hijo Vladimir jugase para el mismo país en el Mundial 1990. Este Vladimir dirigió después a Eslovaquia en el torneo de 2010 y convocó a su hijo, lateral del Manchester City y también llamado Vladimir, para tres de los cuatro partidos del equipo. El primer Vladimir jugó en tres ocasiones con Checoslovaquia, incluida la de la final de las Olimpiadas de 1964 en la que metió un gol en propia puerta que dio la victoria a Hungría por 2-1. El segundo Vladimir sumó 19 internacionalidades con Checoslovaquia y 12 con Eslovaquia y el tercero terminó el Mundial 2010 con 12. Sin embargo, para 2017, el más joven de los Weiss era el miembro con más internacionalidades (60) de la familia. El verano de 2015, el más joven de los Weiss sumaba 33 internacionalidades. El técnico describió su victoria por 3-2 sobre la campeona, Italia, como el segundo día más feliz de su vida, después del día que nació su hijo. Dejó el cargo de técnico tras no lograr clasificar al combinado para la Eurocopa 2012.

TRIPLITANDO

Tres hombres han logrado *hat tricks* internacionales para Eslovaquia, pero solo dos lo hicieron en el equipo ganador. Ján Arpás, en 1944, tuvo la mala suerte de anotar todos los goles de su combinado y, aun así, perder por 7-3 contra Croacia. Róbert Vittek metió tres en la aplastante victoria por 7-0 sobre Luxemburgo en 2004. Más recientemente, **Filip Sebo** disfrutó de un debut perfecto al marcar tres goles contra Malta en un amistoso en 2006. Anotó dos veces en el siguiente partido, una victoria por 6-1 sobre Chipre en el clasificatorio europeísta, aunque, desde entonces, solo ha marcado dos goles más en sus siguientes 13 partidos internacionales.

MÁXIMOS GOLEADORES

1	Róbert Vittek	23
2	Szilárd Németh	22
3	Marek Hamsik	21
4	Miroslav Karhan	14
=	Marek Mintal	14
6	Stanislav Sestak	13
7	Peter Dubovsky	12
8	Martin Jakubko	9
=	Tibor Jancula	9
=	Róbert Mak	9
=	Adam Nemec	9
=	Lubomir Reiter	9

MAREK MARCA

Eslovaquia ha conseguido vencer por 7-0 en tres ocasiones y el lateral Marek Cech ha participado en las tres: contra Liechtenstein, en septiembre de 2004, y dos veces contra San Marino, en octubre de 2007 y junio de 2009. Anotó dos veces en el partido más reciente y, de hecho, cuatro de sus cinco goles internacionales desde su debut en 2004 se produjeron contra San Marino. También anotó dos goles en una victoria por 5-0 en noviembre de 2007.

INTERNACIONALES

1	Miroslav Karhan	107
2	Marek Hamsik	97
3	Martin Skrtel	90
4	Ján Durica	88
5	Róbert Vittek	82
6	Peter Pekarík	75
7	Stanislav Sestak	66
8	Filip Holosko	65
9	Vladimír Weiss	60
10	Szilárd Németh	59

OCHO ESLOVACOS

Ocho jugadores eslovacos jugaron con Checoslovaquia en la triunfante final de la Eurocopa de 1976 contra la RFA, incluido el capitán Anton Ondrus y los dos anotadores del empate a 2: Jan Svehlik y Karol Dobias. Tres de los que dispararon con éxito en la tanda de penaltis en su victoria por 5-3 eran eslovacos: Marian Masny, Ondrus y el suplente Ladislav Jurkemik. Los otros eslovacos que jugaron fueron Jan Pivarnik, Jozef Capkovic y Jozef Moder. El defensa Koloman Gogh nació en lo que hoy es la República Checa, pero tenía lazos familiares eslovacos y desarrolló casi toda su carrera en el Slovan Bratislava.

NO DUDA

Eslovaquia entró en su primera fase final europeísta en 2016, aunque la vigente campeona mundial, Alemania, los echó con un 3-0. **Ondrej Duda** se convirtió en el primer hombre en anotar para Eslovaquia en la Eurocopa, con un tanto que igualó el marcador en el partido inaugural contra Gales a los 52 segundos de salir al campo; fue el gol más rápido de la Eurocopa anotado por un suplente desde el del español Juan Carlos Valerón a los 36 segundos contra Rusia en 2004. La campaña clasificatoria de Eslovaquia para el torneo de 2016 incluyó un récord nacional de seis victorias seguidas, incluido el sorprendente 2-1 contra la entonces campeona, España, en Zilina en 2014.

RÓBERT EL HÉROE

El eslovaco **Róbert Vittek** se convirtió, en el Mundial de Sudáfrica, en el cuarto jugador de una selección debutante que marcaba cuatro goles. Metió uno a Nueva Zelanda, dos a Italia y uno de penalti en la derrota en segunda ronda ante los Países Bajos. Los otros tres jugadores que lo habían logrado fueron el portugués Eusébio en 1966, el danés Preben Elkjaer Larsen en 1986 y el croata Davor Suker en 1998. El penalti en el último minuto de Vittek contra Holanda le convirtió en el máximo goleador de todos los tiempos en Eslovaquia, con 23 goles, por delante del ariete Szilárd Németh, que jugó en el Sparta de Praga y después en el Middlesbrough. Los cuatro tantos del Mundial FIFA 2010 impactaron sobre todo porque no había logrado anotar ni un gol en la clasificatoria.

EN LA CRESTA DE LA OLA

El volante Marek Hamsik tenía apenas 17 años cuando dejó Eslovaquia, tras solo seis partidos con el Slovan Bratislava, y se trasladó a Italia en 2004 para unirse primero al Brescia y, tres años después, al Nápoles. Tras ayudar al club napolitano a ganar la Coppa Italia 2012, cumplió la promesa de afeitarse su cresta *mohawk*. Hamsik capitaneó a Eslovaquia en el Mundial 2010, donde eliminaron a Italia en la ronda inicial. La historia cambió para Hamsik cuando Eslovaquia intentó clasificarse para el Mundial 2014. Eslovaquia defraudó al quedar tercera después de Grecia y los ganadores del grupo G, Bosnia-Herzegovina. Hamsik marcó dos veces en ocho apariciones, pero no participó en los dos partidos finales. Volvió a dejarse la cresta para la Eurocopa 2016, en la que llegaron a segunda ronda y anotaron 2-1 en una victoria en grupos sobre Rusia.

KARHAN DESTROZADO

El centrocampista defensivo **Miroslav Karhan** ayudó a su país a clasificarse para el Mundial de 2010, con lo que su registro de apariciones se situó en 95, un récord nacional. Pero una lesión en el tendón de Aquiles le descartó para el Mundial. Después de volver a la acción en 2010, Karhan se convirtió en el primer jugador eslovaco en superar los 100 internacionales y se retiró en 2011 habiendo jugado 107 partidos.

SUECIA

Sus once participaciones en la Copa Mundial de la FIFA, cuyo mejor resultado fue el de subcampeona cuando fue sede en 1958, y tres medallas olímpicas, incluida una de oro en Londres 1948, dan fe de la prolija historia sueca en el fútbol mundial. No obstante, últimamente no ha cosechado muchos logros, excepto llegar a la semifinal de la Eurocopa de 1992 (de nuevo como anfitriona) y del Mundial 94, sus mejores actuaciones de los últimos tiempos.

LA GRE–NO–LI OLÍMPICA

Tras conquistar al mundo al lograr el oro para Suecia en las Olimpiadas de 1948 en Londres, Gunnar Gren, Gunnar Nordahl y **Nils Liedholm** fueron fichados por el AC Milan. Su tridente en la delantera, la «Gre-No-Li», llevó al gigante italiano a la victoria del Scudetto en 1951. Nordahl, que encabezó la clasificación de goleadores de la Serie A cinco veces entre 1950 y 1955, sigue siendo el máximo goleador del Milan con 221 tantos en 268 encuentros. Gren y Liedholm volvieron a la selección sueca para jugar el Mundial 58 y acabar subcampeones.

INTERNACIONALES

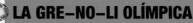

1	Anders Svensson	148
2	Thomas Ravelli	143
3	Andreas Isaksson	133
4	Kim Källström	131
5	Olof Mellberg	117
6	Zlatan Ibrahimovic	116
=	Roland Nilsson	116
8	Bjorn Nordqvist	115
9	Niclas Alexandersson	109
10	Henrik Larsson	106

¡UN NUEVO BIS, DE NUEVO!

Uno de los futbolistas suecos más famosos y laureados de los últimos tiempos, **Henrik Larsson** (*crack* del Celtic y el Barça) abandonó el fútbol internacional tras el Mundial 2002... y de nuevo tras la cita alemana de 2006. Regresó otra vez en la fase de clasificación para el Mundial de 2010. Con 37 goles en sus 106 apariciones, entre ellas, cinco en sus tres Mundiales, tanto la afición como los directivos le piden a gritos que vuelva cada vez que trata de retirarse. Como Suecia no se clasificó para el torneo de 1998, Larsson ostenta el récord de 12 años desde su primer gol en la fase final de un Mundial, contra Bulgaria en 1994, y el último (¡hasta ahora!), su espectacular tanto del empate a dos contra Inglaterra en la fase de grupos de 2006. Tras retirarse definitivamente en 2009, fue entrenador del club sueco de segunda división Landskrona BoIS.

SUPERPARADONES

Thomas Ravelli ha defendido la portería sueca en 143 ocasiones y ha encajado 143 goles. Salvó dos penaltis en la tanda contra Rumanía en cuartos de final del Mundial de 1994 para lograr el pase de Suecia a semifinales, donde el equipo cayó 1-0 ante Brasil. Suecia terminó tercera; además fue el combinado que más goles marcó, 15 en total, cuatro más que el campeón, Brasil. En el total de Suecia figuraron cinco tantos de Kennet Andersson, cuatro de Martin Dahlin y tres de Tomas Brolin.

IBRA–CADABRA

Pocos futbolistas actuales pueden vanagloriarse de tener tanto éxito y tanto ego como el delantero sueco **Zlatan Ibrahimovic**. Entre sus descaradas declaraciones, cabe destacar: «Solo hay un Zlatan» y «Soy como Mohamed Alí». Una vez respondió a las críticas del noruego John Carew con: «Lo que hace Carew con una pelota de fútbol, yo lo hago con una naranja». Inauguró el nuevo estadio Friends Arena de Solna con cuatro goles cuando Suecia venció a Inglaterra por 4-2 en un amistoso en noviembre de 2012. Su último gol fue el colofón, una impresionante chilena a casi 30 metros de la portería, que le mereció el premio Ferenc Puskás. A pesar de poder jugar para Bosnia y Croacia por sus ancestros, Ibrahimovic, nacido en Malmö, debutó con la selección sueca y se ha convertido en el máximo anotador sueco con 62 goles en 116 apariciones antes de retirarse del fútbol internacional tras la salida de Suecia en primera ronda de la Eurocopa 2016. Ha jugado en el Ajax, la Juventus, los dos Milanes, el Barça, el París Saint-Germain y el Manchester United.

ALEXANDER MAGNO

El ariete del Borussia Dortmund **Alexander Isak** se convirtió en el goleador más joven de Suecia el 12 de enero de 2017 cuando anotó el primer gol en un amistoso que ganó por 6-0 ante Eslovaquia en Abu Dabi. Con 17 años y 113 días, batió el récord establecido en 1912 por Erik Dahlström, que contaba 18 años y un día cuando anotó contra Finlandia. Cuatro días antes, Isak se había convertido en el internacional más joven de Suecia al batir el récord de Gunnar Pleijel en su enfrentamiento contra Finlandia en 1911 con 17 años y 72 días. Isak también fue el anotador más joven de la primera división sueca, con el AIK Solna, a los 16 años y 199 días.

ANDERS SE MANTIENE

El centrocampista Anders Svensson celebró haber igualado el récord de internacionalidades del sueco Thomas Ravelli marcando en los partidos n.º 142 y 143 con su selección: un tiro de largo alcance cuando vencieron a Noruega por 4-2 y el gol de la victoria contra la República de Irlanda en un clasificatorio para el Mundial 2014. Luego se convirtió en el jugador más veces internacional de su país al ganar 1-0 a Kazajistán, pero no anotó. Svensson se retiró del fútbol internacional en 2013, a los 37 años, después de que Suecia perdiese ante Portugal en la repesca. Jugó 148 partidos y anotó 21 goles.

MÁXIMOS GOLEADORES

1	Zlatan Ibrahimovic	62
2	Sven Rydell	49
3	Gunnar Nordahl	43
4	Henrik Larsson	37
5	Gunnar Gren	32
6	Kennet Andersson	31
7	Marcus Allback	30
8	Martin Dahlin	29
9	Tomas Brolin	27
=	Agne Simonsson	27

¡OH, CAPITÁN! ¡MI CAPITÁN!

Ningún jugador ha capitaneado a Suecia en más ocasiones que el defensa Björn Nordqvist, que lo hizo en 92 encuentros, con seis en los Mundiales de 1970, 1974 y 1978. Le sigue Zlatan Ibrahimovic, con 58 partidos como capitán, incluidos los seis de las Eurocopas 2012 y 2016. Sin embargo, Jonas Thern, capitán en 55 de sus 75 internacionales, es el que ha dirigido a su equipo en más torneos importantes: una vez en el Mundial 1990, cuatro más cuando Suecia fue anfitriona en la Eurocopa 1992 y otras cinco en su carrera hasta el tercer puesto en el Mundial 1994.

TRUEQUE DE TÉCNICOS

El seleccionador que más éxitos ha cosechado con Suecia fue el inglés **George Raynor,** que condujo al equipo hasta el oro olímpico en Londres 1948 y logró el tercer y segundo puesto en los Mundiales 50 y 58, respectivamente. Raynor defraudó al país que le vio nacer cuando Suecia venció 3-2 a Inglaterra en 1959, convirtiéndose en el segundo equipo extranjero en ganar en Wembley. Su homólogo sueco, Sven-Göran Eriksson dejó al Lazio de la Serie A para convertirse en el primer seleccionador extranjero de Inglaterra en 2001. Consiguió llevar al combinado a tres cuartos de final seguidos, en los Mundiales de 2002 y 2006, y entremedias en la Eurocopa 2004. Pero Eriksson no logró que Inglaterra venciera a su país natal, ya que empató tres veces (1-1 en un amistoso, en 2001; 1-1 en un partido de la fase de grupos del Mundial 2002; 2-2 en la fase de grupos del Mundial 2006) y perdió otra (0-1 en un amistoso, en 2004).

MELL ESTÁ EN TODAS

El líbero Olof Mellberg se convirtió en el primer sueco en participar en cuatro Eurocopas diferentes al tomar parte en la de 2012. Con 34 años también es el jugador sueco más mayor en anotar en la Eurocopa. Lo consiguió al hundir el esférico en la portería de Inglaterra, aunque Suecia perdió el partido por 3-2. Los seis tantos previos de Mellberg para su país habían sido en partidos de clasificación para la Eurocopa o para el Mundial.

SUIZA

Suiza batió un récord en 2006 al ser la primera selección en la historia de la fase final de la Copa Mundial de la FIFA en abandonar el torneo sin encajar ningún gol. Este hecho resume la historia futbolística del país: aparte de las tres veces que ha llegado a cuartos de final del Mundial (en 1934, 1938 y 1954, esta última como anfitriona) y a segunda ronda en 2006 y 2004, Suiza no ha logrado hacerse un hueco en el panorama futbolístico internacional. Fue coanfitriona con Austria de la Eurocopa 2008 y es la sede de la FIFA y la UEFA.

¿QUIÉN ES HÜGI?

Solo dos futbolistas han anotado más de tres goles en un partido para Suiza. **Josef Hügi** llegó a los cinco. Sus 23 goles en 34 encuentros para su selección incluyeron cinco el 12 de octubre de 1960 cuando Francia fue aplastada con un 6-2 en Basilea. Hügi llegó a la red en seis ocasiones en el Mundial 1954, incluyendo un *hat trick* en cuartos en la derrota ante Austria por 7-5, donde terminó segundo goleador del torneo. Sus seis goles mundialistas siguen siendo un récord nacional. En los Juegos Olímpicos de París de 1924, Paul Sturzenegger anotó cuatro tantos en una victoria por 9-0 sobre Lituania.

CHAPPI EL CAMPEÓN

Stéphane «Chappi» Chapuisat fue el primer jugador suizo en ganar la Champions League cuando el Borussia Dortmund venció a la Juventus en 1997. Chapuisat contribuyó en la final abriendo paso a Lars Ricken, cuyo tanto al primer toque sentenció el partido con un 3-1. El padre de Stéphane, Pierre-Albert, también fue un importante internacional suizo: disputó 34 partidos con la selección nacional en las décadas de 1970 y 1980, pero no llegó al nivel de su hijo (con más de 100 encuentros), que más tarde añadiría una Copa Intercontinental y una Super Liga suiza (en su paso por el Grasshoppers) a su vitrina de trofeos.

PORTERÍA A CERO

La selección suiza hizo historia en 2006 por ser el primer y hasta ahora único equipo en ser eliminado de un Mundial sin encajar ni un solo gol en el tiempo reglamentario. Pero en el partido ante Ucrania en segunda ronda, tras 120 minutos de empate a cero, Suiza fue derrotada 3-0 en penaltis, al no lograr anotar. A pesar de encajar tres penaltis, la actuación del guardameta **Pascal Zuberbühler** en Alemania le otorgó el récord de imbatibilidad de Suiza en un torneo de fútbol internacional.

MÁXIMOS GOLEADORES

1	Alexander Frei	42
2	Max Abegglen III	34
=	Kubilay Turkyilmaz	34
4	André Abegglen II	29
=	Jacques Fatton	29
6	Adrian Knup	26
7	Josef Hugi	23
8	Charles Antenen	22
9	Lauro Amado	21
=	Stéphane Chapuisat	21

LE LLAMABAN LLAMA

Alexander Frei, el máximo goleador de la historia de Suiza, adoptó una llama del zoo de Basilea a modo de disculpa ante su país después de que un periodista suizo lo comparara con este animal por escupir a Steven Gerrard en la Eurocopa 2004. Frei abandonó toda esperanza de aumentar su récord de 42 tantos en 84 encuentros al retirarse del fútbol internacional en abril de 2011, por culpa de las críticas de sus propios admiradores en los últimos partidos, como el empate a cero contra Malta, en el que tanto Frei como su compañero Gökhan Inler fallaron los penaltis. Marco Streller se unió al retiro internacional de Frei con 12 tantos en 37 partidos.

ADMIR–ABLE

Suiza llegó a la fase final de la Eurocopa de la UEFA por primera vez en 2016, y su victoria por 1-0 en el Grupo A sobre Albania, gracias al gol del defensa central Fabian Schär, fue su primer triunfo en un partido inaugural europeísta. En su siguiente encuentro, logró un empate a uno contra Rumanía, cortesía de Admir Mehmedi, que anotó el gol del empate en el segundo tiempo, lo que lo convirtió en el primer internacional suizo en anotar tanto en el Mundial como en la Eurocopa tras su gol contra Ecuador en Brasil dos años antes. Diez días más tarde, Xherdan Shaqiri emuló a Mehmedi marcando el gol del empate contra Polonia en octavos.

RÉCORD POR POCO TIEMPO

Suiza no solo comenzó su campaña mundialista de 2014 con un impactante y victorioso triunfo por 2-1 sobre Ecuador en Brasilia, sino que lo hizo gracias a un lanzamiento a los tres minutos del tiempo de descuento del suplente Haris Seferovic. Este nuevo récord de gol de la victoria más tardío registrado en las fases de grupos mundialistas duró siete días, hasta que Portugal empató en el minuto cinco de la prórroga contra EE. UU. Seferovic había anotado anteriormente el gol de la victoria de la final de la Copa Mundial Sub-17 de 2009, contra la anfitriona Nigeria, que fue el primer título de la FIFA que Suiza ganaba.

SHAQIRI SHAQIRI

El extremo derecho **Xherdan Shaqiri** anotó uno de los goles más espectaculares de la Eurocopa 2016, una chilena desde fuera del área que dio a Suiza el empate a uno en su partido de segunda ronda contra Polonia, aunque los polacos destacaron en los penaltis. Dos años antes, logró el *hat trick* número 50 de la historia de los Mundiales durante el triunfo de su selección sobre Honduras por 3-0 en Manaos. Shaqiri, nacido en Kosovo, indicó que estaba preparado para cambiar a la selección de su país nativo, miembro de la UEFA y de la FIFA desde 2016, si esta se lo permitía.

«MERCI, KÖBI»

Al antiguo jugador y técnico de la selección suiza, **Jakob «Köbi» Kuhn**, casi se le saltan las lágrimas cuando sus jugadores desplegaron una pancarta en la que se leía «gracias» al final de su último partido como entrenador de Suiza, en la victoria por 2-0 frente a Portugal, en el último partido de la fase de grupos de la Eurocopa 2008. Pero, ¡cómo ha cambiado Kuhn! Aunque ahora es toda una eminencia en el fútbol suizo, cuando apenas tenía 22 años fue expulsado del Mundial 66 por infringir el toque de queda y estuvo apartado de la selección durante un año. Las tornas cambiaron cuando Kuhn tuvo que expulsar a Alexander Frei en la Eurocopa 2004 por escupir al inglés Steven Gerrard. Kuhn pasó la mayor parte de su carrera en el FC Zúrich, donde decían que jugaba «con miel en las botas» y ganó seis ligas y cinco Copas suizas. Disputó 63 encuentros como internacional y anotó cinco goles. Luego fue abriéndose paso hasta llegar a seleccionador, primero de la Sub-18, después de la Sub-21 y finalmente de la categoría absoluta. Se retiró a la edad de 64 años, con un registro de 32 victorias, 18 empates y 23 derrotas en 73 partidos como entrenador de la selección suiza.

INTERNACIONALES

1	Heinz Hermann	118
2	Alain Geiger	112
3	Stéphane Chapuisat	103
4	Johann Vogel	94
5	Stephan Lichtsteiner	90
6	Gökhan Inler	89
7	Hakan Yakin	87
8	Alexander Frei	84
9	Patrick Müller	81
10	Severino Minellii	80

EL CERROJO ORIGINAL

Karl Rappan hizo tanto por el fútbol suizo, como la creación del primer club de fans de la selección nacional, que se suele olvidar que era austriaco. Tras una modesta carrera como jugador y entrenador en Austria, Rappan alcanzó una dilatada fama como técnico innovador en Suiza: dirigió al combinado nacional en los Mundiales de 1938 y 1954, y cosechó títulos de liga y copa como entrenador del Grasshopper-Club, el Servette y el FC Zúrich. Desarrolló un sistema táctico flexible, que permitía a los jugadores intercambiar posiciones según su situación y presionar más a sus adversarios. Esta revolucionaria idea se conoció como el «cerrojo suizo» y ayudó a los anfitriones, que no eran favoritos, a derrotar a Italia en su pase a cuartos de final en el Mundial 54, aunque serían eliminados por el país natal de Rappan, Austria. Este precoz defensor de una liga europea al final tuvo que conformarse con un torneo eliminatorio más sencillo, la Copa Intertoto, que ayudó a concebir y lanzar en 1961. Rappan ha sido, hasta Köbi Kuhn, el seleccionador más veterano de Suiza y el que, según las estadísticas, más éxito ha tenido con 29 victorias en 77 partidos.

TURQUÍA

El triunfo del Galatasaray frente al Arsenal en la final de la Copa de la UEFA de 2000 supuso un cambio en la suerte del fútbol turco. Antes de aquella Copenhague, Turquía solo se había clasificado en la Copa Mundial de la FIFA dos veces: en 1950, donde se retiró, y en 1954, y no había expresado su potencial en el panorama mundial. Desde 2000, la afición turca ha tenido mucho que celebrar: un tercer puesto en la Copa Mundial de la FIFA de 2002 en Japón y Corea del Sur, y logró ser semifinalista en la Eurocopa 2008.

RIZA EL RIZO

Zeki Rıza Sporel anotó el primer gol internacional de Turquía, contra Rumanía el 26 de octubre de 1923. Consiguió meter los dos goles del empate del encuentro, el primero de los 16 partidos para Turquía en los que anotó 15 tantos. El capitán turco de su primer internacional fue su hermano mayor Hasan Kâmil Sporel.

DAME «MOR»

Con 18 años, **Emre Mor** se convirtió en el jugador turco más joven de una Eurocopa y el séptimo en la historia de la competición cuando jugó en Francia en 2016. Pero, a pesar de ser una gran promesa, Turquía fue una de las dos selecciones que acabaron terceras y no pasaron a la eliminatoria. Perdieron por 1-0 ante Croacia y por 3-0 ante España antes de derrotar a la República Checa por 2-0. Turquía ha perdido su primer partido en todas las fases finales del torneo en las que ha participado.

RÁPIDO EN LA SALIDA

Hakan Sükür anotó el gol más rápido de un Mundial: solo tardó  11 segundos en marcar en la eliminatoria por el tercer puesto contra Corea del Sur en el Mundial 2002. Turquía consiguió la tercera posición al ganar 3-2 en su mejor actuación de la historia de la competición. Los 51 goles de Sükür en 112 encuentros son más del doble que los de su rival más cercano en la clasificación de la selección nacional. Logró su primer tanto en su segundo partido, cuando Turquía venció a Dinamarca 2-1 el 8 de abril de 1992. También logró anotar cuatro goles en un solo partido en dos ocasiones: en la victoria por 6-4 frente a Gales en agosto de 1997 y en el 5-0 a Moldavia en octubre de 2006.

RÜSTÜ AL RESCATE

Con su inconfundible coleta y sus mejillas pintadas de negro, el jugador con más internacionalidades de Turquía **Rüstü Reçberhas** siempre ha llamado la atención. Pero quizás nunca haya destacado tanto como en el Mundial 2002, donde su actuación valió a Turquía un tercer puesto. Fue elegido miembro del Equipo del Torneo antes de ser nombrado Portero del Año por la FIFA. Había sido relegado al banquillo cuando Turquía inició su campaña para la Eurocopa 2008, pero su actuación en cuartos de final, tras la expulsión y suspensión del portero titular Volkan Demirel en el último partido de grupos, lo convirtió de nuevo en un héroe al parar un lanzamiento del croata Mladen Petric en la tanda de penaltis y llevar a Turquía a su primera semifinal de la Eurocopa, que finalmente perdió contra Alemania.

ORO VIEJO

El último gol de oro en un Mundial de la FIFA fue del suplente turco Ilhan Mansiz, en el minuto 94 del partido de cuartos de final de 2002 contra Senegal, que otorgó a su equipo una victoria por 1-0 en su camino para acabar terceros. La norma del gol de oro se suprimió antes del Mundial de 2006, y se volvió a instaurar la prórroga de dos tiempos de 15 minutos.

VAYA PAR DE GEMELOS

Hamit Altintop (derecha) nació 10 minutos antes que su gemelo **Halil** (izquierda), y ha seguido yendo por delante durante toda su carrera profesional, desde su nacimiento en la ciudad alemana de Gelsenkirchen el 8 de diciembre de 1982. Los dos comenzaron a jugar para el equipo *amateur* alemán Wattenscheid, antes de que el defensa-centrocampista Hamit fichase por el FC Schalke 04 en el verano de 2006 y el delantero Halil hiciese lo mismo poco después. Hamit solo se quedó una temporada, antes de ser comprado por el Bayern de Múnich. Ambos ayudaron a Turquía a llegar a la semifinal de la Eurocopa 2008, pero perdieron ante su patria de adopción, Alemania, aunque solo Hamit estuvo entre los 23 mejores jugadores del torneo.

FATIH TERIM

Fatih Terim, que dirigió al Galatasaray que logró la Copa de la UEFA en 2000, condujo a Turquía hasta la semifinal de la Eurocopa 2008. El revés frente a Portugal en el primer partido dejó a los turcos una ardua tarea por delante, pero las sensacionales remontadas ante Suiza y la República Checa los condujeron hasta cuartos de final. Un tanto en el minuto 119 parecía haber resuelto el encuentro a favor de Croacia, pero mientras los croatas lo celebraban, el «Emperador» Fatih instó a sus jugadores a reponerse, sacar el balón de la portería y seguir luchando hasta el último minuto. Y eso fue lo que hicieron. El increíble tanto del empate de Semih Sentürk forzó la ronda de penaltis. La semifinal ante Alemania fue otro tira y afloja, pero esta vez no hubo respuesta al gol de la victoria alemán en el último minuto. Terim dejó el cargo en 2009 y regresó al fútbol de clubes con el Galatasaray, antes de iniciar una tercera temporada como entrenador de Turquía en 2013. Para el verano de 2017, el récord de Terim como seleccionador de Turquía en las tres temporadas (la primera fue de 1993 a 1996) se situó en 136 partidos, 70 victorias, 34 empates y 32 derrotas, lo que supone un porcentaje de victorias del 51,47%.

MÁXIMOS GOLEADORES

1	Hakan Sükür	51
2	Tuncay Sanli	22
=	Burak Yilmaz	22
4	Lefter Küçükandonyadis	21
5	Nihat Kahveci	19
=	Metin Oktay	19
=	Cemil Turan	19
8	Arda Turan	17
9	Zeki Riza Sporel	15
10	Arif Erdem	11
=	Ertugrul Saglam	11

INTERNACIONALES

1	Rüstü Reçber	120
2	Hakan Sükür	112
3	Bülent Korkmaz	102
4	Arda Turan	97
5	Tugay Kerimoglu	94
6	Emre Belozoglu	93
7	Alpay Özalan	90
8	Hamit Altintop	82
9	Tuncay Sanli	80
10	Ogün Temizkanoglu	76

DE UNA TACADA

El volante Nuri Sahin se convirtió en el internacional y en el goleador más joven de Turquía el mismo día. Contaba 17 años y 32 días cuando debutó contra Alemania en Estambul el 8 de octubre de 2005, y su gol, a un minuto del final, le dio a Turquía una victoria por 2-1. Resulta irónico, pero Sahin nació en realidad en Alemania de padres turcos y ha pasado la mayor parte de su carrera en el Borussia Dortmund, aunque también ha jugado para el Feyenoord, el Real Madrid y el Liverpool.

ARDA QUIEN ARDA

El mago del lateral y capitán de Turquía en la Eurocopa 2016, **Arda Turan,** ha sobrevivido a una arritmia cardíaca, un brote de gripe porcina y un accidente de coche para convertirse en uno de los líderes del fútbol turco. Sus hitos internacionales incluyen los goles clave de la Eurocopa 2008: el primero, el gol de la victoria ante Suiza en el tiempo de descuento y, el segundo, el tardío gol inicial de Turquía que le dio la vuelta a un marcador deficitario contra la República Checa en un partido decisivo de primera ronda. Tras dejar el Galatasaray, disfrutó de un gran éxito en clubes españoles al ganar trofeos con el Atlético de Madrid y el Barça. Su carrera internacional acabó en 2017, cuando se le acusó de atacar a un periodista en un vuelo tras un empate a cero con Macedonia. Turan dijo que no volvería a jugar para su selección. El ariete Burak Yilmaz, el segundo máximo anotador de Turquía, le apoyó, pero Turan le persuadió para que no dejase la selección.

UCRANIA

Durante muchos años Ucrania ha sido uno de los bastiones del fútbol de Europa del Este. Fuente inagotable de talentos provenientes de clubes con un gran historial en Europa, como el Dínamo de Kiev, Ucrania nutrió a la selección soviética con jugadores destacados durante los años previos a la independencia. Desde que se separara de la Unión Soviética en 1991, Ucrania se ha convertido en una potencia futbolística por méritos propios al clasificarse por primera vez para el Mundial de 2006 y llegar a cuartos de final.

DÍNAMICO

El mediocentro Andriy Yarmolenko ha anotado más goles para Ucrania que ningún otro jugador, excepto Andriy Shevchenko. También ostenta el récord del gol más rápido de su país en un internacional, cuando anotó a los 14 segundos en un amistoso en casa contra Uruguay en septiembre de 2011. Sin embargo, el visitante se repuso y acabó ganando por 3-2. Yarmolenko, cuyo club es el Dínamo de Kiev, ha anotado 29 goles para Ucrania, incluido su primer *hat trick* internacional en un partido de clasificación de la Eurocopa que acabó en una victoria por 3-0 sobre Luxemburgo en noviembre de 2014.

EL HOMBRE COHETE

Andriy Shevchenko superó a su compañero **Anatoliy Tymoshchuk** y se convirtió en el primer futbolista ucraniano en llegar al centenar de partidos internacionales, aunque, más tarde, el centrocampista superó a Shevchenko y se convirtió el jugador con más internacionalidades del país con 144 partidos antes de retirarse en 2016. También puede presumir de haber visto su nombre en el espacio, cuando en 2007 el astronauta ucraniano Yuri Malenchenko se lanzó en órbita llevando una camiseta del Zenit de San Petersburgo con la leyenda «Tymoshchuk» en la espalda.

LOS MUNDOS DE YURI

Denys Harmash y Dmytro Korkishko marcaron los tantos contra Inglaterra que dieron a Ucrania su primer título futbolístico internacional, en la final de la Eurocopa Sub-19 de 2009. El seleccionador fue Yuri Kalitvintsev, que más tarde fue asistente de Oleg Blokhin en la absoluta.

REBROLUCIÓN

El compañero de Andriy Shevchenko en la selección ucraniana y el Dínamo de Kiev entre 1994 y 1999 fue el internacional más joven de Ucrania: **Serhiy Rebrov**. Contaba 18 años y 24 días cuando debutó contra EE. UU. en junio de 1992. Cuatro años más tarde, Rebrov marcó el primer gol mundialista de Ucrania, que le valió una victoria por 1-0 sobre Irlanda del Norte en un clasificatorio para el torneo de 1998. Formó parte del primer combinado mundialista de Ucrania en 2006 y marcó contra Arabia Saudí, lo que permitió al equipo llegar a cuartos, donde perdió por 3-0 frente a la campeona final, Italia. Tras temporadas en Inglaterra y Turquía, Rebrov volvió a Kiev y, en 2014, dirigió al Dínamo consiguiendo dos títulos de liga.

SUPERSHEVA

En 2004, **Andriy Shevchenko** se convirtió en el tercer ucraniano en conseguir el Balón de Oro; el primero fue su entrenador en el Mundial 2006, Oleg Blokhin, en 1975, y el segundo, Igor Belanov en 1986. Shevchenko fue el primero en recibir el galardón desde la independencia de Ucrania. En su juventud fue un prometedor boxeador, antes de dedicarse al fútbol profesional. Ha ganado trofeos en todos los clubes donde ha recalado, entre ellos cinco títulos seguidos con el Dínamo de Kiev, la Serie A y la Champions League con el AC Milan, y dos copas en su «decepcionante» paso por el Chelsea. Shevchenko es el jugador ucraniano que ha sido más veces internacional y el máximo goleador, con 48 tantos en 111 partidos, dos de ellos en el Mundial de 2006, donde fue el capitán en la primera participación de su país en una fase final de un torneo, y otros dos cuando le dio la vuelta al marcador para vencer a los suecos en el primer partido de la Eurocopa 2012. Shevchenko fue nombrado ayudante del seleccionador Mykhailo Fomenko en la Eurocopa 2016 y acabó reemplazándolo tras el torneo.

LÍDER EN LA LÍNEA DE ATAQUE

Oleg Blokhin, técnico de Ucrania en su primera participación en un Mundial en 2006, se hizo célebre como delantero estrella del club de su ciudad natal, el Dínamo de Kiev. Blokhin, nacido el 5 de noviembre de 1952, cuando Ucrania formaba parte de la Unión Soviética, ostenta el récord de goles anotados y el de partidos jugados en la liga de la Unión Soviética, con 211 tantos en 432 encuentros, así como con la selección de la URSS, tras anotar 42 goles en 112 partidos. Logró dos Recopas de Europa con el Dínamo en 1975 y 1986, marcando en ambas finales, y ganó el Balón de Oro por sus proezas en 1975. Superando siempre todas las expectativas, Blokhin fue el primer entrenador que condujo a Ucrania a la fase final de una competición internacional, en el Mundial 2006, donde cayó 3-0 en cuartos ante la ganadora de aquella edición, Italia, tras haber eliminado a Suiza en octavos, también en los penaltis. Blokhin era famoso por su velocidad; cuando el campeón olímpico Valeri Borzov entrenaba al Dínamo en la década de 1970, Blokhin recorrió 100 metros en 11 segundos, solo 0,46 segundos más que la marca que le valió el oro a Borzov en 1972. Blokhin dejó de ser técnico de la selección ucraniana en diciembre de 2007, pero volvió al puesto en abril de 2011.

DEVIC–IO

Ucrania logró su mayor victoria el 6 de septiembre de 2013 al aplastar a San Marino por 9-0 en un clasificatorio mundialista y luego hicieron leña del árbol caído al vencer al mismo oponente por 8-0 al mes siguiente, el 25 de octubre de 2013. Hubo ocho anotadores diferentes en el primer partido. El gol inicial lo anotó el delantero **Marko Devic,** que logró un triplete en el siguiente encuentro. Devic nació en realidad en Belgrado y creció en Serbia, pero le traspasaron al club ucraniano Volyn Lutsk en 2005 y tres años más tarde se cambió la nacionalidad.

MÁXIMOS GOLEADORES

1	Andriy Shevchenko	48
2	Andriy Yarmolenko	29
3	Serhiy Rebrov	15
4	Yevhen Konoplyanka	14
5	Oleg Gusev	13
6	Serhiy Nazarenko	12
7	Yevhen Seleznyov	11
8	Andriy Husin	9
=	Andriy Vorobey	9
10	Tymerlan Huseynov	8
=	Artem Milevskiy	8
=	Ruslan Rotan	8
=	Andriy Voronin	8

OLEKSANDR «ZIN» QUE SABE

La actuación de Ucrania en la Eurocopa 2016 fue bastante decepcionante, ya que cayó en primera ronda sin anotar tantos y con cinco goles en su portería. Pero el centrocampista **Oleksandr Zinchenko,** la esperanza para el futuro, se convirtió en el anotador ucraniano más joven dos semanas antes del torneo al ganar por 4-3 en un amistoso contra Rumanía. Después, con 19 años y 179 días, entró como suplente en el primer partido de la selección ucraniana contra Alemania, convirtiéndose en el jugador ucraniano más joven de una fase final internacional. En el verano de 2016, Zinchenko abandonó el club ruso Ufa para unirse al Manchester City.

INTERNACIONALES

1	Anatoliy Tymoshchuk	144
2	Andriy Shevchenko	111
3	Oleg Gusev	98
4	Ruslan Rotan	93
5	Oleksandr Shovkovskiy	92
6	Serhiy Rebrov	75
7	Andriy Voronin	74
8	Andriy Pyatov	73
9	Andriy Husin	71
10	Andriy Yarmolenko	69

GALES

Aunque es un país donde el *rugby* sigue siendo la obsesión nacional, Gales ha luchado por hacerse un hueco en el fútbol internacional a pesar de haber aportado varios jugadores con mucho talento. Sus logros recientes, incluida la aparición en semifinales en la Eurocopa 2016, ha desatado una oleada de optimismo y entusiasmo.

SIGUE ASÍ, RAMSEY

El centrocampista del Arsenal **Aaron Ramsey** se convirtió en el capitán más joven de la selección galesa cuando el nuevo técnico Gary Speed le eligió para que capitanease al equipo en marzo de 2011. Ramsey contaba 20 años y 90 días cuando dirigió por primera vez al conjunto fuera de casa en un clasificatorio para la Eurocopa de 2012 que acabó 2-0 a favor de Inglaterra. El récord lo ostentaba hasta la fecha el central Mike England, con 22 años y 135 días, cuando capitaneó al equipo contra Irlanda del Norte en abril de 1964.

CONFLICTOS FAMILIARES

Los padres del defensa Chris Gunter vivieron un dilema cuando Gales llegó a las semifinales de la Eurocopa 2016, ya que debían asistir a la boda de su hermano Marc en México el día que Gales se enfrentaba a Portugal. Finalmente, optaron por ver a Chris en acción y presenciar cómo Gales perdía por 2-0 en Lille.

¿Y NUESTRO CHICO DE ORO?

Ryan Giggs, uno de los futbolistas más habilidosos y eficaces que nunca ha jugado un Mundial, se perdió 18 partidos consecutivos con su selección. Giggs debutó con el Manchester United en 1990 e hizo su 1.000.ª aparición competitiva en la derrota por 2-1 en la Champions League ante el Real Madrid. Su registro entonces incluía 932 partidos con el club, 64 para Gales y cuatro para Gran Bretaña en los Juegos Olímpicos de Londres 2012, el primero de los cuales fue un amistoso contra Brasil antes del torneo. Giggs colgó las botas a los 40 años al final de la temporada 2013-2014. Los últimos cuatro partidos había sido técnico auxiliar del Manchester United tras la marcha de David Moyes.

DE LA OBRA AL CAMPO...

El portero **Neville Southall** realizó la primera de sus históricas 92 apariciones como internacional ganando 3-2 ante Irlanda del Norte en mayo de 1982. El expeón de albañil y basurero mantuvo su portería a cero en 34 ocasiones durante sus 15 años en la selección y fue elegido jugador del año 1985 por la Asociación de Periodistas Deportivos de Reino Unido por su labor junto al capitán galés Kevin Ratcliffe en el Everton. En su último partido internacional, en 1997, fue sustituido en una derrota por 6-4 ante Turquía.

HUELE A GOL

Ian Rush es el máximo anotador galés con 28 goles en 73 partidos. El primero lo marcó en la victoria por 3-0 a Irlanda del Norte en mayo de 1982 y el último en el triunfo por 2-1 sobre Estonia en 1994.

CON LA CÁMARA

Los pioneros del cine Sagar Mitchell y James Kenyon grabaron un Gales-Irlanda en marzo de 1906, el primer partido internacional filmado.

INTERNACIONALES

1	Neville Southall	92
2	Gary Speed	85
3	Chris Gunter	79
4	Craig Bellamy	78
5	Dean Saunders	75
6	Joe Ledley	73
=	Peter Nicholas	73
=	Ian Rush	73
9	Mark Hughes	72
=	Joey Jones	72

MÁXIMOS GOLEADORES

1	Ian Rush	28
2	Gareth Bale	26
3	Ivor Allchurch	23
=	Trevor Ford	23
5	Dean Saunders	22
6	Craig Bellamy	19
7	Robert Earnshaw	16
=	Mark Hughes	16
=	Cliff Jones	16
10	John Charles	10

BILLY IDOL

El extremo Harry Wilson se convirtió en el galés más joven en jugar con la absoluta cuando sustituyó a Hal Robson-Kanu en un clasificatorio del Mundial 2014. A los 16 años y 207 días, era 108 días más joven que el anterior poseedor del récord, Gareth Bale. El internacional más mayor de Gales, Billy Meredith, jugó su 48.º y último internacional a los 45 años y 229 días en 1920. Su carrera duró 25 años, todo un récord en Gales.

VALE, BALE

Era normal y predecible que el primer anotador de Gales en la Eurocopa 2016, su primera fase final desde el Mundial de 1958, fuese el «galáctico» **Gareth Bale.** La estrella del Real Madrid, cuyo traspaso del Tottenham Hotspur por 99 millones de euros en agosto de 2013 lo convirtió en el futbolista más caro del mundo, abrió el marcador con un tiro libre en su victoria en primera ronda por 2-1 contra Eslovaquia y repitió la hazaña en su siguiente partido contra Inglaterra, convirtiéndose en el tercer jugador, después del francés Michel Platini en 1984 y del alemán Thomas Hassler en 1992, en marcar dos tiros libres directos en una Eurocopa. Un mes antes, había ganado su segunda Champions con el Real Madrid. En junio de 2017, conquistó otra «Orejona», esta vez en el Millennium Stadium de Cardiff, su ciudad. Su primer gol para Gales, un tiro libre contra Eslovaquia en octubre de 2006, llegó cinco meses después de convertirse en el internacional galés más joven.

HÉROE DEL *HAT TRICK*

El delantero galés Robert Earnshaw ostenta un récord extraordinario: haber logrado *hat tricks* en las cuatro divisiones del fútbol inglés, la Copa de Inglaterra, la liga y con su selección frente a Escocia el 18 de febrero de 2004. En los internacionales con la absoluta, Gales ha logrado 14 *hat tricks* en total, cada uno de un jugador diferente, pero ninguno ha igualado la gesta de Earnshaw.

IMPACTANTE PÉRDIDA DE TODO UN MODELO

Los galeses y el mundo del fútbol quedaron impactados y dolidos por la súbita muerte del técnico galés **Gary Speed** en noviembre de 2011. Este antiguo centrocampista del Leeds United, Everton, Newcastle United y el Bolton Wanderers, y el jugador de campo con más internacionalidades del país, fue encontrado en su casa de Cheshire (Inglaterra). Tenía 42 años. Ostentaba el cargo de seleccionador desde hacía 11 meses y había conseguido una serie de logros que supusieron el ascenso del combinado del 116.º al 48.º puesto en la clasificación mundial y un premio de la FIFA al equipo con mayor progreso en 2011. Se celebró un partido conmemorativo en Cardiff en 2012 entre Gales y Costa Rica, el país contra el que debutó internacionalmente en mayo de 1990.

EL VUELO DEL DRAGÓN

Tras llegar a cuartos de final del Mundial de 1958, Gales tuvo que esperar 58 años para otro gran torneo. Volvieron por la puerta grande y llegaron a semifinales de la Eurocopa 2016 de Francia. Los hombres de Chris Coleman derrotaron a Eslovaquia por 2-1 y a Rusia por 3-0 en primera ronda, a Irlanda del Norte por 1-0 en segunda ronda y a Bélgica por 3-1 en cuartos de final. Los goles de ese día fueron anotados por los jugadores de origen inglés Ashley Williams (capitán), **Hal Robson-Kanu** y Sam Vokes. Robson-Kanu, quien jugaba sin club después de dejar el Reading inglés de segunda división, fue aclamado por marcar uno de los mejores goles del torneo: su tanto «a lo Cruyff» contra Bélgica que superó su gol ganador frente a Eslovaquia. La selección galesa perdió en semifinales por 2-0 ante la finalista campeona, Portugal, pero fue recibida en Cardiff con un desfile en autobús y logró un nuevo récord al quedar en el puesto n.º 8 de la Clasificación Mundial de la FIFA en 2015.

OTROS EQUIPOS EUROPA

Para las grandes potencias del fútbol europeo, una fase de clasificación para una competición internacional no sería igual sin un difícil viaje a uno de los países del antiguo Bloque del Este o la oportunidad de lograr una goleada a costa de San Marino o Luxemburgo.
Para los jugadores de estos países, la emoción de representar a su nación es más importante que albergar esperanzas de dominar el fútbol mundial.

LA ENTREGA DE SELVA

San Marino, con menos de 30.000 habitantes, sigue de los últimos de la clasificación de la FIFA, pero en noviembre de 2014 celebró su primer punto en un clasificatorio de Eurocopa, gracias a un empate sin goles contra Estonia, terminando así con una racha de 61 derrotas consecutivas. Solo habían conseguido no ser derrotados en cinco ocasiones y no habían ganado nunca un partido de competición. De hecho, la única victoria de San Marino fue un triunfo por 1-0 sobre Liechtenstein en abril de 2004. El delantero y capitán Andy Selva no solo es el máximo anotador de San Marino con ocho goles, sino que durante mucho tiempo fue el único jugador de su país en marcar un tanto, hasta que el centrocampista Manuel Marani superó este récord con un gol ante la República de Irlanda en 2007 y con un segundo tanto ante Malta en agosto de 2012. **Massimo Bonini**, técnico de San Marino entre 1996 y 1998, logró la Copa de Europa con la Juventus en 1985. Selva, con 41 años, no participó en el combinado de San Marino que acabó perdiendo por 2-0 un encuentro contra Andorra en 2017 del clasificatorio para el Mundial 2018. En su internacional más reciente (74) contra Noruega, un clasificatorio para el Mundial 2018, fue suplente.

LOS ÚLTIMOS SERÁN LOS PRIMEROS

Eslovenia fue el único de los equipos que no eran cabezas de serie en ganar la repesca y llegar al Mundial 2010, al vencer a Rusia por la ley del visitante. Eslovenia perdió por 2-1 en la ida, hasta que Nejc Pecnik marcó un tanto crucial al final del partido. Después, Zlatko Dedic metió el único gol de la vuelta, logrando el pase por la mínima. Eslovenia fue la nación con menor población de 2010 y solo tiene 429 futbolistas profesionales.

DE CASTA LE VIENE AL GALGO

Probablemente no es nada sorprendente que **Jari Litmanen** se convirtiese en un as del balón; sus padres jugaron para el club Reipas de Lahti y su padre, Olavi, ganó además cinco internacionales para su selección. Pero las habilidades y logros de Jari han aventajado en gran medida a los de sus progenitores y podría decirse que a los de cualquier otro futbolista finlandés. Estaba cantado que Litmanen sería el primer jugador finlandés en poner sus manos sobre la Copa de Europa, el trofeo de la Champions League, cuando su equipo, el Ajax Ámsterdam, venció al AC Milan en 1995. A pesar de una serie de lesiones, se dedicó a su país y capitaneó a la selección entre 1996 y 2008. Todavía jugaba en 2010, con 39 años. Es el finlandés que más goles ha marcado, 32 en 137 encuentros.

PICA PICA MOSQUITO

Malta acabó con la espera de 20 años por una victoria a domicilio en un internacional de competición cuando machacó a Armenia por 1-0 en un clasificatorio mundialista en junio de 2013. El tiro fue del veterano delantero **Michael Mifsud**, capitán de la selección y máximo anotador de todos los tiempos, que debutó en el plano internacional en 2000 y se hizo un nombre en Alemania con el Kaiserslautern y en Inglaterra con el Coventry City. Apodado el «Mosquito», este jugador de 1,65 m de estatura puede presumir de cinco goles en la paliza por 7-1 a Liechtenstein en 2008, incluyendo un *hat trick* en los 21 primeros minutos. Antes de Armenia, la última vez que Malta ganó un clasificatorio para un Mundial o una Eurocopa a domicilio fue una victoria por 1-0 en Estonia en 1993.

JUGAR PARA NADA...

Lituania y Estonia no se molestaron en disputar el último partido de grupo que las enfrentaba en la fase de clasificación para el Mundial 1934. Suecia se había asegurado la primera y única plaza disponible para la fase final, al ganar a Lituania 2-0 y a Estonia 6-2.

TRAS EL TELÓN DE ACERO

La disolución de la URSS en 1990 dejó paso a 15 nuevas selecciones, aunque en un principio Rusia participó en la Eurocopa 1992 con el nombre de Comunidad de Estados Independientes, o CEI, sin Estonia, Letonia y Lituania. En los años siguientes, la UEFA y la FIFA dieron su aprobación a la creación de equipos independientes para Rusia, Armenia, Azerbaiyán, Bielorrusia, Estonia, Georgia, Kazajistán, Kirguistán, Letonia, Lituania, Moldavia, Tayikistán, Turkmenistán, Ucrania y Uzbekistán. Las convulsiones de principios de la década de 1990 fragmentarían también la antigua Yugoslavia en Croacia, Serbia, Bosnia-Herzegovina, ARY de Macedonia, Eslovenia y Montenegro, mientras que Checoslovaquia se dividió en Eslovaquia y República Checa.

CON LA CASA A CUESTAS

Parecía que Israel se iba a clasificar para el Mundial de 1958 sin dar una patada a un balón, ya que sus rivales previstos, Turquía, Indonesia y Sudán, se negaron a jugar contra ellos. Así que la FIFA les colocó en una repesca de ida y vuelta contra un equipo europeo, Gales, pero perdieron por un total de 4-0. Israel volvió a tener mala suerte en la fase de clasificación del Mundial 2006 a pesar de terminar invicto, ya que se quedó sin opción a la repesca al terminar tercero de grupo por detrás de Francia y Suiza. Su centrocampista estrella en aquella campaña fue el jugador israelí más veces internacional, Yossi Benayoun, que jugó para el Liverpool, Chelsea y Arsenal, y su entrenador en aquel momento fue Avram Grant, que más tarde llevaría al Chelsea hasta la final de la Champions League 2008. Israel fue el anfitrión y ganador de la Copa Asiática de 1964, se clasificó para el Mundial de 1970 por Oceanía, y ahora es miembro de la Federación Europea.

AÑO DE AFILIACIÓN A LA FIFA

Albania:	1932
Andorra:	1996
Austria:	1905
Bielorrusia:	1992
Bosnia-Herzegovina:	1996
Chipre:	1948
Eslovenia:	1992
Estonia:	1923
Finlandia:	1908
Georgia:	1992
Gibraltar:	2016
Grecia:	1927
Islandia:	1947
Islas Feroe:	1988
Israel:	1929
Kazajistán:	1994
Kosovo:	2016
Letonia:	1922
Liechtenstein:	1974
Lituania:	1923
Luxemburgo:	1910
Macedonia:	1994
Malta:	1959
Moldavia:	1994
Montenegro:	2007
San Marino:	1988

EL MITO DE BOURG

En septiembre de 2013 terminó una larga y dolorosa espera cuando Luxemburgo venció a Irlanda del Norte por 3-2. Fue la primera victoria en casa de los «Red Lions» en un clasificatorio mundialista de la FIFA en 41 años, desde que venciesen a Turquía por 2-0 en octubre de 1972. También habían transcurrido cinco años desde su última victoria clasificatoria en un Mundial, un 2-1 en Suiza en 2008. Los tantos de Luxemburgo los firmaron Aurélien Joachim, Stefano Bensi y **Mathias Jänisch**. El gol de la victoria, cuando quedaban tres minutos, fue el primero de la carrera internacional de Jänisch.

ARMANDO ESCÁNDALO

Armando Sadiku anotó el primer tanto de Albania en un torneo internacional venciendo a Rumanía en el último partido de su grupo en la Eurocopa 2016. Dirigidos por el italiano Gianni De Biasi, acabaron segundos de su grupo, por delante de Dinamarca, Serbia y Armenia, tras haber derrotado a la futura ganadora Portugal por 1-0. El capitán de la selección albanesa y más veces internacional Lorik Cana tuvo un breve papel en Francia. Fue expulsado a los 36 minutos del primer partido de su selección contra Suiza por dos tarjetas amarillas. Albania fue una de las dos selecciones clasificadas en tercer lugar que no pasaron a las eliminatorias.

KOSOVO POR FIN CELEBRA

Después de que Kosovo obtuviese la independencia de Serbia en 2008, tuvo que esperar hasta 2016 para ser confirmado como el miembro número 55 de la UEFA, y, diez días después, como miembro de la FIFA. Su primer internacional permitido por la FIFA fue un empate a cero contra Haití el 5 de marzo de 2014, y el primero como miembro de pleno derecho de la FIFA se celebró el 3 de junio de 2016, una victoria por 2-0 sobre las Islas Feroe. Su primer gol aquel día fue obra de **Albert Bunjaku**, un exdelantero internacional de Suiza que había jugado 13 minutos con ellos en el Mundial 2010 y que obtuvo permiso para cambiar de selección.

CONTRA VIENTO Y MAREA

El célebre jugador austriaco **Matthias Sindelar** no quiso formar parte de un nuevo equipo fusionado cuando Alemania se anexionó Austria en 1938. Sindelar, nacido en la actual República Checa en febrero de 1903, fue el líder impulsor del «Wunderteam» austriaco de la década de 1930. Marcó 27 goles en 43 partidos con Austria, que se mantuvo invicta durante 14 partidos internacionales desde abril de 1931 hasta diciembre de 1932, ganó la Copa Dr. Gerö en 1932 y consiguió la medalla de plata en las Olimpiadas de 1936. Durante un partido especial de reunificación entre las selecciones austriaca y alemana en Viena en abril de 1938, Sindelar desobedeció las órdenes y marcó un gol en solitario. Al final Austria logró la victoria por 2-0 en un encuentro que estaba previsto que acabara en un diplomático empate. En enero de 1939, Sindelar fue hallado muerto a causa de un envenenamiento por monóxido de carbono en su apartamento vienés.

EL HIJO PRÓDIGO

El delantero islandés **Eidur Gudjohnsen** hizo historia en su debut internacional fuera de casa ante Estonia en abril de 1996, al salir en sustitución de su padre, Arnór Gudjohnsen. Por aquel entonces Eidur tenía 17 años y su padre, 34, y ambos lamentaron no haber estado a la vez en el campo. La Federación de Fútbol de Islandia pensó que podrían hacerlo en el siguiente partido en casa, pero Eidur quedó descartado por una lesión en el tobillo y nunca más volvieron a coincidir. El tanto de Eidur para Islandia en la victoria por 3-0 sobre Kazajistán en marzo de 2014 le convirtió en el cuarto anotador más mayor de la clasificatoria de la Eurocopa, por detrás del finlandés Jari Litmanen, el irlandés John Aldridge y el búlgaro Krasimir Balakov. A los 37 años, Gudjohnsen entró en el campo dos veces como suplente en la Eurocopa 2016, el primer torneo importante de Islandia.

DESDE EL PEÑÓN

El Territorio Británico de Gibraltar pasó a ser el estado número 54 de la UEFA a tiempo para entrar en la clasificatoria para la Eurocopa 2016, pero, de forma deliberada, se les mantuvo alejados de España en el sorteo. Su primer internacional contra Eslovaquia en noviembre de 2013 terminó sin goles. Su primer partido de competición fue una derrota por 7-0 ante Polonia en septiembre de 2014, su primer clasificatorio europeísta. Kyle Casciaro fue el héroe con el único gol de su primera victoria, contra Malta en junio de 2014, aunque Lee Casciaro anotó el primer gol de competición en la derrota a domicilio por 6-1 ante Escocia en marzo de 2015. Kyle es agente marítimo, Lee, policía, y el capitán Roy Chipolina, agente de aduanas.

AL ESTILO GEORGIANO

Georgia se convirtió en el primer combinado peor clasificado en vencer a una excampeona europea, gracias a un sorprendente 1-0 en el último amistoso de España antes de la fase final de la Eurocopa 2016. Georgia, cuyo centrocampista Tornike Okriashvili marcó el único gol, acabó en el puesto 137 de la clasificación de la FIFA, 131 puestos por debajo de sus oponentes. El defensa 92 veces internacional Zurab Khizanishvili, el único jugador georgiano que se acerca en internacionalidades a **Levan Kobiashvili,** se perdió el partido. Kobiashvili, excarrilero del Dinamo Tbilisi, Schalke y Hertha Berliner, se convirtió en presidente de la Federación Georgiana de Fútbol en octubre de 2015.

VITALIJS, EL VETERANO

Puede que Estonia perdiese su amistoso de junio de 2012 contra Francia por 4-0, pero hizo historia esa noche al convertirse en el primer país en jugar contra las 52 selecciones de la UEFA. Anteriormente, el centrocampista Martin Reim, que marcó 14 goles en 157 internacionales entre junio de 1992 y junio de 2009, ostentó el récord de futbolista europeo con más internacionalidades. Podría haber logrado las 200 internacionalidades, pero estuvo ausente en 40 partidos entre 2004 y 2007 por una disputa con el entrenador holandés de la selección estonia Jelle Goes. Su récord europeo pasó al centrocampista letón Vitalijs Astafjevs, que disputó 167 encuentros internacionales, incluidos tres partidos de la Eurocopa 2004, entre su debut en 1992 y su último internacional en noviembre de 2009 con 38 años en un amistoso contra Honduras. El portero de la selección española Iker Casillas le igualó, pero ambos fueron superados por el jugador con más internacionalidades de Italia, Gianluigi Buffon.

AVE, CÉSAR

Eslovenia fue el único equipo que venció a la campeona final del Mundial 2006, Italia. Fue en su camino al trono, en 2004, en un clasificatorio celebrado en Celje con un solo gol anotado por Bostjan Cesar, el primero de su carrera internacional. Había debutado en la derrota ante Suiza por 5-1 en febrero de 2003 y siguió hasta convertirse en el jugador con más internacionalidades del país cuando disputó su partido número 96 contra Escocia en 2017.

MÁS PARTIDOS COMO INTERNACIONALES

Albania	Lorik Cana	93
Andorra	Ildefonso Lima / Óscar Sonejee	106
Armenia	Sargis Hovsepyan	131
Austria	Andreas Herzog	103
Azerbaiyán	Rashad Sadygov	108
Bielorrusia	Alyaksandr Kulchy	102
Bosnia-Herz.	Emir Spahic	94
Chipre	Ioannis Okka	104
Eslovenia	Bostjan Cesar	96
Estonia	Martin Reim	157
Finlandia	Jari Litmanen	137
Georgia	Levan Kobiashvili	100
Gibraltar	Joseph Chipolina	25
Islandia	Runar Kristinsson	104
Islas Feroe	Frodi Benjaminsen	90
Israel	Yossi Benayoun	99
Kazajistán	Samat Smakov	76
Kosovo	Fanol Përdedaj / Samir Ujkani	11
Letonia	Vitalijs Astafjevs	167
Liechtenstein	Peter Jehle	126
Lituania	Andrius Skerla	84
Luxemburgo	Jeff Strasser	98
Macedonia	Goce Sedloski	100
Malta	Michael Mifsud	125
Moldavia	Victor Golovatenco / Alexandru Epureanu	79
Montenegro	Elsad Zverotic	59
San Marino	Andy Selva	74

EL EDÉN DE EDIN

Edin Dzeko se convirtió en el máximo anotador de Bosnia-Herzegovina con un *hat trick* en el segundo tiempo de un clasificatorio para el Mundial 2014 que ganaron a Liechtenstein por 8-1 en 2012. Los tantos no solo le llevaron a superar el récord de Elvir Bolic, sino también el de su compañero en la selección Zvjezdan Misimovic, cuyos dos tantos un poco antes les habían adelantado en el partido. El centrocampista Misimovic volvió a igualar a Dzeko en el siguiente encuentro, anotando dos veces en una victoria por 4-1, antes de que un tiro en el último minuto volviese a poner a Dzeko por delante.

SUPER PAN

Macedonia celebró 100 años de fútbol con un amistoso contra la futura campeona del mundo, España, en 2009. El delantero estrella, **Goran Pandev**, anotó para la ocasión, convirtiéndose en el máximo anotador de su país. Sus dos goles en la primera mitad dieron a los anfitriones una ventaja de 2-0 y, aunque España ganó finalmente por 3-2, Pandev reemplazó al macedonio Georgi Hristov, que tenía 16 goles, en las tablas de máximos anotadores de su país. Pandev ha pasado la mayor parte de su carrera en Italia, tras fichar con el Inter a los 18 años, cuando jugaba con el equipo local FK Belasica, en 2001. Pandev ayudó al Inter a hacer triplete en la Champions League, la Serie A y la Coppa Italia en 2009-2010, antes de anotar en el Mundial 2010.

LA LETANÍA DE LETONIA

El Mundial 1938 se celebró con 15 equipos en lugar de 16 después de que Austria, que se había clasificado, fuese anexionada a Alemania, ante la frustración de Letonia, que había quedado segunda por detrás de los austríacos en el grupo de clasificación. Letonia estuvo incorporada a la Unión Soviética de 1940 a 1991, y se clasificó para su primera fase final importante al vencer a Turquía en la repesca para la Eurocopa 2004. Su combinado en aquel campeonato incluía al máximo anotador de todos los tiempos de Letonia Maris Verpakovskis, con 29 goles, que se retiró de la selección en 2014, y al más veces internacional, Vitalijs Astafjevs, con 167 internacionalidades.

LO IMPORTANTE ES EL BALÓN

El capitán Rashad Sadygov no solo aseguró la mayor victoria de la historia de Azerbaiyán cuando anotó el único gol contra Turquía en el clasificatorio de la Eurocopa 2012 en octubre de 2010, sino que también le asestó un buen golpe al país donde se ganaba la vida. Primero jugó para el equipo turco de altos vuelos Kayserispor, para después irse al club rival, el Eskisehirspor. Pero no todos los traspasos le han salido bien a Sadygov: se le pasó la fecha límite para el traspaso cuando firmó por el club azerí PFC Neftchi en 2006, así que decidió jugar al baloncesto para mantenerse en forma hasta que le dejasen volver al fútbol.

MÁXIMOS GOLEADORES

Albania	Erjon Bogdani	18
Andorra	Ildefonso Lima	11
Armenia	Henrikh Mkhitaryan	22
Austria	Toni Polster	44
Azerbaiyán	Gurban Gurbanov	14
Bielorrusia	Maksim Romashenko	20
Bosnia-Herz.	Edin Dzeko	50
Chipre	Michalis Konstantinou	32
Eslovenia	Zlatko Zahovic	35
Estonia	Andres Oper	38
Finlandia	Jari Litmanen	32
Georgia	Shota Arveladze	26
Gibraltar	Lee Casciaro / Jake Gosling	2
Islandia	Eidur Gudjohnsen	26
Islas Feroe	Rogvi Jacobsen	10
Israel	Mordechai Spiegler	33
Kazajistán	Ruslan Baltiev	13
Kosovo	Albert Bunjaku	3
Letonia	Maris Verpakovskis	29
Liechtenstein	Mario Frick	16
Lituania	Tomas Danilevicius	19
Luxemburgo	Leon Mart	16
Macedonia	Goran Pandev	29
Malta	Michael Mifsud	40
Moldavia	Serghei Clescenco	11
Montenegro	Stevan Jovetic	23
San Marino	Andy Selva	8

GANARSE EL PAN

Los internacionales a tiempo parcial de las Islas Feroe se ganan la vida con trabajos y deportes muy variopintos. El guardameta Jens Martin Knudsen, que fue el héroe del partido en la sorprendente victoria de las Feroe sobre Austria en 1989, trabajaba como conductor de carretillas elevadoras, además de ganar títulos nacionales de gimnasia y jugar al balonmano. Algunos de sus compañeros que también jugaban al fútbol y al balonmano son Uni Arge y John Petersen. En los últimos tiempos, ha surgido un nuevo héroe en las Feroe: Jóan Edmundsson, el antiguo ariete del Newcastle United, que fue el único anotador en la victoria sorpresa a domicilio sobre la antigua campeona europea, Grecia, en un clasificatorio para la Eurocopa 2016. Las Feroe estaban en la posición 187 de la Clasificación, y Grecia, en la 18.

UNO MÁS EN LA FAMILIA

La mascota de Finlandia es un búho real llamado «Bubi» que a veces aparece en el Estadio Olímpico de Helsinki durante los partidos internacionales. Hizo su debut en la victoria por 2-0 sobre Bélgica en el partido de clasificación para la Eurocopa en 2007 y obligó a detener el encuentro durante varios minutos ya que revoloteaba por el campo y se posaba en los postes de las porterías. Bubi fue elegido «Habitante del Año» de la capital finlandesa.

BOHEMIAN RHAPSODY

El delantero **Josef «Pepi» Bican** es, para muchos aficionados austriacos, el goleador más prolífico de todos los tiempos. Algunas autoridades sitúan su registro de partidos oficiales en 805 goles, más que Romário, Pelé y Gerd Müller. Bican jugó para los clubes austriacos Rapid Vienna y Admira en la década de 1930, pero la mayor parte de sus tantos los logró en el Slavia de Praga checo entre 1937 y 1948. Además anotó 19 goles en 19 encuentros para Austria de 1933 a 1936, antes de cambiar de nacionalidad y meter 21 goles en 14 partidos para Checoslovaquia entre 1938 y 1949. Aunque llegó a semifinales del Mundial de 1934 con Austria, un error administrativo supuso que no estuviese registrado en su nuevo país a tiempo para el torneo de 1938. También disputó un partido internacional para un combinado representativo de Bohemia y Moravia en 1939 e hizo un *hat trick*.

ISLANDIA NOS DEJA HELADOS

Considerado el país más pequeño en participar en una fase final internacional con 330.000 habitantes, sin contar los 182.000 de Tahití en la Copa FIFA Confederaciones de 2013, Islandia no solo compitió en la Eurocopa 2016 en su primer gran torneo, sino que dejó huella dentro y fuera del campo. Su afición popularizó una imitada celebración en las gradas, tanto por superar la fase de grupos como por llegar a cuartos de final antes de perder frente a la anfitriona Francia por 5-2. El entrenador sueco Lars Lagerbäck, uno de los dos místeres, dirigía el combinado por cuarta vez, mientras que su compañero, que se quedó al mando tras el torneo, era el exjugador y dentista a tiempo parcial Heimir Hallgrímsson. La pareja eligió a once jugadores que permanecieron invariables en los cinco partidos disputados, convirtiendo a Islandia en la primera selección en mantener su alineación en la Eurocopa. El defensa Ragnar Sigurdsson y el delantero Kolbeinn Sigthórsson marcaron los goles que dieron a Islandia el mejor resultado de su historia: una victoria en segunda ronda por 2-1 frente a Inglaterra en Niza. El centrocampista del FC Basel **Bikir Bjarnason** anotó el primer gol en el empate a uno contra Portugal del primer partido.

SECUELA DE HAMLET

El ariete Hamlet Mkhitaryan jugó dos veces para la Armenia postsoviética en 1994, aunque murió dos años después de un tumor cerebral a los 33 años. Su hijo, Henrikh, se ha convertido en una de las estrellas de su país y a menudo dedica sus goles a su padre. El joven Mkhitaryan es el máximo anotador de Armenia. Igualó en 11 goles internacionales a Artur Petrosyan con una victoria fuera de casa por 4-0 sobre Dinamarca en junio de 2013. Mientras que los 11 tantos de Petrosyan se produjeron en 69 encuentros, los de Mkhitaryan se anotaron en 39. Luego, marcó el 12.º en un empate a dos contra Italia en 2012. **Henrikh Mkhitaryan** debutó con Armenia en 2007, con lo que su carrera internacional se solapó con la de un jugador con el que no tenía ningún parentesco que también se llamaba Hamlet Mkhitaryan, un centrocampista que ganó 56 internacionales entre 1994 y 2008. Un *hat trick* en una victoria récord para la selección por 7-1 contra Guatemala en 2016, elevó el registro de Henrikh a 19 goles internacionales, 22 en el verano de 2017.

MAYOR VICTORIA

Albania	5-0	vs.	Vietnam (Italia, febrero 2003);
	6-1	vs.	Chipre (L, agosto 2009)
Andorra	2-0	vs.	Bielorrusia (L, abril 2000);
	2-0	vs.	Albania (L, abril 2002)
	2-0	vs.	San Marino (V, febrero 2017)
Armenia	7-1	vs.	Guatemala (EE. UU., mayo 2016)
Austria	9-0	vs.	Malta (L, abril 1977)
Azerbaiyán	4-0	vs.	Liechtenstein (L, junio 1999)
Bielorrusia	5-0	vs.	Lituania (L, junio 1998);
	6-1	vs.	Tayikistán (L, septiembre 2014)
Bosnia-Herzegovina	7-0	vs.	Estonia (L, septiembre 2008);
	8-1	vs.	Liechtenstein (V, septiembre 2012)
Chipre	5-0	vs.	Andorra (L, noviembre 2000);
	5-0	vs.	Andorra (L, noviembre 2014)
Eslovenia	7-0	vs.	Omán (V, febrero 1999)
Estonia	6-0	vs.	Lituana (L, julio 1928)
Islas Feroe	3-0	vs.	San Marino (L, mayo 1995)
	4-1	vs.	Gibraltar (V, marzo 2014)
Finlandia	10-2	vs.	Estonia (L, agosto 1922)
	8-0	vs.	San Marino (L, noviembre 2010)
Georgia	7-0	vs.	Armenia (L, marzo 1997)
Gibraltar	1-0	vs.	Malta (L, junio 2014)
Islandia	5-0	vs.	Malta (L, julio 2000)
Israel	9-0	vs.	China Taipéi (V, marzo 1988)
Kazajistán	7-0	vs.	Pakistán (L, junio 1997)
Kosovo	2-0	vs.	Guinea Ecuatorial (L, octubre 2015)
	2-0	vs.	Islas Feroe (L, junio 2016)
Letonia	6-1	vs.	Lituana (L, mayo 1935)
	5-0	vs.	Lituana (Estonia, junio 2012);
	5-0	vs.	Gibraltar (V, marzo 2016)
Liechtenstein	4-0	vs.	Luxemburgo (V, octubre 2004)
Lituania	7-0	vs	Estonia (L, mayo 1994)
Luxemburgo	6-0	vs.	Afganistán (V, julio 1948)
Macedonia	11-1	vs.	Liechtenstein (V, noviembre 1996)
Malta	7-1	vs.	Liechtenstein (L, marzo 2008)
Moldavia	5-0	vs.	Pakistán (V, agosto 1992)
Montenegro	6-0	vs.	San Marino (V, septiembre 2012)
San Marino	1-0	vs.	Liechtenstein (L, abril 2004)

PEOR DERROTA

Albania	0-12	vs.	Hungría (V, septiembre 1950)
Andorra	1-8	vs.	Rep. Checa (V, junio 2005);
	0-7	vs.	Croacia (V, octubre 2006)
Armenia	0-7	vs.	Chile (V, enero 1997);
	0-7	vs.	Georgia (V, marzo 1997)
Austria	1-11	vs.	Inglaterra (L, junio 1908)
Azerbaiyán	0-10	vs.	Francia (V, septiembre 1995)
Bielorrusia	0-5	vs.	Austria (V, junio 2003)
Bosnia-Herzegovina	0-5	vs.	Argentina (V, mayo 1998)
Chipre	0-12	vs.	RFA (V, mayo 1969)
Eslovenia	0-5	vs.	Francia (V, octubre 2002)
Estonia	2-10	vs.	Finlandia (V, agosto 1922)
Finlandia	0-13	vs.	Alemania (V, septiembre 1940)
Georgia	0-5	vs.	Rumanía (V, abril 1996);
	1-6	vs.	Dinamarca (V, septiembre 2005)
Gibraltar	0-7	vs.	Polonia (L, septiembre 2014);
	0-7	vs.	Rep. de Irlanda (V, octubre 2014);
	0-7	vs.	Alemania (L, junio 2015);
	1-8	vs.	Polonia (V, septiembre 2015)
Islandia	2-14	vs.	Dinamarca (V, agosto 1967)
Islas Feroe	0-7	vs.	Yugoslavia (V, mayo 1991);
	0-7	vs.	Rumanía (V, mayo 1992);
	0-7	vs.	Noruega (L, agosto 1993);
	1-8	vs.	Yugoslavia (L, octubre 1996)
Israel	1-7	vs.	Alemania (V, febrero 2002)
Kazajistán	0-6	vs.	Turquía (L, junio 2006);
	0-6	vs.	Rusia (V, mayo 2008)
Kosovo	0-6	vs.	Croacia (L, octubre 2014)
Letonia	0-12	vs.	Suecia (V, mayo 1927)
Liechtenstein	1-11	vs.	Macedonia (L, noviembre 1996)
Lituania	0-10	vs	Egipto (L, mayo 1924)
Luxemburgo	0-9	vs.	Inglaterra (L, octubre 1960);
	0-9	vs.	Inglaterra (V, diciembre 1982)
Macedonia	0-5	vs.	Bélgica (L, junio 1995);
	0-5	vs.	Eslovaquia (L, octubre 2001);
	0-5	vs.	Hungría (L, noviembre 2001);
	1-6	vs.	Rep. Checa (V, junio 2005)
Malta	1-12	vs.	España (V, diciembre 1983)
Moldavia	0-6	vs.	Suecia (L, junio 2001)
Montenegro	0-4	vs.	Rumanía (V, mayo 2008);
	0-4	vs.	Ucrania (L, junio 2013)
San Marino	0-13	vs.	Alemania (L, septiembre 2006)

COPA KULCHY

El centrocampista Aleksandr Kulchy fue el primer jugador en lograr 100 internacionalidades para Bielorrusia cuando capitaneó al equipo en un amistoso contra Lituania en 2012. También le arrebató a Alexander Hleb, exjugador del Arsenal y el Barcelona, el que habría sido su cuarto título de Futbolista del Año de Bielorrusia en 2009. Hleb, cuyo hermano pequeño Vyacheslav también jugó con la selección, ganó este galardón en 2002 y 2003. En 2004 fue para el máximo anotador bielorruso, Maksim Romaschenko.

DÍAS FELICES PARA ILDEFONSO

El capitán andorrano **Ildefonso Lima** celebró dos cosas el 9 de junio de 2017. No solo igualó el récord de Óscar Sonejee de 106 internacionalidades, sino que Andorra también venció a Hungría por 1-0 en un clasificatorio para el Mundial 2018, su segunda victoria competitiva y la primera en 66 encuentros. El gol de la victoria llegó de su compañero en la defensa Marc Rebés, el primero para Andorra en su noveno partido. Lima debutó y marcó en el segundo internacional de Andorra, una derrota ante Estonia por 4-1 en 1997, y jugó también en su otra victoria competitiva, un 1-0 contra Macedonia en un clasificatorio para el Mundial 2006, cuando anotó el defensa Marc Bernaus.

PAÑOS MENORES

Stevan Jovetic marcó siete goles en siete partidos para Montenegro de septiembre de 2016 a junio de 2017, superando el registro del capitán **Mirko Vucinic** como máximo anotador del país con 23 tantos. Con su *hat trick*, sepultaron a Armenia por 4-1 en un clasificatorio del Mundial 2018 celebrado en junio de 2017. Los 17 tantos de Vucinic incluyen el gol de la victoria contra Suiza en un clasificatorio europeísta en 2012, que celebró quitándose los pantalones y poniéndoselos en la cabeza, lo que le valió una amarilla.

EL CLAN XHAKA

Granit y Taulant Xhaka, ambos nacidos en Basilea de padres albanokosovares, se convirtieron en los primeros hermanos en jugar en selecciones opuestas en la Eurocopa el 11 de junio de 2016: el centrocampista Granit, de 23 años, jugaba con Suiza, que obtuvo la victoria por 1-0, mientras que su hermano de 25 años defendía a Albania.

LOS 20 AÑOS DE SERVICIO DE SARGIS

El primer internacional de Armenia fue un empate a cero contra Moldavia en 1992. En la alineación inicial se encontraba el zaguero central Sargis Hovsepyan, que ganó la cifra récord de 131 partidos con su selección antes de retirarse del plano internacional en noviembre de 2012. Después, fue nombrado director deportivo de su selección.

SUDAMÉRICA

Brasil acogió un Mundial muy animado y emocionante en 2014, pero su selección tuvo que «conformarse» con un cuarto puesto. Argentina llegó a la final para caer ante Alemania, lo que le impidió añadir otro trofeo a sus dos Mundiales. La afición sudamericana no pudo celebrar nada. Colombia se marchó a casa en cuartos de final, mientras que Chile y Uruguay cayeron en segunda ronda. Chile se consoló ganando las dos siguientes ediciones de la Copa América, en 2015 y 2016.

La victoria de Brasil sobre Paraguay por 3-0 en marzo de 2017 supuso un récord en la clasificatoria mundialista: ocho de ocho partidos. Brasil no solo se convirtió en el primer equipo en asegurarse un puesto para Rusia 2018, sino que también volvió a liderar brevemente el *ranking* mundial de la FIFA.

ARGENTINA

Pocos países han logrado tantos títulos internacionales como Argentina: la Copa América en 14 ocasiones, la Copa FIFA Confederaciones en 1992, la medalla de oro en las Olimpiadas de 2004 y 2008, y su trofeo más preciado, campeones del mundo en 1978 y 1986. El país tiene una larga y rica trayectoria futbolística, la primera liga argentina se celebró en 1891, y la nación ha dado algunos de los mejores futbolistas de la historia.

TÉCNICOS MÁS DURADEROS

Guillermo Stábile	1939-60
César Luis Menotti	1974-83
Carlos Bilardo	1983-90
Alfio Basile	1990-94
	2006-08
Marcelo Bielsa	1998-04
José María Minella	1964-68
Daniel Passarella	1994-98
Manuel Seoane	1934-37
Juan José Pizzuti	1969-72
Alejandro Sabella	2011-14

POR LOS PELOS

Daniel Passarella era un capitán muy exigente cuando llevó a Argentina a conquistar el Mundial de 1978. También fue un entrenador duro. Cuando se hizo cargo de la selección en 1994, se negó a convocar a nadie hasta que no se hubiesen cortado el pelo, y obligó al delantero Claudio Caniggia a deshacerse de su melena.

EL REGISTRO DE HIGUAÍN

El ariete **Gonzalo Higuaín** terminó con la sequía de goles más larga de su carrera internacional (528 minutos y seis partidos) cuando anotó el único gol contra Bélgica de cuartos de final del Mundial 2014. Higuaín nació en Brest (Francia), donde jugaba su padre, Jorge Higuaín, exfutbolista, pero dejó el país a los diez meses. Por eso tenía la doble nacionalidad franco-argentina, aunque al final se decantó por la argentina en 2007. Su tanto contra Bélgica fue el único del Mundial 2014. Metió otro en la final contra Alemania, que fue anulado más tarde por fuera de juego. Higuaín y el mediocentro Éver Banega fallaron los penaltis de Argentina en la final de la Copa América 2015 contra Chile.

EL FINAL DE MESSI

Argentina alcanzó y perdió una final por tercer año consecutivo cuando Chile ganó en penaltis por 4-2 la Copa América Centenario 2016. Esta final en el MetLife Stadium de Nueva Jersey acabó sin goles tras el tiempo reglamentario, al igual que la de 2015, en la que la anfitriona Chile venció en penaltis por 4-1. Argentina ya había caído ante Alemania en la final del Mundial 2014. De hecho, Argentina ganó su última Copa América en 1993, y el Mundial, en 1986. En el torneo de 2016, el gol de Messi en la victoria de la semifinal sobre EE. UU. fue el 55.º gol para Argentina y, gracias a él, Messi superó a Gabriel Batistuta como máximo anotador del país. Sin embargo, Messi terminó la final desesperado al fallar en la tanda de penaltis, tras la que anunció que se retiraba del fútbol internacional a los 29 años. Había perdido tres finales de la Copa América, en 2007, 2015 y 2016. Le persuadieron para que cambiara de opinión y, seis semanas después, marcó el único gol del partido contra Uruguay en septiembre de 2016.

VALIÓ LA PENA

El estadio nacional de Argentina, **«El Monumental»**, en Buenos Aires, acogió su primer encuentro en 1938. Pero su diseño original no se completó hasta 20 años más tarde, en gran parte gracias a los más de 117.000 euros que el River Plate recibió de la Juventus por transferir a Omar Sívori. El estadio es una visita obligada para muchos turistas futboleros por el Superclásico que enfrenta al River Plate y a su rival de la ciudad, el Boca Juniors.

JUEGO DE NÚMEROS

A los internacionales argentinos de los Mundiales 78 y 82 se les asignaron los dorsales por orden alfabético en vez de por posiciones, lo que supuso que el n.º 1 lo llevaran los centrocampistas Norberto Alonso en 1978 y Osvaldo Ardiles en 1982. El único jugador de 1982 que rompía este esquema fue el n.º 10, Maradona.

ETERNOS SEGUNDONES

Argentina ha acabado siendo subcampeona de la Copa América en más ocasiones que cualquier otra nación, 14 (tres más que Brasil), las más recientes en 2015 y 2016. Estas dos derrotas tuvieron lugar cuando Gerardo Martino era el técnico, el mismo que había llevado a Paraguay a la segunda plaza en la Copa América 2011. Martino dimitió en julio de 2016 y fue sustituido por Edgardo Bauza, que estuvo en el cargo solo ocho meses y ocho partidos (tres victorias, dos empates y tres derrotas) antes de ser expulsado en abril de 2017.

UNA DOCENA

Argentina protagonizó la mayor victoria en la historia de la Copa América, cuando en 1942 cinco goles de José Manuel Moreno ayudaron a aniquilar a Ecuador 12-0. Moreno ganó títulos de liga en Argentina, México, Chile y Colombia.

NO LES SENTÓ MUY BIEN

Unos 20 años antes de que Francia se viese obligada a llevar la equipación del club argentino Atlético Kimberley en el Mundial 1978, los argentinos tuvieron que enfrentarse a un problema parecido en un partido de primera ronda contra la RFA. Se dejaron la segunda equipación en casa y al coincidir con los colores de su oponente tuvieron que pedirles las camisetas amarillas al equipo sueco IFK Malmö. A pesar de meter un gol a los tres minutos de empezar, Argentina perdió por 3-1 y acabó la última del Grupo A.

LOS CHICOS ESTÁN BIEN

Sergio Agüero anotó en la final de la Copa Mundial Sub-20 2007 en Canadá, que Argentina ganó por 2-1 contra la República Checa, consiguiendo así su 6.ª victoria, y terminó como sexto máximo anotador del torneo. Dos años después, Agüero se casó con Giannina Maradona, la hija pequeña de Diego Armando Maradona, que en febrero de 2009 dio a luz al primer nieto del Pelusa, Benjamín. Sergio Agüero es muy conocido por su apodo, «Kun», que le pusieron de pequeño porque se parecía a un dibujo animado.

SUERTE DEL PRINCIPIANTE

El seleccionador más joven en un Mundial, Juan José Tramutola, tenía solo 27 años y 267 días cuando Argentina comenzó su campaña de 1930 venciendo a Francia por 1-0. Argentina llegó a la final, pero perdió por 4-2 ante Uruguay. El máximo anotador del Mundial 1930 fue el argentino Guillermo Stábile, con ocho goles en cuatro encuentros, los únicos internacionales que jugó. Más tarde ganaría seis títulos de la Copa América como seleccionador nacional que más tiempo estuvo al cargo, entre 1939 y 1960.

MASCHERANO, ORO DESLUMBRANTE

Argentina es uno de los tres únicos países, junto con Francia y Brasil, que ha ganado el Mundial, la Copa FIFA Confederaciones y el oro olímpico. Tras alzarse con la plata olímpica en 1928 y 1996, lograron el oro en 2004 con Roberto Ayala como capitán gracias al único gol marcado por Carlos Tévez contra Paraguay en Atenas. Cuatro años más tarde en Pekín, Argentina, con Ayala ausente y Juan Román Riquelme como capitán, volvió a conseguir el oro, también por 1-0, esta vez sobre Nigeria, que le había arrebatado la medalla dorada en 1996. Ángel Di María anotó el único gol sobre Nigeria. El medio de contención **Javier Mascherano** formó parte de los combinados de 2004 y 2008, lo que le convirtió en el primer jugador de fútbol en ganar dos medallas de oro olímpicas desde 1928.

RÉCORDS DE ARGENTINA

COPA MUNDIAL	16 apariciones
Partidos (77)	G42, E14, P21, GF131, GC84
Campeones (2)	1978, 1986
Subcampeones (3)	1930, 1990, 2014
Cuartos de final (6)	1966, 1974, 1982, 1998, 2006, 2010
Octavos de final (1)	1994
Fase de grupos (4)	1938, 1958, 1962, 2002

COPA AMÉRICA	41 apariciones
Campeones (14)	1921, 1925, 1927, 1929, 1937, 1941, 1945, 1946, 1947, 1955, 1957, 1959, 1991, 1993

COPA CONFEDERACIONES	3 apariciones
Campeones (1)	1992
Subcampeones (2)	1995, 2005

JUEGOS OLÍMPICOS	8 apariciones
Medalla de oro (2)	2004, 2008
Medalla de plata (2)	1928, 1996

PRIMER INTERNACIONAL	Uruguay 2 - Argentina 3 (Montevideo, Uruguay, 16 de mayo de 1901)
MAYOR VICTORIA	Argentina 12 - Ecuador 0 (Montevideo, Uruguay, 22 de enero de 1942)
PEORES DERROTAS	Checoslovaquia 6 - Argentina 1 (Helsingborg, Suecia, 15 de junio de 1958); Argentina 0 - Colombia 5 (Buenos Aires, 5 de septiembre de 1993); Bolivia 6 - Argentina 1 (La Paz, Bolivia, 1 de abril de 2009)

EL FAVORITO DEL PUEBLO

Puede que Messi sea considerado el mejor futbolista del mundo, y uno de los mejores de todos los tiempos, pero en Argentina el héroe para muchos aficionados es el tres veces Futbolista Sudamericano del Año **Carlos Tévez**. Cuando Argentina acogió la Copa América 2011, en los anuncios de las alineaciones se describía a Messi como «el mejor jugador del mundo» y a Tévez como «el futbolista del pueblo». Tévez creció rodeado de pobreza en el barrio porteño de «Fuerte Apache». A pesar de esto terminó la Copa América de 2011 como el villano: su penalti fallido le dio la victoria a Uruguay en cuartos de final. Tévez no llegó ni siquiera a entrar en el combinado del Mundial 2014, a pesar de haber anotado 21 goles con su club en la temporada anterior y haber sido nombrado jugador de la Juventus del año cuando ganaron su tercer título de liga consecutivo.

A LA TERCERA...

Dicen que si no lo consigues a la primera, hay que intentarlo de nuevo; esto no le sirvió a Martín Palermo, que falló tres penaltis en el partido de la Copa América de 1999 contra Colombia. El primero golpeó en el larguero, el segundo se fue por encima de la portería y el tercero lo paró el portero. Colombia ganó por 3-0.

A UN TOQUE

El mediocentro Marcelo Trobbiani jugó solo los dos últimos minutos de la final del Mundial de 1986, tras sustituir al goleador Jorge Burruchaga. Trobbiani solo dio un taconazo al balón. La antigua estrella del Boca finalizó su carrera como internacional con 15 partidos y un gol en su haber.

MÁXIMOS GOLEADORES

1	Lionel Messi	58
2	Gabriel Batistuta	54
3	Hernán Crespo	35
4	Diego Maradona	34
5	Sergio Agüero	33
6	Gonzalo Higuaín	31
7	Luis Artime	24
8	Daniel Passarella	23
9	Leopoldo Luque	22
=	José Sanfilippo	22

DOS VECES BUENO

Luisito Monti es el único futbolista que ha jugado un Mundial para dos países. El mediocentro, nacido en Buenos Aires el 15 de mayo de 1901 pero con orígenes italianos, influyó mucho en la campaña que llevó a Argentina a la final de 1930. Perdieron el encuentro por 4-2 ante Uruguay, después de que, supuestamente, Monti recibiese misteriosas amenazas de muerte. Tras su traspaso a la Juventus al año siguiente, se le permitió jugar para Italia y estuvo en la selección italiana que venció a Checoslovaquia en la final de 1934. Otro miembro del equipo fue Raimundo Orsi, que también jugó con Argentina antes de cambiar de selección en 1929.

EL DIOS DIEGO

Muchos creen que **Diego Armando Maradona** es el mejor futbolista de la historia, incluso mejor que Pelé. «El Pelusa», nacido en Lanús el 30 de octubre de 1960, hacía malabares con la pelota de niño en los descansos de los partidos del Argentinos Juniors. Se quedó consternado cuando no le convocaron para el equipo del Mundial 1978 en Argentina y en el de 1982 acabaría expulsado. Maradona, capitán argentino en México 86, marcó el famoso gol de «la mano de Dios» y después de unos espectaculares regates anotó el que está considerado el mejor gol del siglo, que les valió el pase a semifinales al eliminar a Inglaterra. Para la final de 1990 en Italia (el país donde llevó al Nápoles a ganar la Serie A y la Copa de la UEFA) volvía a ser capitán de Argentina. Fue expulsado de la fase final del Mundial de 1994 tras dar positivo en un control antidopaje. Fue capitán de la selección 16 veces en partidos de Mundiales, todo un récord, y fue nombrado seleccionador en 2008, pese a su escasa experiencia como entrenador.

ZANETTI, MÁS QUE CAPACITADO

Javier Zanetti es el argentino que ha jugado más partidos como internacional (143), a pesar de no haber sido convocado para la fase final de los Mundiales 2006 y 2010. Zanetti, que jugaba de zaguero o en medio campo, también ha disputado más partidos de la Serie A que cualquier otro extranjero, todos con el Inter de Milán. Sin embargo, se perdió el Mundial de nuevo en 2010, cuando él y Esteban Cambiasso no fueron convocados por Diego Maradona a pesar de ayudar al Inter a ganar la liga y la copa italianas, y la Champions League en 2009-10. Pero Zanetti regresó a la selección cuando el sucesor de Maradona, Sergio Batista, le eligió para capitanear al equipo en la Copa América 2011. Zanetti hizo su 600.ª aparición en la Serie A italiana en marzo de 2013 y se retiró del fútbol de clubes en 2014, a los 40 años.

EL ÁNGEL GABRIEL

Gabriel Batistuta, apodado «Batigol» y segundo máximo goleador argentino de todos los tiempos, es el único que ha logrado *hat tricks* en dos Mundiales distintos; el primero ante Grecia en 1994 y el segundo ante Jamaica cuatro años después. Sándor Kocsis (Hungría), Just Fontaine (Francia) y Gerd Müller (Alemania) consiguieron dos *hat tricks* en el mismo Mundial. Batistuta, nacido en Reconquista el 1 de febrero de 1969, logró además otro récord de la liga italiana con la Fiorentina, al marcar en 11 partidos consecutivos de la Serie A en la temporada 1994-1995.

LEO BRAVO

Lionel Messi fue el segundo suplente en lograr un *hat trick* en la Copa América cuando salió del banquillo para anotar tres veces en 19 minutos en la victoria por 5-0 de Argentina sobre Panamá en la ronda inicial de la Copa América Centenario 2016. Antes de eso, solo Paulo Valentim lo había logrado con Brasil en 1959, cuando venció a Uruguay por 3-1 antes de acabar subcampeona ante Argentina. Fue la última de una larga lista de gestas logradas por Messi, que, de forma menos gloriosa, fue expulsado a los dos minutos de su debut nacional contra Hungría en agosto de 2005 tras salir de suplente. Pero continuó jugando con la selección, hasta convertirse en el máximo anotador de todos los tiempos con 58 tantos. Entre sus goles, cabe mencionar el del más joven en un Mundial (contra Serbia y Montenegro en 2006, a los 19 años) y el de capitán más joven (tenía 23 años durante el Mundial 2010). También ganó el Balón de Oro al mejor jugador del Mundial 2014, donde obtuvo el récord de trofeos al Jugador del Partido, con cuatro premios.

MARIO PICHICHI

Mario Kempes, que marcó dos veces en la final del Mundial de 1978 y fue distinguido con la Bota de Oro, era el único miembro del combinado de César Menotti que jugaba para un club extranjero. En el Valencia fue pichichi de la Liga en dos temporadas.

INTERNACIONALES

1	Javier Zanetti	143
2	Javier Mascherano	136
3	Lionel Messi	117
4	Roberto Ayala	115
5	Diego Simeone	106
6	Óscar Ruggeri	97
7	Diego Maradona	91
8	Ariel Ortega	87
=	Sergio Romero	87
10	Ángel Di María	84

EL HÉROE ROMERO

Ningún otro guardameta argentino ha librado a su selección de más goles que **Sergio Romero**. Ganó una medalla de oro olímpica en 2008, pero tuvo que esperar hasta septiembre de 2009 para debutar internacionalmente contra Paraguay. Romero, que había ganado 87 internacionalidades en mayo de 2017, participó en los Mundiales de 2010 y 2014, y ayudó a llegar a la final de 2014 con dos paradones en la tanda de penaltis de la semifinal contra Holanda. La derrota final por 1-0 frente a Alemania le impidió obtener la medalla de campeón mundialista que habían ganado sus compatriotas Ubaldo Fillol (58 internacionalidades) en 1978 y Nery Pumpido (36) ocho años después.

BRASIL

Ningún país ha reflejado el espíritu del deporte rey hasta el punto en que lo ha hecho Brasil. La *Canarinha*, con su inconfundible equipación de camiseta amarilla y pantalón azul, ha entusiasmado a generaciones de aficionados al fútbol, ha protagonizado algunos de los mejores momentos de la historia de este deporte y ningún Mundial sería lo mismo sin ella. Brasil, el país que vio nacer a Pelé, Garrincha, Zico, Ronaldo y Kaká, es el único equipo que ha participado en la fase final de todos los Mundiales y ha ganado el torneo en cinco ocasiones. En 2014, no lo consiguió.

TEMPRANEROS

Tras clasificarse de forma automática por ser anfitrión del Mundial 2014, Brasil fue el primer país, después de Rusia, en entrar en la fase final del Mundial de 2018. Venció a Paraguay por 3-0 el 28 de marzo de 2017, en la ronda 14 de 18 del grupo sudamericano. Era la sexta de las 10 naciones de la CONMEBOL cuando el nuevo entrenador, Tite, asumió el cargo en el verano de 2016, pero una serie de ocho victorias consecutivas en la clasificatoria la colocó nueve puntos por delante. Igualó el récord establecido por Argentina en el Mundial de 2002 celebrado en Corea y Japón: clasificarse a falta de cuatro rondas por disputarse.

NEYMAR COGE CARRERILLA

El triunfo de Brasil en la Copa FIFA Confederaciones 2013, el tercero consecutivo, sirvió de consuelo por no haber logrado acabar en 2012 con su gafe en las Olimpiadas, ya que perdió en la final contra México. **Neymar** anotó tres goles en esos Juegos. Más tarde, fue votado Jugador Sudamericano del Año por segunda temporada consecutiva y, después, en 2013, mejor jugador oficial de la Copa FIFA Confederaciones. Fueron sus últimas apariciones en el ámbito nacional antes de completar su lucrativo traspaso del Santos al Barcelona. Fue la estrella indiscutible del Mundial 2014 en Brasil, con cuatro goles en cuatro partidos, antes de sufrir una lesión en cuartos en la victoria sobre Colombia. Prefirió no jugar la Copa América Centenario del año siguiente para poder acudir a las Olimpiadas 2016 de Río, una jugada que le salió bien, ya que anotó cuatro goles, incluido uno en la final, y el penalti ganador cuando Brasil venció a Alemania en la final en el Maracaná tras un empate a uno. Fue la primera medalla de oro para Brasil.

FINALES AJUSTADOS

Brasil ha jugado muchos partidos memorables. Su derrota por 3-2 ante Italia en 1982 está considerada un clásico en la historia del Mundial. Paolo Rossi anotó los tres tantos de Italia y el seleccionador de Brasil, Telê Santana, fue muy criticado por subir al ataque cuando solo necesitaban empatar a dos. El conjunto brasileño de 1982, con grandes jugadores como **Sócrates, Zico** o Falcão, está considerado uno de los mejores equipos que no ganó el torneo. En 1994, la victoria por 3-2 en cuartos sobre los Países Bajos, la primera vez que se enfrentaban en 20 años, fue igual de emocionante, ya que todos los goles llegaron en la segunda parte. Sócrates, licenciado en Medicina y hermano mayor del campeón del Mundial 1994 Raí, fue llorado en todo el mundo cuando falleció con 57 años en diciembre de 2011.

RÉCORDS DE BRASIL

COPA DEL MUNDO	20 apariciones (todas las ediciones)
Partidos jugados (104)	G70, E17, P17, GF221, GC102
Campeones (5)	1958, 1962, 1970, 1994, 2002
Subcampeones (2)	1950, 1998
Tercer puesto (2)	1938, 1978
Cuarto puesto (2)	1974, 2014
COPA AMÉRICA	35 apariciones
Campeones (8)	1919, 1922, 1949, 1989, 1997, 1999, 2004, 2007
C. CONFEDERACIONES	Siete apariciones
Campeones (4)	1997, 2005, 2009, 2013
1ER INTERNACIONAL	Argentina 3 - Brasil 0 (Buenos Aires, 20 de septiembre de 1914)
MAYOR VICTORIA	Brasil 10 - Bolivia 1 (São Paulo, 10 de abril de 1949)
PEOR DERROTA	Uruguay 6 - Brasil 0 (Viña del Mar, Chile, 18 de septiembre de 1920) Brasil 1 - Alemania 7 (Belo Horizonte, 8 de julio de 2014)

TIERRA DE FÚTBOL

Ningún país está más identificado con el éxito futbolístico que Brasil, ganador del Mundial en cinco ocasiones: 1958, 1962, 1970, 1994 y 2002. También es el único equipo que no se ha perdido jamás la fase final de un Mundial y casi siempre es el favorito de la competición. Tras hacerse con el título por tercera vez en México 1970, Brasil pudo quedarse de forma permanente con el **trofeo Jules Rimet** original. Por desgracia, en 1983 lo robaron de la sede de la federación y nunca se recuperó. Los brasileños suelen referirse a su país como «o país do futebol» («el país del fútbol»). Es el pasatiempo preferido de los jóvenes y las elecciones generales suelen celebrarse el mismo año que el Mundial, lo que suscita las críticas hacia los partidos políticos por intentar aprovecharse de la oleada de patriotismo generada por el deporte rey y llevarla al terreno político. La introducción del fútbol en Brasil en 1894 se atribuye a Charles Miller, hijo de un ingeniero escocés. Pero este deporte no llegó a ser verdaderamente brasileño hasta que se permitió jugar a futbolistas negros a nivel profesional en 1933. Al principio, dado el origen europeo del fútbol, fue el deporte de la élite urbana blanca de Brasil. Sin embargo, enseguida se extendió a las zonas pobres de las ciudades, ya que para jugar solo era necesario un balón, que podía sustituirse por unos cuantos calcetines, una naranja o un trapo relleno de papel.

DE CAPITÁN A ENTRENADOR

El capitán brasileño ganador del Mundial de 1994, **Dunga**, cuyo nombre real es Carlos Caetano Bledorn Verri, fue nombrado seleccionador en 2006, a pesar de no tener experiencia previa como entrenador, y estuvo al cargo durante dos temporadas no consecutivas. Dirigió al combinado en las exitosas Copa América de 2007 y Copa Confederaciones de 2009, pero perdió su puesto cuando Brasil fue eliminada del Mundial 2010 en una derrota por 2-1 en cuartos de final contra Holanda. Regresó cuatro años después, pero fue despedido al no lograr que Brasil pasara de primera ronda por segunda vez en la historia de la Copa América. Dunga había estado en el banquillo en las dos ocasiones, como suplente en 1987 y como técnico en 2016. Tras su embarazosa salida en 2016, le sustituyó el entrenador de los Corinthians Adenor Leonardo Bacchi, más conocido como Tite.

DESPLOME

El sueño de Brasil de ganar un sexto Mundial, el primero en suelo patrio, se convirtió en una pesadilla en 2014, 64 años después del trauma que le ocasionó el triunfo sorpresa de Uruguay en el Maracaná de Río. El combinado de Luiz Felipe Scolari de 2014 estableció una serie de récords poco envidiables, como su 7-1 ante Alemania, en la semifinal de Belo Horizonte. No fue solo la mayor derrota mundialista de Brasil, sino también la mayor que ningún semifinalista haya sufrido. Igualó el aplastamiento por 6-0 de Uruguay a Brasil en la Copa América 1920. Por último, fue la primera derrota en casa de Brasil en un internacional de competición desde que Perú la venciese por 3-1, también en Belo Horizonte, en la semifinal de la Copa América 1975. Un descalabro por 3-0 contra Países Bajos en el eliminatorio por el tercer puesto supuso que Brasil perdiese varios internacionales seguidos en casa por primera vez desde 1940, cuando Argentina, por 3-0, y Uruguay, por 4-3, salieron victoriosas. Los 14 tantos que encajó Brasil fueron su peor resultado en un Mundial, tres más que en 1938, y se convirtió en la primera anfitriona en encajar más goles en un torneo. No solo Neymar se perdió el partido de Alemania por una lesión, el capitán **Thiago Silva** tampoco jugó el partido por estar sancionado.

OJO PARA EL GOL

El delantero centro **Tostão**, cuyo nombre real es Eduardo Gonçalves de Andrade, una de las estrellas del legendario combinado brasileño que ganó el Mundial de 1970, casi no disputa el torneo. Sufrió un desprendimiento de retina cuando un balón le dio en la cara el año anterior, y los doctores le aconsejaron que no jugase. Tostão acabó retirándose a la edad de 26 años, en 1973, tras otra lesión en los ojos, y comenzó a trabajar como médico. Su compañero en la selección, Pelé, también tuvo problemas oculares.

INTERNACIONALES

1	Cafú	142
2	Roberto Carlos	125
3	Lúcio	105
4	Cláudio Taffarel	101
5	Dani Alves	100
=	Robinho	100
7	Djalma Santos	98
=	Ronaldo	98
9	Ronaldinho	97
10	Gilmar	94

MÁXIMOS GOLEADORES

1	Pelé	77
2	Ronaldo	62
3	Romário	55
4	Neymar	52
5	Zico	48
6	Bebeto	39
7	Rivaldo	35
8	Jairzinho	33
=	Ronaldinho	33
10	Ademir	32
=	Tostão	32

LA ALEGRÍA DEL PUEBLO

Garrincha, una de las mayores leyendas brasileñas, se llamaba en realidad Manuel Francisco dos Santos, pero le apodaron Garrincha, que significa «pajarito», por sus delgadas y curvadas piernas fruto de una enfermedad de la infancia. A pesar de esto, fue el extremo derecha estrella del Botafogo de 1953 a 1965. Él y Pelé fueron las sensaciones del Mundial 1958. Cuatro años después, en 1962, Garrincha fue elegido jugador del torneo. Murió en enero de 1983 a los 49 años. Su epitafio fue «la alegría del pueblo», que era como le calificaban en vida.

EL REY

Muchos consideran a **Pelé** el mejor jugador de todos los tiempos, un icono futbolístico por excelencia y no solo por sus logros en el campo. Por ejemplo, dedicó su gol número 1.000 a los niños pobres de Brasil. Debutó en el Santos a los 15 años y ganó su primer Mundial dos años más tarde, marcando dos tantos en la final. A pesar de las numerosas ofertas de clubes europeos, las condiciones económicas y el reglamento del fútbol brasileño de la época permitieron al Santos retener a su bien más preciado durante casi dos décadas, hasta 1974. El máximo anotador de la historia de la selección brasileña es el único futbolista que ha estado en los equipos ganadores de tres Mundiales. Pese a formar parte del combinado brasileño al comenzar el torneo de 1962, una lesión en el segundo partido le impidió seguir jugando y, en un principio, no recibió medalla. Sin embargo, en noviembre de 2007 la FIFA anunció que recibiría una medalla con carácter retroactivo. Tras el desastre en el torneo de 1966, cuando Brasil cayó en primera ronda, Pelé dijo que no quería volver a jugar un Mundial. Finalmente lograron convencerle y, en 1970, acabó ejerciendo un papel fundamental en el que ha sido calificado uno de los mejores equipos de la historia. Desde su retirada en 1977, Pelé ha sido un embajador del fútbol por todo el mundo, además de hacer incursiones en la interpretación y la publicidad.

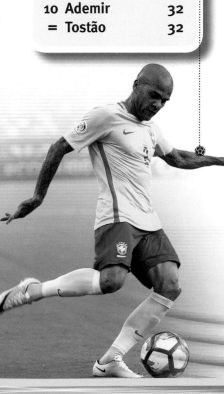

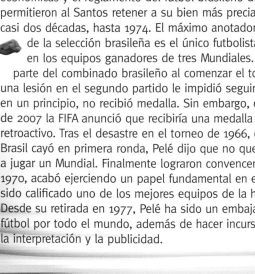

FIESTERO

El capitán de la selección brasileña cuando jugó contra Argentina (dos veces), Costa Rica y México en otoño de 2011 fue un hombre que muchos no hubiesen esperado ver en el combinado internacional de nuevo: Ronaldinho, elegido Jugador Mundial de la FIFA en dos ocasiones. Después de encandilar a todos con sus increíbles regates y sus goleadas para el París Saint-Germain (Francia), el Barcelona y el AC Milan (Italia), volvió a casa para jugar con el Flamengo en 2011, pero se le acusó abiertamente de estar más interesado en ir de fiesta que en jugar. Se puso en forma de nuevo y Mano Menezes le volvió a convocar. En el partido contra México alcanzó los 33 goles, lo que igualó su registro con el del ganador del Mundial de 1970, Jairzinho, y en el siguiente partido, su 94.º con Brasil, igualó el registro de internacionalidades del portero ganador de los Mundiales 1958 y 1962, Gilmar. Fue campeón en el Mundial 2002, con 22 años, cuando su tanto a larga distancia sobre Inglaterra le dio a la *Canarinha* la victoria en cuartos, aunque fue expulsado siete minutos más tarde y pasó la semifinal en el banquillo. Regresó para la final.

¿Y RONALDO?

Solo una persona sabe exactamente lo que le ocurrió a **Ronaldo** en las horas previas a la final del Mundial de 1998: él mismo. La superestrella brasileña generó uno de los mayores misterios de la historia del Mundial cuando su nombre fue excluido del equipo titular antes del partido, aunque reapareció justo antes del inicio. En un principio se dijo que arrastraba una lesión en el tobillo, y después que fue una indisposición estomacal. Finalmente el médico del equipo, Lidio Toledo, reveló que el delantero había tenido que acudir al hospital por sufrir una convulsión mientras dormía, pero que estaba listo para jugar tras practicarle pruebas neurológicas y cardiacas. Según su compañero de cuarto, Roberto Carlos: «Ronaldo estaba asustado por lo que se avecinaba. La presión se apoderó de él y no podía parar de llorar», dijo el lateral. «Eran aproximadamente las cuatro cuando se puso enfermo y llamé al doctor.»

PONERSE LAS BOTAS

El volante del Liverpool Philippe Coutinho firmó el *hat trick* número 54 de Brasil en la derrota por 7-1 de Haití en la Copa América Centenario 2016. Pelé lidera la lista con siete triples, seguido por Zico con cinco, dos de ellos con cuatro goles. Solo Evaristo de Macedo Filho, contra Colombia en marzo de 1957, marcó cinco goles en un partido con Brasil. Evaristo anotó un total de ocho goles en 14 apariciones con su país.

LA CONVERSIÓN DE PAULINHO

El centrocampista **Paulinho**, de 28 años, logró el primer *hat trick* de su carrera en la victoria a domicilio de Brasil contra Uruguay por 4-1 en marzo de 2017, un partido de grupos para 2018. También fue la primera vez que, en un partido de la Confederación Sudamericana clasificatorio para el Mundial, Uruguay marcaba primero y perdía después, encajando además un *hat trick* de un jugador visitante. El chileno Marcelo Salas, en 2007, y el argentino Maxi Rodríguez, en 2013, casi lo lograron al anotar dos tantos en Uruguay.

COMIENZO DESASTROSO

El lateral izquierdo **Marcelo** tuvo el dudoso «honor» de convertirse en el primer jugador en anotar el gol inicial de una fase final de un Mundial en propia meta. Puso a Croacia por delante involuntariamente en el estreno del torneo de 2014 en São Paulo, pero Brasil reaccionó y ganó por 3-1, gracias a un par de goles de Neymar y otro de Oscar. Marcelo, que un par de semanas antes había anotado para su club, el Real Madrid, cuando ganó la final de la Champions League, también se convirtió en el primer jugador brasileño en marcar en propia meta en la fase final de un Mundial.

JUGADORES MÁS JÓVENES

1 Pelé, 16 años y 257 días
    (vs. Argentina, 7 de julio de 1958)
2 Ronaldo, 17 años y 182 días
    (vs. Argentina, 24 de marzo de 1994)
3 Adriano, 17 años y 272 días
    (vs. Australia, 17 de noviembre de 1999)
4 Toninho, 17 años y 343 días
    (vs. Uruguay, 28 de abril de 1976)
5 Carvalho Leite, 18 años y 26 días
    (vs. Bolivia, 22 de julio de 1930)
6 Diego, 18 años y 60 días
    (vs. México, 30 de abril de 2003)
7 Marcelo, 18 años y 115 días
    (vs. Gales, 5 de septiembre de 2006)
8 Philippe Coutinho, 18 años y 116 días
    (vs. Irán, 7 de octubre de 2010)
    9 Dória, 18 años y 149 días
    (vs. Bolivia, 6 de abril de 2013)
10 Neymar, 18 años y 186 días
    (vs. EE. UU., 10 de agosto de 2010)

ARRIBA RIVA

La leyenda brasileña **Rivaldo** seguía en activo a los 40 años, una década después de haber alcanzado la cima de su carrera, cuando ayudó a Brasil a ganar el Mundial de 2002. Anotó 34 tantos en 74 partidos para su país entre 1993 y 2003, incluidos los tres goles del Mundial 1998 y otros cinco en el de Japón y Corea del Sur cuatro años después. Su actuación en el Mundial 2002 se vio enturbiada al fingir una agresión de Hakan Ünsal, que le costó una multa y al turco la expulsión. Rivaldo, cuyo nombre completo es Rivaldo Vitor Borba Ferreira, se convirtió en uno de los mejores jugadores del mundo después de una infancia de pobreza en la que llegó a sufrir malnutrición. Individualmente ha logrado los premios de Jugador del Año de la FIFA y Mejor Jugador Europeo del Año en 1999, cuando jugaba con el Barça. Entre sus últimos clubes, se incluyen el AC Milan de Italia, el Olympiacos y el AEK Atenas de Grecia, el Bunyodkor de Uzbekistán y el Kabuscorp de Angola antes de volver a Brasil, donde jugó en el São Caetano en 2013 y en el Mogi Mirim en 2014-2015, antes de retirarse a la edad de 43 años en agosto de 2015.

LOS SANTOS

El lateral derecho **Djalma Santos** es uno de los dos únicos futbolistas incluidos en el once ideal del Mundial de la FIFA en tres ocasiones diferentes, en 1954, 1958 y 1962, aunque en 1958 solo saltó al campo en la final. Franz Beckenbauer, de la RFA, fue el otro elegido, en 1966, 1970 y 1974. En el lado opuesto a Djalma Santos jugaba el lateral izquierdo Nilton Santos, sin ningún parentesco, que también formó parte de las selecciones de 1954, 1958 y 1962, y fue miembro del combinado que acabó subcampeón en casa en 1950.

SILVA VALE

El defensa central Thiago Silva anotó el primer tanto de Brasil en la victoria por 2-1 sobre Venezuela que les valió una plaza para cuartos en la Copa América 2015. Después, su mano permitió a Paraguay igualar el marcador e ir a penaltis en cuartos, donde Brasil acabó perdiendo. Fue su sexto torneo internacional en seis años y su séptimo en ocho. Ganó la medalla de bronce en las Olimpiadas de Pekín 2008 y la plata en Londres 2012, y fue capitán cuando Brasil ganó la Copa FIFA Confederaciones en 2013.

FIEBRE AMARILLA

La archiconocida equipación *canarinha* amarilla y azul se adoptó en 1954 para sustituir a la blanca que llevaban hasta entonces. El diario *Correio da Manha* organizó un concurso de diseño que ganó el joven de 19 años Aldyr García Schlee y los jugadores llevaron los nuevos colores por primera vez en marzo de 1954 contra Chile. Schlee era de Pelotas, cerca de la frontera con Uruguay, y en realidad era fan de los equipos uruguayos.

VIEJOS RIVALES: BRASIL VS. ARGENTINA

Partidos disputados: 98
Victorias de Brasil: 37
Victorias de Argentina: 36
Empates: 25
Goles de Brasil: 151
Goles de Argentina: 152
Primer partido: Argentina 3 - Brasil 0 (20 de septiembre de 1914)
Último partido: Brasil 3 - Argentina 0 (10 de noviembre de 2016)
Mayor victoria de Brasil: Brasil 6 - Argentina 2 (20 de diciembre de 1945)
Mayor victoria de Argentina: Argentina 6 - Brasil 1 (5 de marzo de 1940)

GRAN LOGRO

Brasil disputó su partido número 1.000 el 14 de noviembre de 2012, con un tanto de Neymar que consiguió un empate a 1 contra Colombia. Por lo general, se considera que el primer partido de Brasil fue una victoria 2-0 sobre el club inglés Exeter City el 21 de julio de 1914 en el Estadio das Laranjeiras de Río, aún utilizado por el Fluminense. Brasil ganó ese día y el ariete estrella **Arthur Friedenreich** perdió dos dientes en un choque. El primer partido internacional de Brasil contra otra selección fue una derrota por 3-0 ante Argentina el 20 de septiembre de 1914.

ESTADIOS DEL MUNDIAL BRASIL 2014

1 Maracaná, Río de Janeiro (76.804)
2 Brasilia, Estadio Nacional Mané Garrincha (70.064)
3 Mineirão, Belo Horizonte (62.547, Atletico Mineiro y Cruzeiro)
4 Arena Corinthians, São Paulo (65.807)
5 Estadio Castelão, Fortaleza (64.846)
6 Estadio Beira-Rio, Porto Alegre (48.849)
7 Arena Fonte Neva, Salvador (48.747)
8 Arena Pernambuco, Recife (46.000)
9 Arena Pantanal, Cuiabá (42.968)
10 Arena Amazônia, Manaos (42.374)
11 Arena das Dunas, Natal (42.086)
12 Arena da Baixada, Curitiba (41.456)

LA PAREJITA

Romário es uno de los pocos futbolistas que pueden jactarse de haber marcado más de 1.000 goles a lo largo de su carrera. También ha sido el último jugador en ganar tanto el Mundial como el Balón de Oro al mejor jugador en el mismo torneo, algo que logró en 1994, cuando sus cinco goles, incluido el de la victoria contra Suecia, ayudaron a Brasil a alzarse con su cuarto título. El exdelantero del Barcelona y del Fluminense se pasó a la política tras retirarse del deporte, y fue elegido miembro del Parlamento, al igual que su compañero en el Mundial de 1994 Bebeto. Esta pareja no solo se unió para organizar el ataque de la *verdeamarela* aquel año, sino que hizo una memorable celebración del gol contra Holanda en cuartos con el imitadísimo «acunamiento del bebé» para festejar el nacimiento del hijo de Bebeto, Matheus, que más tarde sería futbolista profesional.

BRASIL PROBÓ SU PROPIA MEDICINA

Se suponía que el regreso de **Luiz Felipe Scolari,** conocido como «Felipón», como seleccionador brasileño en noviembre de 2012 culminaría en 2014 repitiendo el éxito de la selección del Mundial 2002. Y aunque su segundo reinado trajo la gloria a la Copa FIFA Confederaciones 2013, el Mundial del año siguiente en suelo patrio será recordado por el número de récords vergonzantes que batió su equipo y el bochorno que sufrió cuando acabó perdiendo por 7-1 a manos de Alemania, en la semifinal de Belo Horizonte. Scolari fue relegado de su cargo unos días después de la derrota por 3-0 ante Países Bajos en la eliminatoria por el tercer puesto. No obstante, al final solo logró un segundo cuarto puesto, una marca que ya había logrado como técnico de Portugal en 2006, y fue el primer entrenador en estar al cargo en tres semifinales mundialistas diferentes.

LÚCIDO LÚCIO

El elegante defensa **Lúcio** estableció un récord mundialista durante la edición de 2006 al jugar 386 minutos sin hacer falta, récord que terminó en cuartos de final cuando Brasil perdió 1-0 ante Francia. Aunque se le reconoce su liderazgo y control en la defensa, también tiene ojo para el gol. Metió de cabeza el tanto de la victoria cuando jugó contra EE. UU. en la final de la Copa FIFA Confederaciones en 2009. Al año siguiente, formó parte del triplete del club italiano Internazionale, que se alzó con el título de liga y la copa italianos, además de la Champions League de la UEFA.

MENUDO CORTE

Hubo una nueva adición al calendario internacional anual en 2011: el Superclásico de las Américas, un evento de ida y vuelta entre Argentina y Brasil. El primer Superclásico lo ganó Brasil, gracias a un empate sin goles seguido de una victoria por 2-0. Conservaron la corona en 2012. Brasil ganó la ida en casa, por 2-1, pero la vuelta en el estadio Centenario fue pospuesta por un corte de luz, que pudo deberse al choque del autobús de los brasileños contra un generador. Aunque la vuelta acabó 2-1 con victoria de Argentina, los brasileños ganaron por 4-3 en los penaltis. El tanto lo marcó Fred, mientras que Neymar anotó el penalti de la victoria. Sin embargo, al técnico brasileño Mano Menezes se le «recompensó» con un despido. En 2013, no se celebró el Superclásico. En 2014, un solo partido disputado en Pekín acabó 2-0 a favor de Brasil, gracias a los dos tantos de Diego Tardelli. En los dos partidos de la clasificatoria para el Mundial 2018, Brasil ganó por 3-0 en casa y empató a uno a domicilio. Volvieron a enfrentarse en un amistoso en Melbourne (Australia), en junio de 2017.

CHILE

En 1916 Chile fue uno de los cuatro miembros fundadores de la CONMEBOL, la confederación sudamericana de fútbol. Disputó el primer partido de un campeonato sudamericano de fútbol, el del torneo no oficial de 1910, que perdió por 3-0 ante Uruguay. En la primera Copa América oficial, en 1916, su mayor logro fue ser el anfitrión y alcanzar el tercer puesto, en el Mundial de 1962, y ganar dos Copas América en 2015 y 2016. Se ha quedado a las puertas en cuatro ocasiones: en 1955, 1956, 1979, y 1987.

DÉJÀ VU

Esperas 99 años para ganar por primera vez una Copa América, y la segunda llega 12 meses después. Al igual que hiciera en 2015, Chile venció a Argentina en penaltis en la final de la Copa América, cuya última edición se llamó Copa América Centenario y se celebró como un evento único en Estados Unidos para conmemorar el centenario del torneo inaugural. En 2016, a Chile la dirigía el internacional español nacido en Argentina Juan Antonio Pizzi, que había sucedido a Jorge Sampaoli cinco meses antes. Tras un empate sin goles en el estadio MetLife de Nueva Jersey, pasó lo mismo que en 2015: Chile dominó los penaltis, esta vez por 4-2 en lugar de por 4-1, gracias al tiro decisivo de Francisco Silva.

VIDAL DA VIDILLA

La anfitriona de la Copa América 2015, Chile, casi descarrila, literalmente. Su centrocampista estrella, **Arturo Vidal,** estrelló su Ferrari rojo tras disfrutar de una noche de juerga después de marcar dos tantos en el empate a tres contra México. El técnico Jorge Sampaoli resistió la presión mediática y evitó su expulsión tras la promesa de Vidal de donar lo que ganase en el torneo a la beneficencia. Logró el cuarto puesto para Chile tras aplastar a Bolivia por 5-0 y marcar dos goles. Vidal fue nombrado jugador del partido en la final y fue elegido para el equipo ideal del torneo de la Copa América 2015. Este dinámico centrocampista fue de nuevo crucial en la Copa América Centenario 2016, donde fue reelegido para el equipo del torneo.

CASI UNA CENTENA

Después de participar en la primera Copa América en 1916, Chile acabó con una espera de 99 años cuando se alzó con el trofeo en el verano de 2015. Venció a Argentina por 4-1 en penaltis en la final tras un empate a cero en la prórroga en el Estadio Nacional de Santiago. El delantero Eduardo Vargas compartió la Bota de Oro con el peruano Paolo Guerrero tras meter cuatro goles, dos de ellos en la derrota de Chile ante Perú por 2-1 en la semifinal, mientras que el capitán **Claudio Bravo** fue nombrado mejor guardameta.

SAMPAOLÉ

Chile nunca había llegado a las fases eliminatorias de dos Mundiales consecutivos hasta que su combinado de 2014 en Brasil igualó la gesta de la selección de 2010. Y en ambas ocasiones tuvieron técnicos argentinos: Marcelo Bielsa estaba al mando en 2010 y **Jorge Sampaoli** cuatro años más tarde. Otro compatriota, Claudio Borghi, ocupó el puesto entre medias. Sampaoli se retiró como jugador a los 19 años por unas lesiones en la tibia y el peroné, y se dedicó a entrenar en Perú y Ecuador antes de ocupar el cargo en Chile en 2012.

RÉCORDS DE CHILE

COPA MUNDIAL	**9 apariciones**
Partidos (33)	G11, E7, P15, GF40, GC49
Tercer puesto (1)	1962
Octavos de final (3)	1998, 2010, 2014
Fase de Grupos (5)	1930, 1950, 1966, 1974, 1982
COPA AMÉRICA	**37 apariciones**
Campeones (2)	2015, 2016
COPA CONFEDERACIONES	1 aparición
PRIMER INTERNACIONAL	Argentina 3 - Chile 1 (Buenos Aires, 27 de mayo de 1910)
MAYORES VICTORIAS	Chile 7 - Venezuela 0 Santiago, 29 de agosto de 1979 Chile 7 - Armenia 0 Viña del Mar, 4 de enero de 1997 Chile 7 - México 0 Santa Clara (EE. UU.), 18 de junio de 2016
PEOR DERROTA	Brasil 7 - Chile 0 Río de Janeiro, 17 de septiembre de 1959

JUGANDO BAJO LA LLUVIA

Chile tuvo que soportar una espera agonizante antes de hacerse con su plaza para la final de la Copa América Centenario 2016. Iba ganando a Uruguay por 2-0 en el descanso de la semifinal en el estadio Soldier Field de Chicago, pero una lluvia torrencial hizo que el partido se detuviese durante dos horas. Cuando los jugadores volvieron al campo, no hubo cambios en el marcador.

BRAVO, BEAUSEJOUR

Pasaron 48 años entre las victorias mundialistas de Chile, de un tercer puesto con un 1-0 sobre Yugoslavia el 16 de junio de 1962 a una victoria en primera ronda con el mismo marcador sobre Honduras el 16 de junio de 2010. Ese gol de la victoria tan esperado en Sudáfrica llegó de manos de **Jean Beausejour,** que marcó el tercer gol del triunfo inicial por 3-1 sobre Australia en Brasil cuatro años más tarde. Se convertía así en el primer chileno en anotar en más de un Mundial. El arquero y capitán en los dos torneos fue Claudio Bravo, el jugador chileno con más internacionalidades.

VARGAS EL DEL RÉCORD

Eduardo Vargas marcó cuatro veces cuando Chile igualó su victoria récord (y la más amplia en un partido de competición), al vencer a México por 7-0 en cuartos de final de la Copa América Centenario, en junio de 2016. Edson Puch añadió otros dos tantos al marcador y Alexis Sánchez metió el séptimo. Chile ya había ganado con el mismo margen en casa ante Venezuela en agosto de 1979 y ante Armenia en 1997. Su mayor derrota fue también un 7-0 en el partido a domicilio que perdió ante Brasil en septiembre de 1959.

EL MARACANAZO DE LA SELECCIÓN CHILENA

Chile fue descalificada del Mundial 1994 tras el infame incidente que implicó a su guardameta **Roberto Rojas** en septiembre de 1989. Chile necesitaba una victoria sobre Brasil para poder llegar al Mundial de 1990, pero perdía por 1-0 cuando, en el minuto 70, unos aficionados brasileños lanzaron una bengala en el Maracaná de Río, y Rojas cayó al suelo. Sus colegas se negaron a jugar y salieron del campo, pero la grabación de vídeo reveló más tarde que era una pantomima, ya que la bengala cayó a varios metros de distancia. Rojas, que jugaba para el club brasileño São Paulo, confesó que se había herido él mismo con una cuchilla que llevaba escondida. Brasil ganó el encuentro por 2-0, a Chile se le negó la participación en la clasificatoria para el torneo de 1994, el capitán Fernando Astengo fue suspendido tres años y Rojas fue inhabilitado de por vida del fútbol profesional, aunque se le levantó el castigo en 2001, y estuvo siete meses dirigiendo al São Paulo en 2003.

IVÁN EL TEMIBLE

El dúo letal compuesto por **Iván Zamorano** y Marcelo Salas anotó 23 goles en la clasificatoria para el Mundial 1998, la primera fase final de Chile en 16 años. Los 12 tantos de Zamorano incluyeron cinco en una victoria por 6-0 sobre Venezuela en abril de 1997. En las Olimpiadas de 2000 en Sídney, marcó los únicos dos goles del eliminatorio por el bronce en el que Chile venció a EE. UU. Fue la única medalla olímpica de fútbol del país. Su carrera en clubes incluyó temporadas con el Sevilla y el Real Madrid en España, y con el Inter en Italia. En Milán, llevó la camiseta número nueve hasta que le reemplazó Ronaldo en 1998, por lo que Zamorano pidió el número 18, pero con un signo + entre los dos dígitos.

INTERNACIONALES

1	Claudio Bravo	115
=	Alexis Sánchez	115
3	Gonzalo Jara	107
4	Gary Medel	105
5	Jean Beausejour	95
=	Arturo Vidal	95
=	Mauricio Isla	95
8	Leonel Sánchez	85
9	Eduardo Vargas	77
10	Jorge Valdivia	75

MÁXIMOS GOLEADORES

1	Alexis Sánchez	38
2	Marcelo Salas	37
3	Eduardo Vargas	34
4	Iván Zamorano	34
5	Carlos Caszely	29
6	Leonel Sánchez	24
7	Arturo Vidal	23
8	Jorge Aravena	22
9	Humberto Suazo	21
10	Juan Carlos Letelier	18

BRAVO, BRAVO

En marzo de 2016, el portero Claudio Bravo se convirtió en el primer chileno en llegar al centenar de internacionalidades cuando cayó ante Argentina por 2-1 en la clasificatoria para el Mundial 2018. Solo tres meses más tarde, contra el mismo oponente, se alzó con la Copa América por segunda vez. También fue nombrado mejor jugador de la final, al igual que le había sucedido 12 meses antes, y le concedieron el Guante de Oro por ser el mejor arquero del torneo. También hubo premios individuales para dos de sus compañeros: Eduardo Vargas consiguió la Bota de Oro como máximo anotador, con seis goles, mientras que Alexis Sánchez logró el Balón de Oro como mejor jugador. Ocho de los once jugadores elegidos para el equipo oficial del torneo fueron chilenos: junto con Bravo, Vargas y Sánchez, estaban los defensas Mauricio Isla, Gary Medel y Jean Beausejour, y los centrocampistas Arturo Vidal y Charles Aránguiz.

NO HAY DOS SIN TRES

El primer jugador que recibió el galardón de Futbolista Sudamericano del Año tres veces no fue Pelé ni Garrincha ni Maradona, sino el zaguero chileno **Elías Figueroa,** que recibió el premio tres años consecutivos, de 1974 a 1976, cuando jugaba en el club brasileño Internacional. Los únicos hombres que ganaron este trofeo desde su instauración en 1971 fueron el brasileño Zico, en 1977, 1981 y 1982, y el delantero argentino Carlos Tévez, en 2003, 2004 y 2005. Otros dos chilenos han recibido el trofeo: Marcelo Salas en 1997 y Matías Fernández en 2006. En total, los 46 premios anuales han ido a parar a manos de jugadores de Brasil y Argentina en 13 ocasiones para cada país; seguidos de Chile, Uruguay y Paraguay, cinco para cada país; Colombia, cuatro; y Perú, una. Aunque Figueroa comenzó y acabó su carrera futbolística en Chile, también jugó en clubes de Brasil, Uruguay y EE. UU., además de representar a su país durante 16 años (ganando 47 internacionalidades), de 1966 a 1982, incluidas sus apariciones en los Mundiales de 1966, 1974 y 1982.

SÁNCHEZ ROMPE RÉCORDS

El gol de la victoria que aseguró a Chile su primera Copa América en 2015 fue obra de **Alexis Sánchez,** después de una primera temporada triunfal con el Arsenal en Inglaterra y tras haber pasado por el Udinese y el Barcelona. Sánchez ostenta el récord de internacional más joven, ya que debutó contra Nueva Zelanda en abril de 2006 con 17 años y cuatro meses. En la Copa FIFA Confederaciones 2017, el partido de grupos contra Alemania que acabó en empate vio el gol con el que superó a Marcelo Salas como máximo anotador con 38 goles. En la final, igualó las 115 internacionalidades de Claudio Bravo.

DÍAS DE SALAS

El segundo máximo goleador chileno de todos los tiempos, **Marcelo Salas,** formó una delantera temible junto a Iván Zamorano a finales de la década de 1990 y principios del siglo XXI. Salas anotó cuatro goles cuando Chile llegó a segunda ronda en el Mundial de Francia 1998, a pesar de no ganar ningún partido. No jugó internacionales entre 2005 y 2007, pero regresó para los cuatro primeros partidos de clasificación del Mundial 2010. Con sus goles, contribuyó al empate a dos contra Uruguay en noviembre de 2007, pero su carrera internacional acabó tres días después, con una derrota por 3-0 ante Paraguay.

EL ZORRO FALLA

El delantero chileno Carlos Vidal, apodado «El Zorro», tuvo la desgracia de ser el primer jugador en fallar un penalti en un Mundial, cuando el arquero francés Alex Thépot paró su tiro a la media hora de empezar su encuentro de primera ronda el 19 de julio de 1930. Sin embargo, su compañero, el ariete Guillermo Subiabre, marcó de cabeza el único gol del partido en el segundo tiempo. Chile acabó segunda de su grupo, que era el único que tenía cuatro combinados en lugar de tres, por lo que solo pasó a semifinales Argentina, la cabeza de grupo.

LA SUERTE DE LEO

Leonel Sánchez tiene el récord de partidos internacionales jugados con Chile, con 23 goles en 84 encuentros. Tuvo la suerte de seguir en el campo en uno de ellos al librarse de una expulsión a pesar de propinar un puñetazo en la cara al italiano Humberto Maschio durante el partido denominado «la Batalla de Santiago» en el Mundial de 1962, en el que el árbitro Ken Aston acabó expulsando solo a dos jugadores. El extremo izquierdo Sánchez, nacido en Santiago el 25 de abril de 1936, compartió la Bota de Oro del torneo con los brasileños Garrincha y Vavá, el ruso Valentin Ivanov, el húngaro Florian Albert y el yugoslavo Drazan Jerkovic, tras marcar todos cuatro goles.

URUGUAY

Uruguay fue el primer país en ganar un Mundial, en 1930, y con una población de menos de cuatro millones de habitantes, sigue siendo el más pequeño en lograrlo. Se volvió a alzar con este trofeo por segunda vez en 1950, y ganó el oro olímpico en 1924 y 1928. Pero no había logrado demasiado en los últimos años hasta que acabó cuarta en el Mundial 2010 y consiguió batir un récord al obtener su 15.ª Copa América al año siguiente.

MARACANAZO

Uruguay es el único país que ha ganado el Mundial con un solo partido. En el torneo de 1950, los cuatro últimos equipos jugaron en un grupo. El último partido fue la final, aunque Brasil solo necesitó un empate para alzarse con el trofeo. Ante un aforo de unos 220.000 aficionados (los registros de la FIFA afirman ahora que fueron 173.850) en el Maracaná de Río de Janeiro, la anfitriona, Brasil, que llevaba la delantera gracias a Friaça, se quedó pasmada cuando Juan Alberto Schiaffino y **Alcides Ghiggia** anotaron y dieron a Uruguay la victoria que necesitaba para hacerse con su segundo Mundial. Tal fue el desengaño brasileño, que el presidente de la FIFA, Jules Rimet, le dio el trofeo discretamente al capitán uruguayo **Obdulio Varela**, y tuvieron que pasar varias horas para que su equipo se sintiese lo suficientemente seguro para salir del vestuario.

UN JUEGO DIFERENTE

Uruguay fue el primer anfitrión, y el primer ganador, del Mundial en 1930, después de haber ganado el oro en las Olimpiadas de 1924 en París y las de 1928 en Ámsterdam. Entre los jugadores que ganaron los tres títulos estaba el delantero **Héctor Scarone**, el cuarto máximo goleador uruguayo con 31 goles en 52 partidos internacionales. Venció a su archienemiga, Argentina, por 4-2 en la final de 1930, en un partido en el que se utilizaron dos balones distintos: el de Argentina en la primera mitad, que lideraron por 2-1, y el de Uruguay en el segundo tiempo, en el que remontaron.

PADRE FUNDADOR

El periodista uruguayo Héctor Rivadavia Gómez fue el padre de la Confederación Sudamericana de Fútbol, la CONMEBOL, que fundaron originalmente Uruguay, Brasil, Chile y Argentina el 9 de julio de 1916, fecha en la que se conmemoraba el centenario de la independencia de Argentina.

MIEDO A VIAJAR

A pesar de haber ganado el Mundial 1930, Uruguay rechazó la oportunidad de defender su reinado cuatro años después, cuando el torneo se celebró en Italia. A las autoridades del fútbol uruguayo les decepcionó que solo cuatro países europeos viajaran a Uruguay y participaran en el Mundial 1930.

RÉCORDS DE URUGUAY

COPA MUNDIAL	12 apariciones
Partidos (51)	G20, E12, P19, GF80, GC71
Campeones (2)	1930, 1950
Cuarto puesto (3)	1954, 1970, 2010
Cuartos de final (1)	1966
Octavos de final (3)	1986, 1990, 2014
Fase de grupos (3)	1962, 1974, 2002
COPA AMÉRICA	**43 apariciones**
Campeones (15)	1916, 1917, 1920, 1923, 1924, 1926, 1935, 1942, 1956, 1959, 1967, 1983, 1987, 1995, 2011
COPA CONFEDERACIONES	**2 apariciones**
Cuarto puesto (2)	1997, 2013
JUEGOS OLÍMPICOS	**3 apariciones**
Medalla de oro (2)	1924, 1928
PRIMER INTERNACIONAL	Uruguay 2 - Argentina 3 (Montevideo, 16 de mayo de 1901)
MAYOR VICTORIA	Uruguay 9 - Bolivia 0 Lima (Perú), 9 de noviembre de 1927
PEOR DERROTA	Uruguay 0 - Argentina 6 (Montevideo, 20 de julio de 1902)

CLASES APROVECHADAS

Ningún seleccionador ha participado en más encuentros internacionales que el uruguayo **Óscar Washington Tabárez**, conocido como «El Maestro» por su anterior profesión. Llevó a Uruguay hasta segunda ronda en el Mundial de 1990 y regresó al cargo en 2006, consiguiendo un cuarto puesto para el equipo en el torneo de 2010. Todavía estaba en el cargo siete años después, tras haber participado en 168 internacionales en septiembre de 2016, superando el récord previo del alemán Sepp Herberger. Su segunda temporada con Uruguay incluyó un récord nacional de 18 encuentros imbatidos entre junio de 2011 y agosto de 2012, periodo durante el cual Uruguay ganó la Copa América 2011.

LUCHANDO CONTRA PESOS PESADOS

La población de Uruguay de 3,4 millones de personas la convierten en la nación más pequeña en haberse hecho con el trofeo mundialista. La siguiente más pequeña es Argentina, con una población de 43 millones. Ambas están muy lejos de los 192 millones de habitantes de la cinco veces campeona, Brasil.

FELIZ ANIVERSARIO

En diciembre de 1980 y enero de 1981 se celebró un «Mundialito» para conmemorar el 50.º aniversario del Mundial y, al igual que en 1930, Uruguay terminó venciendo. El torneo se organizó para que participaran los seis países que lo habían ganado anteriormente, aunque la campeona de 1966, Inglaterra, rechazó la invitación y fue sustituida por la subcampeona de 1978, Holanda. Uruguay venció a Brasil por 2-1 en la final, con un marcador igual al del partido final del Mundial 1950. La ganadora del Mundialito estaba capitaneada por el portero Rodolfo Rodríguez y dirigida por Roque Máspoli, el exportero que estuvo bajo los palos en la final de 1950.

LOS CHICOS DE AZUL

La derrota de Uruguay por 3-2 en casa ante la vecina Argentina, ocurrida en Montevideo el 16 de mayo de 1901, fue el primer partido internacional oficial fuera del Reino Unido. El 20 de julio de 1902, Argentina infligió a Uruguay la derrota más dura, un 6-0 en Montevideo. Ambos países han disputado la cifra récord de 185 internacionales oficiales. Uruguay ha ganado 56, Argentina 87, y se han producido 42 empates. Antes de un cambio de equipaciones consensuado en 1910, Uruguay llevaba una camiseta a rayas albiceleste, y Argentina, una azul pastel. Uno de los triunfos más recientes de Uruguay sobre sus archirrivales fue cuando los derrotaron en los penaltis de cuartos de la Copa América 2011. El defensa **Martín Cáceres** lanzó el tanto de la victoria.

MÁXIMOS GOLEADORES

1	Luis Suárez	48
2	Edinson Cavani	38
3	Diego Forlán	36
4	Héctor Scarone	31
5	Ángel Romano	28
6	Óscar Míguez	27
7	Sebastián Abreu	26
8	Pedro Petrone	24
9	Carlos Aguilera	22
=	Fernando Morena	22

LA FE DE CAV

A **Edinson Cavani** solo le llevó tres minutos anotar su primer gol internacional, tras entrar como suplente en su debut con la absoluta contra Colombia en 2008. Desde entonces, no solo ha ayudado a su país a acabar cuarto en el Mundial 2010 y batir un récord con la 15.ª Copa América al año siguiente, sino que este devoto cristiano se ganó las alabanzas del arzobispo de Nápoles Crescenzio Sepe cuando jugaba con el equipo partenopeo, quien dijo: «Dios se sirve a sí mismo haciendo que Cavani meta goles». No obstante, la Copa América 2015 acabó mal; perdieron en cuartos ante Chile, en el partido en el que Gonzalo Jara le metió un dedo en el trasero a Cavani para provocarlo.

FORLÁN, EL HÉROE

Diego Forlán fue la estrella uruguaya del Mundial 2010. Marcó cinco tantos, incluidos tres desde fuera del área, lo que le convirtió en el primer jugador que conseguía esto en un Mundial desde el alemán Lothar Matthäus en 1990. Además, golpeó el larguero con un saque de falta a gran distancia, que provocó que Uruguay perdiese ante Alemania por 3-2 en el partido por el tercer puesto. El cuarto puesto en Sudáfrica supuso que Forlán llegase más lejos que su padre, Pablo, que jugó en la selección uruguaya eliminada en la primera ronda del Mundial 1974.

MÁXIMA POTENCIA

El lateral derecho **Maxi Pereira** se convirtió en el segundo uruguayo en llegar al centenar de internacionalidades en un amistoso que ganó por 1-0 contra Marruecos en 2015. Debutó en el plano internacional en 2005 y jugó en los Mundiales de 2010 y 2014, y en la Copa América 2011, donde Uruguay triunfó. En cambio, en los Mundiales ha corrido una suerte dispar. En 2010, fue el primer uruguayo en fallar un penalti mundialista, en la tanda de cuartos de final con la que venció a Ghana, antes de anotar su primer gol internacional en la derrota ante Holanda por 3-2 en la semifinal. Abrió el marcador en la repesca que Uruguay ganó por 5-0 contra Jordania para pasar a la fase final de 2014, pero, en el encuentro contra Costa Rica, fue el primer jugador del torneo en recibir una tarjeta roja. Su aparición número 113 en la Copa América Centenario 2016, una derrota por 1-0 ante Venezuela que supuso su salida de primera ronda, lo convirtió en el jugador con más internacionalidades.

TRAS LOS PASOS DEL TÍO

La única combinación de tío y sobrino que se ha hecho con la medalla mundialista, ambos como jugadores, ha sido el dúo uruguayo José Leandro Andrade, que venció en 1930, y Víctor Rodríguez Andrade, que estuvo en el bando ganador 20 años más tarde. Víctor utilizó de forma deliberada sus dos apellidos, tanto Rodríguez como Andrade, en honor de su tío. Antes de lograr la fama como futbolista, José Leandro Andrade trabajó como músico de carnaval y limpiabotas.

DIENTES, DIENTES

Las sombras se extienden sobre la carrera de **Luis Suárez** y la controversia que generó en el Mundial 2010 fue bastante suave comparada con la que le siguió en Brasil cuatro años después. El máximo anotador uruguayo de todos los tiempos es uno de los arietes con más talento del mundo, pero también constituye un peligro no solo para los demás, sino también para sí mismo y sus compañeros. En 2010 se granjeó mala fama cuando hizo mano deliberadamente para ir a penaltis, en el último minuto de un partido de cuartos en el que Uruguay y Ghana estaban igualados. Cuando Asamoah Gyan falló, Uruguay ganó la tanda de penaltis. Pero aún hubo más. En el Mundial 2014, Suárez mordió el hombro del defensa italiano Giorgio Chiellini, lo que le condenó a una sanción de nueve partidos internacionales y cuatro meses sin poder jugar. Lo más impresionante es que era la tercera vez que Suárez había mordido a alguien en el campo; ya lo había hecho cuando jugaba para el Ajax Ámsterdam y el Liverpool. Sin embargo, es admirable su instinto goleador, sus 48 tantos internacionales incluyen cuatro durante la campaña triunfal de Uruguay en la Copa América 2011. Suárez inspira lealtad entre la afición y compañeros, que incluso colgaron su camiseta en el vestuario antes de su encuentro en segunda ronda contra Colombia a pesar de su marcha forzosa de Brasil en 2014 el día anterior.

EL ÓSCAR VA PARA...

El doblete de Óscar Míguez en los últimos 15 minutos del penúltimo partido de Uruguay en el Mundial 1950 no solo cambió una derrota por 2-1 a una victoria por 3-2 sobre Suecia, sino que lo llevó a enfrentarse en la final contra la anfitriona, Brasil. La victoria de Uruguay por 2-1 se convirtió en su segundo título mundialista. Míguez acabó el torneo con cinco goles, habiendo logrado anteriormente un *hat trick* en el aplastamiento por 8-0 de Bolivia. Anotó en otras tres ocasiones cuatro años más tarde en Suiza, y, con ocho goles, sigue siendo el máximo anotador de Uruguay en un Mundial. Esa cifra pudo haber sido mayor, pero Míguez sufrió una lesión en 1954 y se perdió la semifinal de su equipo en 1954 ante Hungría y el eliminatorio por el tercer puesto contra Austria.

GODÍN LO INTENTA

Uruguay participó en la Copa América Centenario en 2016 esperando emular su actuación de 1916 y llevarse su trofeo número 16. En su lugar, lograron un indeseado récord nacional: su primera Copa América sin ganar cinco partidos seguidos debido a las derrotas en los dos primeros encuentros contra México (3-1) y Venezuela (1-0). El defensa y capitán **Diego Godín** marcó su octavo gol contra México, convirtiéndose en el tercer uruguayo en lograr el centenar de internacionalidades.

INTERNACIONALES

1	Maxi Pereira	118
2	Diego Forlán	112
3	Diego Godín	108
4	Cristian Rodríguez	97
5	Diego Lugano	95
6	Edinson Cavani	91
=	Luis Suárez	91
8	Fernando Muslera	89
=	Diego Pérez	89
10	Egidio Arévalo Ríos	88

OLE, FRANCESCOLI

Hasta que Diego Forlán le superó en 2011, ningún jugador de campo había representado a Uruguay más veces que **Enzo Francescoli** (73 internacionalidades) y pocos entraban al campo con tanta elegancia como este volante, cuya carrera en los clubes incluye temporadas en el River Plate argentino, el Racing y el Marsella franceses, y el Cagliari y el Torino italianos. En su despedida internacional en 1995 consiguió la Copa América, cuando jugó como centrocampista y ariete de emergencia, y también marcó uno de los penaltis en la tanda que les dio la victoria sobre Brasil. Entre sus admiradores más destacados se encuentra Zidane, que llamó a su primer hijo Enzo, en honor al maestro uruguayo.

OTROS EQUIPOS SUDAMÉRICA

DESPIERTA VENEZUELA

Puede que el béisbol y el boxeo hayan dominado en Venezuela en las últimas décadas, pero la fiebre futbolística ha ido en aumento en el siglo XXI, impulsada gracias a que acogió la Copa América en 2007. Esto no solo supuso una inversión desmesurada en nuevos estadios sino también la primera victoria de los venezolanos en la Copa América desde 1967 y un progreso sin precedentes en las rondas eliminatorias. **Juan Arango**, una popular estrella de La Liga española que juega en el RCD Mallorca, marcó el gol decisivo en la derrota de Uruguay por 4-1 en cuartos de final. Después, Venezuela siguió avanzando y terminó octava de 10 en su primera campaña sudamericana por el Mundial de 2010 y luego sexta de nuevo en 2014, por delante de Perú, Bolivia y Paraguay.

ESTADIOS NACIONALES

Bolivia:
Hernando Siles,
La Paz (45.000 espectadores)

Chile:
Estadio Nacional,
Santiago (63.379 espectadores)

Colombia:
Estadio El Campín,
Bogotá (48.600 espectadores)

Ecuador:
Estadio Olímpico Atahualpa,
Quito (40.948 espectadores)

Paraguay:
Defensores del Chaco, Asunción
(36.000 espectadores)

Perú:
Estadio Nacional,
Lima (45.574 espectadores)

Venezuela:
Estadio Polideportivo de Pueblo Nuevo,
San Cristóbal (38.755 espectadores)

BOLIVIA LO DEJA PARA EL FINAL

Bolivia solo ha ganado la Copa América una vez, cuando fue anfitriona en 1963. Ha sido el único país en acabar la competición sin perder ni uno de los seis partidos y terminar primero de la tabla; pero casi se queda sin celebrarlo en el último día del torneo, cuando desaprovechó la ventaja por dos goles sobre Brasil en dos ocasiones. Bolivia lideraba 2-0 antes de que Brasil le alcanzase y empatasen a dos; después, su ventaja por 4-2 se convirtió en un empate a cuatro. Afortunadamente, Máximo Alcocer metió el gol de la victoria para Bolivia a cuatro minutos del final.

TERREMOTO EN ECUADOR

Ecuador llegó a las fases eliminatorias de la Copa América Centenario 2016. Era la primera vez que pasaban de primera ronda desde 1987. Empataron con Brasil (0-0) y con Perú (2-2), y derrotaron a Haití por 4-0. El seleccionador Gustavo Quinteros dedicó esta gesta a las más de 600 personas que murieron por el terremoto de la provincia de Manabí el 16 de abril de 2016. El gol inicial de Ecuador contra Haití fue anotado por el ariete del West Ham United **Enner Valencia**, que anotó tres veces en el Mundial 2014, incluido un doblete en la victoria sobre Honduras por 2-1. Fue el primer ecuatoriano en anotar más de una vez en una fase final mundialista.

ÁLVAREZ FUERA

Dos de los jugadores colombianos con más internacionalidades son **Carlos Valderrama** (111 apariciones) y Leonel Álvarez (101). Valderrama criticó el despido de su antiguo compañero tras solo tres encuentros como seleccionador nacional en 2011. Pero su sucesor, el extécnico de Argentina José Pékerman, llevó a Colombia a cuartos de final del Mundial 2014, su mejor actuación hasta la fecha. El defensa colombiano Mario Yepes, que a los 38 años era uno de los jugadores más mayores, ganó cuatro internacionalidades más, hasta llegar a 102. Le preocupaba no dar la talla, pero Zúñiga dijo: «Tienes que estar ahí, correremos por ti».

PARA PARAGUAY

Los jugadores con más internacionalidades de Paraguay, el defensa central **Paulo da Silva** (147 apariciones, la primera contra Bolivia el 27 de julio de 2000) y el arquero Justo Villar (119 internacionales, debutando contra Guatemala, el 3 marzo de 1999), fueron los pilares del combinado con más éxito mundialista: ser cabezas de grupo en 2010, llegar a cuartos y perder solo ante la que acabaría siendo campeona, España. Ambos jugadores seguían en el equipo en octubre de 2016, lo que permitió a Paraguay ganar el clasificatorio mundialista en Argentina por primera vez, gracias al tiro de Derlis González. Los tres goles internacionales de Da Silva fueron contra Chile; dos el 21 de noviembre de 2007 en Santiago, y otro casi nueve años más tarde, el 1 de septiembre de 2016 en Asunción.

LA CUEVA DEL MONDRAGÓN

El arquero colombiano Faryd Mondragón estableció varios récords en el Mundial 2014. Se convirtió en el jugador más mayor en aparecer en una fase final cuando entró como suplente a los cinco minutos del final de su partido de primera ronda contra Japón, el 24 de junio, a los 43 años y tres días, batiendo el antiguo récord que ostentaba el camerunés de 42 años Roger Milla en 1994. Mondragón también estableció una nueva marca de intervalo más largo entre apariciones mundialistas: 16 años menos dos días. Su último partido fue el último de Colombia en el torneo de 1998, una derrota por 2-0 ante Inglaterra. En realidad, esta fue la tercera fase final mundialista de Mondragón, que jugó un período récord de 20 años, pero no llegó a la fase final de 1994.

POR TODO LO ALTO

Las selecciones de Bolivia y Ecuador disputan sus partidos internacionales en casa a más altitud que ningún otro equipo. La joya de Bolivia, el estadio Hernando Siles, en la capital, La Paz, está a 3.637 metros por encima del nivel del mar, mientras que el principal estadio de Ecuador, el Olímpico Atahualpa, en Quito, está situado a 2.800 metros sobre el nivel del mar. Los equipos rivales se han quejado de que el aire enrarecido dificulta la respiración, y todavía más jugar, pero la prohibición que la FIFA introdujo de disputar internacionales de competición a más de 2.500 metros por encima del nivel del mar en mayo de 2007 fue corregida un mes después, subiendo el límite a 3.000 metros y permitiendo el uso del estadio Hernando Siles en casos excepcionales. En mayo de 2008 la FIFA cambió de parecer y anuló por completo la restricción sobre la altitud tras las protestas de Bolivia, Ecuador y otros afectados como Colombia y Perú. Entre otros partidarios de eliminar la restricción estaba el astro argentino Diego Armando Maradona, pero lamentaría su decisión; en marzo de 2009 Bolivia machacó en casa por 6-1 en un partido de clasificación para el Mundial a Argentina, entrenada por... Maradona.

GUERRERO DA GUERRA

Los cuatro goles de **Paolo Guerrero** en la Copa América 2015, incluido el *hat trick* en cuartos de final cuando Perú venció a Bolivia por 3-1, ayudaron a su equipo a acabar tercero por segunda vez y le valieron la Bota de Oro junto con el chileno Eduardo Vargas. Después, se convirtió en el máximo anotador de Perú con el único gol de su victoria sobre Haití en la primera ronda de la Copa América Centenario 2016, llegando a marcar 27 tantos, uno más que Teófilo Cubillas. Su tío, José González Ganoza jugó 20 veces como portero para Perú entre 1981 y 1987, pero fue una de las 43 personas que falleció cuando el avión en el que viajaba su equipo, el Alianza Lima, se estrelló en diciembre de 1987.

PEORES DERROTAS

Uruguay 9 - Bolivia 0
(6 de noviembre de 1927)

Brasil 10 - Bolivia 1
(10 de abril de 1949)

Brasil 9 - Colombia 0
(24 de marzo de 1957)

Argentina 12 - Ecuador 0
(22 de enero de 1942)

Argentina 8 - Paraguay 0
(20 de octubre de 1926)

Argentina 11 - Venezuela 0
(10 de agosto de 1975)

LA HORA DE TIM

El técnico de Perú en el Mundial de 1982 fue Tim, que esperó 44 años, algo sin precedentes, para volver a la fase final de un Mundial, tras haber jugado un partido como delantero con su Brasil natal en el torneo de 1938.

MAYORES VICTORIAS

Bolivia 7 - Venezuela 0
(22 de agosto de 1993)

Bolivia 9 - Haití 2
(3 de marzo de 2000)

Bahréin 0 - Colombia 6
(26 de marzo de 2015)

Ecuador 6 - Perú 0
(22 de junio de 1975)

Paraguay 7 - Bolivia 0
(30 de abril de 1949)

Hong Kong 0 - Paraguay 7
(17 de noviembre de 2010)

Perú 9 - Ecuador 1
(11 de agosto de 1938)

Venezuela 7 - Puerto Rico 0
(16 de enero de 1959)

CÓMO RONEA

El jugador con más internacionalidades de Bolivia, el defensa central **Ronald Raldes**, debutó con la absoluta en 2001, pero tuvo que esperar 13 años para anotar con su selección. Marcó en una victoria por 3-2 sobre Venezuela en noviembre de 2014. Solo siete meses después, anotó por segunda vez, en otra victoria por 3-2, esta vez contra Ecuador en la Copa América 2015, lo que le ayudó a asegurar la primera victoria de Bolivia en la Copa América desde 1997. Al no lograr clasificarse para el Mundial de 2018, la de 1994 sigue siendo su única fase final, aunque la campaña de 2018 tuvo también victorias consecutivas por primera vez desde 1998, incluido el triunfo sorpresa por 2-0 sobre Argentina gracias al doblete de Marcelo Moreno, que llevaba diez internacionales sin meter goles. La gesta le colocó en el tercer puesto de la clasificación de máximos anotadores con 15 goles, por detrás de Joaquín Botero (20) y Víctor Ugarte (16).

TRIBUTO CRISTIANO

Los futbolistas ecuatorianos dedicaron su campaña mundialista de 2014 a su excompañero Christian «Chucho» Benítez, que murió repentinamente de un paro cardíaco en julio de 2013 con solo 27 años. Su compañero y capitán de la selección en la fase final del Mundial 2014, Antonio Valencia, llevaba el número 11 de Benítez tatuado en su brazo y su número fue oficialmente «retirado» por la Federación Ecuatoriana. No obstante, las normas del Mundial dicen que debe llevarse el número, así que se asignó al ariete Felipe Caicedo en la fase final de 2014.

FRANCAMENTE, FRANK...

El defensa colombiano Frank Fabra sufrió en su primera Copa América, cuando en el Centenario de 2016 marcó para los dos equipos en un partido; ningún otro jugador había hecho esto en los cien años de historia de la competición. Encontró la red en las dos porterías cuando su combinado perdió por 3-2 ante Costa Rica en primera ronda, aunque Colombia se recuperó para clasificarse para la siguiente fase y, en última instancia, llegó a semifinales.

EL BUENO DE DUDAMEL

Venezuela sufrió una serie de fuertes reveses en la clasificatoria para el Mundial 1998 y acabó sin una victoria y con 13 derrotas en 16 partidos. Metió 13 goles y encajó 41. Sus derrotas incluyeron un 4-1 ante Perú, un 6-1 contra Bolivia y un 6-0 con Chile (Zamorano anotó cinco tantos). No obstante, el portero venezolano Rafael Dudamel disfrutó de un momento de gloria en el enfrentamiento contra Argentina de 1996, cuando marcó en un lanzamiento de falta a tres minutos del final, aunque su equipo perdió por 5-2. Dudamel se convirtió en el seleccionador de Venezuela en abril de 2016 y, dos meses después, llevó al equipo hasta segunda ronda de la Copa América Centenario.

BÓLIDO

Al jugador más caro de Colombia le negaron un puesto en el Mundial 2014. El ariete Radamel Falcao no logró recuperarse a tiempo de una lesión de rodilla que sufrió a principios de año y eso le dio la oportunidad a su compañero en el AS Mónaco, **James Rodríguez** de sobresalir no solo en su selección, sino también como uno de los jugadores más impactantes de todo el torneo. Anotó en los cinco partidos de Colombia, seis goles en total, incluida una volea de largo alcance contra Uruguay, que el técnico del equipo contrario, Óscar Tabárez, describió como una de las mejores nunca vistas en un Mundial. James fue traspasado al Mónaco desde el Oporto por 45 millones de euros en mayo de 2013. A él se le unió, unas semanas más tarde, su compatriota Falcao, que le costó al Mónaco 60 millones de euros cuando le ficharon del Atlético de Madrid. El ariete, que recibió su nombre del centrocampista brasileño de la década de 1980 Falcão, igualó a Arnoldo Iguarán tras anotar el gol de la victoria contra Costa Rica en junio de 2015, su 25.º tanto internacional. James se convirtió en el jugador colombiano más caro de la historia cuando el Real Madrid lo compró.

JUGADORES INTERNACIONALES

Bolivia	Ronald Raldes	95
Colombia	Carlos Valderrama	111
Ecuador	Iván Hurtado	168
Paraguay	Paulo Da Silva	147
Perú	Roberto Palacios	128
Venezuela	Juan Arango	127

DE LA MANO DE PERÚ

Perú acabó con sus 31 años de espera al vencer a Brasil por 1-0 en la primera ronda de la Copa América Centenario 2016. Esta victoria puso al combinado de Ricardo Gareca en octavos y eliminó al equipo de Dunga. No obstante, el tanto fue polémico, ya que pareció que Raúl Ruidíaz golpeaba el balón con la mano tras un pase de Andy Polo. Ruidíaz insistió en que había usado el muslo y rechazó las comparaciones con el gol de «la mano de Dios» de Diego Maradona en el Mundial 1986, afirmando que el tiro era «gracias a Dios». Perú ha ganado cuatro veces a la *Canarinha*: la anterior había sido en abril de 1985, cuando Julio César Uribe logró el único tanto en un amistoso en Brasilia. Las otras dos victorias se produjeron en 1953 y 1975.

CANIZA PUEDE CON TODO

Con 36 años, el central y capitán **Denis Caniza** pasó a ser el primer paraguayo en jugar en cuatro Mundiales diferentes, con una aparición contra Nueva Zelanda en el torneo de 2010. Fue en esa misma edición cuando su compañero Roque Santa Cruz logró un hito histórico: su gol en primera ronda contra Brasil hizo que igualase el récord de 25 tantos del guaraní José Saturnino Cardozo. Su compañero Salvador Cabañas se perdió esta competición porque le dispararon en la cabeza en un club cinco meses antes, aunque se recuperó y pudo volver al fútbol profesional.

SPENCER Y EL MARCADOR

El mejor futbolista ecuatoriano de todos los tiempos probablemente haya sido el potente ariete **Alberto Spencer**, aunque jugase la mayor parte del tiempo en Uruguay. Spencer ostenta el récord de más goles en el torneo de clubes sudamericano Copa Libertadores, ya que marcó 54 entre 1960 y 1972, y levantó el trofeo tres veces con el Peñarol uruguayo. También anotó cuatro tantos en 11 partidos para Ecuador y uno en cuatro apariciones para Uruguay. Spencer fue apodado «Cabeza Mágica» y se dijo que era mejor que Pelé con la cabeza, algo que incluso el brasileño corroboró.

MÁS GOLES INTERNACIONALES

Bolivia	Joaquín Botero	20
Colombia	Radamel Falcao	25
	Arnoldo Iguarán	25
Ecuador	Agustín Delgado	31
Paraguay	Roque Santa Cruz	32
Perú	Paolo Guerrero	30
Venezuela	Juan Arango	23

ÓSCAR MANOS SEGURAS

El colombiano **Óscar Córdoba** mantuvo la portería a cero durante toda la Copa América 2001 y llegó a ser el portero más veces internacional de su país, con 73 apariciones entre 1993 y 2006.

LOS ALTIBAJOS DE LOLO

Teodoro «Lolo» Fernández anotó seis goles para Perú en dos encuentros de las Olimpiadas de 1936 en Berlín: cinco en la derrota de Finlandia por 7-3 y otro en la victoria sobre Austria en la prórroga por 4-2. Sin embargo, los peruanos encolerizaron cuando los austriacos dijeron que sus aficionados habían saltado al campo y se disgustaron todavía más cuando las autoridades olímpicas ordenaron que se repitiese el partido. Perú se retiró del torneo en señal de protesta, así que Austria se hizo con la plata. Pero Fernández y sus compañeros tuvieron su final feliz en la Copa América de tres años más tarde, cuando Perú se coronó campeona y Fernández acabó como máximo goleador con siete goles.

IVÁN EL TERRIBLE

El defensa ecuatoriano **Iván Hurtado** es el futbolista sudamericano que más partidos ha jugado como internacional, con 168 encuentros y cinco goles desde su debut en 1992. Fue uno de los jugadores más decisivos en su primera fase final, en 2002, y ejerció de capitán cuando llegaron a segunda ronda cuatro años después. Hurtado se retiró tras una victoria a domicilio por 5-1 en el amistoso contra El Salvador de octubre de 2014.

ÁFRICA

La confederación africana organizó la primera Copa de Naciones en 1957, solo un año después de fundarse. Egipto, con un récord de siete victorias, fue el primer campeón, mientras que entre los más recientes se incluyen Costa de Marfil en Guinea Ecuatorial 2015 y Camerún en Gabón 2017. En el Mundial de 2010, Sudáfrica fue la primera anfitriona africana, aunque ninguna nación ha llegado a semifinales (Camerún, Senegal y Ghana han perdido en cuartos de final). Y, en 2014, solo dos equipos, Argelia y Nigeria, llegaron a segunda ronda, aunque perdieron.

Camerún celebra su victoria en la Copa de Naciones 2017, que la catapultó hasta el segundo puesto en la clasificación de la FIFA, solo por detrás de su oponente en la final de 2017, Egipto.

NORTE DE ÁFRICA

EL PRIMERO DE FAWZI

Abdelrahman Fawzi se convirtió en el primer futbolista africano en marcar en un Mundial, al meter un gol para Egipto contra Hungría en la primera ronda de la edición de 1934; ocho minutos después anotó otro con lo que igualó el marcador a dos en el descanso. Egipto terminó perdiendo 4-2 y no volvería a una fase final hasta 56 años después.

BOICOT EN LA ELIMINATORIA

La clasificación de Marruecos para el Mundial de 1970 terminó con 36 años de exilio africano de las fases finales. En 1966 los dieciséis países africanos que se presentaban boicotearon el Mundial porque la FIFA insistió en que el mejor equipo africano debía enfrentarse a un combinado de Asia u Oceanía en un eliminatorio de clasificación.

ORGULLO ARGELINO

Argelia se convirtió en la primera nación africana en anotar cuatro goles en un partido de fase final mundialista, cuando venció a Corea del Sur por 4-2 en Porto Alegre, en su encuentro del Grupo H en el torneo de Brasil 2014. Los argelinos quedaron segundos en el grupo, por detrás de Bélgica y, por tanto, por primera vez en su historia, se clasificaron para las fases eliminatorias. En segunda ronda se enfrentaron a la favorita del campeonato, Alemania, y Argelia solo se fue tras perder un apasionante partido por 2-1 tras la prórroga. Uno de los anotadores de Argelia en la victoria sobre Corea del Sur del 22 de junio, que logró que los argelinos fuesen por delante 3-0 terminada la primera parte, fue el zaguero central **Rafik Halliche** (metió el segundo gol de cabeza), que acabó el torneo de 2014 con ocho apariciones internacionales, un nuevo récord argelino.

ALI EL ABUELO

El arquero tunecino **Ali Boumnijel** disputó los tres partidos de su país en el Mundial de 2006, lo que le convirtió en el jugador más mayor de ese año en salir al campo en Alemania, así como en el quinto hombre con más de 40 años en jugar en un Mundial. Boumnijel metió seis goles en esos tres encuentros, contra Arabia Saudí (dos, en un empate), España (tres, en una derrota por 3-1) y Ucrania (uno, en otra derrota por 1-0).

ROJAS SEGUIDAS

La expulsión de Antar Yahia por la segunda amarilla, en el minuto tres del descuento de la derrota de Argelia ante Estados Unidos por 1-0 en el Mundial 2010, no fue solo la última tarjeta roja que se vio en un partido mundialista sin prórroga, sino que significó que al menos un jugador había sido expulsado en ocho días consecutivos en el torneo de 2010, todo un récord para cualquier Mundial.

DJAB LLEGA

Si prescindimos de las tandas de penaltis, ningún africano ha anotado un gol mundialista tan tardío como el centrocampista argelino **Abdelmoumene Djabou**. Su tanto de consolación en una derrota en segunda ronda por 2-1 ante Alemania el 30 de junio de 2014 se registró en el minuto 120 y 50 segundos. Fue el tercer encuentro entre los dos equipos. Argelia venía de una victoria en un amistoso por 2-0 en 1964 después de un impactante éxito en el Mundial 1982.

MARRUECOS LLEGA MÁS LEJOS

Marruecos fue el primer país del Norte de África en llegar a segunda ronda de un Mundial, aunque fueron eliminados, por 1-0, por la RFA, que acabaría campeona. Fue en México en 1986. Marruecos se convirtió en el primer equipo africano en encabezar un grupo mundialista, al quedar por delante de Inglaterra, Polonia y Portugal. Su victoria por 3-1 sobre Portugal en el último partido de grupos fue crucial, tras dos empates sin goles contra los otros dos, uno de ellos era el combinado inglés que perdió a su capitán, Bryan Robson, por tener un hombro dislocado, y a su segundo capitán, Ray Wilkins, por una tarjeta roja. **Abderrazak Khairi** anotó dos de los tantos contra Portugal, mientras que el tanto de la victoria de Lothar Matthäus llegaba a tres minutos del final.

MEJOR ACTUACIÓN DE PAÍSES DEL NORTE DE ÁFRICA EN MUNDIALES

ARGELIA: segunda ronda 2014
EGIPTO: primera ronda 1934, 1990
MARRUECOS: segunda ronda 2006
TÚNEZ: primera ronda 1978, 1998, 2002, 2006

CLASIFICACIÓN MUNDIALISTA DE PAÍSES DEL NORTE DE ÁFRICA

ARGELIA: 4 (1982, 1986, 2010, 2014)
EGIPTO: 2 (1934, 1990)
MARRUECOS: 4 (1970, 1986, 1994, 1998)
TÚNEZ: 4 (1978, 1998, 2002, 2006)

NORTE DE ÁFRICA: MÁXIMOS GOLEADORES EN MUNDIALES

Salah Assad	(Argelia)	2
Salaheddine Bassir	(Marruecos)	2
Abdelmoumene Djabou	(Argelia)	2
Abdelrahman Fawzi	(Egipto)	2
Abdeljalil Hadda	(Marruecos)	2
Abderrazak Khairi	(Marruecos)	2
Islam Slimani	(Argelia)	2

SIN ESPERAS

La derrota de Marruecos por 2-1 ante Arabia Saudí en 1994 fue uno de los dos últimos encuentros que se jugaron a la misma hora en un Mundial, sin ser en un día de partido final de un grupo. Bélgica venció a Holanda 1-0 y todos los equipos del Grupo F todavía tenían que disputar un partido. En torneos posteriores, cada partido se ha jugado a horas diferentes, salvo los dos últimos encuentros de cualquier grupo.

HÉROE NACIONAL

De los seis países africanos que participaron en el Mundial de 2010, Argelia fue el único combinado con un entrenador africano, **Rabah Saâdane**. Esta era su quinta temporada al cargo desde 1981; antes había dirigido al equipo en el Mundial de 1986 en México, donde también fueron eliminados en primera ronda. Junto con Honduras, el combinado argelino de 2010 fue una de las dos selecciones que no logró ni un solo gol, a pesar de solo encajar dos en sus tres partidos, en las derrotas por 1-0 ante Eslovaquia y Estados Unidos. Y ¡sorpresa!, Inglaterra no logró meterles ni un gol, la primera portería imbatida de Argelia en un Mundial.

MOKHTAR PIERDE EL CONTROL

Egipto tuvo que jugar solo dos partidos para clasificarse para el Mundial de 1934 y convertirse así en el primer representante africano en un torneo. Ambos encuentros fueron contra un conjunto palestino (bajo mandato británico) y los egipcios ganaron sin problemas, 7-1 en El Cairo y 4-1 en Palestina. El capitán y ariete Mahmoud Mokhtar hizo un *hat trick* en la ida y metió dos goles en la vuelta. Turquía también tenía que enfrentarse a estos dos combinados, pero se retiró, dejando despejado el camino a la fase final para Egipto.

TÚNEZ ATINA

Túnez pasó a ser el primer conjunto africano en ganar un partido en una fase final mundialista, cuando venció a México 3-1 en Rosario (Argentina), en 1978, gracias a los tantos de Ali Kaabi, Nejib Ghommidh y Mokhtar Dhouib. A pesar de compartir con Marruecos y Argelia el récord norteafricano de disputar cuatro Mundiales diferentes, es la única nación de esa zona en haberse clasificado tres veces seguidas: en 1998, 2002 y 2006. Entre los jugadores que participaron en los tres torneos estaban el capitán de 2006 Riadh Bouazizi, Hatem Trabelsi y **Radhi Jaïdi**.

DEDICACIÓN TOTAL

En la primavera de 2016, el volante argelino nacido en Francia **Riyad Mahrez** se convirtió en el primer africano en ser votado Futbolista Inglés del Año por sus compañeros tras lograr el primer título de la Premier League para el Leicester City. Cuando el Leicester se le acercó en enero de 2014, Mahrez pensó que se trataba del club de rugby Leicester Tigers, pero aun así firmó por 450.000 euros. Su complexión delgada sembró dudas acerca de su capacidad para medrar en Inglaterra. El primer argelino en ganar una Premier League comentó que creció jugando al fútbol en la calle. «Siempre estaba con el balón, por eso soy tan delgado, porque siempre me perdía la cena».

INFLUENCIA OFICIAL

El primer africano en arbitrar una final de Mundial fue el marroquí Said Belqola, que dirigió el partido de 1998 en el que la anfitriona, Francia, venció a Brasil por 3-0. Probablemente lo más destacado fue la expulsión del francés Marcel Desailly en el minuto 68, la tercera tarjeta roja mostrada en una final de Mundial. Belqola tenía 41 años en ese momento. Murió de cáncer cuatro años después.

LIBIA DA EJEMPLO

Después de la guerra civil de Libia en 2011, se esperaba poco de sus futbolistas en la Copa Africana de Naciones 2012. No obstante, consiguieron entusiasmar a sus aficionados con una victoria sorpresa por 2-1 sobre Senegal en su último partido de primera ronda; fue la primera vez que Libia ganaba un encuentro de la Copa Africana de Naciones fuera de su propio país. Su equipación llevaba la nueva bandera del Consejo Nacional de Transición. Entre las estrellas que despuntaron se encontraban Ihaab al Boussefi, que anotó los dos goles contra Senegal, y el portero y capitán **Samir Aboud,** que con 39 años era el jugador más mayor de la competición. En 2013, Libia disputó su primer partido competitivo en casa desde 2010, en el que se enfrentó a la República Democrática del Congo en un clasificatorio del Mundial 2014 que acabó en empate a cero.

DE CASA

La lista de máximos goleadores de Túnez vuelve a estar liderada por un jugador nacido en Túnez: **Issam Jemâa**. Su registro: 36 goles en 80 apariciones desde su debut en 2005. Inició su carrera en el Espérance, pero, desde 2005, ha jugado en equipos franceses, como el Lens, el Caen, el Auxerre y el Brest, o en otros, como el Kuwait SC, el Al-Sailiya y el Dubai CSC. Antes, el máximo anotador era Francileudo Santos, nacido en Brasil, que no visitó Túnez hasta su adolescencia y aceptó la nacionalidad cuando tenía 24 años, en 2004. Semanas después, no solo ayudó a su país a acoger la Copa Africana de Naciones 2004, sino también a ganarla: marcó cuatro goles, incluido el primero de la final contra Marruecos. Tanto Jemâa como Santos se vieron afectados por sendas lesiones antes del Mundial de 2006; Santos jugó solo 11 minutos del torneo, mientras que Jemâa se lo perdió entero. Los últimos dos goles de Jemâa fueron en el amistoso que ganó por 3-0 a Congo en 2013, pero no ha vuelto a jugar para Túnez desde 2014.

NORTE DE ÁFRICA: MÁXIMOS GOLEADORES SELECCIONADOS

ARGELIA: Abdelhafid Tasfaout	34
EGIPTO: Hossam Hassan	68
LIBIA: Tarik El Taib	23
MARRUECOS: Ahmed Faras	42
SUDÁN: Haytham Tambal	26
TÚNEZ: Issam Jemâa	36

CRISIS EN EL FÚTBOL EGIPCIO

El fútbol egipcio se ha visto sumido en una crisis desde los disturbios de la Primavera Árabe que expulsaron del cargo a los presidentes Hosni Mubarak en 2011 y Mohamed Morsi en 2013. Las aficiones politizadas de los clubes estrella de El Cairo, incluidos el Al-Ahly y el Zamalek, tuvieron un papel importante en las protestas callejeras, y se cerraron los estadios durante largos periodos tras los actos violentos en Port Saíd, cuando 74 aficionados murieron y 500 resultaron heridos tras el partido de la Premier League egipcia entre Al-Masry y Al-Ahly. La selección egipcia es la que más éxito ha cosechado en la Copa Africana de Naciones, con siete victorias, pero solo ha jugado en dos Mundiales (1934 y 1990).

QUÉ SALADO

Egipto tiene una nueva estrella: **Mohamed Salah**. Su actuación en las Olimpiadas de Londres de 2012 le valió el premio Talento Más Prometedor de la Confederación Africana de Fútbol. Una semana antes de su 21.er cumpleaños en junio de 2013, logró un *hat trick* contra Zimbabue en una victoria por 4-2 del clasificatorio mundialista y acabó la campaña con seis goles, hazaña solo igualada por su compatriota Mohamed Aboutrika y el ghanés Asamoah Gyan en las rondas clasificatorias africanas de 2014. Con sus actuaciones con la selección y con el club suizo Basilea, consiguió un traspaso de 14 millones de euros al Chelsea en enero de 2014, aunque poco después le cedieron a la Fiorentina y, luego, le vendieron a la Roma.

JUGARSE LA CABEZA

La carrera internacional del máximo goleador argelino **Abdelhafid Tasfaout** llegó a su fin en la Copa Africana de Naciones de 2002, aunque podía haber sido bastante peor. Tasfaout perdió el conocimiento tras un choque con el defensa malí Boubacar Diarra. Se tragó la lengua y se temió por su vida, aunque, afortunadamente, se recuperó. Tasfaout, que jugó en la liga francesa de fútbol durante seis años, marcó 34 tantos en 62 partidos para Argelia entre 1990 y 2002.

MALOS PERDEDORES

Libia podría haberse adjudicado el récord de victoria más amplia de un equipo africano, ya que asestó a Omán un 21-0 en la Copa Árabe de Naciones en abril de 1966. Sin embargo, los jugadores omaníes se retiraron 10 minutos antes de acabar, en protesta por un penalti señalado a favor de Libia, y abandonaron la competición.

NORTE DE ÁFRICA: INTERNACIONALES POR PAÍSES

ARGELIA: Lakhdar Belloumi		101
EGIPTO: Ahmed Hassan		184
LIBIA: Tarik El Taib		77
MARRUECOS: Abdelmajid Dolmi		140
SUDÁN: Haitham Mustafa		124
TÚNEZ: Radhi Jaïdi		105

SO FARAS, SO GOOD

Ahmed Faras no solo lidera las tablas de goleadores de Marruecos, con 42 goles entre 1965 y 1979, sino que también fue el capitán que se hizo en 1976 con la única Copa Africana de Naciones que ha ganado su país. Además, fue elegido mejor jugador del torneo tras anotar tres goles en seis partidos. Anteriormente, había aparecido dos veces como suplente cuando Marruecos debutó en el Mundial de 1970 y fue la primera representante africana desde 1934.

POR FIN

Después de acabar segundo (dos veces) y tercero, Sudán se convirtió en el tercer y último miembro fundador de la Copa Africana de Naciones en alzar el trofeo, cuando venció a Ghana en la final de 1970. Sudán, que era anfitrión, casi no llega a la final, pero dos goles de El-Issed, el segundo en el minuto 12 de la prórroga, eliminaron a Egipto. El mismo jugador marcó el único tanto de la final, a los 12 minutos.

MADIBA NOS ENCANTA

Aparte de los combinados holandés y español que compitieron en la final del Mundial de 2010, una de las atracciones estelares del estadio Soccer City de Johannesburgo el 11 de julio de 2010 fue la presencia del legendario expresidente de Sudáfrica **Nelson Mandela**. El presidente, de 91 años, conocido afectuosamente por su nombre tribal, «Madiba», fue conducido al campo antes del partido en un carrito de golf donde recibió una calurosa acogida por parte del público. Fue su única aparición en el torneo. Mandela quería acudir a la ceremonia y al partido de inauguración del 11 de junio, pero estaba de luto por la muerte de su bisnieta de 13 años en un accidente de coche que se produjo la noche anterior. Influyó mucho en la votación de la FIFA de 2004 para que Sudáfrica acogiera el Mundial en 2010.

AL SON DE SONG

Dos jugadores han resultado expulsados en dos Mundiales distintos: el camerunés Rigobert Song contra Brasil en 1994 y contra Chile cuatro años después, y el francés Zinedine Zidane, que vio la tarjeta roja contra Arabia Saudí en 1998 y contra Italia en la final de 2006. La tarjeta roja de Song contra Brasil lo convirtió en el jugador más joven en ser expulsado en un Mundial, puesto que solo contaba 17 años y 358 días. Song, nacido en Nkanglikock el 1 de julio de 1976, es el jugador que más partidos (137) ha disputado con Camerún, incluidos los que le convirtieron en campeón de la Copa Africana de Naciones de 2000 y 2002. Su sobrino, el polivalente jugador del Arsenal Alexandre Song Billong, también es internacional camerunés.

MÁS PARA ASAMOAH

El ghanés Asamoah Gyan ha anotado más goles mundialistas que ningún otro representante africano. Su registro se elevó a seis con dos tantos en el Mundial 2014 de Brasil, lo que le puso por delante del camerunés Roger Milla. También se convirtió en el primer africano en anotar en tres Mundiales diferentes y sus 11 encuentros le igualaron al camerunés François Omam-Biyik.

MEJOR ACTUACIÓN DE PAÍSES SUBSAHARIANOS EN MUNDIALES

ANGOLA: primera ronda 2006
CAMERÚN: cuartos de final 1990
COSTA DE MARFIL: primera ronda 2006, 2010, 2014
GHANA: cuartos de final 2010
NIGERIA: segunda ronda 1994, 1998, 2014
SENEGAL: cuartos de final 2002
SUDÁFRICA: primera ronda 1998, 2002, 2010
TOGO: primera ronda 2006
ZAIRE/RD DEL CONGO: primera ronda 1974

EL ALEGRE ROGER

El delantero camerunés **Roger Milla**, famoso por bailar alrededor del banderín de córner después de cada tanto, se convirtió en el anotador más veterano de la historia del Mundial al marcar contra Rusia en 1994 con 42 años y 39 días. A esta competición acudió como suplente y en su camiseta figuraba su apellido escrito a mano en lugar de impreso. Milla, nacido en Yaundé el 20 de mayo de 1952, llevaba retirado un año del fútbol profesional cuando el presidente de Camerún, Paul Biya, le convenció para volver a la selección en el Mundial de 1990. Gracias a sus goles en ese torneo, consiguió algo inédito, recibir el galardón de Mejor Futbolista Africano del Año por segunda vez, 14 años después de su primer trofeo. Culminó su carrera como internacional con 102 partidos y 28 goles tras el Mundial 94 en Estados Unidos.

CLASIFICACIÓN MUNDIALISTA DE PAÍSES SUBSAHARIANOS

ANGOLA: 1 (2006)
CAMERÚN: 7 (1982, 1990, 1994, 1998, 2002, 2010, 2014)
COSTA DE MARFIL: 3 (2006, 2010, 2014)
GHANA: 3 (2006, 2010, 2014)
NIGERIA: 5 (1994, 1998, 2002, 2010, 2014)
SENEGAL: 1 (2002)
SUDÁFRICA: 3 (1998, 2002, 2010)
TOGO: 1 (2006)
ZAIRE/RD DEL CONGO: 1 (1974)

OH NO, YOBO

El capitán nigeriano Joseph Yobo estableció dos récords nacionales cuando jugó un encuentro de segunda ronda contra Francia en el Mundial 2014, pero su gol tardío en propia meta en una derrota por 2-0 lo convirtió en un partido para el olvido. Su aparición aquel día no solo le convirtió en el primer internacional nigeriano en llegar a las 100 internacionalidades, también significó que había disputado 10 partidos mundialistas, uno más que el extitular del récord nacional, Jay-Jay Okocha.

RATOMIR LO LOGRA

Ghana pasó por cuatro entrenadores diferentes durante la clasificatoria para el Mundial de 2006; al final el serbio Ratomir Dujkovic consiguió que el país entrase en la fase final del torneo por primera vez. Les dirigió durante todo 2005 sin que perdieran un partido, lo que les hizo ganar el premio de la FIFA al equipo que más había mejorado del año. Ghana fue el único combinado africano en lograr pasar la primera ronda tanto del Mundial de 2006 como del de 2010, pese a que la media de edad del equipo era la más baja de los dos torneos. En 2010 también les entrenaba un serbio, Milovan Rajevac.

HERMANOS ENFRENTADOS

Los hermanos Boateng hicieron historia cuando se enfrentaron en el Mundial 2010 de Sudáfrica, y les tocó repetir en 2014. En 2010, Jerôme jugaba de lateral izquierdo para Alemania, mientras que su hermanastro mayor **Kevin-Prince** lo hacía en el medio campo de Ghana; se había cambiado de nacionalidad tan solo un mes antes. Los dos nacieron en Berlín, En el partido de grupos de 2010, Jerôme Boateng entró como lateral derecho. Alemania ganó por 1-0 en Sudáfrica, mientras que en Brasil acabaron empatados a dos. Solo Kevin-Prince jugó los 90 minutos en Sudáfrica. Fue sustituido durante el partido de Brasil mientras a Jerôme lo sustituyeron en los dos encuentros. De los 180 minutos, coincidieron en el campo «solo» 117 minutos.

ÁFRICA SUBSAHARIANA: MÁXIMOS GOLEADORES MUNDIALISTAS

Asamoah Gyan (Ghana) 6
Roger Milla (Camerún) 5
Papa Bouba Diop (Senegal) 3
Samuel Eto'o (Camerún) 3
Daniel Amokachi (Nigeria) 2
Emmanuel Amunike (Nigeria) 2
André Ayew (Ghana) 2
Shaun Bartlett (Sudáfrica) 2
Wilfried Bony (Costa de Marfil) 2
Henri Camara (Senegal) 2
Aruna Dindane (Costa de Marfil) 2
Didier Drogba (Costa de Marfil) 2
Gervinho (Costa de Marfil) 2
Patrick Mboma (Camerún) 2
Benni McCarthy (Sudáfrica) 2
Sulley Muntari (Ghana) 2
Ahmed Musa (Nigeria) 2
François Omam-Biyik (Camerún) 2

KESHI QUE SÍ

El nigeriano Stephen Keshi se convirtió en el primer técnico africano en llegar a las fases eliminatorias del Mundial cuando dirigió a su país en el Grupo F del torneo de 2014 celebrado en Brasil. La hazaña también supuso que Nigeria fuese el primer país africano en llegar a la segunda ronda de tres Mundiales diferentes, habiéndolo hecho ya en 1994, cuando Keshi estaba en el equipo, y en 1998. Anunció su dimisión tras la derrota de Nigeria en segunda ronda por 2-0 ante Francia, a pesar de la actuación gloriosa del arquero **Vincent Enyeama**.

EL CUARTETO DEL ÉXITO

Los dos únicos futbolistas africanos que han jugado en cuatro Mundiales, y los únicos tres convocados en las cuatro ediciones, son todos de Camerún. El delantero Samuel Eto'o fue el último, en 2014, tras jugar en 1998, 2002 y 2010. Emuló al defensa Rigobert Song, que estuvo en los combinados cameruneses de 1994, 1998, 2002 y 2010. El cancerbero Jacques Songo'o fue convocado para la selección de los cuatro Mundiales entre 1990 y 2002, pero realmente solo jugó en las ediciones de 1994 y 1998.

DROGBA NO SE OLVIDA DE SU TIERRA

Puede que **Didier Drogba** se haya criado en Francia, pero nació en Costa de Marfil y sigue siendo uno de los hijos predilectos del país africano por sus hazañas tanto dentro como fuera del campo. El capitán de Costa de Marfil cuenta con un récord de 65 tantos en 104 partidos internacionales para «los Elefantes». También se le reconoce su influencia fuera del campo, como cuando pidió un alto al fuego en esta nación, devastada por la guerra civil. Además, presionó para que un clasificatorio de la Copa Africana de Naciones contra Madagascar en junio de 2007 se trasladase de la capital, Abiyán, al bastión del ejército rebelde, Bouaké, en un intento de reconciliar a los dos bandos. Drogba, dos veces Futbolista Africano del Año, capitaneó a Costa de Marfil en los tres Mundiales en los que han participado, en 2006, 2010 y 2014, aunque en 2014 solo empezó el tercer partido.

ÁFRICA SUBSAHARIANA: MÁXIMOS GOLEADORES

ANGOLA: Akwá		38
BOTSUANA: Jerome Ramatlhakwane		19
CAMERÚN: Samuel Eto'o		56
GHANA: Asamoah Gyan		49
C. DE MARFIL: Didier Drogba		65
NIGERIA: Rashidi Yekini		37
SENEGAL: Henri Camara		29
SUDÁFRICA: Benni McCarthy		32
TOGO: Emmanuel Adabayor		30
ZAMBIA: Godfrey Chitalu		79
ZIMBABUE: Peter Ndlovu		38

QUINCE AÑOS TIENE...

El quinceañero Samuel Kuffour fue el futbolista más joven en ganar una medalla olímpica, 27 días antes de cumplir 16 años, cuando Ghana logró el bronce en Barcelona 92.

ÁGUILAS DE ALTOS VUELOS

El primer país africano en ganar un torneo oficial de la FIFA fue Nigeria, cuando sus «Súper Águilas» superaron a Alemania 2-0 en la final de la Copa Mundial Sub-17 de 1985.

NOQUEADO EN LOS PENALTIS

El guardameta y capitán de Botsuana, Modiri Marumo, fue expulsado en medio de la tanda de penaltis contra Malaui en mayo de 2003 por propinar un puñetazo al portero rival, Phillip Nyasulu. El defensa botsuano Michael Mogaladi tuvo que permanecer bajo los palos el resto de la ronda, que ganó Malaui por 4-1.

ADE ADELANTA

El máximo goleador de Togo y Jugador Africano del Año de 2008, **Emmanuel Adebayor,** fue el capitán durante la única aparición mundialista de su país en Alemania en 2006. No ganaron ni un partido, pero la carrera de Adebayor en los clubes europeos tuvo más éxito, con temporadas en Francia con el Metz y el Mónaco, en España con el Real Madrid y en Inglaterra con el Arsenal, el Manchester City, el Tottenham Hotspur y el Crystal Palace. Su temporada con los Spurs se vio perturbada cuando acusó a su propia madre de practicar brujería contra él.

EL GENEROSO GEORGE

El liberiano George Weah fue el primer africano que recibió el galardón de Jugador Mundial de la FIFA, en 1995, en reconocimiento a su prolífica capacidad goleadora en el París Saint-Germain y el AC Milan. Ese mismo año añadió el Balón de Oro y el premio al Mejor Futbolista Africano del Año a su vitrina de trofeos. Además de ser capitán de su país, Weah financiaba los viajes de su selección, pero sigue siendo el único Jugador Mundial de la FIFA cuyo país nunca se ha clasificado para un Mundial. Cuando se retiró en 2003 con 60 partidos y 22 goles como internacional, se dedicó a la política y en 2005 se presentó sin éxito a la presidencia de Liberia.

SUPER FRED

En 2007, Frédéric Kanouté se convirtió en el primer jugador en ser nombrado Futbolista Africano del Año a pesar de haber nacido en un continente diferente. El ariete nació en Lyon (Francia) y jugó con la Sub-21 francesa, pero al ser hijo de madre gala y padre maliense optó por representar a Malí en 2004, llegando a anotar 23 goles en 37 apariciones antes de retirarse del fútbol internacional tras la Copa Africana de Naciones de 2010. Además de ser uno de los mejores jugadores de Malí de todos los tiempos, también es un héroe para los aficionados del Sevilla, para el que ha anotado 143 goles y ha ganado dos Copas de la UEFA. Solo ha habido tres hombres que hayan anotado más tantos para el club.

ÁFRICA SUBSAHARIANA: INTERNACIONALES

ANGOLA: Akwá		80
BOTSUANA: Mompati Thuma		73
CAMERÚN: Rigobert Song		137
GHANA: Asamoah Gyan		100
C. DE MARFIL: Didier Zokora		123
NIGERIA: Vincent Enyeama / Joseph Yobo		101
SENEGAL: Henri Camara		99
SUDÁFRICA: Aaron Mokoena		107
TOGO: Abdoul-Gafar Mamah		84
ZAMBIA: David Chabala		115
ZIMBABUE: Peter Ndlovu		100

GABÓN CON SONG

El máximo goleador internacional de Gabón, **Pierre-Emerick Aubameyang,** acabó en 2016 con el reinado cuatrienal de Yaya Touré como Jugador Africano del Año. Touré había igualado al camerunés Samuel Eto'o al ganar el trofeo en cuatro ocasiones. Sin embargo, los 41 goles de Aubameyang para el Borussia Dortmund y su selección le relegaron a un segundo puesto. Aubameyang nació en Francia, pero lanzó su carrera en Italia con el AC Milan y fue el primer jugador de la Bundesliga en ganar el premio. Debutó con Gabón en 2009, tras haber rechazado representar a la Sub-19 italiana, aunque disputó un amistoso con la Sub-21 francesa.

LA MEMORIA DEL MAESTRO

Didier Zokora, el jugador con más internacionalidades de Costa de Marfil, lleva varios tatuajes en honor a su familia, sobre todo en honor a su hermano pequeño, Armand, cuyo nombre lleva tatuado en el antebrazo derecho. Ambos habían firmado contratos profesionales con el equipo local ASEC Mimosas cuando Armand se ahogó en una playa en 1997 a los 14 años. En su antebrazo izquierdo, Zokora, apodado «Maestro», tiene tatuados los nombre de sus hijas, Sarah y Nadya, y justo encima del corazón, el nombre de su esposa, Mariam. Zokora solo ha anotado una vez en 123 partidos internacionales, en un clasificatorio para el Mundial que ganaron por 4-0 a Botsuana en junio de 2008.

LA BALA HUMANA

El máximo goleador de Zimbabue, **Peter Ndlovu,** fue el primer futbolista africano en participar en la Premier League inglesa cuando debutó con el Coventry City en agosto de 1992. Terminó su carrera internacional con 38 tantos en 100 partidos con su país entre 1991 y 2007, antes de ser nombrado ayudante del seleccionador en 2011. El jugador, apodado «la bala de Bulawayo», capitaneó en 2004 a la primera selección de Zimbabue que llegó a la fase final de la Copa Africana de Naciones, aunque volvieron a clasificarse dos años después. Entre sus compañeros se encontraban su hermano Adam y el exportero del Liverpool Bruce Grobbelaar. Adam Ndlovu falleció en un trágico accidente de coche cerca de las cataratas Victoria en Zimbabue en diciembre de 2012. Peter también se encontraba en el coche y, aunque sufrió algunas lesiones graves en la cabeza y se rompió algunos huesos, sobrevivió.

ASIA Y OCEANÍA

Asia albergará el Mundial por segunda vez cuando Catar acoja el mayor espectáculo futbolístico del mundo en 2022. Esto mejorará el estatus cada vez más alto del que disfruta este deporte en Asia, gracias también a las importantes inversiones que está realizando China en fútbol. Japón y Corea del Sur fueron las coanfitrionas del primer Mundial celebrado en Asia en 2002 y, desde entonces, la potente región futbolística de Asia se ha visto fortalecida por el «traspaso» de Australia desde la confederación de Oceanía.

La afición asiática tendrá mucho que celebrar en los próximos años, ya que Catar será anfitriona del Mundial 2022 y Emiratos Árabes Unidos albergará la Copa Asiática 2019.

AUSTRALIA

Australia, víctima quizá de un sistema de clasificación demasiado complicado que ha limitado su participación en los Mundiales y de la desventaja de su aislamiento geográfico, al principio vio prosperar otros deportes en detrimento del fútbol y ha tardado mucho en situarse en el mapa futbolístico mundial. No obstante, impulsada por nuevas generaciones de jugadores, muchos en clubes europeos importantes, Australia se ha clasificado de forma regular en el Mundial y, en 2015, albergó y se hizo con la Copa Asiática por primera vez.

REGISTRO DE AUSTRALIA

Logros: campeones de Oceanía en 1980, 1996, 2000, 2004; campeones de Asia en 2015
Primer internacional: vs. Nueva Zelanda (perdió 3-1), Auckland, 17 de junio de 1922
Mayor victoria: 31-0 vs. Samoa Estadounidense, Coffs Harbour, 11 de abril de 2001
Peor derrota: 7-0 vs. Croacia, Zagreb, 6 de junio de 1998

HÉROE NATIVO

Harry Williams tiene un lugar de honor en la historia del fútbol australiano al ser el primer aborigen en representar a su país en un internacional. Debutó en 1970 y formó parte del primer combinado australiano en disputar un Mundial, en la RFA en 1974.

MORI EL RÁPIDO

El récord del australiano Damian Mori de 29 goles en 45 partidos internacionales, incluyó al menos cinco *hat tricks*: tres goles contra Fiyi y Tahití, cuatro contra las Islas Cook y Tonga, y cinco en la aplastante derrota de las Islas Salomón por 13-0 en un clasificatorio para el Mundial 1998. Su carrera internacional abarcó de 1992 a 2002, pero nunca jugó una fase final de un Mundial, ya que Australia no se clasificó. No obstante, se alzó con el récord del mundo por el gol más rápido cuando marcó a los 3,69 segundos del inicio de un partido para su club, el Adelaide City, contra el Sydney United en 1996.

LA HORA DE NEILL

El veterano australiano **Lucas Neill** tuvo que esperar hasta su 91.ª aparición internacional para marcar su primer gol para su país: el último tiro en una victoria por 4-0 sobre Jordania en junio de 2013 que multiplicó sus oportunidades de llegar hasta el Mundial 2014. Consiguieron clasificarse en el siguiente partido. Sin embargo, se excluyó a Neill del combinado australiano que jugaría en Brasil y su carrera internacional pareció eclipsarse tras 96 apariciones con los Socceroos. Este exdefensa de los Blackburn Rovers, el West Ham United y el Galatasaray debutó con la selección nacional en octubre de 1996 y llegó a ser el tercer internacional más joven del país. No obstante, su récord de anotaciones palidece frente al del central Robbie Cornthwaite, cuyo gol contra Rumanía en febrero de 2013 fue el tercero en sus primeros seis partidos para Australia.

INTERNACIONALES

1	Mark Schwarzer	109
2	Tim Cahill	96
=	Lucas Neill	96
4	Brett Emerton	95
5	Alex Tobin	87
6	Mark Bresciano	84
=	Paul Wade	84
8	Luke Wilkshire	80
9	Tony Vidmar	76
10	Mile Jedinak	70

CAHILL HACE HISTORIA

El total de goles mundialistas de **Tim Cahill** es solo uno menos que el del resto de australianos juntos. Anotó los primeros goles de los Socceroos en la fase final de un Mundial, marcando en el minuto 84 (y 89) de su victoria por 3-1 sobre Japón en 2006. Su tanto más espectacular fue el último, una volea en el primer tiempo en la derrota por 3-2 ante Holanda en Porto Alegre en 2014. Por desgracia, Cahill recibió más tarde su segunda amarilla de la fase final y se perdió el último partido de Australia. Anotó dos veces en 2006, una en 2010 (recibió una tarjeta roja en el partido inicial de Australia) y dos en 2014.

RÉCORD EN LA TANDA DE PENALTIS

Australia es el único equipo que ha llegado a la fase final de un Mundial gracias a una tanda de penaltis. Fue en la repesca intercontinental de noviembre de 2005. Habían perdido el partido de ida por 1-0 ante Uruguay en Montevideo. El gol de Mark Bresciano igualó el resultado total, que siguió 1-1 tras la prórroga. El portero **Mark Schwarzer** hizo dos paradas decisivas y Australia ganó la tanda por 4-2. John Aloisi logró el último penalti. Schwarzer superó a Alex Tobin y se convirtió en el futbolista australiano con más internacionalidades en su 88.ª aparición, en enero de 2011, en la final de la Copa Asiática en la que perdieron ante Japón. Schwarzer debutó con la selección contra Canadá en 1993; Tobin era defensa.

LA APUESTA DE BRETT

El gol de Brett Holman contra Ghana, en el empate a uno del torneo de 2010, le convirtió en el anotador australiano más joven en un Mundial. Tenía 26 años y 84 días, era 105 días más joven que Tim Cahill cuando marcó contra Japón en 2006. Holman elevó su registro cinco días después, cuando Australia venció a Serbia 2-1. Cahill también marcó, pero la diferencia de goles impidió que Australia pasase a segunda ronda.

EN LA TIERRA DE LOS CANGUROS

Tras casi lograrlo dos veces, **Australia,** la anfitriona, se llevó la Copa Asiática por primera vez en 2015 tras vencer a Corea del Sur por 2-1. James Troisi metió el gol ganador, y el otro anotador, Massimo Luongo, fue elegido el jugador más valioso del torneo. Australia se convirtió en el primer país ganador de dos confederaciones, tras haberse llevado la Copa de las Naciones de la OFC cuatro veces como miembro de la confederación oceánica. Tim Cahill y Mark Bresciano fueron los primeros jugadores en lograrlo.

MILE Y MILE

El capitán australiano Mile Jedinak tuvo el honor de anotar el gol internacional n.º 1.000 para su país, un fantástico tiro libre en un amistoso que acabó en empate a dos contra la campeona mundial, Alemania, en 2015. Bill Maunder anotó el primer gol en un partido de exhibición contra Nueva Zelanda en 1922.

TRES TARJETAS Y SIGUEN

Graham Poll no fue el primer referí en enseñar tres tarjetas amarillas al mismo jugador en un Mundial, el de 2006. Había ocurrido antes en un partido en el que jugaba Australia, cuando el centrocampista inglés Ray Richards fue expulsado tarde del encuentro contra Chile en el Mundial de 1974. El árbitro de reserva Clive Thomas, de Gales, avisó al árbitro iraní Jafar Namdar de que le había enseñado la tarjeta amarilla tres veces sin echarlo. Richards jugó cuatro minutos de más antes de salir del campo.

ADOPTADO

El defensa **Peter Wilson** nació en Inglaterra, pero, tras emigrar a Australia en 1969, capitaneó a su país de adopción en su primera Copa Mundial en 1974. Se convirtió en el primer australiano en alcanzar las 50 internacionalidades en 1976, antes de dejar la selección en 1979 con 65 apariciones, una gesta solo superada por Paul Wade en 1993. Otro pilar del combinado australiano de aquella época era el centrocampista Johnny Warren, cuyo nombre lleva el premio al mejor jugador de la A-League australiana.

MÁXIMOS GOLEADORES

1	Tim Cahill	48
2	Damian Mori	29
3	Archie Thompson	28
4	John Aloisi	27
5	Attila Abonyi	25
=	John Kosima	25
7	Brett Emerton	20
=	David Zdrilic	20
9	Graham Arnold	19
10	Ray Baartz	18

JAPÓN

Las dos últimas décadas han sido testigo de importantes avances en el fútbol japonés. Hasta que se introdujo la primera liga profesional en 1993, los clubes habían sido *amateurs* y el fútbol se veía eclipsado por otros deportes como el béisbol, las artes marciales, el *ping-pong* y el golf. Lo más importante para el fútbol fue que Japón coorganizase el Mundial 2002, donde el equipo alcanzó la segunda ronda por primera vez. Las victorias en la Copa Asiática de 1992, 2000, 2004 y 2011 se celebraron profusamente, como prueba de que se creaba una norma.

FÚTBOL POLÍTICO

Japón ganó la medalla de bronce de las Olimpiadas de verano de 1968 celebradas en México, y su ariete estrella Kunishige Kamamoto terminó como máximo goleador con siete goles. Sigue siendo el máximo anotador de Japón, con 80 goles en 84 partidos (Japón considera internacionales los partidos de las Olimpiadas). Desde que se retiró, ha combinado el trabajo de técnico con el de parlamentario y vicepresidente de la asociación de fútbol del país.

MÁXIMOS GOLEADORES

1	Kunishige Kamamoto	80
2	Kazuyoshi Miura	55
3	Shinji Okazaki	50
4	Hiromi Hara	37
5	Keisuke Honda	36
6	Shinji Kagawa	28
7	Takuya Takagi	27
8	Kazushi Kimura	26
9	Shunsuke Nakamura	24
10	Naohiro Takahara	23

NAKATA ALLANA EL CAMINO

Hidetoshi Nakata es uno de los mejores jugadores japoneses de la historia. Despuntó al marcar los tres tantos en el 3-2 de Japón a Irán en la repesca para el Mundial en noviembre de 1997. Fichó por el Perugia italiano tras el Mundial de 1998 y se convirtió en el primer futbolista nipón en jugar en Europa, además de ganar la Serie A con la Roma en 2001. Le siguieron compañeros de la selección como Shinji Ono, que se unió al Feyenoord de los Países Bajos, y el centrocampista Shunsuke Nakamura, que ha tenido como patrones europeos al Reggina italiano, al Celtic escocés y al Espanyol. Participó en tres Mundiales, con 10 partidos y un gol, el segundo del 2-0 sobre Túnez que les valió el pase a octavos en 2002. Fue 77 veces internacional y marcó en 11 ocasiones, antes de retirarse por sorpresa después del Mundial de 2006, con 29 años.

HONDA INSPIRA

Aparte de Brasil, la anfitriona, Japón fue el primer país en clasificarse para el Mundial 2014, después de que el penalti de Keisuke Honda en el tiempo de descuento le asegurase un empate a uno contra Australia en junio de 2013. Honda ya había ganado anteriormente dos premios de jugador del partido en el Mundial 2010 y fue elegido jugador del torneo cuando Japón ganó la Copa Asiática 2011, bajo el mando del técnico italiano Alberto Zaccheroni. Anotó el primer gol de Japón en la fase final de 2014, contra Costa de Marfil, pero perdieron por 2-1 y se fueron del campeonato tras dos derrotas y un empate, propiciando la dimisión de Zaccheroni. Honda fue el primer japonés en anotar en dos Mundiales y el primero en marcar tres goles.

⚽ INTERNACIONALES

1	Yasuhito Endo	152
2	Masami Ihara	122
3	Yoshikatsu Kawaguchi	116
4	Yuji Nakazawa	110
5	Shinji Okazaki	108
6	Makoto Hasebe	104
7	Shunsuke Nakamura	98
8	Yuto Nagatomo	93
9	Kazuyoshi Miura	89
10	Keisuke Honda	88
=	Yasuyuki Konno	88

⚽ EL HITO DE YASUHITO

El mediocentro Yasuhito Endo anotó el primer gol de la Copa Asiática 2015, cuando Japón defendía su corona en la victoria por 4-0 sobre la debutante Palestina. No obstante, tras ganar sus tres partidos de grupo sin encajar ni un gol, Japón perdió en cuartos en los penaltis contra Emiratos Árabes Unidos tras un empate a uno. Fue su peor actuación en la Copa Asiática en 19 años. Endo se consoló al convertirse en el primer nipón en lograr 150 internacionalidades, pero desapareció del plano internacional después de la fase final, habiendo anotado 15 veces en 152 apariciones.

⚽ TRIPLETE NIPÓN

Shinji Okazaki fue el quinto hombre en lograr las 100 internacionalidades con Japón en un partido contra Siria en marzo de 2016. Dos meses más tarde, el ariete terminó la temporada con la medalla de oro de la Premier League inglesa tras anotar cinco goles en el triunfo del Leicester City, cuyas apuestas iban 5.000-1. Marcó en la victoria de Japón sobre Dinamarca por 3-1 en Bloemfontein en el Mundial 2010, junto con Keisuke Honda y Yasuhito Endo. Era la primera vez que un un equipo asiático anotaba tres goles en un partido mundialista desde que Portugal venció a Corea del Norte por 5-3 en cuartos de final en 1966. Sus 50 tantos con su selección incluyen *hat tricks* en partidos consecutivos contra Hong Kong y Togo en octubre de 2009.

⚽ TODO UN MIURA

El segundo máximo anotador de Japón, Kazuyoshi Miura, es también el jugador más mayor en activo del fútbol profesional de alto nivel. El 12 de marzo de 2017, con 50 años y 14 días, Miura anotó para el Yokohama FC contra el Thespakusatsu Gunma de la J.League Division 2. Sus 55 goles en 89 partidos internacionales incluyen los 14 de la clasificatoria para el Mundial 1998, el primero de Japón. Miura se mudó a Brasil a los 15 años y jugó en el Santos antes de regresar a casa en 1990, cuando nació la J.League japonesa. Dos años después, llevó a su país a la gloria en la Copa Asiática.

⚽ TA–DA, TADANARI

El héroe del gol en la prórroga que supuso que Japón batiese el récord de cuatro Copas Asiáticas en 2011 fue un hombre que ni siquiera había jugado en la selección. El ariete **Tadanari Lee** hizo su debut internacional en el partido de primera ronda contra Jordania, y eligió el momento justo para su primer tanto nipón, a 11 minutos de la prórroga de la final contra Australia. Su compañero en el medio campo, Keisuke Honda, se llevó el premio al jugador más valioso del torneo, mientras que el *hat trick* en primera ronda del delantero Shinji Okazaki contra Arabia Saudí le aseguraba su puesto en el equipo ideal del torneo.

⚽ GOLEADA NIPONA

Ningún equipo ha marcado más goles en una Copa Asiática que Japón: 21 en seis encuentros en su camino para ganar el título por segunda vez, en el Líbano en 2000; sin embargo, la final contra Arabia Saudí se decidió por un solo gol, de Shigeyoshi Mochizuki. Nueve jugadores diferentes anotaron para Japón durante el torneo, incluidos Akinori Nishizawa y Naohiro Takahara, que metieron cinco cada uno, mientras su compañero Ryuzo Morioka marcó uno en propia meta. La victoria nipona más sonada del torneo tuvo lugar en primera ronda, un 8-1 contra Uzbekistán, con *hat tricks* tanto de Nishizawa como de Takahara.

COREA DEL SUR

«¡Sed los rojos!» fue el grito de guerra de los fervientes aficionados surcoreanos cuando acogieron de forma conjunta el Mundial de 2002 y vieron a su enérgico equipo convertirse en el primer equipo asiático en llegar a semifinales, para acabar cuartos. Corea del Sur también ganó las dos primeras Copas Asiáticas antes de considerarse el combinado líder del continente, aunque sus triunfos asiáticos en el césped hayan sido escasos desde entonces. La liga profesional del país, la K League, está progresando y los equipos surcoreanos han ganado el campeonato de clubes asiático once veces en total.

EL PARCO DE PARK

El incansable centrocampista **Park Ji-sung** puede vanagloriarse de ser el futbolista asiático más exitoso de todos los tiempos. Se convirtió en el primer asiático en alzar el trofeo de la Champions League a pesar de haberse perdido la final cuando su club, el Manchester United, venció al Chelsea en 2008. También fue el primer futbolista asiático en marcar en tres Mundiales seguidos, empezando en casa en 2002 con un gol que adelantó el marcador en un partido de primera ronda que puso a Corea del Sur en octavos por primera vez en la historia. Su compañero en la selección Ahn Jung-hwan es el otro futbolista asiático que ha anotado tres tantos mundialistas, todos ellos en Alemania en 2006. Park se convirtió en el octavo surcoreano en jugar 100 partidos internacionales cuando dirigió a su combinado en la derrota en semifinales de la Copa Asiática de 2011 ante Japón, antes de anunciar su retirada del fútbol internacional para permitir la entrada de nuevos talentos.

SON DEL BAYERN

Corea del Sur ha disputado más encuentros de fase final mundialista que ningún otro equipo asiático, al elevar su registro a 31 con tres partidos en 2014, aunque terminaron últimos del Grupo H. Solo ha pasado dos veces de primera ronda y su récord total es de cinco victorias, nueve empates y 17 derrotas. Su encuentro n.º 30, que tuvo lugar el 22 de junio de 2014, una derrota por 4-2 ante Argelia, fue un resultado más triste que el de los dos partidos anteriores celebrados en la misma fecha: una victoria en penaltis sobre España en los cuartos de final de 2002 y un empate a dos en la fase de grupos con Nigeria ocho años después. El segundo gol de Corea del Sur contra Argelia lo marcó el ariete del Bayer 04 Leverkusen **Son Heung-min**. Su padre, Son Woong-chun, un antiguo internacional, urgió sin éxito a los entrenadores en la clasificatoria a que dejasen a su hijo fuera del equipo para que tuviese más tiempo y se desarrollase como jugador. Son firmó por el Tottenham Hotspur en agosto de 2015, convirtiéndose en el jugador asiático mejor pagado.

INSTINTO ARÁCNIDO

El arquero **Lee Woon-jae,** apodado «Manos de Araña», se convirtió en el héroe de su país al detener el penalti crucial que llevó a los coanfitriones, Corea del Sur, a la semifinal del Mundial de 2002. Bloqueó el cuarto tiro de España, del extremo Joaquín, en la tanda de penaltis de cuartos de final. Lee, que también jugó en los Mundiales de 1994, 2006 y 2010, paró más penaltis en la Copa Asiática de 2007; detuvo tres tiros en la tanda que llevó a Corea del Sur al tercer puesto. La buena forma de Lee hizo que su suplente, Kim Byung-ji, solo jugase 62 internacionales. Sin embargo, Kim al menos estableció una nueva marca surcoreana de 200 porterías imbatidas en junio de 2012, a los 42 años.

DEFENSA FÉRREA DE STIELIKE

El 1 de septiembre de 2016, Corea del Sur estableció un récord nacional al lograr su novena victoria consecutiva en la clasificatoria del Mundial al vencer a China por 3-2 en Seúl. También completó una trayectoria mundialista de 13 horas y 44 minutos sin encajar un gol en la clasificatoria, desde una derrota en 2013 ante Irán. Entre los surcoreanos que marcaron contra China, se encontraba el centrocampista **Lee Chung-yong**, que también lanzó dos tiros en el Mundial de 2010 en Sudáfrica. Se batió otro récord nacional el 1 de junio de 2017, cuando Uli Stieleke, que jugaba para la RFA, se convirtió en el primer seleccionador de Corea en estar 1.000 días en el cargo.

⚽ INTERNACIONALES

1	Hong Myung-bo	136
2	Cha Bum-kun	135
3	Lee Woon-jae	133
4	Lee Young-pyo	127
5	Yoo Sang-chul	124
6	Kim Ho-gon	120
7	Cho Young-jeung	109
8	Kim Tae-young	105
9	Lee Dong-gook	103
=	Hwang Sun-hong	103
=	Park Sung-hwa	103

⚽ MÁXIMOS GOLEADORES

1	Cha Bum-kun	58
2	Hwang Sun-hong	50
3	Park Lee-chun	36
4	Lee Dong-gook	33
=	Kim Jae-han	33
6	Kim Do-hoon	30
=	Huh Jung-moo	30
=	Choi Soon-ho	30
9	Kim Jin-kook	27
=	Choi Yong-soo	27
=	Lee Young-moo	27

HONG ESTABLECE RÉCORDS MUNDIALISTAS

El defensa surcoreano **Hong Myung-bo** fue el primer futbolista asiático en jugar las fases finales de cuatro Mundiales consecutivos. Disputó los tres partidos que Corea del Sur perdió ante Bélgica, España y Uruguay en 1990. En 1994 marcó dos tantos en tres partidos y su gol frente a España alentó el contraataque coreano para remontar el 2-0 y quedar 2-2. En 1998 fue titular en los tres partidos de la fase de grupos, pero Corea del Sur no pasó de primera ronda. Cuatro años después, en tierras patrias, capitaneó a Corea del Sur hasta el cuarto puesto del Mundial y fue votado tercer mejor jugador del torneo. Hong entrenó a la selección surcoreana Sub-23 y logró el bronce en las Olimpiadas 2012, venciendo a Japón por 2-0 en el eliminatorio. Los tantos contra Japón los marcaron Park Chu-young del Arsenal y Koo Ja-cheol del VfL Wolfsburgo. Hong pasó a ser entrenador de Corea del Sur en junio de 2013 y estuvo a cargo en el Mundial 2014, donde un partido de grupos le enfrentó a Bélgica y a su entrenador, Marc Wilmots, contra quien ya había jugado en 1998.

CHA BOOM ES LA BOMBA

Incluso antes de que Corea del Sur se abriese camino en los Mundiales gracias a Guus Hiddink, el país contaba con un héroe local de renombre mundial: el atronador ariete **Cha Bum-kun,** conocido por sus fieros tiros y el merecido sobrenombre de «Cha Boom». Ayudó a cimentar el camino en Europa para los demás jugadores asiáticos al firmar por el club alemán Eintracht Frankfurt en 1979 y jugar más tarde para el Bayer 04 Leverkusen. Sus logros en Alemania incluyeron dos triunfos en la Copa de la UEFA, con el Frankfurt en 1980 y con el Leverkusen ocho años más tarde, mientras que sus actuaciones le ayudaron a convertirse en el ídolo de futuros internacionales alemanes como Jürgen Klinsmann y Michael Ballack. Su récord de 58 tantos para la selección, en 135 encuentros, incluyó un *hat trick* en siete minutos contra Malasia, que igualó el marcador hasta entonces a 4-1, en 1977. Más tarde trabajó como seleccionador, y ganó 22 partidos, perdió 11 y empató ocho mientras estuvo al mando entre enero de 1997 y junio de 1998; pero tuvo un triste final al ser expulsado de dos partidos en el Mundial 1998, tras la derrota de Corea del Sur por 5-0 ante Países Bajos.

OTROS EQUIPOS ASIA

Las selecciones menos conocidas de Asia son las cenicientas del fútbol mundial. A pesar de ser países donde la otrora el fútbol todavía no ha arraigado, la rivalidad entre selecciones y sus logros no dejan de ser emocionantes. Los jugadores de estas regiones baten muchos récords, desde el máximo goleador en un único encuentro hasta el futbolista con más partidos jugados en su carrera, y algunos no serán superados jamás.

LOS SAUDÍES RESURGEN

Los jugadores de Arabia Saudí han ganado el premio Jugador Asiático del Año en ocho ocasiones, más que cualquier otro rival continental, siendo el más reciente **Nasser Al-Shamrani** en 2014. Su *hat trick* en la derrota de Camboya por 7-2 en enero de 2017 le hizo sumar 19 goles para su selección. Su compañero Mohammed Al-Sahlawi metió cinco goles al aplastar a Timor Oriental por 10-0 en noviembre de 2015. Pero el tanto más destacable del país sigue siendo el gol a más de 50 metros de Saeed Al-Owairan contra Bélgica en la fase de grupos mundialista de 1994. Llegaron a octavos, pero no lograron emular la gesta en los tres siguientes partidos.

MÁXIMOS GOLEADORES IRÁN

1	Ali Daei	109
2	Karim Bagheri	50
3	Javad Nekounam	39
4	Ali Karimi	38
5	Gholam Hossein Mazloumi	19
6	Farshad Pious	18
7	Reza Ghoochannejhad	17
8	Sardar Azmoun	16
9	Hamid Alidoostii	15
=	Vahid Hashemian	15

NEK EL SEGUNDÓN

El centrocampista iraní Javad Nekounam va detrás del ariete Ali Daei en partidos como capitán (56 ante 80), pero arrebató a su excompañero el primer puesto en número de apariciones. Nekounam dirigió a Irán en la Copa Mundial de la FIFA 2014, superó el récord de Daei con su internacional 150 contra Chile en marzo de 2015 y se retiró tras competir contra Suecia cinco días después, aunque fue elegido rápidamente ayudante del técnico de la selección iraní, Carlos Queiroz.

LA CARRERA DE IRÁN

Irán ganó los 13 partidos de su *hat trick* de Copas Asiáticas de 1968, 1972 y 1976, y su victoria por 8-0 sobre Yemen del Sur en 1976 sigue siendo un récord del torneo. Entre los jugadores que disfrutaron de estos logros estaba Homayoun Behzadi, que marcó en los cuatro encuentros de 1968 y estuvo también en el equipo ganador cuatro años más tarde. El técnico de Irán en 1976 era Heshmat Mohajerani, que también llevó a la selección a los cuartos de final de las Olimpiadas de aquel verano en Montreal antes de conducirla a su primer Mundial, en 1978. El capitán iraní en el torneo de Argentina fue el centrocampista Ali Parvin, que había anotado el único gol de la Copa Asiática de 1976 contra Kuwait.

GRANDES VS. PEQUEÑOS

Corea del Norte perdió por 2-1 en su primer partido del Mundial de 2010, ante Brasil. **Ji Yun-Nam** marcó el tanto de los coreanos en el último minuto. El encuentro fue entre los equipos mejor y peor clasificados. Brasil estaba en el primer lugar de la clasificación mientras que Corea del Norte era la 105.ª.

INTERNACIONALES DE IRÁN

1	Javad Nekounam	151
2	Ali Daei	149
3	Ali Karimi	127
4	Mehdi Mahdavikia	110
5	Jalal Hosseini	108
6	Andranik Teymourian	101
7	Karim Bagheri	87
8	Hossein Kaebii	84
9	Ehsan Hajsafi	83
10	Hamid Reza Estilii	82

REGISTRO DE PARTICIPACIONES EN LA COPA MUNDIAL DE LA FIFA

Arabia Saudí	4	(1994, 1998, 2002, 2006)
Irán	4	(1978, 1998, 2006, 2014)
Corea del Norte	2	(1966, 2010)
Nueva Zelanda	2	(1982*, 2010*)
China	1	(2002)
EAU	1	(1990)
Indonesia**	1	(1938)
Irak	1	(1986)
Israel	1	(1970)
Kuwait	1	(1982)

* Se clasificó como miembro de la Confederación de Oceanía.
** Jugó como Indias Orientales Neerlandesas en 1938.

SHEIKH PISA FUERTE

Kuwait solo se ha clasificado una vez para un Mundial, en 1982, aunque su aparición fue memorable, ya que casi se marchan del campo en protesta. El responsable kuwaití para las Olimpiadas, Sheikh Fahad Al-Ahmed, llegó a pisotear el campo en Valladolid cuando el francés Alain Giresse metió un tanto que habría dado a les Bleus una ventaja de 4-1. Los kuwaitíes adujeron que habían oído un pitido y dejaron de jugar, y al final convencieron al árbitro Myroslav Stupar para que invalidara el gol. De todas formas, el partido terminó 4-1 para Francia y Kuwait fue eliminada en la primera ronda.

EL POTENCIAL DE CHINA

China solo se ha clasificado una vez para una fase final mundialista, en 2002, pero no logró marcar en las derrotas ante Costa Rica (2-0), Brasil (4-0) y Turquía (3-0). El combinado de 2002 incluía al jugador más veces internacional, Li Weifeng (112 apariciones), y al máximo anotador de todos los tiempos, Hao Haidong (37 goles). China fue uno de los tres equipos, junto con Japón y Corea del Sur, que completaron la primera ronda de la Copa Asiática de la AFC 2015 con tres victorias y sin encajar ni un gol; era la primera vez que China conseguía el máximo de puntos en una fase inicial. El combinado dirigido por el francés Alain Perrin perdió en cuartos por 2-0 ante la finalmente ganadora, Australia. La nueva Superliga china elevará el nivel.

EMIRES

El ariete emiratí **Ali Mabkhout** se convirtió en 2015 en el primer futbolista de su país en encabezar las listas de anotación de la Copa Asiática. Sus cinco goles incluyeron un tiro a los 14 segundos de empezar la victoria por 2-1 sobre Bahréin, el gol más rápido de la competición. Su último gol les dio la victoria por 3-2 en el partido contra Irak por el tercer puesto y elevó su registro a 25 tantos en 37 apariciones para EAU. Fue la Copa Asiática más destacada para el país desde que acabasen subcampeones siendo anfitriones en 1996.

PIONEROS PALESTINOS

Palestina, entonces británica, fue la primera selección asiática que llegó a la fase de clasificación de un Mundial. Cayeron 7-1 a domicilio ante Egipto el 16 de marzo de 1934 y 4-1 en el partido de vuelta en casa el 6 de abril. Cuatro años después, Grecia les eliminó al ganar por 3-1 en Tel Aviv y por 1-0 en casa. La antigua Palestina pasó a ser Israel en 1948, pero la nueva hizo su debut en la Copa de la AFC en 2015, aunque perdió los tres partidos de primera ronda.

LOS PEORES

El mismo día que Brasil y Alemania celebraban la final del Mundial de 2002, el 30 de junio, los dos equipos peor posicionados en la clasificación de la FIFA también se estaban enfrentando. Bután, de Asia, acabó ganando a Montserrat, de la CONCACAF, en un partido disputado en Thimbu. El capitán del equipo vencedor, Wangay Dorji, hizo un *hat trick*.

IRAK SE SOBREPONE

Una de las mayores sorpresas del fútbol internacional en los últimos tiempos, y de las más agradables, fue el triunfo de Irak en la Copa Asiática de 2007, apenas un año después del final de la guerra que arrasó el país y les obligó a jugar los partidos «en casa» en otros lugares. A pesar de las interrupciones, eliminaron a Vietnam y a Corea del Sur. En la final contra Arabia Saudí, el capitán **Younis Mahmoud** anotó el gol decisivo para la victoria. Sin embargo, no lograron conservar el título cuatro años más tarde y perdieron ante Australia en cuartos. Mahmoud se retiró del fútbol internacional en marzo de 2014 con 50 tantos en 124 partidos con la absoluta (quedó el segundo en las dos categorías), solo por detrás de Hussein Saeed, que anotó 61 goles en 126 apariciones entre 1977 y 1990.

CARRERÓN

Mokhtar Dahari, que murió de distrofia muscular a los 37 años en 1991, sigue siendo el máximo goleador malayo, con 45 goles en 167 partidos entre 1972 y 1985, y un héroe nacional. En 1978, «Super Mokh» marcó un tanto tras una carrera en solitario desde la línea de medio campo en un empate a uno contra Inglaterra B que se jugó en Kuala Lumpur. Aunque no aparece en el Salón de la Fama de la AFC (al contrario que su compatriota Soh Chin Aun, el australiano Harry Kewell, la china Sun Wen, el indio Baichung Bhutia, los iraníes Homayoun Behzadi y Ali Daei, los japoneses Homare Sawa y Yasuhiko Okudera, el saudí Sami Al-Jaber y el surcoreano Hong Myung-bo), es un héroe nacional en Malasia.

DAEI ES FELIZ

El ariete iraní **Ali Daei** se convirtió en el primer futbolista en anotar cien goles internacionales; su cuarto tanto en la victoria sobre Laos por 7-0 el 17 de noviembre de 2004 supuso su gol 102. Acabó su trayectoria con 109 goles para Irán en 149 internacionales entre 1993 y 2006, aunque ninguno se produjo durante sus apariciones mundialistas en 1998 y 2006. También es el máximo goleador de todos los tiempos de la Copa Asiática, con 14 tantos, a pesar de que nunca ha ganado el torneo. Su etapa como seleccionador nacional fue menos prometedora, solo duró un año, de marzo de 2008 a marzo de 2009, antes de ser despedido, mientras Irán luchaba en la clasificatoria para el Mundial 2010.

UNO DE LOS MEJORES DEL BARÇA

El primer futbolista asiático en jugar para un club europeo fue también, durante casi un siglo, el máximo anotador del Barcelona, antes de ser superado en marzo de 2014 por Lionel Messi. Paulino Alcántara, de Filipinas, anotó 369 tantos en 357 partidos con el club catalán entre 1912 y 1927. Debutó a los 15 años y sigue siendo el jugador más joven del Barça. Alcántara nació en Filipinas, pero tenía padre español, y disputó partidos internacionales con Cataluña, España y Filipinas, con la que apareció en la victoria sobre Japón por 15-2 en 1917. Alcántara se hizo médico tras retirarse del fútbol a los 31 años, aunque dirigió brevemente a España en 1951.

POLIVALENTE

Bader Al-Mutawa es tanto el jugador con más internacionalidades de Kuwait como su máximo anotador. En septiembre de 2015, había jugado 156 veces para su país y anotado 51 goles, después de 14 años con la selección. Obtuvo el segundo puesto del premio Futbolista Asiático del Año en 2006, aunque por error se dijo al principio que era tercero. Por desgracia para Al-Mutawa, la suspensión de su selección por la FIFA emitida en octubre de 2015 interrumpió su carrera, y Kuwait, ganadora en 1980, perdió sus derechos como anfitriona de la Copa Asiática 2019.

SIETE DE SORPRESA

El máximo anotador en la campaña de clasificación asiática del Mundial 2014 fue el japonés Shinji Okazaki, con ocho goles, pero le seguían jugadores que no pertenecían a las superpotencias tradicionales de la Confederación Asiática. Empatados, con siete goles cada uno, estaban el iraquí Younis Mahmoud, los jordanos Ahmad Hayel y Hassan Abdel-Fattah y el vietnamita Lê Công Vinh, cuyos tiros le han ayudado a alcanzar el récord nacional de 31 tantos. Jordania nunca antes había llegado a la cuarta y última ronda del clasificatorio de la AFC antes, y lo hizo esta vez entrenada por Adnan Hamad, que previamente había pasado cinco temporadas como técnico de su país, Irak.

EMPATE

La Copa Asiática 2015 estableció un nuevo récord del torneo: 26 partidos consecutivos sin un empate. Los 24 encuentros de primera ronda y los dos primeros de cuartos de final tuvieron un resultado positivo tras los 90 minutos. Solo el Mundial inaugural de 1930 vio acabar los 18 partidos con un resultado decisivo. Sin embargo, en 2015, Irak (sobre Irán) y los Emiratos Árabes Unidos (contra Japón) necesitaron una tanda de penaltis para llegar a cuartos, y la final acabó en prórroga.

MÁXIMOS GOLEADORES DE LA COPA ASIÁTICA

1	**Ali Daei** (Irán)	14
2	**Lee Dong-gook** (Corea del Sur)	10
3	**Naohiro Takahara** (Japón)	9
4	**Jassem Al Houwaidi** (Kuwait)	8
=	**Younis Mahmoud** (Irak)	8
6	**Behtash Fariba** (Irán)	7
=	**Hossein Kalani** (Irán)	7
=	**Choi Soon-ho** (Corea del Sur)	7
=	**Faisal Al-Dakhil** (Kuwait)	7
10	**Yasser Al-Qahtani** (Arabia Saudí)	6
=	**Tim Cahill** (Australia)	6
=	**Alexander Geynrikh** (Uzbekistán)	6

EL TIRO DE PAK HACE HISTORIA

El norcoreano **Pak Doo-ik** se convirtió en una leyenda al marcar el gol que eliminó a Italia del Mundial de 1966. La conmoción causada por esta victoria fue comparable a la de la derrota de Inglaterra ante Estados Unidos por 1-0 en 1950. Pak anotó el único gol en el minuto 42 en Middlesbrough, el 19 de julio. Corea del Norte se convirtió así en el primer equipo asiático en llegar a cuartos de final. Pak, que era cabo del ejército, fue ascendido a sargento tras la victoria y más tarde se convirtió en entrenador de gimnasia.

TÉCNICOS GANADORES DE LA COPA ASIÁTICA

1956	**Lee Yoo-hyung**	(Corea del Sur)
1960	**Wi Hye-deok**	(Corea del Sur)
1964	**Gyula Mándi**	(Israel)
1968	**Mahmoud Bayati**	(Irán)
1972	**Mohammad Ranjbar**	(Irán)
1976	**Heshmat Mohajerani**	(Irán)
1980	**Carlos Alberto Parreira**	(Kuwait)
1984	**Khalil Al-Zayani**	(Arabia Saudí)
1988	**Carlos Alberto Parreira**	(Arabia Saudí)
1992	**Hans Ooft**	(Japón)
1996	**Nelo Vingada**	(Arabia Saudí)
2000	**Philippe Troussier**	(Japón)
2004	**Zico**	(Japón)
2007	**Jorvan Vieira**	(Irak)
2011	**Alberto Zaccheroni**	(Japón)
2015	**Ange Postecoglou**	(Australia)

FUTBOLISTAS ASIÁTICOS DEL AÑO

Año	Jugador	País
1988	Ahmed Radhi	Irak
1989	Kim Joo-sung	Corea del Sur
1990	Kim Joo-sung	Corea del Sur
1991	Kim Joo-sung	Corea del Sur
1992	no se concedió	
1993	Kazuyoshi Miura	Japón
1994	Saeed Al-Owairan	Arabia Saudí
1995	Masami Ihara	Japón
1996	Khodadad Azizi	Irán
1997	Hidetoshi Nakata	Japón
1998	Hidetoshi Nakata	Japón
1999	Ali Daei	Irán
2000	Nawaf Al Temyat	Arabia Saudí
2001	Fan Zhiyi	China
2002	Shinji Ono	Japón
2003	Mehdi Mahdavikia	Irán
2004	Ali Karimi	Irán
2005	Hamad Al-Montashari	Arabia Saudí
2006	Khalfan Ibrahim	Catar
2007	Yasser Al-Qahtani	Arabia Saudí
2008	Server Djeparov	Uzbekistán
2009	Yasuhito Endo	Japón
2010	Sasa Ognenovski	Australia
2011	Server Djeparov	Uzbekistán
2012	Lee Keun-ho	Corea del Sur
2013	Zheng Zhi	China
2014	Nasser Al-Shamrani	Arabia Saudí
2015	Ahmed Khalil	Emiratos Árabes
2016	Omar Abdulrahman	Emiratos Árabes

EN PRIMER PLANO

Sami Al-Jaber (nacido el 11 de diciembre de 1972 en Riad) se convirtió en el segundo jugador asiático en participar en las fases finales de cuatro Mundiales al ser titular contra Túnez en Múnich, el 14 de junio de 2006. En el empate a dos anotó el que fue su tercer gol en nueve partidos de fase final. Al-Jaber solo disputó un encuentro en 1998 antes de acudir de urgencia al hospital por una apendicitis que le dejó fuera del torneo. Es el máximo anotador de Arabia Saudí, con 44 goles en 163 partidos.

BUTÁN LO LOGRA

Bután disfrutó de una racha de victorias sin precedentes en 2015. Era la nación peor clasificada del mundo y solo había ganado dos internacionales en 34 años, antes de vencer a Sri Lanka en la ida y la vuelta de la previa del Mundial 2018. El gol de la ida fue de Tshering Dorji, mientras que **Chencho Gyeltshen,** el único jugador profesional del país, anotó los dos goles de Bután en el 2-1 de la vuelta. La nación himalaya llegó a segunda ronda de la AFC por primera vez, pero perdió sus ocho encuentros posteriores con una diferencia de goles de -52. El técnico japonés Norio Tsukitate fue despedido en un descanso, cuando Bután perdía ante Maldivas por 3-0, aunque el encuentro terminó 4-3.

UN VIAJE DEMASIADO LARGO PARA PERDER

La primera selección asiática que disputó un Mundial fue Indonesia (Indias Orientales Neerlandesas) en Francia en 1938. El torneo era eliminatorio y, el 5 de junio en Reims, Hungría les venció por 6-0, con goles de György Sárosi, Gyula Zsengellér (dos cada uno), Vilmos Kohut y Géza Toldi.

NO LE HACE FALTA REZAR

Ninguna nación de la Confederación Asiática de Fútbol llegó a las fases eliminatorias del Mundial 2014. Japón, Corea del Sur, Australia e Irán se fueron en primera ronda, pero el gol de consolación del delantero iraní Reza Ghoochannejhad en el último partido, una derrota por 3-1 ante Bosnia-Herzegovina, significó que todos los finalistas habían anotado. Esto no había sucedido en un Mundial desde 1998, cuando el torneo se amplió por primera vez a 32 equipos. Ghoochannejhad también marcó el gol iraní de la victoria por 1-0 contra Corea del Sur en junio de 2013, que los puso los primeros del grupo asiático.

HONG KONG HACE HISTORIA

Chan Yuen-ting hizo historia cuando el club hongkonés Eastern ganó la liga en mayo de 2016. Esta técnico de 27 años se convirtió en la primera mujer del mundo en ganar un título liguero importante entrenando a un equipo masculino. Ganaron al 41 veces campeón South China.

EL 4X4 DE CHINA

Cuatro selecciones llevan el nombre de China. La selección nacional de China es la más destacada, pero Hong Kong (antigua colonia británica) y Macao (antigua colonia portuguesa) mantienen su condición de autonomía en el fútbol como Hong Kong China y Macao China. En cuanto a la isla estado independiente de Taiwán, compite en el Mundial y otros torneos con el nombre de China Taipéi.

SUPERIOR

Solo un técnico, Carlos Alberto Parreira, ha ganado la Copa Asiática dos veces y lo ha hecho con dos selecciones diferentes. Primero, con Kuwait en 1980 y, luego, con Arabia Saudí en 1988. Después, catapultó a Brasil hasta la gloria en el Mundial celebrado en EE. UU. en 1994.

SUPREMACÍA IRANÍ

Irán domina los récords de la Copa Asiática de la AFC. Cuenta con el mayor número de victorias (37), de empates (18) y de goles anotados (119), y comparte con Corea del Sur el registro de 62 partidos disputados. Corea del Sur ha encajado el mayor número de goles (62), Singapur y Birmania el menor (cuatro), mientras que la debutante en 2015, Palestina, aún no ha anotado ninguno. La siguiente Copa se celebrará en los Emiratos en 2019. El país ejercerá de anfitrión por primera vez después de acabar subcampeones en 1996.

LOS TÉCNICOS LOCALES DEJAN HUELLA

Nadie ha ganado el premio de Entrenador del Año en Asia más de una vez desde que se introdujo en 1994, aunque siempre han sido asiáticos los elegidos, excepto cuando se lo concedieron al francés Philippe Troussier en 2000 y al holandés Guus Hiddink dos años más tarde. También se reconoció el trabajo femenino con los triunfos del entrenador de la selección femenina de China Ma Yuanan en 1996, el seleccionador Sub-20 de Corea del Norte Choe Kwang-Sok diez años después y el japonés Norio Sasaki en 2011, que ganó el Mundial Femenino. Al año siguiente, el premio recayó sobre Kim Ho-Gon, a cargo del club surcoreano Ulsan Hyundai.

LA MAYOR… Y LA MENOR

La mayor asistencia a un clasificatorio para un Mundial de un país asiático en casa fueron los 130.000 espectadores que presenciaron el empate a uno del Irán-Australia en Teherán el 22 de noviembre de 1997. El encuentro era la ida de la repesca intercontinental por el último puesto para la fase final de 1998. Irán se clasificó por mayor número de goles fuera de casa tras empatar a dos en Melbourne. La menor asistencia fue de 20 personas en la victoria por 1-0 de Turkmenistán a Taiwán en Ammán el 7 de mayo de 2001.

SERVER SIRVE

El jugador más veces internacional de Uzbekistán, **Server Djeparov,** es también el único jugador de su país que ha sido nombrado Futbolista Asiático del Año, haciéndose con el premio tanto en 2008 como en 2011. Desde su debut en 2002, ha jugado en 123 ocasiones para Uzbekistán y ha capitaneado a los uzbekos hasta el cuarto puesto de la Copa Asiática de 2011, su mejor actuación hasta la fecha.

LOS EAU NOQUEAN A ZAGALLO

El increíble brasileño Mário Zagallo, que ha ganado el Mundial como jugador y como técnico, entrenaba a los Emiratos Árabes Unidos cuando se clasificaron para su primer y único Mundial en 1990. Pero a pesar de su éxito en la clasificatoria asiática, fue despedido la víspera del inicio del Mundial. Zagallo fue reemplazado por el técnico polaco Bernard Blaut, cuyo equipo perdió los tres partidos en Italia 90. Otros grandes seleccionadores que han dirigido a los EAU son el brasileño Carlos Alberto Parreira (que también ganó el Mundial con Brasil), los ingleses Don Revie y Roy Hodgson, el ucraniano Valery Lobanovsky y el portugués Carlos Queiroz.

LOS UZBEKOS BATEN RÉCORDS

El uzbeko Maksim Shatskikh se retiró del fútbol internacional, tras 61 apariciones con su selección, en un amistoso contra Omán en 2014. No logró añadir aquel día ningún gol a sus 34 tantos. Igualó el mayor registro, los 31 goles de **Mirjalol Qosimov**, en la derrota por 7-3 de Singapur en 2008 y también ostenta el récord de cinco goles en un partido contra Taiwán en 2007. Shatskikh también disfrutó del éxito de clubes en Ucrania y, con el Dínamo de Kiev, se convirtió en el segundo uzbeko, después de Qosimov, en anotar en una competición de clubes de la UEFA. Qosimov fue nombrado seleccionador de Uzbekistán en 2008-10 y 2012-15.

AGENTE DOBLE

Aunque el norcoreano Kim Myong-won juega por lo general como delantero, fue convocado como tercer portero de la selección de su país para el Mundial 2010. La FIFA advirtió a Corea del Norte de que solo podría jugar de guardameta, y no fuera del área, pero al final no llegó a pisar el césped en ninguna posición en ninguno de los tres partidos del Grupo G.

LA CUESTIÓN ISRAELÍ

Israel es una nación asiática geográficamente. En 1964 fue anfitrión y campeón de la Copa Asiática. No obstante, muchos países que se unieron más tarde a la Confederación Asiática se negaron a jugar contra Israel por motivos políticos. Israel se clasificó para la fase final de 1970 a través de un torneo que enfrentaba a dos países asiáticos: Japón y Corea del Sur, y dos de Oceanía: Australia y Nueva Zelanda. En 1989 encabezó el grupo de Oceanía, pero perdió la repesca ante Colombia para la fase final de 1990. En 1992 se cambió a la fase de clasificación de la zona europea y ha sido miembro de pleno derecho de la UEFA desde 1994.

GANADORES DE LA COPA ASIÁTICA

La Copa Asiática es el torneo continental de Asia

Año	Campeones
1956	Corea del Sur
1960	Corea del Sur
1964	Israel
1968	Irán
1972	Irán
1976	Irán
1980	Kuwait
1984	Arabia Saudí
1988	Arabia Saudí
1992	Japón
1996	Arabia Saudí
2000	Japón
2004	Japón
2007	Irak
2011	Japón
2015	Australia

CONGELACIÓN

Mongolia estuvo 38 años, de 1960 a 1998, sin disputar un solo internacional e, incluso, en los años que siguieron, jugó pocos partidos debido a las gélidas condiciones climatológicas del país entre octubre y junio. Últimamente, han mejorado mucho y disfrutaron de su mayor victoria el 4 de julio de 2016, un 8-0 contra las Islas Marianas del Norte, incluido un *hat trick* del centrocampista Mönkh-Erdeniin Tögöldör, en un partido de la ronda preliminar del Campeonato de Fútbol del Este de Asia.

OCEANÍA

El fútbol oceánico puede vanagloriarse de algunas de las estadísticas más impactantes del fútbol, aunque hay quien no se alegra demasiado, sobre todo los sufridos porteros de islas pequeñas al final de los partidos con marcadores muy abultados. La marcha de Australia a la Confederación Asiática de Fútbol porque quería competidores un poco más fuertes socavó la moral de las demás selecciones, pero benefició a Nueva Zelanda en el campo. La primera vez que Australia y Nueva Zelanda participaban en un Mundial fue en 2010.

DESTRUCCIÓN TOTAL

Ninguna selección de Oceanía aparte de Australia y Nueva Zelanda se ha clasificado para el torneo de fútbol masculino de las Olimpiadas, pero Fiyi casi lo consigue en 2012, ya que perdió por 1-0 ante Nueva Zelanda en la final de la clasificatoria. La selección de las Islas Salomón fue la que marcó más tantos, pero no logró superar la fase de grupos. Registró la diferencia más amplia de goles en primera ronda, 12, gracias a la aplastante victoria por 16-1 sobre Samoa Estadounidense, con siete tantos de Ian Paia. Sin embargo, al ser vencida por Fiyi y Vanuatu quedó tercera del grupo.

MÁXIMOS GOLEADORES: NUEVA ZELANDA

1	Vaughan Coveny	28
2	Shane Smeltz	24
3	Steve Sumner	22
4	Brian Turner	21
5	Chris Wood	19
6	Jock Newall	17
7	Chris Killen	16
=	Keith Nelson	16
9	Grant Turner	15
10	Darren McClennan	12
=	Michael McGarry	12
=	Wynton Rufer	12

INTERNACIONALES: NUEVA ZELANDA

1	Ivan Vicelich	88
2	Simon Elliott	69
3	Vaughan Coveney	64
4	Ricki Herbert	61
5	Chris Jackson	60
6	Brian Turner	59
7	Duncan Cole	58
=	Steve Sumner	58
9	Chris Zoricich	57
10	Leo Bertos	56
=	Ceri Evans	56

CARAMBA CON KAREMBEU

Christian Karembeu, natural de Nueva Caledonia, es el único ganador de un Mundial que procede de Oceanía. Fue titular con Francia en su victoria sobre Brasil por 3-0 en la final del torneo, el 12 de julio de 1998. El centrocampista defensivo ya había sido titular frente a Dinamarca (fase de grupos), Italia (cuartos) y Croacia (semifinal). Jugó 53 veces con Francia, marcó un gol y además ganó dos Copas de Europa con el Real Madrid en 1998 y 2000.

NEOCAPITÁN

Chris Wood anotó cuatro goles en la Copa de las Naciones de la OFC 2016, solo uno menos que el máximo anotador, el papú Raymond Gunemba. Nueva Zelanda se hizo con el trofeo por quinta vez, todo un récord. Wood debutó a los 17 años contra Tanzania, en junio de 2009, el mismo año que, con el West Bromwich Albion, se convirtió en el quinto y más joven neozelandés en jugar en la Premier League inglesa. Marcó su primer gol internacional en octubre de 2010 en un empate a uno contra Honduras, aunque recibió una amarilla por celebrarlo, ya que enseñó sus calzoncillos amarillos en los que podía verse su apodo «Woodzee». Se convirtió en el segundo capitán más joven de Nueva Zelanda cuando le dieron el brazalete el 14 de noviembre de 2014 en el partido contra China, cuando contaba 22 años y 343 días. Tommy Smith le supera: fue el capitán contra El Salvador en mayo de 2012 con 22 años y 53 días.

EL REGRESO DE RICKI

Ricki Herbert es el único futbolista neozelandés que ha participado dos veces en un Mundial: jugó como lateral izquierdo en España 82 y dirigió a la selección en 2010. Esta segunda vez lograron clasificarse gracias a la repesca intercontinental contra el representante de la Confederación Asiática de Fútbol, Bahréin. Herbert dimitió en noviembre de 2013 tras perder la repesca para el Mundial 2014 contra México, aunque más tarde entrenaría a las Maldivas. Le sucedió el antiguo técnico del equipo de reserva del Tottenham Hotspur y el técnico de Bahréin Anthony Hudson. Herbert es uno de los dos neozelandeses que ha llegado a seleccionador junto con Barrie Truman, que ocupó este cargo entre 1970 y 1976.

¿QUÉ HAY, KAÏ?

Australia (doce) y Nueva Zelanda (nueve) han dominado en las 25 ediciones de Jugador del Año de Oceanía entre 1988 y 2015. Christian Karembeu, internacional francés, ganó en 1995 y 1998, y su compatriota **Bertrand Kaï** lo emuló en 2011. Kaï marcó 21 tantos en 37 internacionales y fue el máximo anotador con diez goles cuando Nueva Caledonia ganó los Juegos del Pacífico 2011. El exdelantero del Nantes, Niza y Mónaco, Marama Vahirua, ganó el premio como jugador de Tahití en 2005.

TODO QUEDA EN FAMILIA

La modesta Tahití acabó finalmente con el liderazgo de Australia y Nueva Zelanda en la Copa de las Naciones de la OFC, al ganar su novena edición en 2012, tras cuatro triunfos de Australia y cuatro de Nueva Zelanda. Tahití anotó 20 goles en cinco partidos en el evento celebrado en las Islas Salomón, 15 de los cuales fueron de miembros de la familia Tehau: los hermanos Lorenzo (cinco), Alvin y Jonathan Tehau (cuatro cada uno) y su primo Teaonui (dos). Steevy Chong Hue anotó el único gol de la final, contra Nueva Caledonia, que le dio al equipo dirigido por Eddy Etaeta no solo el trofeo, sino también una plaza en la Copa FIFA Confederaciones 2013 en Brasil.

EL MALEFICIO DEL EMPATE

A pesar de que solo era su segundo Mundial y el primero desde 1982, Nueva Zelanda no perdió ningún partido en Sudáfrica. Empataron en los tres de primera ronda, contra Eslovaquia, Italia y Paraguay. Aunque los tres puntos no fueron suficientes para asegurarle un puesto entre los dos primeros del Grupo F, los neozelandeses acabaron terceros por delante de la entonces vigente campeona, Italia. Los únicos equipos que fueron eliminados de un Mundial a pesar de permanecer invictos en grupos fueron Escocia en 1974, Camerún en 1982 y Bélgica en 1998.

DEL BANCO AL BANQUILLO

La selección neozelandesa acudió al Mundial de 2010 con cuatro jugadores *amateurs*. Incluso el centrocampista Andy Barron, que trabaja como asesor de inversiones en un banco de Wellington, entró en el campo como suplente en el tiempo de descuento cuando se enfrentaron contra la defensora del título, Italia.

PEQUEÑA PERO MATONA

Fiyi, con solo 900.000 habitantes, se aseguró su primera victoria en un torneo de la FIFA con la derrota inesperada de Honduras por 3-0 en el Mundial Sub-20 2015 de Nueva Zelanda. Su victoria, gracias a los esfuerzos de Iosefo Verevou y Saula Waqa, y a un gol propio de Kevin Álvarez, llegó días después de caer por 8-1 ante Alemania. Aunque los anfitriones llegaron a octavos, Fiyi volvió a casa tras perder por 3-0 contra Uzbekistán.

NICKY HACE LO QUE PUEDE

Nicky Salapu fue el desafortunado arquero que encajó el récord internacional de 31 goles cuando su equipo, Samoa Estadounidense, perdió por 31-0 ante Australia en abril de 2001. Solo dos días antes, Australia había aplastado a Tonga con un 22-0. Algunos problemas con los pasaportes impidieron jugar a varios de los mejores componentes del combinado samoano el partido contra Australia y hubo que incluir a tres chicos de 15 años en la alineación, cuya media de edad era de 18 años. Salapu también jugaba cuando Samoa Estadounidense ganó finalmente su primer internacional competitivo, un 2-1 contra Tonga en noviembre de 2011 gracias a los tantos de Ramin Ott y Shamin Luani. A esto le siguió un empate a 1 con las Islas Cook, durante la campaña de clasificación para el Mundial 2014 de Samoa Estadounidense, dirigida por el técnico holandés Thomas Rongen y filmada por el equipo del documental **Next Goal Wins**. El documental se estrenó en 2014 con la aclamación de la crítica y estaba protagonizado por Jaiyah Saelua, el primer futbolista transexual internacional. Nació hombre, pero es del pueblo Fa'afafine, que tiene rasgos masculinos y femeninos.

CONCACAF

La potencia y la pasión por el fútbol en el Caribe, y en Norte y Centroamérica, se vio reflejada de forma evidente en la fase final del Mundial 2014. Costa Rica, México y Estados Unidos progresaron y superaron la fase de grupos en Brasil, en la que Costa Rica destacó. Los Ticos llegaron a cuartos de final por primera vez en su historia, solo para perder ante Holanda en la lotería de una tanda de penaltis. Estados Unidos acogió el centenario de la Copa América 2016, lo que hizo que se mantuviese el foco de atención en la CONCACAF.

Estados Unidos ha albergado dos torneos continentales en años consecutivos: la Copa América Centenario de la CONMEBOL en 2016 y la Copa de Oro de la CONCACAF en 2017.

2

0

69:44

LEVI'S STADIUM

Levi's® STADIUM

SONY

COPA AMERICA
CENTENARIO USA 2016

SAMSUNG   SAMSUNG   SAMSUNG   SAMSUNG   SAMSUNG

LEVI'S STADIUM

SAMSUNG   SAMSUNG   SAMSUNG   SAMSUNG

MÉXICO

Puede que México sea la primera potencia de la región de la CONCACAF y que se clasifique de forma regular para el Mundial (tan solo se ha perdido la fase final del torneo en cinco ocasiones: 1934, 1938, 1974, 1982 y 1990), pero siempre ha tenido que luchar para imponerse en el panorama internacional. Dos pases a cuartos de final del Mundial, ambos como anfitrión de la competición, en 1970 y 1986, figuran como sus mejores resultados hasta la fecha y un país tan apasionado por el fútbol tiene mayores expectativas.

MÁXIMOS GOLEADORES

1	Javier Hernández	48
2	Jared Borgetti	46
3	Cuauhtémoc Blanco	39
4	Carlos Hermosillo	35
=	Luis Hernández	35
6	Enrique Borja	31
7	Luis Roberto Alves	30
8	Luis Flores	29
=	Luis García	29
=	Hugo Sánchez	29

EL INCREÍBLE HUGO SÁNCHEZ

Puede que Javier Hernández haya superado el récord de máximo goleador de México de Jared Borgetti, pero probablemente el ariete que más admiración ha despertado en el país sea **Hugo Sánchez**, famoso por sus chilenas y sus volteretas al celebrar los goles. Sánchez jugó para México en los Mundiales de 1978, 1986 y 1994, y también lo habría hecho en 1982 y 1990 si se hubiesen clasificado. Durante las temporadas que pasó en España con el Atlético y el Real Madrid, terminó como máximo goleador de La Liga cinco años de seis, entre 1985 y 1990. De su decepcionante carrera como seleccionador mexicano de 2006 a 2008, cabe destacar el tercer puesto en la Copa América de 2007.

MÁRQUEZ MARCA

El zaguero central Rafael Márquez hizo historia en 2014 como primer jugador que capitaneaba a su selección en cuatro Mundiales consecutivos. Sus cuatro partidos de 2014 le llevaron a aparecer en 16 partidos mundialistas, más que Antonio Carbajal, cuyos 11 encuentros se repartieron en cinco y no cuatro torneos. Márquez, que anotó contra Camerún en 2014, además de en 2006 y 2010, es también el segundo mexicano en marcar en tres Mundiales diferentes, por detrás de Cuauhtémoc Blanco. La elección de Márquez, con 37 años, por el técnico Juan Carlos Osorio para el combinado de la Copa América Centenario 2016 fue toda una sorpresa. Sin embargo, en el primer partido contra Uruguay, dio a su equipo una ventaja de 2-1 cuando quedaban cinco minutos para el final del encuentro, que México terminó ganando por 3-1. De su progreso hasta cuartos de final, solo fue testigo, ya que tuvo que volver a Guadalajara cuando su esposa, Jaydy Michel, dio a luz a su tercer hijo.

PÉREZ, EL PRECOZ

El jugador internacional más joven de México sigue siendo el centrocampista Luis Ernesto «Lucho» Pérez, que ganó el primero de sus 69 internacionales con 17 años y 308 días, contra El Salvador en 1998. Menos impresionante fue su tarjeta roja en el tercer partido de primera ronda de México contra Portugal en el Mundial 2006. Hugo Sánchez era el jugador más mayor del país, con 39 años y 251 días en su último internacional, contra Paraguay en 1998, aunque solo fue un partido de despedida cuatro años después de su anterior aparición con México, y fue sustituido en el primer minuto por Luis García.

INTERNACIONALES

1	Claudio Suárez	177
2	Pavel Pardo	146
=	Gerardo Torrado	146
4	Rafael Márquez	143
5	Andrés Guardado	139
6	Jorge Campos	130
7	Carlos Salcido	124
8	Ramón Ramírez	121
9	Cuauhtémoc Blanco	120
10	Alberto García-Aspe	109

SUÁREZ SE CORONA EMPERADOR

El defensa mexicano **Claudio Suárez** es el jugador que ha sido más veces internacional, con 177 partidos, solo superado por el egipcio Ahmed Hassan y el saudí Mohamed Al-Deayea. Suárez, apodado El Emperador, disputó los cuatro partidos de México en los Mundiales de 1994 y 1998. No estuvo en la fase final de 2002 a causa de una fractura en una pierna, pero sí en la de Alemania en 2006, aunque no jugó.

DE TAL PALO TAL ASTILLA

El gol para México de **Javier Hernández** contra Costa Rica el 24 de marzo de 2017 acabó con su sequía de goles internacionales. Igualó a Jared Borgetti como máximo anotador, con 46 goles en 89 partidos ambos. Dos meses mas tarde, Hernández superó a Borgetti y logró 48 goles en la Copa FIFA Confederaciones. Cuando jugó contra Sudáfrica el 11 de junio de 2010, se convirtió en la tercera generación de su familia que participaba en un Mundial. Hernández, apodado «Chicharito», es hijo de Javier Hernández, que alcanzó los cuartos de final con México en 1986, y nieto de Tomás Balcázar, miembro de la selección de 1954. Otra pareja mexicana fue la de los primeros padre e hijo que jugaron en una fase final. Luis Pérez representó a México en 1930, y su hijo Mario Pérez, 40 años más tarde.

SIETE SON MUCHOS

La derrota sorpresa de México ante Chile por 7-0 en cuartos de final de la Copa América Centenario 2016 fue su mayor fracaso en un torneo oficial y acabó con una racha de 22 partidos invictos, un récord para México en la esfera internacional. Su mayor patinazo hasta entonces había sido una derrota por 6-0 ante la RFA en el Mundial de 1978. Esta derrota ante Chile fue aún más dolorosa, ya que la presenciaron 70.547 espectadores, casi todos aficionados mexicanos, en el Levi's Stadium de Santa Clara, California.

MÉXICO SE REPONE DE UN TERREMOTO

México se ofreció a ser la sede del Mundial de 1986 tras descartarse la opción original, Colombia, en noviembre de 1982. La FIFA eligió a México como sustituto por sus estadios e infraestructuras, que seguían en pie tras el Mundial 1970 y rechazó las ofertas de competidores como Canadá o Estados Unidos. México trabajó a destajo para tener todo listo para la fase final después del terremoto del 19 de septiembre de 1985, que se cobró la vida de unas 10.000 personas en el centro de México y destruyó muchos edificios en México D. F.

ROSAS ANOTA UN PENALTI HISTÓRICO

El mexicano Manuel Rosas marcó el primer penalti de la historia de la fase final de un Mundial al convertir una pena máxima en el minuto 42 del partido contra Argentina en 1930. Rosas volvió a marcar en el minuto 65, pero ya era demasiado tarde para los mexicanos, cayeron 6-3.

GUARDIA DE HONOR

El versátil lateral **Andrés Guardado** solo tenía 19 años cuando debutó con México en diciembre de 2005. Participó en tres Mundiales, en 2006, 2010 y 2014, y anotó goles cruciales durante la carrera para la Copa de Oro de la CONCACAF 2011. En la edición de 2015, ya con 28 años, era capitán y uno de los jugadores más mayores. Él y otros veteranos, como Giovani y Jonathan Dos Santos, Carlos Vela y Guillermo Ochoa, fueron reservados para la Copa de Oro de la CONCACAF 2015 en lugar de jugar en la Copa América a la que habían sido invitados ese mismo verano. Guardado marcó el gol inicial en la final de la Copa de Oro de la CONCACAF 2015, cuando México venció a Jamaica por 3-1. Tras la Copa América Centenario 2016, es el quinto jugador con más internacionalidades (139).

ESTADOS UNIDOS

Aunque durante años algunos de los nombres más importantes del fútbol, desde Pelé a David Beckham, hayan honrado con su juego a la liga estadounidense, y que el país llegara a ser uno de los 15 que ha tenido el privilegio de albergar un Mundial, el fútbol todavía es un deporte minoritario en la nación más poderosa del mundo. No obstante, tras una serie de impresionantes actuaciones de su selección en el panorama internacional, sobre todo en el Mundial 2014, se espera que esto cambie.

INTERNACIONALES

1	Cobi Jones	164
2	Landon Donovan	157
3	Clint Dempsey	137
4	Michael Bradley	136
5	Jeff Agoos	134
6	Marcelo Balboa	128
7	DaMarcus Beasley	125
8	Tim Howard	117
9	Claudio Reyna	112
10	Carlos Bocanegra	110
=	Paul Caligiuri	110

CAGLIURI HACE HISTORIA

La victoria en Trinidad el 19 de noviembre de 1989 que clasificó a EE. UU. para el Mundial está considerada un punto de inflexión en la historia del fútbol nacional. En el equipo solo había un jugador profesional, Paul Caligiuri, del Meppen, un club de la segunda división de la RFA. Marcó el único gol del partido tras lanzar una parábola a los 31 minutos y colocó a EE. UU. en su primera fase final en 40 años. El portero de Trinidad, Michael Maurice, argumentó que el sol le cegó. La victoria mejoró mucho la imagen del equipo, a pesar de que fuera eliminado en la primera ronda de 1990.

ALTIDORE ABRE LAS COMPUERTAS

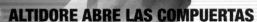

Jozy Altidore se convirtió en el jugador más joven de EE. UU. en conseguir un *hat trick* internacional cuando vapulearon a Trinidad y Tobago por 3-0 en 2009. Contaba 19 años y 146 días. Después, soportó una sequía de goles de 18 meses entre noviembre de 2011 y junio de 2013, cuando anotó el primer gol en una victoria por 4-3 sobre Alemania en un amistoso para celebrar el centenario de su selección. Volvió a anotar contra Jamaica, Panamá y Honduras, igualando el récord nacional de marcar en cuatro partidos seguidos compartido con William Lubb, Eric Wynalda, Eddie Johnson, Brian McBride y Landon Donovan. La lluvia de goles de Altidore llegó en la temporada 2012-2013, en la que también estableció el récord de un estadounidense en una liga de clubes europeos, con 31 tantos para el club AZ Alkmaar. Su Mundial 2014 acabó por una lesión.

LANDON, EL GLORIOSO

El máximo goleador de todos los tiempos de EE. UU., **Landon Donovan**, fue sin duda la estrella del Mundial 2010. Marcó tres goles en cuatro partidos, incluido el decisivo en el tiempo de descuento contra Argelia, gracias al cual su equipo acabó a la cabeza del Grupo C. Sus cuatro actuaciones en el torneo supusieron su participación en 13 encuentros mundialistas con EE. UU., dos por delante de sus compatriotas Earnie Stewart, **DaMarcus Beasley** y Cobi Jones. Su penalti marcado en la derrota en octavos de final ante Ghana también le convirtió en el máximo goleador estadounidense de la competición con cinco goles, uno más que el héroe de 1930 Bert Patenaude y que Clint Dempsey, que marcó dos tantos en 2014. Ha sido el primer hombre que ha logrado más de un *hat trick* para EE. UU., al anotar cuatro goles contra Cuba en 2003 y otros tres contra Ecuador en 2007 y contra Escocia en 2012. Jozy Altidore y Clint Dempsey han logrado dos *hat tricks,* y otros nueve jugadores, uno.

BRUCE, THE BOSS

Nadie ha entrenado a la selección estadounidense en más ocasiones que Bruce Arena. La final de la Copa de Oro 2017 en la que vencieron a Jamaica fue su partido número 144. En noviembre de 2016, volvió para una segunda temporada, al sustituir a Jürgen Klinsmann, que perdió el puesto tras cinco años y 98 encuentros. El exariete de la selección germana llevó a EE. UU. a segunda ronda del Mundial 2014, perdiendo ante Bélgica en la prórroga después de que el portero Tim Howard lograse la cifra récord de 16 paradones. Klinsmann también llevó a EE. UU. a un cuarto puesto en la Copa América Centenario 2016, igualando su mejor actuación hasta la fecha, la de 1995, y ganó la Copa de Oro de la CONCACAF en 2013. Las otras cinco Copas de Oro fueron obra de Bora Milutinovic (1991), Bob Bradley (2007) y Arena (2002, 2005 y 2017).

CLINT, EL DURO

Estados Unidos fue la primera nación de la CONCACAF en tener a dos jugadores con medio centenar de goles cada uno. **Clint Dempsey** se acercó al récord nacional de Landon Donovan tras anotar su gol número 57 en una victoria por 2-0 sobre Costa Rica en 2017. Dempsey, apodado «Deuce», anotó a los 30 segundos de entrar en el primer partido de EE. UU. del Mundial 2014, contra Ghana; fue el quinto gol más rápido de la historia del torneo. También ese verano, DaMarcus Beasley pasó a ser el primer estadounidense en jugar en cuatro Mundiales diferentes.

GAETJENS PASMÓ A LOS INGLESES

La victoria de EE. UU. sobre Inglaterra por 1-0 en 1950 es una de las mayores sorpresas de la historia del Mundial. Inglaterra era una de las favoritas junto con la anfitriona Brasil, mientras que EE. UU. había perdido sus siete últimos partidos, con solo dos goles a favor. Joe Gaetjens marcó el único tanto en el minuto 37, al tirarse para rematar de cabeza el centro de Walter Bahr en la meta de Bert Williams. Inglaterra dominó el partido, pero Frank Borghi lo paró todo. EE. UU. cayó eliminado en la fase de grupos al perder ante Chile y España, pero su victoria sobre Inglaterra es la mejor de su selección hasta la fecha.

PULISIC LO PULE

El ariete **Christian Pulisic** se convirtió en el anotador internacional más joven de Estados Unidos cuando, a los 17 años y 253 días, marcó contra Bolivia en mayo de 2016. El jugador de Filadelfia se trasladó en 2015 a Alemania con 16 años al firmar con el Borussia Dortmund. Un año más tarde, se le unió su primo Will, un portero que había jugado en la Sub-17 estadounidense. En 2017, Christian anotó el gol más rápido de EE. UU. en un segundo tiempo, a los 12 segundos de reiniciar el partido. Clint Dempsey logró un *hat trick* en tan solo 22 minutos, el tercero más rápido de su selección por detrás del de Brian McBride (12 minutos) y del de Eddie Johnson (17 minutos).

MÁXIMOS GOLEADORES

1	Landon Donovan	57
=	Clint Dempsey	57
3	Jozy Altidore	39
4	Eric Wynalda	34
5	Brian McBride	30
6	Joe-Max Moore	24
7	Bruce Murray	21
8	Eddie Johnson	19
9	DaMarcus Beasley	17
=	Michael Bradley	17
=	Earnie Stewart	17

HAHNEMANN «EL VIEJO»

El guardameta Marcus Hahnemann se convirtió en el internacional más mayor de EE. UU. cuando se enfrentó a Paraguay en marzo de 2011 a los 38 años y 286 días. Fue el último de sus nueve partidos internacionales, lo que demuestra la fortaleza de EE. UU. en la portería: Kasey Keller (102 partidos), Tim Howard (117) y Brad Friedel (82). Howard es el arquero con más internacionalidades de su selección y el que más victorias ha obtenido (59), cinco más que Keller. En 2017, era el segundo con más porterías imbatidas (40), siete por detrás de Keller y ocho más que Tony Meola.

JONES SE GANÓ LA CAMISETA

Sus rastas llamaban la atención, pero fueron sus carreras por los laterales las que convirtieron a **Cobi Jones** en uno de los futbolistas a tener en cuenta en el Mundial de 1994, que se celebraba en su propio país. Jones pasó a ser el jugador más veces internacional de EE. UU., con 164 apariciones internacionales entre 1992 y 2004. Cuando en 2007 se retiró de todas las modalidades de juego, su camiseta, la número 13, fue «retirada» oficialmente por Los Angeles Galaxy; era la primera vez que un club de la Major League Soccer honraba a un jugador de esta forma. Jones militó en el Galaxy desde que se inició la MLS en 1996 y después trabajó en el club como asistente del entrenador y director interino.

CONCACAF OTROS EQUIPOS

México y Estados Unidos, con 25 participaciones en fases finales de la Copa Mundial de la FIFA entre los dos, son sin duda las máximas potencias de la CONCACAF, que abarca Norte y Centroamérica, y el Caribe. Sin embargo, México llegó a la fase final de 2014 a través de la repesca, tras terminar por detrás de las clasificadas automáticamente, EE. UU., Honduras y Costa Rica. Los costarricenses destacaron en la fase final, superando a sus rivales de la Confederación al llegar a cuartos.

EL REINO DE DWAYNE

El máximo anotador de todos los tiempos de Canadá con 22 tantos, **Dwayne De Rosario,** finalizó su carrera futbolística en forma, jugando en enero de 2015 un amistoso contra Islandia y marcando el gol de su equipo en un empate a uno. Durante sus 18 años de carrera, De Rosario jugó con cinco clubes de la Major League, incluidas dos temporadas con el Toronto FC. Cuando jugó para el DC United, firmó el *hat trick* más rápido de la MLS, a los nueve minutos. Formó parte del equipo canadiense que se hizo con su primera Copa de Oro de la CONCACAF en 2000, aunque su compañero Carlo Corazzin terminó el torneo como máximo anotador con cuatro goles. De Rosario también puede presumir de ser vegetariano y fue vegano hasta que volvió a comer pescado en 2004.

KEYLOR ES CLAVE

Costa Rica debutó en una fase final mundialista en 1990 y el arquero Luis Gabelo Conejo compartió el premio de mejor portero con el argentino Sergio Goycochea, ya que su actuación ayudó a su equipo a llegar a octavos. «Los Ticos» lo hicieron aún mejor en 2014 y aunque los goles de Joel Campbell y Bryan Ruiz impresionaron, el elemento crucial fue de nuevo un cancerbero, **Keylor Navas,** el hombre del partido en cuatro ocasiones. Costa Rica llegó a cuartos, donde Holanda la venció, pero en penaltis. Encabezaron el llamado «Grupo de la Muerte» al vencer a dos antiguos campeones mundialistas, Uruguay e Italia, y empatar con otro, Inglaterra. Navas encajó solo dos goles en la fase final y su paradón del tiro de Theofanis Gekas en la tanda de penaltis ayudó a su equipo a superar a Grecia en segunda ronda. Costa Rica se convirtió en el segundo equipo de la CONCACAF, después de México en 1986, en irse sin perder un partido en el tiempo reglamentario.

TODO POR EL SALVADOR

El Salvador puede enorgullecerse de ser el primer país centroamericano, sin contar a México o Estados Unidos, que ha conseguido clasificarse dos veces para el Mundial: en 1970 y 1982. En los últimos años, los salvadoreños lo han tenido más complicado, a pesar de que el defensa Alfredo Pacheco se convirtió en el orgullo del país con 86 internacionalidades entre 2002 y 2013. Sin embargo, su vida acabó trágicamente con una suspensión de por vida por amaño de partidos en 2013 y su asesinato a tiros en una gasolinera en 2015 cuando contaba 33 años.

AMADO POR ELLO

El jugador con más internacionalidades de Honduras, **Amado Guevara** (138 partidos entre 1994 y 2010), se encontraba en el medio campo el día que su selección logró uno de sus resultados más impactantes: una primera victoria sobre Brasil por 2-0 en cuartos de la Copa América 2001. Honduras llegó al torneo celebrado en Colombia solo unos días antes. La habían invitado a última hora para reemplazar a Argentina. Saúl Martínez fue el artífice de los dos goles. Más adelante, Honduras perdió la semifinal contra Uruguay en penaltis. Guevara ganó el premio del torneo al jugador más valioso y capitaneó a Honduras en la Copa Mundial de 2010 antes de retirarse del fútbol internacional.

IGUALITO A SU PADRE

El volante costarricense Celso Borges estaba encantado de imitar a su padre al llegar a las rondas eliminatorias del Mundial 2014. Le llegó incluso a superar, ya que anotó el primer penalti de Los Ticos en la derrota de Grecia en penaltis por 5-3 en segunda ronda. Su padre, el brasileño Alexandre Borges Guimarães, jugó en el Mundial 1990 y preparó el tanto ganador de Hernán Medford con el que vencieron a Suecia y pasaron de primera ronda. El futbolista, conocido afectuosamente como «Guima», fue entrenador de Costa Rica en las fases finales del Mundial 2002 y 2006, pero no lograron pasar de la fase de grupos en ninguna ocasión.

LOS REGGAE BOYZ

En 1998, Jamaica fue la primera selección del Caribe anglófono en llegar a la fase final de un Mundial. Los «Reggae Boyz», como fueron apodados, contaban en su equipo con jugadores afincados en Inglaterra. A pesar de derrotar a Japón por 2-1 en su último partido con dos tantos de Theodore Whitmore, fueron eliminados en la fase de grupos, ya que antes habían perdido 3-1 ante Croacia y 5-0 contra Argentina.

HERMANOS POR PELOTAS

En 2010, Honduras se convirtió en el primer combinado en contar con no uno, ni dos, sino tres hermanos entre sus filas en un Mundial: el defensa Johnny, el centrocampista Wilson y el ariete Jerry Palacios. El centrocampista del Stoke City **Wilson Palacios** fue quizás el jugador más famoso y aclamado del primer combinado hondureño en llegar a un Mundial en 28 años. No obstante, al igual que el equipo de 1982, los hombres de Reinaldo Rueda jugaron tres partidos sin una victoria. Un hermano mayor, Milton Palacios, disputó 14 encuentros como defensa para Honduras entre 2003 y 2006. Tanto Jerry como Wilson entraron en el equipo del Mundial 2014, pero no fue un momento agradable, sobre todo para Wilson, que fue expulsado en el partido inicial contra Francia. Honduras perdió los tres partidos, aunque al menos anotó en la derrota contra Ecuador.

CUBA MUESTRA EL CAMINO

En 1938 Cuba fue el primer país isleño de la CONCACAF en llegar a cuartos de final en un Mundial. En la primera ronda empató a tres con Rumanía en la prórroga y ganó en la repetición por 2-1 con goles de Héctor Socorro y Carlos Oliveira tras ir perdiendo en el descanso. En cuartos fue vapuleada por Suecia con un 8-0. En 1974, Haití fue la siguiente selección caribeña en llegar a una fase final, pero perdió todos los partidos: 3-1 ante Italia, 7-0 frente a Polonia y 4-1 contra Argentina.

RUIZ EN LA MIRA

En la escuela de los goleadores mundialistas internacionales guatemaltecos, **Carlos Ruiz**, apodado «El Pescado», nada solo. Es el máximo anotador de la historia de la clasificatoria del Mundial, con 39 tantos en 47 empates, tres más que el iraní Ali Daei. Alcanzó este registro con siete goles en dos partidos en septiembre de 2016: los dos goles de Guatemala en un empate a dos con Trinidad y Tobago, y los cinco tantos en la derrota de San Vicente y las Granadinas por 9-3. En un mismo día de agosto de 2012, un empate a tres contra Paraguay, alcanzó el centenar de internacionalidades y el medio centenar de goles. Solo otro guatemalteco, Juan Manuel Funes, ha jugado en cinco clasificatorias mundialistas.

ANGUSTIAS

Solo 13 internacionales pueden presumir de haber anotado más de los 70 tantos en 115 partidos que el trinitense **Stern John** metió entre su debut en 1995 y el último partido para su país en 2011. Era el máximo anotador de Trinidad y Tobago, y el segundo en apariciones internacionales por detrás de Angus Eve, que se retiró de la escena internacional con 117 internacionalidades cuando no le convocaron para el combinado del Mundial 2006. John jugó en clubes ingleses más de una década y, tras una breve retirada, volvió a jugar con 37 años para el WASA FC de su país en enero de 2014.

EQUIPOS DE LA CONCACAF EN LA FASE FINAL DEL MUNDIAL

Participaciones de las selecciones de la región de la CONCACAF en la fase final del Mundial:

1	México	15
2	EE. UU.	10
3	Costa Rica	4
4	Honduras	3
5	El Salvador	2
6	Canadá	1
=	Cuba	1
=	Haití	1
=	Jamaica	1
=	Trinidad y Tobago	1

DE HAITÍ CON AMOR

El récord internacional del portero italiano Dino Zoff de aguantar 1.142 minutos sin encajar un tanto terminó en el Mundial de 1974 con Emmanuel Sanon, el líder haitiano de todos los tiempos en internacionalidades (100) y goles (47). Sanon también marcó el otro gol de Haití en esa fase final contra Argentina. Esta reciente promesa logró un empate a 2 en un amistoso contra Italia en 2013 y un puesto en la Copa América Centenario 2016.

PARTE 2:
COPA MUNDIAL
DE LA FIFA RÉCORDS HISTÓRICOS

En Brasil, Alemania se convirtió en el tercer país en ganar el Mundial en al menos cuatro ocasiones, igual que Italia. Sin embargo, Brasil sigue ostentando el título, con cinco victorias, inspiradas en superestrellas como Pelé y Garrincha o Ronaldo y Ronaldinho. Argentina y Uruguay (dos cada uno) son los otros campeones sudamericanos, seguidos de los anteriores campeones europeos, Inglaterra, Francia y España (uno cada uno). La victoria alemana en 2014 en Brasil fue la primera victoria mundialista que conseguía como Alemania, ya que las tres primeras fueron como la RFA.

Alemania muestra su alegría por poder llevar las cuatro estrellas, una por cada Mundial ganado, tras vencer en la final de 2014 en Brasil.

BALÓN D'ORIBE

México logró el último puesto del Mundial 2014 al vencer a la representante de Oceanía, Nueva Zelanda, por 9-3 en la repesca de noviembre de 2013. El técnico Miguel Herrera, el cuarto entrenador del año, se ganó la plaza permanentemente al dirigir las victorias por 5-1 en casa y 4-2 a domicilio. Para su combinado, confió plenamente en futbolistas que juegan en México, lo que significó que no hubo estrellas que jugasen en Europa, como Giovani dos Santos del LA Galaxy o Javier Hernández del Manchester United. El héroe en los goles fue **Oribe Peralta,** que anotó cinco tantos en los dos partidos, incluyendo los tres primeros de la victoria por 4-2 en el estadio Westpac de Wellington.

LOS EAU SACAN PARTIDO

En 1990 los **Emiratos Árabes Unidos** llegaron a la fase final tras lograr una única victoria y marcar solo cuatro goles en la ronda final de Asia. Empataron cuatro de los cinco partidos, pero ganaron 2-1 a China y se clasificaron en segundo lugar.

TRINIDAD LO DA TODO

Trinidad y Tobago comparte el récord de país que más partidos ha jugado para clasificarse para una fase final. Jugó 20 partidos para alcanzar la de 2006. Comenzó su maratón al vencer a la República Dominicana a domicilio por 2-0 y en casa por 4-0 en las preliminares. Terminó segundo por detrás de México en la segunda fase de grupos para entrar entre los seis equipos de la ronda de grupos final. Acabó cuarto y tuvo que ganar a Bahréin por 2-1 en una repesca. Uruguay consiguió lo mismo en 2010, con 18 partidos en el grupo de Sudamérica y una repesca.

EL GRAN JEFE

Bosnia-Herzegovina fue la única novata de entre las 32 selecciones que participaron en el Mundial 2014. Tras perder ante Portugal en las repescas del Mundial 2010 y de la Eurocopa 2012, fue cabeza de grupo en el torneo de 2014, por delante de Grecia por la diferencia de goles. El hombre que los llevó hasta Brasil fue el centrocampista bosnio Safet Susic, que había jugado tanto para Yugoslavia como para Bosnia-Herzegovina y que fue entrenador de 2009 a 2014.

LA FIFA ABRE EL MUNDIAL AL MUNDO

La FIFA ha ampliado la fase final del Mundial tres veces desde 1978 para poder incluir a las naciones que quieren formar parte de esta familia. El creciente interés se puede apreciar en la multitud de equipos que se presentan a la competición. João Havelange, presidente de la FIFA de 1974 a 1998, amplió la organización para aprovechar ocasiones comerciales y dar una oportunidad a países pequeños. En el Mundial 1982, se aumentó por primera vez el número de selecciones participantes en la fase final de 16 a 24, con un puesto adicional para África y Asia, y la posibilidad de que un país de Oceanía llegase a la fase final. El número de finalistas se volvió a incrementar hasta 32 en el torneo de 1998 en Francia. **Gianni Infantino** supervisó una votación en enero de 2017 para permitir clasificarse a 48 equipos, pero esto no entrará en vigor hasta el Mundial 2026.

MARCÁNDOSE OBJETIVOS

Se prevé que el Mundial 2018 culminará en la final que tendrá lugar en el estadio Luzhnikí de Moscú. Por primera vez, las 210 selecciones se presentaron a la clasificatoria para este torneo, cinco más que las que participaron en Sudáfrica en 2010. Rusia, la anfitriona, se clasificó directamente. Las debutantes mundiales fueron Bután, Gibraltar, Kosovo y Sudán del Sur, pero no todas jugaron; dos naciones, Zimbabue e Indonesia, fueron descalificadas en 2015 antes de sus primeros partidos. Zimbabue no había pagado al extécnico José Claudinei Georgini, y la FIFA suspendió a la federación indonesia por interferencias del gobierno.

CLASIFICADOS POR REGIÓN (DE TODOS LOS TIEMPOS)

1934-2014

1	Europa	231
2	Sudamérica	80
3	África	39
=	Norte/Centroamérica y Caribe	39
5	Asia	32
6	Oceanía	4

LA PRIMERA TANDA

La primera tanda de penaltis de la previa tuvo lugar el 9 de enero de 1977, cuando Túnez venció por 4-2 en los penaltis a Marruecos en casa tras empatar a uno. El primer partido en Casablanca también había acabado 1-1. Túnez se clasificó para la fase final.

ESPAÑA INVICTA

Hay varios países que se han clasificado para un Mundial sin perder ni empatar un solo partido. Pero el combinado español que llegó hasta el torneo de 2010 de Sudáfrica fue el primero en hacerlo jugando la friolera de 10 partidos. Los Países Bajos en su clasificatoria para el mismo Mundial ganaron ocho partidos de ocho. La RFA logró la misma hazaña sin problemas en el Mundial 1982, celebrado en España, y Brasil ganó seis de seis en la clasificatoria para la competición de 1970, antes de que los hombres de Mário Zagallo ganasen otros seis de seis en el mismo torneo y acabasen alzándose con el trofeo.

¡BAHAMOS CHICOS!

Las Bahamas no logró clasificarse para Brasil a pesar de haber ganado todos sus partidos, es decir, los dos que jugó. Este país de la CONCACAF venció a Turcas y Caicos por 4-0 y 6-0 en primera ronda, pero tuvo que retirarse de la competición porque el trabajo de reconstrucción del estadio Thomas A. Robinson no se completó a tiempo para la segunda ronda.

LA RONDA CLASIFICATORIA SE AMPLÍA

Esta tabla muestra el número de países que se inscribieron en la fase de clasificación para disputar un Mundial. Algunos se retiraron antes de comenzar.

Mundial	Aspirantes
Uruguay 1930	-
Italia 1934	32
Francia 1938	37
Brasil 1950	34
Suiza 1954	45
Suecia 1958	55
Chile 1962	56
Inglaterra 1966	74
México 1970	75
RFA 1974	99
Argentina 1978	107
España 1982	109
México 1986	121
Italia 1990	116
EE. UU. 1994	147
Francia 1998	174
Japón/C. del Sur 2002	199
Alemania 2006	198
Sudáfrica 2010	205
Brasil 2014	203
Rusia 2018	210

CARAMBA CON EL BARBUDO

Son tres los jugadores que han compartido el honor de ser máximo anotador con 11 goles en la previa para el Mundial 2014: los delanteros centro Robin van Persie, holandés, y Luis Suárez, uruguayo, cuyos equipos se clasificaron, y el beliceño **Deon McCaulay**. Peter Byers, de Antigua y Barbuda, fue el único en lograr dos *hat tricks* en la clasificatoria contra Islas Vírgenes Estadounidenses, en dos partidos.

LA SUSTITUCIÓN MÁS RÁPIDA

El cambio más rápido de la historia de la previa del Mundial tuvo lugar el 30 de diciembre de 1980, cuando el norcoreano Chon Byong Ju fue sustituido en el primer minuto del partido de su selección contra Japón.

KOSTADINOV DEJA A FRANCIA ANONADADA

El 17 de noviembre de 1993, en el último partido del Grupo 6, el búlgaro Emil Kostadinov anotó uno de los goles más impresionantes de la historia de la previa, que dejó a Francia fuera del Mundial 1994. Francia se acomodó con el empate a uno en el tiempo de descuento, pero Kostadinov consiguió la sorprendente victoria para Bulgaria cuando David Ginola perdió el balón. Los búlgaros llegaron a semifinales, pero cayeron por 2-1 ante Italia.

PALMER VENCE AL SILBATO

El segundo gol de Karl-Erik Palmer en el 3-1 de Suecia ante la República de Irlanda en noviembre de 1949 fue uno de los más raros de la historia de la previa. Los defensas irlandeses se detuvieron porque oyeron un silbato, lo que Palmer aprovechó para anotar. El tanto subió al marcador, ya que el sonido del silbato provenía de alguien del público, no del árbitro. El delantero, de 19 años de edad, siguió marcando hasta completar un *hat trick*.

NUNCA ES TARDE

El zambiano **Kalusha Bwalya** es el jugador más mayor que ha marcado el gol de la victoria en un partido de la ronda clasificatoria. El 4 de septiembre de 2004, a la edad de 41 años, metió el único tanto contra Liberia tras saltar al campo como suplente. También anotó en su primer partido clasificatorio, 20 años antes, en el que Zambia ganó 3-0 a Uganda.

EL INCREÍBLE FESTIVAL DE GOLES AUSTRALIANO

En 2001 **Australia** estableció un récord en la previa para un Mundial que será difícil de superar. Marcaron 53 goles en tan solo dos días. Los resultados:

9/4/2001, Sídney: Australia 22 - Tonga 0
Anotadores australianos: Scott Chipperfield, minutos 3, 83; Damian Mori 13, 23, 40; John Aloisi 14, 24, 37, 45, 52, 63; **Kevin Muscat** (n.º 2, derecha) 18, 30, 54, 58, 82; Tony Popovic 67; Tony Vidmar 74; David Zdrilic 78, 90; Archie Thompson 80; Con Boutsianis 87

11/4/2001, Sídney: Australia 31 - Samoa Estadounidense 0
Anotadores australianos: Boutsianis, minutos 10, 50, 84; Thompson 12, 23, 27, 29, 32, 37, 42, 45, 56, 60, 65, 68, 88; Zdrilic 13, 21, 25, 33, 58, 66, 78, 89; Vidmar 14, 80; Popovic 17, 19; Simon Colosimo 51, 81; Fausto De Amicis 55

THOMPSON SE SUPERA

El 11 de abril de 2001 **Archie Thompson** superó con creces el récord de goles en un único clasificatorio que ostentaba el iraní Bagheri (siete) en la aplastante victoria de Australia sobre Samoa Estadounidense por 31-0 al marcar 13 tantos. David Zdrilic también se puso por delante de Bagheri con ocho goles. Dos días antes, Australia había superado el récord de anotación de Irán con una victoria por 22-0 sobre Tonga.

EL GOL MÁS RÁPIDO

El ariete belga **Christian Benteke** tardó solo 8,1 segundos en dar a su equipo la ventaja frente a Gibraltar el 10 de octubre de 2016, convirtiendo su tiro en el gol más rápido de la historia de la clasificación mundialista. Su equipo terminó ganando por 6-0, con un *hat trick* de Benteke. Su tanto fue incluso más rápido que el de **Davide Gualtieri**, a los nueve segundos del inicio del partido ante Inglaterra en 1993.

CR7

La repesca entre Portugal y Suecia se consideró más un duelo entre Cristiano Ronaldo y Zlatan Ibrahimovic. Ninguno de los dos decepcionó y fueron los únicos en llegar a meta. Portugal ganó 1-0 en casa y luego 3-2 a domicilio. Los dos goles de la vuelta de Ibrahamovic no bastaron, ya que los últimos dos goles de Ronaldo completaron su segundo *hat trick* de la clasificatoria. Su primer *hat trick* internacional se produjo a los 15 minutos contra Irlanda del Norte en la fase de grupos. Con él, superó a Eusébio en la lista de máximos anotadores portugueses, y el triple gol contra Suecia le situó en el mismo puesto que Pauleta.

OFENSAS REPETIDAS

Tres jugadores fueron expulsados dos veces durante la clasificatoria para el Mundial 2014: el búlgaro Svetoslav Dyakov, el tanzano Aggrey Morris y el montenegrino Savo Pavicevic. Durante la campaña, se mostraron un total de 100 tarjetas rojas y 2.915 amarillas, y se anotaron 2.286 goles, con una media de 2,8 por partido. Los equipos que más anotaron fueron Alemania y Nueva Caledonia (36 cada uno), Argentina (35), Holanda (34) e Inglaterra (31).

RÉCORD DE *HAT TRICKS*

El 13 de julio de 2001 el egipcio Abdul Hamid Bassiouny logró el *hat trick* más rápido de la historia de la fase de clasificación en la victoria sobre Namibia por 8-2. Metió tres goles en tan solo 177 segundos, entre el minuto 39 y el 42.

RÉCORDS DE EDAD

El jugador más joven que ha participado en la previa de un Mundial es el togolés Souleymane Mamam, con 13 años y 310 días, en el partido contra Zambia el 6 de mayo de 2001. El más mayor fue MacDonald Taylor, con 46 años y 180 días, que jugó con las Islas Vírgenes Estadounidenses el 18 de febrero de 2004 contra San Cristóbal y Nieves.

CARLOS EN LA CIMA

El guatemalteco Carlos Ruiz es el máximo anotador de la clasificatoria mundialista, a pesar de no llegar nunca a una fase final. Sus nueve goles en la campaña de clasificación de 2018 hicieron que su registro se ampliase a 39, cuatro por delante del iraní Ali Daei. Ruiz anotó ocho goles en la clasificatoria de 2002, diez en las eliminatorias de 2006 y seis en las campañas de 2010 y 2014. Superó a Daei con cinco goles en su último internacional, un clasificatorio para 2018 que ganó por 9-3 a San Vicente y las Granadinas.

HORST, EL PRIMERO EN IRSE

El primer jugador en ser sustituido en un clasificatorio para un Mundial fue el alemán **Horst Eckel,** que fue reemplazado por Richard Gottinger cuando ganaron por 3-0 al efímero Protectorado de Sarre en octubre de 1953. Eckel siguió jugando en la banda derecha en el equipo que venció a Hungría en la final de 1954, mientras que la tardía aparición de Gottinger contra Sarre fue la primera y última vez que este jugó para su país. Para la clasificatoria del Mundial 1958, Sarre ya formaba parte de la República Federal de Alemania.

ESTADOS UNIDOS, PARA EL FINAL

La eliminatoria de clasificación más tardía de todas se jugó en Roma el 24 de mayo de 1934, cuando EE. UU. venció a México por 4-2 para colarse en la fase final. Tres días más tarde, los estadounidenses fueron vapuleados por la anfitriona, Italia, con un 7-1 en la primera ronda del torneo.

ITALIA OBLIGADA A CLASIFICARSE

Italia es el único país anfitrión de un Mundial que ha tenido que clasificarse para su propio torneo. El anfitrión del Mundial 1934 lo logró al vencer a Grecia por 4-0. La FIFA decidió que, para la fase final de 1938, los campeones y los anfitriones se clasificasen automáticamente. Esta decisión cambió en la fase final de 2006. Desde entonces, los únicos que no necesitan clasificarse son los anfitriones, aunque Sudáfrica jugó en la segunda ronda de 2010 debido a que también se había clasificado por la Copa Africana de Naciones.

MENUDA PAPELETA

El primer combinado que se clasificó para el Mundial echándolo a suertes fue **Turquía**. Su eliminatoria contra España en Roma el 17 de marzo de 1954 terminó en empate a dos. Al final un romano de 14 años llamado Luigi Franco Gemma decidió quién se clasificaba. Con los ojos vendados sacó la papeleta con el nombre de Turquía y no el de España, que era favorita.

CLASIFICADOS POR PRIMERA VEZ

1930: Argentina, Bélgica, Bolivia, Brasil, Chile, Francia, México, Paraguay, Perú, Rumanía, Estados Unidos, Uruguay, Yugoslavia
1934: Austria, Checoslovaquia, Egipto, Alemania, Hungría, Italia, Holanda, España, Suecia, Suiza
1938: Cuba, Indias Orientales Neerlandesas, Noruega, Polonia
1950: Inglaterra
1954: Escocia, Corea del Sur, Turquía, RFA
1958: Irlanda del Norte, Unión Soviética, Gales
1962: Bulgaria, Colombia
1966: Corea del Norte, Portugal
1970: El Salvador, Israel, Marruecos
1974: Australia, RDA, Haití, Zaire
1978: Irán, Túnez
1982: Argelia, Camerún, Honduras, Kuwait, Nueva Zelanda
1986: Canadá, Dinamarca, Irak
1990: Costa Rica, República de Irlanda, Emiratos Árabes Unidos
1994: Grecia, Nigeria, Rusia, Arabia Saudí
1998: Croacia, Jamaica, Japón, Sudáfrica, Yugoslavia
2002: China, Ecuador, Senegal, Eslovenia
2006: Angola, República Checa, Ghana, Costa de Marfil, Serbia y Montenegro, Togo, Trinidad y Tobago, Ucrania
2010: Serbia, Eslovaquia
2014: Bosnia-Herzegovina

«LA GUERRA DEL FÚTBOL»

Tras el triunfo de El Salvador sobre Honduras por 3-2 el 26 de junio de 1969 en el partido de desempate para el Mundial 1970, estalló la guerra entre ambos países. La tensión había crecido entre los vecinos por una disputa fronteriza y ya hubo disturbios durante el encuentro. El 14 de julio, el ejército salvadoreño invadió Honduras.

REPESCADOS

Por cuarta vez consecutiva en un Mundial, Uruguay llegó al torneo de 2014 a través de la repesca. Ganó a Jordania 5-0 a domicilio en la ida, con el quinto tanto de **Edinson Cavani**, convirtiéndose en la victoria a domicilio más contundente de la historia de las repescas intercontinentales mundialistas. Después, confirmó la victoria con un empate a cero en su campo. Jordania, que aspiraba a entrar en su primera fase final de un Mundial, disputó 20 partidos clasificatorios, incluyendo uno contra Uzbekistán que puso el marcador global en 2-2 y que ganó por 9-8 en penaltis.

LOS TRUQUILLOS DE THIERRY

Francia se clasificó para el Mundial de 2010 gracias a uno de los goles internacionales más polémicos de los últimos tiempos. En la vuelta de la repesca contra la República de Irlanda en noviembre de 2009, pasaban 14 minutos de la prórroga cuando el ariete **Thierry Henry** colocó el balón con la mano, antes de pasárselo a William Gallas, que llevó al equipo a ganar 2-1. Después de que el árbitro sueco Martin Hansson diese el gol como válido, la Asociación de Fútbol de Irlanda pidió que se repitiese el partido y después que se les permitiese entrar en la fase final como 33.º país, pero ambas propuestas fueron denegadas.

TIMOR ORIENTAL

El primer gol del Mundial 2018 fue anotado por el timorense Chiquito do Carmo, apodado «Quito», cuatro minutos después de comenzar la ida de un partido de primera ronda de la AFC contra Mongolia el 12 de marzo de 2015. Añadió un segundo gol tres minutos después, con lo que Timor Oriental ganó el partido por 4-1, y otro en la vuelta, que ganó por 1-0, aunque la selección fue eliminada en la siguiente ronda. El primer equipo en clasificarse, aparte de Rusia, fue Brasil al vencer a Paraguay por 3-0 el 28 de marzo de 2017. **Philippe Coutinho** estaba entre los anotadores. Irán fue el segundo clasificado al vencer a Uzbekistán por 2-0 el 12 de junio de 2017.

A RESGUARDO

El Kingdome de Seattle (EE. UU.) albergó el primer clasificatorio mundialista bajo techo, cuando EE. UU. venció a Canadá 2-0 en octubre de 1976, justo unos meses después de que el recinto hubiese acogido su primer concierto de *rock*, el de la banda que Paul McCartney formó tras los Beatles, Wings, un mitin religioso del evangelista Billy Graham y otro concierto de Johnny Cash. Canadá se vengó ganando por 3-0 a los estadounidenses en un eliminatorio celebrado en Haití y pasaron a la siguiente fase de la ronda clasificatoria de la CONCACAF. Al final, solo México representaría a la Confederación en el Mundial de 1978 en Argentina.

A SAKHO

Ningún equipo europeo había pasado de perder por dos goles a ganar una repesca mundialista hasta noviembre de 2013, cuando Francia, que perdió 2-0 en Ucrania, ganó 3-0 en París gracias a un gol del delantero Karim Benzema y un doblete sorpresa del senegalés Mamadou Sakho, que incluyó el gol de la victoria en el minuto 72.

BOUGHERRA DA GUERRA

Burkina Faso perdió la repesca de la sección africana ante Argelia, tras una victoria en casa por 3-2 y una derrota a domicilio por 1-0. Después, intentó que descalificasen a Argelia, alegando que **Madjid Bougherra,** que había marcado el tanto de la victoria, no podía jugar. Los burkineses, con la esperanza de llegar a su primer Mundial, dijeron que tenía que estar suspendido por dos tarjetas amarillas en partidos anteriores, pero la FIFA desestimó la protesta, porque el jugador no había alcanzado el ciclo de amonestaciones.

COPA MUNDIAL DE LA FIFA RÉCORDS DE EQUIPOS

ALEMANIA SE LA LLEVA

Alemania, al vencer 1-0 a Argentina
en el estadio Maracaná en 2014, se
convirtió en el quinto equipo en ganar
la fase final del Mundial en la prórroga,
después de Italia (1934), Inglaterra
(1966), Argentina (1978) y España
(2010). Tanto en 2010 como en 2014,
la fase final acabó sin goles tras 90
minutos. Andrés Iniesta, para España
en 2010, y Mario Gözte, para Alemania
en Río de Janeiro, anotaron los goles
de la victoria en la segunda parte
de los 30 minutos de la prórroga.
La prórroga no fue suficiente en
1994 y 2006, cuando Brasil
e Italia, respectivamente,
ganaron en penaltis.

GOLES COMPARTIDOS

Francia, en 1982, y la campeona,
Italia, en 2006, aportaron el mayor
número de goleadores en la fase final
de un Mundial: 10. Los 17 goles de
Alemania fueron obra de siete jugadores
en su camino para llegar a la final de
Brasil de 2014: Thomas Müller (cinco), André
Schürrle (tres), Mats Hummels (dos), Miroslav
Klose (dos), Toni Kroos (dos), Mario Götze
(dos) y Mesut Özil (uno).

LOS COLORES DE BRASIL

Las camisetas amarillas de Brasil son mundialmente famosas, pero
la equipación de esta selección en los cuatro primeros Mundiales era
blanca. Su pérdida por 2-1 ante Uruguay en el último partido de 1950,
cuando un empate pudo haber dado la Copa a Brasil, supuso tal
trauma, que la cambiaron por la amarilla. La confederación brasileña ha
insistido en que no habrá más cambios tras la derrota en la semifinal
por 7-1 ante Alemania y el 3-0 del tercer puesto ante Holanda en 2014.

CONEXIÓN POR CÓDIGO DE COLORES

Alemania quiso engatusar a la afición brasileña
llevando los colores de uno de los clubes más
populares del país, el Flamengo. La selección
alemana llevaba el uniforme rojo y negro de
segunda equipación en el Mundial 2014.

ITALIA NO PASA NI UNA

Italia batió el récord de partidos con la
portería a cero en la fase final de un
Mundial. En el de 1990 jugaron cinco
partidos sin encajar un gol, a partir
de su primera victoria por 1-0 sobre
Austria en la fase de grupos. Hasta que
el argentino Claudio Caniggia marcó
el tanto del empate en la semifinal,
la portería de Walter Zenga seguía
imbatida. Pero la hermética defensa
italiana no logró el ansiado triunfo:
Argentina se metió en la final al ganar
4-3 en la tanda de penaltis.

HOY EUROPA, MAÑANA EL MUNDO

Vicente del Bosque, el seleccionador que se alzó con el trofeo del Mundial 2010, es el segundo entrenador que ha ganado tanto el Mundial como la Champions League (la antigua Copa de Europa). El italiano Marcello Lippi ganó el trofeo de la UEFA con la Juve en 1996, 10 años antes de que su selección se proclamara campeona del mundo. Del Bosque logró la Champions League dos veces con el Real Madrid, en 2000 y 2002, aunque fue destituido en el verano de 2003 por haber ganado «solo» el título de liga la temporada anterior.

SUPEROCHO PARA 2014

El Mundial 2014 vio a los ocho ganadores de las fases de grupos llegar a cuartos de final por primera vez en la historia de la competición. No obstante, también se consiguió un récord inesperado. España, campeona mundial, con el arquero **Iker Casillas,** se fue en primera ronda, lo que significaba que tres de los cuatro últimos campeones del Mundial se han ido en la siguiente fase de grupos (España en 2014, Francia en 2002 e Italia en 2010). Únicamente tres países no se han ido de la fase de grupos de primera ronda: Alemania/RFA, Holanda y la República de Irlanda.

MÁS FINALES DE LA COPA MUNDIAL DE LA FIFA DISPUTADAS

1	Alemania/RFA	8
2	Brasil	7
3	Italia	6
4	Argentina	5
5	Holanda	3
6	Checoslovaquia	2
=	Francia	2
=	Hungría	2
=	Uruguay	2
10	Inglaterra	1
=	España	1
=	Suecia	1

BRASIL APROVECHA LA VISIÓN DE RIMET

Jules Rimet, presidente de la FIFA de 1921 a 1954, impulsó el primer Mundial en 1930. El torneo de Uruguay no fue el evento de alto nivel que es ahora; solo participaron 13 países. El largo viaje por mar hizo que la mayoría de las selecciones europeas no estuvieran presentes. Tan solo cuatro, Bélgica, Francia, Rumanía y Yugoslavia, cruzaron el charco. A pesar de todo, el sueño de Rimet se ha hecho realidad y el Mundial ha ido ganando popularidad. Brasil ha sido la selección con mayor éxito en la historia del torneo, ya que ha conseguido el trofeo cinco veces. Ha ganado más partidos en la fase final del Mundial (70) que ningún otro país, aunque Alemania (66 victorias) ha disputado más partidos: 106 frente a los 104 de Brasil. Alemania e Italia son las selecciones europeas con más éxito, con cuatro Mundiales cada una. Los primeros finalistas, Uruguay y Argentina, se han alzado con el trofeo dos veces cada uno, y Argentina ha perdido dos finales. Inglaterra y Francia completan la lista de campeones, mientras que España logró su primer Mundial en 2010.

¿POR QUÉ LOS BRITÁNICOS SE QUEDAN FUERA?

Inglaterra y Escocia están considerados los países natales del fútbol, pero ninguno de los dos participó en un Mundial hasta la fase de clasificación para el de 1950. Las cuatro federaciones británicas: Gales, Inglaterra, Escocia e Irlanda del Norte, abandonaron la FIFA en la década de 1920 por una disputa sobre la compensación económica de los *amateurs* y no volvieron a reincorporarse a la FIFA hasta 1946.

LA PRIMERA Y LA ÚLTIMA

Indonesia, antes conocida como Indias Orientales Neerlandesas, participó una vez en una fase final, en la época en la que la competición se decidía por eliminatorias. El 5 de junio de 1938, perdieron por 6-0 ante Hungría en la primera ronda y nunca se han vuelto a clasificar para un torneo.

MÁS FASES FINALES DE LA COPA MUNDIAL DE LA FIFA DISPUTADAS

1	Brasil	20
2	Alemania/RFA	18
=	Italia	18
4	Argentina	16
5	México	15

EL MUNDIAL DETIENE EL MUNDO

Las fases finales del Mundial son el mayor evento deportivo de la historia. Cuando se celebró el primer Mundial en 1930 en Uruguay, la televisión estaba en pañales. Pero, desde entonces, el torneo se ha convertido en el acontecimiento deportivo televisado más visto. La fase final de 2014 batió récords de audiencia en todo el mundo. En Alemania, vieron la victoria sobre Argentina en la final 41,89 millones de espectadores (una cuota del 86,3%). Se esperaba que el público total del partido superase a los 909 millones que vieron a España vencer a Holanda en 2010. Se calcula que en Alemania unos 12 millones de aficionados germanos vieron la final en un espacio público. Se batió todo tipo de récord *online*. La apabullante victoria por 7-1 de Alemania sobre Brasil en la semifinal generó un récord deportivo de 35 millones de tuits.

POR LA MÍNIMA

Antes de la edición de 2010, ninguna selección había ganado cinco partidos mundialistas consecutivos con un margen de un solo gol, pero **Arjen Robben** y Holanda se convirtieron en los primeros, gracias a su victoria en semifinales ante Uruguay por 3-2. Antes de eso, el récord lo ostentaba Italia, que logró cuatro victorias seguidas con un solo gol entre los Mundiales de 1934 y 1938. La victoria española 1-0 frente a Holanda en el Mundial 2010 fue también su quinta victoria consecutiva por la mínima y la cuarta en la fase eliminatoria.

TORMENTA DE GOLES

Los 14 goles recibidos por Brasil en la fase final del Mundial 2014 son los máximos encajados por una nación anfitriona. El récord global fueron los 16 tantos sufridos por Corea del Sur en Suiza en 1954. En esas finales, la RFA encajó 14 goles, pero ganó el torneo por primera vez. Ocho de los tantos se produjeron en un partido de la fase de grupos contra Hungría.

ROJO POR SIEMPRE JAMÁS

La victoria de Inglaterra en 1966 no solo fue la única ocasión en la que este país ganó el Mundial, sino que sigue siendo la única vez que el premio se lo ha llevado un combinado con equipación roja en la final. España podría haber imitado el sentido estético de Inglaterra en 2010 pero tuvo que ir de azul para no confundirse con el naranja brillante de Holanda. No obstante, se vistieron con el rojo habitual para recibir el trofeo de manos del presidente de la FIFA, **Sepp Blatter**.

MENOS GOLES ENCAJADOS EN UN TORNEO:

Suiza: 0, 2006

MENOS GOLES ENCAJADOS

Las campeonas del mundo Francia (1998), Italia (2006) y España (2010) ostentan el récord de haber encajado el menor número de goles en su camino a la victoria. Solo recibieron dos. Además, España posee el récord de menos tantos marcados por un campeón del mundo. Solo marcó ocho en 2010, por debajo de los 11 de Italia en 1938, Inglaterra en 1966 o Brasil en 1994.

UN NEGOCIO RENTABLE

El Mundial de 2014 ha sido el más lucrativo hasta la fecha. El organismo que regula el fútbol mundial, la FIFA, se embolsó unos 1.500 millones de euros. Dos tercios de los beneficios del Mundial provienen de los derechos de la retransmisión. Fue la quinta fase final jugada por 32 equipos.

MÁS GOLES MARCADOS EN UN TORNEO
Hungría: 27, 1954

MÁS VICTORIAS EN UN TORNEO
Brasil: 7, 2002

JUGADOR CON MÁS GOLES ANOTADOS EN UN TORNEO
Just Fontaine (Francia): 13, 1958

MAYOR NÚMERO DE PARTIDOS CONSECUTIVOS DE FASE FINAL DE UN MUNDIAL CON GOLES

18	Brasil	1930-58
18	Alemania	1934-58, 1986-98
17	Hungría	1934-62
16	Uruguay	1930-62
15	Brasil	1978-90
15	Francia	1978-86

ACTUACIÓN DEL PAÍS ANFITRIÓN EN LA FASE FINAL DEL MUNDIAL

1930	Uruguay	Campeones
1934	Italia	Campeones
1938	Francia	Cuartos
1950	Brasil	Subcampeones
1954	Suiza	Cuartos de final
1958	Suecia	Subcampeones
1962	Chile	Terceros
1966	Inglaterra	Campeones
1970	México	Cuartos
1974	RFA	Campeones
1978	Argentina	Campeones
1982	España	Segunda ronda
1986	México	Cuartos
1990	Italia	Terceros
1994	Estados Unidos	Segunda ronda
1998	Francia	Campeones
2002	Corea del Sur	Cuartos
	Japón	Segunda ronda
2006	Alemania	Terceros
2010	Sudáfrica	Primera ronda
2014	Brasil	Cuartos

UN HOGAR SEGURO

La victoria de Alemania por 1-0 sobre Argentina en la final del Mundial 2014 la convirtió en la primera selección europea en ganar el Mundial en cualquiera de los ocho torneos celebrados en Norte, Centro o Sudamérica desde 1930. España, campeona del Mundial 2010 de Sudáfrica, fue la primera ganadora europea en lograrlo fuera de su continente.

EL FRACASO FRANCÉS

Francia protagonizó la peor actuación de una defensora del título mundialista cuando en 2002 perdió por 1-0 el partido inaugural ante Senegal, después empató a cero contra Uruguay y se quedó sin opciones tras perder 1-0 ante Dinamarca. Fue la primera campeona que cayó eliminada sin meter un gol. En 2010 Italia emuló a Francia al irse a casa en la primera ronda sin ganar ni un solo partido, ni tan siquiera adelantarse en el marcador. Al menos Italia consiguió dos empates y marcó cuatro tantos. Comenzaron con un empate a uno contra Paraguay, necesitaron un penalti para forzar otro empate a uno contra Nueva Zelanda y se fueron a casa tras perder por 3-2 ante Eslovaquia.

TRES Y SE ACABÓ

Holanda, dirigida por **Bert van Marwijk** en 2010, es la única selección que ha llegado a la final de tres Mundiales sin ganar ni una de ellas. Sus seis victorias en el camino a la final de 2010 son más de las que ha logrado ningún otro equipo que no haya conseguido el premio gordo.

BRASIL MARCA LA PAUTA

Brasil consiguió el récord de victorias en la fase final de un Mundial cuando ganó sus siete partidos en 2002. Comenzó con un triunfo por 2-1 frente a Turquía en la fase de grupos y acabó con un 2-0 en la final, donde derrotó a Alemania. Marcó 18 goles y encajó solo cuatro en esta racha de victorias.

DESCONTENTO EN CASA

Sudáfrica se convirtió en el primer país anfitrión en no llegar a la segunda ronda de un Mundial, cuando acogió el torneo de 2010. Sin embargo, su récord en primera ronda de una victoria, un empate y una derrota solo fue inferior por un gol a los primeros tres partidos de otros anfitriones: España, en 1982, y EE. UU., en 1994, que sí alcanzaron la segunda ronda. La victoria por 3-0 de Uruguay sobre Sudáfrica en Pretoria el 16 de junio de 2010 igualó el mayor margen de derrota sufrido por un anfitrión del Mundial; la victoria de Brasil por 5-2 sobre Suecia en la final de 1958 y la de Italia frente a México por 4-1 en los cuartos de final de 1970.

LOS ANFITRIONES DESTACAN

Brasil ha marcado más goles (nueve) en partidos inaugurales del Mundial que cualquier otra selección, aunque su condición de anfitriona por partida doble en 1950 y 2014 ha ayudado. Entre 1974 y 2002, era la campeona y no la anfitriona la que tenía el honor de hacer el saque inicial. Brasil venció a México con facilidad, 4-0, en el partido inicial de 1950, con tantos de Jair, Baltazar y Ademir (dos). Venció a Escocia por 2-1 en el partido inaugural de Francia 1998 (César Sampaio y Tom Boyd, gol en propia meta) y luego a Croacia, por 3-1, en 2014, gracias a un doblete (un penalti) de **Neymar** y a un tercer gol de Óscar. Fue un brasileño el primero en anotar un gol en la fase final de 2014, el lateral Marcelo le dio ventaja a Croacia con un gol propio. Los ocho goles totales de Italia en el partido inaugural se produjeron gracias al 7-1 que infligió a EE. UU. en 1934 y al empate a 1 contra Bulgaria en 1986.

MARCADORES MÁS ABULTADOS

El partido de fase final de un Mundial con más goles fue el de cuartos de final entre Austria y Suiza del 26 de junio de 1954. Austria logró una gran remontada para vencer 7-5, con un *hat trick* de **Theodor Wagner**, tras arrastrar un 3-0 desde el minuto 19. En tres partidos se han marcado 11 tantos: la victoria de Brasil por 6-5 sobre Polonia en la primera ronda de 1938, la de Hungría por 8-3 frente a la República Federal de Alemania en la fase de grupos de 1954 y la paliza de Hungría por 10-1 a El Salvador en la fase de grupos de 1982.

ESPAÑA NO GOLEA

España ganó el Mundial 2010 a pesar de haber marcado tan solo ocho goles en los siete partidos de la fase final, menos que cualquier otro campeón en la historia, como por ejemplo los 11 goles de Italia en 1934, Inglaterra en 1966 y Brasil en 1994. La selección de Vicente del Bosque fue también la primera en ganar por 1-0 los cuatro partidos de la fase eliminatoria. David Villa marcó el gol decisivo en dos de esos partidos.

CONTRINCANTES GENEROSOS

Chile fue la primera selección en beneficiarse de que un adversario se metiese un gol a sí mismo en un Mundial. El artífice fue el mexicano Manuel Rosas durante la victoria chilena por 3-0 en la fase final inaugural de 1930 en Uruguay. Francia, Alemania e Italia comparten el récord de haber recibido el mayor número de autogoles en una fase final mundialista, con cuatro cada uno. En el Mundial 2014, Francia se benefició de dos goles propios, el primero cortesía del portero hondureño Noel Valladares en una victoria de grupos por 3-0; el segundo fue del nigeriano Joseph Yobo, que le dio un 2-0 en segunda ronda. El gol en propia meta de Valladares (el balón golpeó la portería e impidió que Karim Benzema lograse un *hat trick*) se vio ratificado por el sistema de detección automática de goles, en funcionamiento por primera vez en la fase final de Brasil.

EL GOL MÁS RÁPIDO

El turco **Hakan Sükür** fue el autor del gol más rápido que se ha anotado en la fase final de un Mundial. Marcó a los 11 segundos contra Corea del Sur en el partido por el tercer puesto en el Mundial de 2002 y que Turquía ganó por 3-2. El anterior récord lo ostentaba el checoslovaco Václav Masek, que anotó a los 15 segundos contra México, en 1962.

LAS VICTORIAS MÁS AMPLIAS DE LA FASE FINAL DE UN MUNDIAL

Hungría 10 - El Salvador 1 (15 de junio de 1982)
Hungría 9 - Corea del Sur 0 (17 de junio de 1954)
Yugoslavia 9 - Zaire 0 (18 de junio de 1974)
Suecia 8 - Cuba 0 (12 de junio de 1938)
Uruguay 8 - Bolivia 0 (2 de julio de 1950)
Alemania 8 - Arabia Saudí 0 (1 de junio de 2002)

TOLERANCIA CERO

El número máximo de tandas de penaltis en las fases eliminatorias mundialistas es de cuatro desde la primera en 1982. Se han producido otras 25 tandas en las ocho finales posteriores. El récord de cuatro se produjo en Italia en 1990, Alemania en 2006 y Brasil en 2014, donde 26 de los 36 tiros llegaron a puerta. Los fallos cruciales llegaron tras la semifinal sin goles de **Argentina** vs. Holanda, cuando dos tiros fueron rechazados por el portero Sergio Romero.

MAYOR NÚMERO DE GOLES EN UN MUNDIAL

Goles	Selección	Año
27	Hungría	1954
25	RFA	1954
23	Francia	1958
22	Brasil	1950
19	Brasil	1970

MAYOR NÚMERO DE GOLES EN TODOS LOS MUNDIALES

1	Alemania/RFA	224
2	Brasil	221
3	Argentina	131
4	Italia	128
5	Francia	103

GOLEADAS

El gol de la victoria de Mario Götze para Alemania en la final del Mundial 2014 supuso que se igualase el récord de 171 goles en la fase final de 1998 en Francia, la primera edición ampliada a 32 equipos y 64 encuentros. Las dos fases finales compartieron una media de goles de 2,67 por partido. La media de goles por partido más alta es la de 5,38, lograda en la fase final de 1954, cuando se marcaron 140 goles en 26 encuentros en Suiza. La media más baja fue la del Mundial 1990 en Italia, cuando los 52 partidos solo generaron 115 goles, 2,21 tantos de media.

GRANDES Y PEQUEÑOS

Pelé fue el jugador más joven en marcar en la fase final de un Mundial, al anotar con 17 años y 239 días el gol de la victoria de Brasil frente a Gales en los cuartos de final en 1958. En 1994 el camerunés **Roger Milla,** a sus 42 años y 39 días, se convirtió en el jugador más mayor en hacer un gol, el único de su país, en la derrota por 6-1 ante Rusia.

COMO LOCOS A POR EL ORO

James Rodríguez se hizo con el premio Bota de Oro adidas como máximo anotador en el Mundial 2014 de Brasil, el primer colombiano en conseguirla. La explosión de goles del delantero del AS Mónaco fue toda una sorpresa, ya que Colombia esperaba que sus tantos llegasen de la mano de su compañero de club, Radamel Falcao, que se perdió la fase final por una lesión en la rodilla. Rodríguez anotó en los cinco encuentros con su selección, incluido un penalti en la derrota por 2-1 en cuartos de final ante Brasil y una volea en segunda ronda contra Uruguay, que fue el principal contrincante en cuestión de goles en el torneo. Sus seis tantos fueron uno más que los del alemán Thomas Müller y dos más que los del brasileño Neymar, el argentino Lionel Messi y el holandés Robin van Persie.

CUANDO MENOS TE LO ESPERAS

Ocho jugadores han anotado en los Mundiales con 12 años de diferencia. El caso más notable fue el de Miroslav Klose. El delantero centro polaco abrió con un *hat trick* en la victoria de Alemania sobre Arabia Saudí por 8-0 en Japón en 2002 y anotó el 16.º gol en la derrota por 7-1 de la anfitriona, Brasil, en la semifinal de 2014. Esto estableció a Klose como máximo anotador de la fase final de todos los tiempos, con un gol más que el brasileño Ronaldo. Los otros siete jugadores que anotaron en los Mundiales con 12 años de diferencia fueron Pelé (Brasil), Uwe Seeler (RFA), Diego Maradona (Argentina), Michael Laudrup (Dinamarca), Henrik Larsson (Suecia), Sami Al-Jaber (Arabia Saudí) y Cuauhtémoc Blanco (México).

CABEZONES

Cuando el estadounidense **Jermaine Jones** lanzó un trallazo desde los 30 metros en un partido del Grupo G contra Portugal en el Mundial 2014 que acabó en empate a 2, registró el 2.300.º gol de las fases finales. El gol de la victoria de Mario Götze para Alemania en la final contra Argentina elevó el registro total a 2.379.

EUSÉBIO, BOTAS GOLEADORAS

El jugador de Portugal **Eusébio** fue la estrella en el Mundial 1966, aunque, irónicamente, ahora no podría jugar con Portugal, pues nació en Mozambique, que entonces era colonia portuguesa pero ahora es un país independiente. Fue el máximo goleador con nueve tantos, entre ellos dos que sirvieron para eliminar al campeón, Brasil, y cuatro para vencer a Corea del Norte por 5-3 en los cuartos de final, tras remontar un 3-0.

MÁXIMOS GOLEADORES DE LA FASE FINAL

Máximo 16 equipos en la fase final

Año	País anfitrión	Máximo goleador	País	Goles
1930	Uruguay	Guillermo Stábile	Argentina	8
1934	Italia	Oldrich Nejedly	Checoslovaquia	5
1938	Francia	Leônidas	Brasil	7
1950	Brasil	Ademir	Brasil	9
1954	Suiza	Sándor Kocsis	Hungría	11
1958	Suecia	Just Fontaine	Francia	13
1962	Chile	Garrincha	Brasil	4
		Vavá	Brasil	
		Leonel Sánchez	Chile	
		Florian Albert	Hungría	
		Valentin Ivanov	Unión Soviética	
		Drazan Jerkovic	Yugoslavia	
1966	Inglaterra	Eusébio	Portugal	9
1970	México	Gerd Müller	RFA	10
1974	RFA	Grzegorz Lato	Polonia	7
1978	Argentina	Mario Kempes	Argentina	6

24 equipos en las fases finales

Año	País anfitrión	Máximo goleador	País	Goles
1982	España	Paolo Rossi	Italia	6
1986	México	Gary Lineker	Inglaterra	6
1990	Italia	Salvatore Schillaci	Italia	6
1994	Estados Unidos	Oleg Salenko	Rusia	6
		Hristo Stoichkov	Bulgaria	6

32 equipos en las fases finales

Año	País anfitrión	Máximo goleador	País	Goles
1998	Francia	Davor Suker	Croacia	6
2002	Corea/Japón	Ronaldo	Brasil	8
2006	Alemania	Miroslav Klose	Alemania	5
2010	Sudáfrica	Thomas Müller*	Alemania	5
		Diego Forlán	Uruguay	5
		Wesley Sneijder	Holanda	5
		David Villa	España	5
2014	Brasil	James Rodríguez	Colombia	6

* = Ganó la Bota de Oro (tuvo más asistencias)

KEMPES DEJA SU IMPRONTA

Mario Kempes fue el único jugador albiceleste del Mundial 78, celebrado en Argentina, que jugaba en el extranjero. Este valencianista, máximo goleador de la liga española en dos temporadas, fue crucial en el triunfo argentino. El técnico César Luis Menotti le sugirió que se afeitara el bigote tras su falta de acierto en la fase de grupos. Lo hizo y anotó dos goles contra Perú, otros dos ante Polonia y dos tantos decisivos contra los Países Bajos en la final.

GOLEAR NO SIGNIFICA GANAR

Encabezar la tabla de goleadores del Mundial es un gran honor para cualquier delantero, pero pocos han conseguido la Bota de Oro y la Copa del Mundo a la vez. El argentino Guillermo Stábile inauguró la desafortunada tendencia en 1930: lideró la lista de goleadores pero su equipo acabó perdiendo la final. Los máximos goleadores que a su vez han sido campeones son pocos: Garrincha y Vavá (máximos goleadores en 1962), Mario Kempes (máximo anotador en 1978), Paolo Rossi (1982) y Ronaldo (2002). Gerd Müller, máximo goleador en 1970, se resarció cuando la RFA ganó el Mundial cuatro años después. Otros máximos goleadores, como Just Fontaine, Sándor Kocsis o Gary Lineker, se llevaron una decepción en la fase final. Kocsis fue el único en llegar a la final en 1954, aunque Hungría perdió. Cuatro jugadores quedaron empatados a cinco goles en el Mundial 2010; David Villa consiguió la medalla de campeón, pero Thomas Müller se llevó la Bota de Oro.

STÁBILE FUE LA GRAN SORPRESA

Guillermo Stábile, máximo anotador del Mundial de 1930, no había jugado con Argentina antes del torneo. Debutó a los 25 años contra México porque el titular, Roberto Cherro, había sufrido un ataque de pánico. Logró un *hat trick* y más tarde hizo dos goles a Chile y Estados Unidos para colocar a Argentina en la final, donde metió uno de los goles de su equipo en la derrota por 4-2 ante Uruguay.

SUPERSUPLENCIAS

El gol de la victoria de Alemania en el Mundial 2014 fue anotado por **Mario Götze** gracias a un pase de André Schürrle. Esta fue la primera vez que tanto la asistencia como el gol provinieron de dos suplentes. Fue también el primer gol de la victoria anotado por un suplente.

HURST HACE HISTORIA

El inglés **Geoff Hurst** ha sido el primer y único jugador que ha logrado un *hat trick* en la final de un Mundial. Fue en la victoria por 4-2 sobre la República Federal de Alemania en Inglaterra en 1966. Hurst mantuvo sereno al equipo después de que los alemanes se adelantaran y marcó el decisivo tercer gol con un disparo que rebotó en el larguero y traspasó la línea, según el linier soviético. Hurst metió su tercer tanto en el último minuto. Las palabras del comentarista británico Kenneth Wolstenholme sobre el disparo de Hurst se hicieron famosas: «Hay algunas personas en el campo. Piensan que ya ha acabado. ¡Ahora sí!».

TRES DE 10

Solo tres jugadores que han llevado la mítica camiseta con el n.º 10 han ganado la Bota de Oro en una fase final del Mundial: el argentino Mario Kempes en 1978, el inglés Gary Lineker en 1986 y el colombiano James Rodríguez en Brasil 2014 (seis goles). Lionel Messi y Neymar, los números 10 de Argentina y Brasil, anotaron cuatro goles, uno menos que el n.º 13 alemán, Thomas Müller.

SWEET ANDRÉS

El héroe español del Mundial de 2010 fue **Andrés Iniesta**, cuyo gol en el minuto 116 fue el tanto decisivo más tardío de la historia de la competición, sin contar las tandas de penaltis, eso sí.

MÁXIMOS GOLEADORES EN LA COPA MUNDIAL DE LA FIFA

	Nombre	País	Torneos	Total de goles
1	Miroslav Klose	Alemania	2002, 2006, 2010, 2014	16
2	Ronaldo	Brasil	1998, 2002, 2006	15
3	Gerd Müller	RFA	1970, 1974	14
4	Just Fontaine	Francia	1958	13
5	Pelé	Brasil	1958, 1962, 1966, 1970	12
6	Jürgen Klinsmann	Alemania	1990, 1994, 1998	11
=	Sándor Kocsis	Hungría	1954	11
8	Gabriel Batistuta	Argentina	1994, 1998, 2002	10
=	Teófilo Cubillas	Perú	1970, 1978	10
=	Grzegorz Lato	Polonia	1974, 1978, 1982	10
=	Gary Lineker	Inglaterra	1986, 1990	10
=	Thomas Müller	Alemania	2010, 2014	10
=	Helmut Rahn	RFA	1954, 1958	10

LA TRIBU DE LOS BRADLEY

El gol del empate a dos de Michael Bradley para Estados Unidos en el partido del Grupo C contra Eslovenia en junio de 2010 le convirtió en la primera persona en marcar un gol mundialista para un combinado dirigido por su propio padre: Bob Bradley.

MESSI SIGUE RECOGIENDO

El capitán argentino **Lionel Messi** se fue del Mundial 2014 con la medalla de subcampeón y el Balón de Oro, que se concede al mejor jugador del torneo. El ganador, una vez elegido mediante votaciones de los periodistas, fue validado en Brasil por el grupo de estudio técnico, formado por los antiguos y actuales entrenadores nombrados por la FIFA para controlar las tendencias futbolísticas. El último jugador en ganar tanto el premio como el Mundial fue Romário, en 1994.

LA MALA SUERTE DE PELÉ

Sin ninguna duda, Pelé habría sido el máximo goleador de la historia del Mundial si no hubiese sido por las lesiones. Tuvo que retirarse en la fase final de 1962 y de nuevo cuatro años después. Marcó seis goles cuando Brasil se proclamó campeón en 1958, entre ellos dos en la final por 5-2 sobre Suecia. También anotó el gol número 100 de Brasil en un Mundial cuando asestó un 4-1 a Italia en la final de 1970.

EL HÁBITO GOLEADOR DE MÜLLER

Gerd Müller, de la RFA, tenía el don de marcar en partidos importantes. Anotó el gol de la victoria contra Inglaterra en los cuartos de final de 1970 y sus dos tantos en la prórroga ante Italia casi llevan a su equipo a la final. Cuatro años después, el gol de Müller frente a Polonia propició que la RFA disputara la final en casa. Después, marcó el tanto decisivo ante los Países Bajos en la final. Uno de sus goles fue anulado por fuera de juego injustamente, tal como demostró la repetición en televisión.

RONALDO EL REGULAR

Ronaldo ha sido un goleador regular en las tres fases finales del Mundial que ha disputado. Anotó cuatro veces en 1998, cuando Brasil quedó por detrás de Francia; ocho cuando Brasil ganó el campeonato en 2002, incluidos los dos de la final; y tres en 2006. Se convirtió en el máximo goleador de todos los tiempos el 27 de junio de 2006, cuando hizo el primer gol de Brasil en su victoria por 3-0 ante Ghana en octavos, en Dortmund. Ronaldo integró la selección que logró el Mundial de 1994 en EE. UU., pero no llegó a jugar.

KLINSMANN CONTRIBUYE

Jürgen Klinsmann ha sido una de las personalidades más influyentes del Mundial moderno. Anotó tres goles cuando la RFA ganó el Mundial 1990, y otros ocho en 1994 y 1998. Como seleccionador, llevó a Alemania hasta el tercer puesto en 2006, y a EE. UU. a segunda ronda en 2014.

¿QUIÉN MARCÓ EL PRIMER *HAT TRICK*?

Durante muchos años el argentino Guillermo Stábile fue considerado el primero en conseguir un *hat trick* en la fase final de un Mundial, cuando Argentina derrotó a México por 6-3 el 19 de julio de 1930. Pero la FIFA cambió este récord en noviembre de 2006, para reconocer que dos días antes el estadounidense Bert Patenaude había logrado el primer *hat trick* de la historia del torneo en el partido que EE. UU. ganó a Paraguay por 3-0.

ARRIBA ESOS CINCO

Los delanteros alemanes **Thomas Müller** (en 2010 y 2014) y Miroslav Klose (en 2002 y 2006) son los únicos hombres que han anotado cinco o más goles en fases finales mundialistas sucesivas. Los 10 goles de Müller llegaron en solo 13 partidos y eso que solo tendrá 28 años cuando arranque el Mundial 2018 en Rusia.

El portero Gianluigi Buffon seguía en el combinado italiano durante su quinto Mundial, el de Brasil 2014, y, tras perderse la victoria sobre Inglaterra, capitaneó a los Azzurri en las derrotas ante Costa Rica y Uruguay. Pero, en realidad, Buffon solo ha jugado en cuatro torneos, ya que fue suplente en 1998, sin entrar en el campo. Hay dos futbolistas que han aparecido en partidos de cinco mundiales: el mexicano Antonio Carbajal (1950-66) y el alemán Lothar Matthäus (1982-98).

VETERANOS Y NOVATOS

El norirlandés Norman Whiteside es el jugador más joven de la historia de la fase final de un Mundial: con solo 17 años y 41 días jugó contra Yugoslavia en 1982. El jugador más mayor en participar es el arquero colombiano Faryd Mondragón. Entró como suplente a última hora en la victoria por 4-1 sobre Japón en 2014. Con 43 años y tres días, superó los 42 años y 39 días del camerunés Roger Milla.

THIS IS ENGLAND

El capitán inglés **Steven Gerrard** encabezó la lista de 110 futbolistas de la Premier League inglesa que participaron en el Mundial 2014. En 2010, fueron siete menos. El portero del Celtic, Fraser Forster, fue el único jugador del combinado inglés que no jugaba en la liga. Bélgica contaba con 12 jugadores de la Premier League y Francia con 10. El Chelsea envió 17 jugadores, el Manchester United, 14, el Liverpool, 12, y el Manchester City, 10.

MÁS APARICIONES EN LA FASE FINAL DEL MUNDIAL

- 25 **Lothar Matthäus** (RFA/Alemania)
- 24 **Miroslav Klose** (Alemania)
- 23 **Paolo Maldini** (Italia)
- 21 **Diego Maradona** (Argentina)
   Uwe Seeler (RFA)
   Wladyslaw Zmuda (Polonia)
- 20 **Cafú** (Brasil)
   Philipp Lahm (Alemania)
   Grzegorz Lato (Polonia)
   Bastian Schweinsteiger (Alemania)

BICAMPEONES

Jugadores que han ganado dos finales del Mundial:

Giovanni Ferrari (Italia); 1934, 1938
Giuseppe Meazza (Italia); 1934, 1938
Pelé (Brasil); 1958, 1970
Didí (Brasil); 1958, 1962
Djalma Santos (Brasil); 1958, 1962
Garrincha (Brasil); 1958, 1962
Gilmar (Brasil); 1958, 1962
Nilton Santos (Brasil); 1958, 1962
Vavá (Brasil); 1958, 1962
Zagallo (Brasil); 1958, 1962
Zito (Brasil); 1958, 1962
Cafú (Brasil); 1994, 2002

GANAR A CUALQUIER PRECIO

Franz Beckenbauer y Mário Zagallo forman un dúo sin igual. Los dos han ganado el Mundial como jugadores y como entrenadores. Además, Beckenbauer tuvo el honor de capitanear a la RFA hasta la victoria de 1974 en suelo alemán. Como técnico, les llevó a la final en México en 1986 y a la victoria contra Argentina en Italia cuatro años después. Le apodaron «Der Kaiser» (el Emperador) tanto por su estilo como por sus logros. Zagallo fue dos veces campeón como jugador: fue el extremo izquierdo cuando Brasil conquistó el Mundial de 1958, antes de desempeñar un papel más importante en el triunfo de 1962. Reemplazó al controvertido João Saldanha como seleccionador de Brasil tres meses antes de la fase final de 1970 y logró la victoria de su equipo en sus seis partidos, tras marcar 19 goles y machacar a Italia por 4-1 en la final. Zagallo ocupó el puesto de director técnico cuando Brasil ganó el Mundial por cuarta vez en 1994.

MÁS FASES FINALES DEL MUNDIAL

Todos estos jugadores participaron como mínimo en la fase final de cuatro Mundiales.

5 **Antonio Carbajal** (México) 1950, 1954, 1958, 1962, 1966
   Lothar Matthäus (RFA/Alemania) 1982, 1986, 1990, 1994, 1998
4 **Sami Al-Jaber** (Arabia Saudí) 1994, 1998, 2002, 2006
   DaMarcus Beasley (EE. UU.) 2002, 2006, 2010, 2014
   Giuseppe Bergomi (Italia) 1982, 1986, 1990, 1998
   Gianluigi Buffon (Italia) 2002, 2006, 2010, 2014
   Cafú (Brasil) 1994, 1998, 2002, 2006
   Denis Caniza (Paraguay) 1998, 2002, 2006, 2010
   Fabio Cannavaro (Italia) 1998, 2002, 2006, 2010
   Iker Casillas (España) 2002, 2006, 2010, 2014
   Samuel Eto'o (Camerún) 1998, 2002, 2010, 2014
   Thierry Henry (Francia) 1998, 2002, 2006, 2010
   Miroslav Klose (Alemania) 2002, 2006, 2010, 2014
   Paolo Maldini (Italia) 1990, 1994, 1998, 2002
   Diego Maradona (Argentina) 1982, 1986, 1990, 1994
   Rafael Márquez (México) 2002, 2006, 2010, 2014
   Hong Myung-Bo (Corea del Sur) 1990, 1994, 1998, 2002
   Pelé (Brasil) 1958, 1962, 1966, 1970
   Gianni Rivera (Italia) 1962, 1966, 1970, 1974
   Pedro Rocha (Uruguay) 1962, 1966, 1970, 1974
   Djalma Santos (Brasil) 1954, 1958, 1962, 1966
   Karl-Heinz Schnellinger (RFA) 1958, 1962, 1966, 1970
   Enzo Scifo (Bélgica) 1986, 1990, 1994, 1998
   Uwe Seeler (RFA) 1958, 1962, 1966, 1970
   Rigobert Song (Camerún) 1994, 1998, 2002, 2010
   Franky van der Elst (Bélgica) 1986, 1990, 1994, 1998
   Xavi (España) 2002, 2006, 2010, 2014
   Wladyslaw Zmuda (Polonia) 1974, 1978, 1982, 1986
   Andoni Zubizarreta (España) 1986, 1990, 1994, 1998

EL BAYERN VENCE

Siete integrantes del combinado alemán del Mundial 2014 provenían del Bayern de Múnich: Manuel Neuer, Philipp Lahm, Jérôme Boateng, Bastian Schweinsteiger, Toni Kroos, Thomas Müller y Mario Götze. Todos comenzaron la final contra Argentina, salvo el héroe del partido: Götze. Inmediatamente después de la final, el Bayern se vio mermado cuando Kroos se unió al Real Madrid.

PARTIDA DOBLE DE KHEDIRA

Sami Khedira estaba de celebración en Brasil en 2014, ya que terminó la temporada con dos medallas de campeón: la del Mundial y la de la Champions League de la UEFA. Primero, Khedira se alineó en el centro del campo cuando el Real Madrid venció al Atlético 4-1 en la prórroga, en el clímax de la temporada de clubes europeos. Después, en Brasil, ganó con el combinado alemán una segunda medalla, a pesar de retirarse de la fase final antes del saque inicial tras agravársele una lesión muscular en el calentamiento. Khedira fue el 10.º jugador en alzarse con un doble Mundial/Eurocopa.

AL SON DE SONG

Al jugar 17 minutos en el Mundial 2010, el defensa camerunés **Rigobert Song** se convirtió en el primer africano es disputar cuatro campeonatos: nueve partidos, en 16 años y nueve días. Participó en 1994, 1998, 2002 y 2010; Camerún no logró clasificarse en 2006. Él y el colombiano Faryd Mondragón comparten la cuarta trayectoria futbolística más larga de un Mundial, mejorada solo por los mexicanos Antonio Carbajal (16 años y 25 días) y Hugo Sánchez (16 años y 17 días), y el alemán Lothar Matthäus (16 años y 14 días). El único inconveniente fue que Song fue expulsado de dos Mundiales y su primo, Alex Song, de la fase final de 2014 por dar un codazo a Mario Mandzukic al perder por 4-0 ante Croacia. Por tanto, la familia Song es responsable de tres de las ocho tarjetas rojas de Camerún en una final mundialista.

MÁS PARTIDOS DE FASE FINAL DEL MUNDIAL (POR POSICIÓN)

Portero: Sepp Maier (RFA, 18 partidos) y Cláudio Taffarel (Brasil, 18 partidos)
Defensas: Paolo Maldini (Italia, 23); Wladyslaw Zmuda (Polonia, 21); Cafú (Brasil, 20); Philipp Lahm (Alemania, 20)
Centrocampistas: Lothar Matthäus (RFA/Alemania, 25); Bastian Schweinsteiger (Alemania, 20)
Delanteros: Miroslav Klose (Alemania, 24); Diego Maradona (Argentina, 21); Uwe Seeler (RFA, 21); Grzegorz Lato (Polonia, 20)

LOS GOLES DE PROSINECKI

Robert Prosinecki es el único futbolista que ha anotado con la camiseta de dos países diferentes en la fase final del Mundial. Marcó para Yugoslavia en su victoria por 4-1 sobre los Emiratos Árabes Unidos en el Mundial de 1990. Ocho años después, tras la disolución de la antigua Yugoslavia, anotó con Croacia en el 3-0 a Jamaica en la fase de grupos y después metió el primer gol del 2-1 que les valió el triunfo sobre Países Bajos en la eliminatoria por el tercer puesto.

LOS CAMBIOS MÁS RÁPIDOS

Las tres sustituciones más rápidas de la historia de las fases finales del Mundial han tenido lugar en el minuto cuatro. En todos los casos el jugador sustituido sufrió una lesión tan grave que no volvió a jugar en el torneo: Steve Hodge entró por Bryan Robson en el empate a cero de Inglaterra contra Marruecos en 1986; Giuseppe Bergomi sustituyó a Alessandro Nesta en la victoria por 2-1 de Italia sobre Austria en 1998; y Peter Crouch reemplazó a Michael Owen en el empate a dos de Inglaterra frente a Suecia en 2006.

PROBLEMA CON LOS PREMIOS

Ganar el premio Jugador Mundial de la FIFA, o Ballon d'Or, ha demostrado no ser un buen presagio para los galardonados. Ningún ganador ha logrado nunca vencer en el siguiente Mundial. El Mundial 2014 no fue diferente, ya que **Cristiano Ronaldo**, Jugador Mundial de la FIFA 2013, y sus compañeros de selección fueron eliminados en la fase de grupos. Su predecesor como ganador del Ballon d'Or, el argentino Lionel Messi, estaba en el equipo perdedor en la final de 2014. Messi también ostentaba el título cuando fue al Mundial 2010 y perdió en cuartos.

LAS TRES TARJETAS DE SIMUNIC

El croata Josip Simunic ostenta (junto con el australiano Ray Richards) el récord de más tarjetas amarillas en un partido mundialista: tres contra Australia en 2006. Las recibió antes de ser expulsado finalmente por el árbitro inglés Graham Poll. Cuando Poll le mostró a Simunic su segunda amarilla, olvidó por completo que ya le había amonestado.

CAPITANES DESTACADOS

Tres jugadores han sido capitanes en dos Mundiales: Diego Armando Maradona de Argentina, Dunga de Brasil y Karl-Heinz Rummenigge de la República Federal de Alemania. Maradona se alzó con el trofeo en 1986, pero perdió cuatro años después. Dunga fue el capitán del equipo campeón de 1994, pero cayó derrotado en 1998. Rummenigge perdió en las dos ocasiones, en 1982 y 1986. Maradona es quien ha jugado más partidos de la fase final de un Mundial como capitán, liderando a Argentina 16 veces entre 1986 y 1994.

LOS PRIMEROS ONCE

En la era de los dorsales, puede que **Brasil** complaciese a los más puristas cuando sus jugadores aparecieron con los números del uno al once en la alineación inicial de los dos primeros partidos del Mundial 2010, contra Corea del Norte y Costa de Marfil. El once inicial de Dunga en cada una de las ocasiones fueron: 1 Júlio César, 2 Maicon, 3 Lúcio, 4 Juan, 5 Felipe Melo, 6 Michel Bastos, 7 Elano, 8 Gilberto Silva, 9 Luís Fabiano, 10 Kaká y 11 Robinho. **Holanda** organizó una estructura inicial parecida no solo para el partido de segunda ronda contra Eslovaquia que acabó en empate, sino también para la final frente a España: 1 Maarten Stekelenburg, 2 Gregory van der Wiel, 3 John Heitinga, 4 Joris Mathijsen, 5 Giovanni van Bronckhorst, 6 Mark van Bommel, 7 Dirk Kuyt, 8 Nigel de Jong, 9 Robin van Persie, 10 Wesley Sneijder y 11 Arjen Robben. Tanto Brasil como Holanda casi repiten esta hazaña cuando se enfrentaron en los cuartos de final, aunque los dos incluyeron a sus números 13: el brasileño Dani Alves, en lugar del 7, Elano, y el holandés Andre Ooijer, en vez del 4, Joris Mathijsen (Elano y Mathijsen no podían jugar por sendas lesiones).

ROJAS MÁS RÁPIDAS EN LAS FASES FINALES DEL MUNDIAL

1 min. José Batista (Uruguay) vs. Escocia, 1986
8 min. Giorgio Ferrini (Italia) vs. Chile, 1962
14 min. Zezé Procopio (Brasil) vs. Checoslovaquia, 1938
19 min. Mohammed Al Khlaiwi (Arabia Saudí) vs. Francia, 1998
Miguel Bossio (Uruguay) vs. Dinamarca, 1986
21 min. Gianluca Pagliuca (Italia) vs. República de Irlanda, 1994

AMARILLAS MÁS RÁPIDAS

1 min. Sergei Gorlukovich (Rusia) vs. Suecia, 1994
Giampiero Marini (Italia) vs. Polonia, 1982
2 min. Jesús Arellano (México) vs. Italia, 2002
Henri Camara (Senegal) vs. Uruguay, 2002
Michael Emenalo (Nigeria) vs. Italia, 1994
Humberto Suazo (Chile) vs. Suiza, 2010
Mark van Bommel (Países Bajos) vs. Portugal, 2006

IMPOSICIÓN DE SUPLENTES

Los suplentes anotaron más goles en el Mundial 2014 de Brasil que en ninguna otra fase final anterior. El gol de la final de Mario Götze fue el 32.º ejecutado por un suplente, lo que amplió el récord precedente de 24 tantos establecido en 2006 en Alemania. En la fase final de 1970 de México se permitieron dos suplencias, que se ampliaron a tres a partir de 1998. La fase final del Mundial 1998 también vio cómo se producía el gol más rápido por parte de un suplente. El danés **Ebbe Sand** anotó contra Nigeria a los 16 segundos de entrar.

LOS MÁS JÓVENES DE LA FINAL DE UN MUNDIAL
Pelé (Brasil) – 17 años, 249 días, en 1958
Giuseppe Bergomi (Italia) – 18 años, 201 días, en 1982
Rubén Morán (Uruguay) – 19 años, 344 días, en 1950

LOS MÁS MAYORES DE LA FINAL DE UN MUNDIAL
Dino Zoff (Italia) – 40 años, 133 días, en 1982
Gunnar Gren (Suecia) – 37 años, 241 días, en 1958
Jan Jongbloed (Holanda) – 37 años, 212 días, en 1978
Nilton Santos (Brasil) – 37 años, 32 días, en 1962

PUZACH FUE EL PRIMER SUPLENTE
El primer suplente de la historia de un Mundial fue Anatoli Puzach, de la Unión Soviética. Reemplazó a Viktor Serebrjanikov en el descanso del empate a cero de los soviéticos contra el anfitrión, en México, el 31 de mayo de 1970. El torneo de ese año fue el primero que permitió cambios, dos para cada equipo. La FIFA los amplió a tres en 1998.

CUATRO Y FUERA
El mayor número de jugadores expulsados en un partido de un Mundial es cuatro. Costinha y Deco de Portugal, y Khalid Boulahrouz y Gio van Bronckhorst de los Países Bajos fueron expulsados por el árbitro ruso Valentin Ivanov en los octavos de final del Mundial de Alemania en 2006.

CANIGGIA: EXPULSADO DEL BANQUILLO…
El argentino **Claudio Caniggia** se convirtió en el primer jugador expulsado del banquillo, en el partido ante Suecia en 2002. El árbitro emiratí Ali Bujsaim echó a Caniggia en el tiempo de descuento de la primera parte por protestar. A pesar de los avisos del colegiado para que estuviera callado, Caniggia siguió quejándose, así que Bujsaim le sacó la tarjeta roja.

RÉCORD DE MINUTOS DE MALDINI
Lothar Matthäus de la RFA/Alemania es el jugador que más partidos del Mundial ha disputado como titular: 25. Pero el defensa italiano **Paolo Maldini** ha estado más minutos en el campo, a pesar de ser titular en dos encuentros menos. Maldini ha jugado 2.220 minutos, y Matthäus 2.052. Según el cronómetro, los dos siguientes son Uwe Seeler de la República Federal de Alemania, que disputó 1.980 minutos, y el argentino Diego Armando Maradona, que estuvo 1.938 en el campo.

ALEMANIA RE–UNIDA
Alemania y la RFA cuentan como una en los récords mundialistas porque el Deutscher Fußball-Bund, fundado en 1900, fue el órgano regidor original y estaba a cargo de la selección antes de la II Guerra Mundial, durante la división en Democrática y Federal y la posterior reunificación. Los combinados alemanes han ganado el Mundial cuatro veces y han aparecido en la final un récord de ocho veces. En 2014, los suplentes que dictaminaron el partido, André Schürrle y Mario Götze, fueron los primeros jugadores que habían nacido en Alemania desde la reunificación en ganar el Mundial, mientras que su compañero Toni Kroos fue el único miembro del combinado de 2014 que había nacido en la RDA. Kroos fue el primer jugador de la RDA en ganar el Mundial.

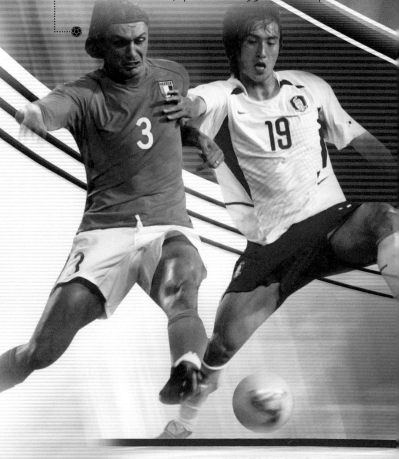

PORTEROS IMBATIDOS EN LA FASE FINAL DEL MUNDIAL*

Walter Zenga (Italia)	517 minutos sin encajar un gol, 1990
Peter Shilton (Inglaterra)	502 minutos, 1986-90
Iker Casillas (España)	476 minutos, 2010-14
Sepp Maier (RFA)	475 minutos, 1974-78
Gianluigi Buffon (Italia)	460 minutos, 2006
Emerson Leão (Brasil)	458 minutos, 1978
Gordon Banks (Inglaterra)	442 minutos, 1966

* Pascal Zuberbühler no encajó ningún gol en los 390 minutos jugados con Suiza en el Mundial de 2006.

¡VIVA EL CÉSAR!

El arquero brasileño **Júlio César** lloraba de felicidad después de que su tanda de penaltis ayudase a la anfitriona del Mundial 2014 a vencer a Chile en octavos en Belo Horizonte. El técnico Luiz Felipe Scolari mantuvo la fe en el portero de 34 años, aunque apenas había jugado para su club inglés Queens Park Rangers y había sido cedido al Toronto FC de la MLS. César fue culpado del error que llevó a Holanda a cuartos de final en 2010. En 2014, sin embargo, detuvo los dos primeros tiros de Chile y pasó a toda prisa de chivo expiatorio a héroe nacional.

SIN PENSAR FUERA DE LA PORTERÍA

El italiano Gianluca Pagliuca fue el primer arquero expulsado en un Mundial por tocar el balón con la mano fuera del área en el partido contra Noruega en 1994. Aunque se sacrificó a Roberto Baggio por el portero suplente Luca Marchegiani, Italia ganó por 1-0 de todas formas.

EL MÁS GRANDE DE ITALIA

Dino Zoff se convirtió en el jugador y capitán más mayor en ganar un Mundial cuando la selección italiana se alzó con el trofeo en España en 1982. Contaba 40 años y 133 días. Un predecesor tanto como portero como capitán de la selección italiana y la Juventus, Gianpiero Combi, llevó a Italia a ganar el Mundial en 1934.

CARBAJAL EN CINCO MUNDIALES

Antonio Carbajal, de la selección mexicana, es uno de los dos únicos jugadores que han participado en la fase final de cinco Mundiales, el otro fue el polifacético jugador alemán Lothar Matthäus. Carbajal, que jugó en 1950, 1954, 1958, 1962 y 1966, encajó solo 25 tantos en sus 11 encuentros de fase final del Mundial, los mismos que el saudí Mohamed Al-Deayea en diez partidos entre 1994, 1998 y 2002. Al-Deayea formó parte de la selección de Arabia Saudí del torneo de 2006, pero no jugó.

DE SER NADA A SER UN HÉROE

Una de las estrellas más inesperadas del Mundial 2014 fue el cancerbero mexicano **Guillermo Ochoa.** Había pasado los anteriores tres años en la sombra, en el modesto club corso Ajaccio. Temía por su puesto en el Mundial cuando el Ajaccio descendió, pero al técnico mexicano Miguel Herrera le dio igual y Ochoa le recompensó con una actuación brillante. Su mejor intervención fue en la fantástica defensa ante la anfitriona, Brasil, en un empate sin goles en la fase de grupos. Ochoa, que terminó la fase final con 61 internacionalidades con México, encajó solo tres goles en cuatro partidos, ya que México perdió 2-1 debido a dos goles tardíos de Holanda en octavos.

LOS NÚMERO UNO DE LOS NÚMERO UNO

El Premio Lev Yashin al mejor portero del Mundial se creó en 1994, aunque desde 1930 se elige a un arquero para el once ideal al final de cada torneo. En 1998 el equipo ideal se amplió de 11 a 23 jugadores, dejando sitio a más de un guardameta, pero volvió a ser de 11 jugadores en 2010. Los jugadores incluidos en el once ideal que no recibieron el Premio Lev Yashin fueron el paraguayo José Luis Chilavert en 1998, el turco Rüstü Reçber en 2002, y el alemán Jens Lehmann y el portugués Ricardo en 2006. El primer Premio Lev Yashin se entregó al belga Michel Preud'homme; a pesar de encajar cuatro goles en los cuatro encuentros disputados en la competición de 1994, su equipo fue derrotado por la mínima en el partido de segunda ronda contra Alemania que acabó 3-2. El legendario cancerbero soviético Lev Yashin, que da nombre al trofeo, disputó los Mundiales de 1958, 1962 y 1966, y jugó con su selección en 1970 como tercer portero y ayudante del entrenador, aunque nunca fue incluido en el equipo ideal de ningún torneo. Yashin encajó el único gol marcado directamente de un saque de esquina en la fase final de un Mundial; su ejecutor fue el colombiano Marcos Coll en un empate a cuatro en 1962. A partir de 2010, por motivos comerciales, se cambió el nombre de Premio Lev Yashin a Guante de Oro de adidas.

EL GRAN OLIVER

El alemán **Oliver Kahn** es el único guardameta que ha sido elegido Mejor Jugador del Torneo, en el Mundial 2002, a pesar de ser en parte el causante de los goles de la victoria de Brasil en la final.

BIEN POR RICARDO

El español Ricardo Zamora fue el primer cancerbero que paró un penalti en un partido de fase final de un Mundial, el disparo del brasileño Waldemar de Brito en 1934. España ganó 3-1.

EL CAMINO DE HOWARD

Tim Howard dejó su impronta en la historia mundialista con su impresionante actuación en el partido contra Bélgica en 2014 en segunda ronda. Howard registró 16 impresionantes paradones ante la avalancha de ataques belgas. Fue el mayor registro de paradas de un encuentro mundialista desde que se introdujo la estadística en 1966. Por desgracia, no fue suficiente: EE. UU. perdió este emocionante partido por 2-1 tras la prórroga.

LÍDER EN LA RETAGUARDIA

Iker Casillas, al igual que los italianos Gianpiero Combi (en 1934) y Dino Zoff (1982), se convirtió en el tercer arquero en capitanear a su selección y llevarla a la gloria en un Mundial, cuando España ganó en Sudáfrica en 2010. También fue el primer jugador en alzar el trofeo después de que su equipo perdiera el partido inaugural mundialista.

UN CHOQUE DESAFORTUNADO

El arquero Frantisek Plánika se rompió el brazo en el choque de segunda ronda de Checoslovaquia contra Brasil en 1938, pero siguió jugando, a pesar de tener que ir a la prórroga y terminar empatando a uno. Era lógico que, dado el alcance de su lesión, Plánika se perdiera la repetición dos días después, en la que los checos perdieron 2-1, y no pudiera sumarla a sus 73 partidos como internacional.

JUGADORES ELEGIDOS MEJOR PORTERO DEL TORNEO

1930	Enrique Ballestrero (Uruguay)	1978	Ubaldo Fillol (Argentina)
1934	Ricardo Zamora (España)	1982	Dino Zoff (Italia)
1938	Frantisek Plánicka (Checoslovaquia)	1986	Harald Schumacher (RFA)
1950	Roque Máspoli (Uruguay)	1990	Sergio Goycochea (Argentina)
1954	Gyula Grosics (Hungría)	1994	Michel Preud'homme (Bélgica)
1958	Harry Gregg (Irlanda del Norte)	1998	Fabien Barthez (Francia)
1962	Viliam Schrojf (Checoslovaquia)	2002	Oliver Kahn (Alemania)
1966	Gordon Banks (Inglaterra)	2006	Gianluigi Buffon (Italia)
1970	Ladislao Mazurkiewicz (Uruguay)	2010	Iker Casillas (España)
1974	Jan Tomaszewski (Polonia)	2014	Manuel Neuer (Alemania)

TODOS A POR RAMÓN

La victoria de Argentina por 6-0 ante Perú en el Mundial de 1978 levantó sospechas, ya que los anfitriones necesitaban ganar por cuatro tantos para llegar a la final y superar a su archienemigo, Brasil; además, el portero de Perú, Ramón Quiroga, había nacido en Argentina. Sin embargo, él insistió en que sus paradas evitaron una derrota más rotunda y vergonzosa. Al principio del torneo, Quiroga había sido amonestado por una falta sobre Grzegorz Lato tras correr hasta la mitad polaca del campo.

DE LADO A LADO

Cuando Miroslav Klose se lanzó a por un pase de su compañero **Manuel Neuer** y marcó contra Inglaterra en el encuentro en segunda ronda del Mundial 2010, Neuer se convirtió en el primer arquero en 44 años en preparar un gol en la final. El anterior había sido el soviético Anzor Kavazashvili, que le dio una asistencia a Valeriy Porkujan para que marcase el gol de la victoria contra Chile en la fase de grupos de 1966.

LAS PASA MORADAS

Luis Ricardo Guevara Mora ostenta el poco envidiable récord de mayor número de goles encajados en un partido de Mundial. Este veinteañero tuvo que recoger el balón de la red hasta diez veces cuando Hungría machacó a El Salvador en 1982, además sus compañeros solo marcaron un tanto. En este partido también logró el récord de ser el portero más joven en participar en la fase final de un Mundial.

TONY COLGÓ LAS BOTAS

El portero estadounidense **Tony Meola** abandonó la selección tras el Mundial de 1994 porque quería cambiar de deporte y probar suerte con el fútbol americano. No se le dio bien y regresó al fútbol, pero no volvió a estar en la selección nacional hasta 1999. Se retiró por segunda vez después de disputar un centenar de partidos como internacional y sigue teniendo el récord de capitán más joven de un Mundial, al llevar el brazalete con 21 años y 316 días en la derrota por 5-1 ante Checoslovaquia en 1990.

PUNTO MUERTO EN SUECIA

Gilmar y Colin McDonald fueron los arqueros que hicieron historia en el Mundial 1958 celebrado en Suecia cuando Brasil e Inglaterra, que se enfrentaban en primera ronda, libraron el primer empate sin goles de la historia de la fase final.

SIN RENDICIÓN POSIBLE

El suizo **Diego Benaglio** fue el único cancerbero en tirar a puerta en el Mundial 2014 de Brasil. Cuando los suizos perdían en un encuentro de segunda ronda por 1-0 ante Argentina en São Paulo, Benaglio subió en un córner y remató de chilena, pero bloquearon su tiro. El predecesor suizo de Benaglio, en la fase final de 2006, tuvo la misma mala suerte. Pascal Zuberbühler mantuvo la portería a cero en los cuatro encuentros, tres en la fase de grupos y un empate sin goles contra Ucrania en segunda ronda. No obstante, los suizos perdieron la ronda de penaltis resultante por 3-0, a pesar de que Zuberbühler paró el primer tiro de Andriy Shevchenko.

MÁS GOLES

Año	Goles	
1930	70	(3,89 por partido)
1934	70	(4,12 por partido)
1938	84	(4,67 por partido)
1950	88	(4 por partido)
1954	140	(5,38 por partido)
1958	126	(3,6 por partido)
1962	89	(2,78 por partido)
1966	89	(2,78 por partido)
1970	95	(2,97 por partido)
1974	97	(2,55 por partido)
1978	102	(2,68 por partido)
1982	146	(2,81 por partido)
1986	132	(2,54 por partido)
1990	115	(2,21 por partido)
1994	141	(2,71 por partido)
1998	171	(2,67 por partido)
2002	161	(2,52 por partido)
2006	147	(2,3 por partido)
2010	145	(2,27 por partido)
2014	171	(2,67 por partido)
Total	2.379	(2,85 por partido)

DEJADO DE LA MANO DE DIOS

Peter Shilton se convirtió en el capitán más mayor de un Mundial cuando dirigió a Inglaterra en la eliminatoria por la tercera plaza en 1990 ante la anfitriona, Italia. Contaba 40 años y 292 días cuando participó con su selección por última vez, la número 125, aunque se le estropeó el día por la derrota 2-1, un error del portero le regaló a Roberto Baggio el gol inicial de Italia. Shilton, nacido en Leicester el 18 de septiembre de 1949, también jugó para Inglaterra en los torneos de 1982 y 1986. Fue el capitán en México en 1986 después de que Bryan Robson quedara excluido de la convocatoria por una lesión y Ray Wilkins por suspensión, y protagonizó uno de los momentos más memorables de la historia del Mundial, al ser batido por el argentino Diego Armando Maradona cuando marcó el gol llamado «la mano de Dios». Shilton comparte el récord de porterías imbatidas en el Mundial, diez, junto con el francés Fabien Barthez, que disputó los Mundiales de 1998, 2002 y 2006. Cada uno disputó 17 partidos de fase final del Mundial.

CAMBIO DE PORTERO

El primer guardameta que fue sustituido en un Mundial fue el rumano Stere Adamache, a quien reemplazó Rica Raducanu a los 27 minutos en la derrota por 3-2 ante Brasil en 1970. Rumanía iba perdiendo 2-0 en ese momento.

MÁS ALLÁ DE LA BARRERA DEL DOLOR

La primera portería a cero en un Mundial fue la lograda por el estadounidense Jimmy Douglas al ganar 3-0 a Bélgica en 1930. Después de esa logró otra en el partido contra Paraguay que acabó con el mismo marcador, pero Argentina demostró su supremacía al ganar 6-1 en semifinales. Douglas se lesionó a los cuatro minutos, pero tuvo que seguir jugando, ya que por entonces no se permitían cambios.

CRÍA CUERVOS...

Al argentino **Sergio Romero** nunca lo olvidarán en Holanda, al haber empleado su experiencia con van Gaal para expulsar a los holandeses del Mundial 2014. Louis van Gaal trajo a Romero a Europa en 2007, cuando el técnico holandés dirigía el AZ Alkmaar. En 2011, Romero se trasladó a Italia para jugar con la Sampdoria. Luego, perdió el favor del club genovés y fue cedido al club francés AS Mónaco en agosto de 2013. Romero tampoco fue muy regular en la Ligue 1; de hecho, solo jugó tres partidos de liga en la temporada previa al Mundial. No obstante, siguió siendo la primera opción del técnico argentino Alejandro Sabella. Argentina ganó todos los encuentros de su grupo y luego Romero mantuvo la portería a cero en las primeras victorias de la eliminatoria sobre Suiza y Bélgica. Cuando la semifinal acabó en penaltis, Romero pasó a ser un héroe nacional, con paradas decisivas de los tiros de los holandeses Ron Vlaar y Wesley Sneijder. Romero dijo más tarde que se lo tenía que agradecer a van Gaal... «por enseñarme a parar penaltis».

SELECCIONANDO ÉXITOS

El mayor número de entrenadores del Mundial 2014 en Brasil eran alemanes. El más exitoso fue el técnico de la Die Nationalelf, **Joachim Löw**, que se convirtió, tras la victoria final por 1-0 sobre Argentina, en el cuarto entrenador alemán en ganar el trofeo después de Sepp Herberger (1954), Helmut Schön (1974) y Franz Beckenbauer (1990). Löw fue nombrado en 2006 tras ser asistente dos años. **Jürgen Klinsmann** (EE. UU.) y Ottmar Hitzfeld (Suiza) llegaron a segunda ronda, pero la fase de grupos supuso el final de Volker Finke (Camerún) y del berlinés Nico Kovac (Croacia).

JUAN EL JOVEN

Juan José Tramutola todavía es el técnico más joven de la historia del Mundial, pues dirigió a Argentina con 27 años y 267 días en el torneo de 1930. El italiano Cesare Maldini fue el más mayor cuando en 2002 se hizo cargo de Paraguay a la edad de 70 años y 131 días.

DEL SUEÑO A LA PESADILLA

Luiz Felipe Scolari dejó el cargo de entrenador brasileño después de que se produjese la peor derrota de su historia en el Mundial 2014, un 7-1 contra Alemania en semifinales, y luego una derrota por 3-0 ante Holanda en la eliminatoria por el tercer puesto. No obstante, ganó el Mundial con Brasil en 2002 y, con Portugal en 2006, consiguió establecer un récord individual de 11 victorias sucesivas en las fases finales.

FUMADORES

Los entrenadores de los dos equipos que se enfrentaron en la final del Mundial 78 fumaban tanto que se fabricó un cenicero de tamaño gigante para que César Luis Menotti (Argentina) y Ernst Happel (Países Bajos) lo compartiesen en la línea de banda.

LOS SEIS

Solo un hombre ha acudido a seis Mundiales como entrenador: el brasileño **Carlos Alberto Parreira**, cuyo mejor momento como entrenador llegó cuando Brasil logró su cuarto Mundial, en 1994, aunque en su segundo periodo con esta selección tuvo menos éxito, ya que en 2006 solo llegaron a cuartos. Parreira también dirigió a Kuwait (1982), Emiratos Árabes Unidos (1990), Arabia Saudí (1998) y a Sudáfrica (2010) en la fase final. Tuvo que presentar su dimisión como entrenador de Sudáfrica en abril de 2008 por motivos familiares, pero regresó al año siguiente. En el Mundial de 1998, Parreira fue destituido a mitad del torneo, después de dirigir a Arabia Saudí en los dos primeros partidos de los tres que disputó; los dos acabaron en derrota, 1-0 ante Dinamarca y 4-0 frente a Francia.

OTTO, EL VIEJO LOBO DEL FÚTBOL

Otto Rehhagel pasó a ser el entrenador más mayor de la historia mundialista en Sudáfrica 2010. Tenía 71 años y 317 días cuando la selección griega perdió 2-0 ante Argentina en el último partido de grupos. El alemán Rehhagel llevó a Grecia a ganar la Eurocopa en 2004.

BORA LO BORDA

Bora Milutinovic ha participado como técnico en cinco Mundiales, uno menos que Carlos Alberto Parreira, con un país diferente cada vez, y en dos de ellos la selección a su cargo era la anfitriona. Entrenó a México en 1986, a Estados Unidos en 1994, a Costa Rica en 1990, a Nigeria en 1998 y a China en 2002. Con todos llegó a las fases eliminatorias excepto con China, que no marcó ni un solo gol.

LEALTADES DIVIDIDAS

Ningún entrenador ha ganado el Mundial a cargo de una selección extranjera, pero algunos sí que se han enfrentado a su país, como Jürgen Klinsmann, que jugó para Alemania cuando ganó el Mundial en 1990 y la llevó al tercer puesto en 2006. Klinsmann, técnico alemán en la temporada 2004-06, una vez establecido en California, fue nombrado seleccionador de EE. UU. en 2011. En el Mundial 2014, «Klinsi» y EE. UU. perdieron por 1-0 en grupos contra Alemania, dirigida ahora por su asistente, Joachim Löw, a quien había nombrado en 2004. Otros seleccionadores que se han enfrentado a su país natal son: el brasileño Didí (con Perú en 1970), el francés Bruno Metsu (con Senegal en 2002) y el sueco Sven-Göran Eriksson (con Inglaterra en 2002 y 2006).

SELECCIONADORES QUE HAN GANADO UN MUNDIAL

Año	Seleccionador
1930	Alberto Suppici
1934	Vittorio Pozzo
1938	Vittorio Pozzo
1950	Juan López
1954	Sepp Herberger
1958	Vicente Feola
1962	Aymoré Moreira
1966	Alf Ramsey
1970	Mário Zagallo
1974	Helmut Schön
1978	César Luis Menotti
1982	Enzo Bearzot
1986	Carlos Bilardo
1990	Franz Beckenbauer
1994	Carlos Alberto Parreira
1998	Aimé Jacquet
2002	Luiz Felipe Scolari
2006	Marcello Lippi
2010	Vicente del Bosque
2014	Joachim Löw

SCHÖN BRILLA

Helmut Schön fue seleccionador de la República Federal de Alemania durante más partidos mundialistas que ningún otro entrenador: 25 encuentros en los torneos de 1966, 1970, 1974 y 1978. También cuenta con el mayor número de victorias como técnico, 16 en total, incluida la de la final contra los Países Bajos en 1974. Ese año la tercera fue la vencida para Schön, pues había llevado a la RFA al segundo puesto en 1966 y al tercero en 1970. Antes de encargarse del equipo, Schön había sido ayudante de Sepp Herberger, el técnico del equipo de la RFA que ganó el Mundial 54 (por entonces Schön era el seleccionador de la región independiente de Sarre). Schön, nacido en Dresde el 15 de septiembre de 1915, metió 17 goles en 16 partidos como internacional con Alemania entre 1937 y 1941. En 1964 sucedió a Herberger; estuvo 14 años al frente de la RFA y se convirtió en el único técnico que ha ganado un Mundial (1974) y una Eurocopa (1972).

⚽ LE DEVUELVEN EL MORDISCO

El uruguayo **Luis Suárez** fue sancionado por la FIFA tras morder al italiano Giorgio Chiellini durante la victoria por 1-0 de Uruguay sobre los Azzurri en el Mundial 2014, un resultado que los llevó a segunda ronda. Suárez se perdió la siguiente derrota por 2-0 ante Colombia porque le sancionaron con cuatro meses sin jugar ningún tipo de partido y nueve internacionales, además de ponerle una multa de 100.000 francos suizos. No fue la primera vez que Suárez se había visto envuelto en problemas en una fase final mundialista; ya lo expulsaron en la fase final de 2010 por hacer mano en un partido de cuartos contra Ghana.

⚽ REINCIDENTES

El francés **Zinedine Zidane** y el brasileño **Cafú**, ambos campeones del mundo, comparten el récord de seis tarjetas en el Mundial; Cafú logró evitar las rojas, pero Zidane fue expulsado dos veces. La más famosa fue cuando propinó un cabezazo al italiano Marco Materazzi en la prórroga de la final de 2006 en Berlín, en el último partido de la carrera del francés. Ya había sido expulsado en un partido de primera ronda contra Arabia Saudí en 1998, pero se reincorporó a tiempo para ayudar a Francia a alzarse con el trofeo marcando dos goles en la final. Solo otro hombre ha sido expulsado en dos Mundiales distintos: el camerunés Rigobert Song. Cuando el colegiado le echó del partido contra Brasil en 1994, se convirtió en el futbolista más joven en ver una tarjeta roja, con tan solo 17 años y 358 días. Su segunda expulsión tuvo lugar en el partido ante Chile en el Mundial 1998.

⚽ NO PREDICAN CON EL EJEMPLO

El primer hombre expulsado en un Mundial fue el peruano Plácido Galindo en el primer torneo de 1930, durante el partido que acabó con derrota peruana por 3-1 ante Rumanía. El chileno Alberto Warnken expulsó al capitán por pelearse.

⚽ RIFIRRAFE REFERÍ

El defensa argentino Pedro Monzón se convirtió en el primer jugador expulsado de una final mundialista cuando le echaron en 1990 por una falta sobre el alemán Jürgen Klinsmann. Monzón solo llevaba 20 minutos en el campo tras entrar como suplente en la segunda parte. A los tres minutos del final, el árbitro mexicano Edgardo Codesal redujo a Argentina a nueve hombres al expulsar a Gustavo Dezotti tras una escaramuza con Jürgen Kohler. Marcel Desailly, que jugó para Francia en 1998, es el único miembro de un equipo ganador al que han expulsado en la final de un Mundial.

⚽ EL TARJETERO

Solo un grupo en la historia del Mundial ha logrado que no les amonestasen ni una vez: fue el 4 en 1970, que incluía a la RFA, Perú, Bulgaria y Marruecos. Por el contrario, el Mundial 2006 en Alemania fue el peor, tanto en tarjetas rojas como en amarillas, con 28 expulsiones y 345 amonestaciones en 64 partidos.

TARJETAS ROJAS EN EL MUNDIAL (POR TORNEO)

Año	Tarjetas
1930	1
1934	1
1938	4
1950	0
1954	3
1958	3
1962	6
1966	5
1970	0
1974	5
1978	3
1982	5
1986	8
1990	16
1994	15
1998	22
2002	17
2006	28
2010	17
2014	10

RECUENTO FINAL

El inglés Howard Webb estableció un récord con una tarjeta roja y 14 amarillas en la final del Mundial 2010 entre España y Holanda. En las 18 finales anteriores, se vieron 40 amonestaciones y tres expulsiones. El total de 15 tarjetas de Webb superó por nueve las seis mostradas por el brasileño Romualdo Arppi Filho en la final de 1986 entre Argentina (cuatro) y Alemania (dos). El italiano Nicola Rizzoli mostró cuatro tarjetas amarillas (dos a cada equipo) cuando los mismos combinados se enfrentaron en la final del Mundial 2014.

SU ÚNICA OPORTUNIDAD

La India se retiró del Mundial de 1950 porque algunos de sus jugadores querían jugar descalzos, pero la FIFA insistió en que todos los futbolistas debían calzar botas. Desde entonces la India no se ha clasificado para ningún torneo.

LA MEJOR DEFENSA

El defensa zaireño Mwepu Ilunga fue amonestado por adelantarse a la barrera y chutar el balón fuera cuando Brasil se preparaba para sacar una falta en el Mundial 1974. El árbitro rumano Nicolae Rainea ignoró las súplicas de Ilunga.

BUEN HIJO, MAL HIJO

El camerunés André Kana-Biyik sufrió dos suspensiones en el Mundial 90 en Italia. La primera por expulsión en el primer partido de su grupo contra Argentina seis minutos antes de que su hermano, François Omam-Biyik, marcase el único tanto del encuentro, y la segunda, por acumulación de amarillas en el encuentro de grupos contra Rusia y en la derrota de segunda ronda de Colombia.

AMARILLO Y ROJO

La tarjeta roja a **Felipe Melo** por pisar a Arjen Robben en la derrota brasileña en cuartos del Mundial de 2010 ante Holanda hizo que Brasil cuente con más jugadores expulsados en la historia del Mundial que ningún otro equipo, uno más que Argentina. Melo fue el expulsado número 11 de Brasil, después de la 10.ª expulsión, la de Kaká, cuando ganaron a Costa de Marfil en primera ronda. Melo habría podido ser también el primer jugador en marcar un gol en propia meta y ser expulsado en el mismo partido, pero oficialmente se consideró que el primer gol para Holanda fue obra de Wesley Sneijder.

ANTE TODO, LIMPIOS

Los organizadores mundialistas lograron una gran mejora en el juego limpio en la fase final de 2014 en Brasil. El total de 10 tarjetas rojas fue el mejor registro desde las ocho de México en 1986 y las 177 amarillas, el menor desde las 165 de Italia en 1990 (ambas fases finales contaron con 24 equipos y 52 partidos). La primera expulsión en la fase de grupos fue la del uruguayo Maxi Pereira. Sin embargo, al que antes expulsaron de un partido fue al defensa portugués **Pepe** por un cabezazo sobre el alemán Thomas Müller en el minuto 37 de su encuentro en Salvador. El referí de la FIFA Massimo Busacca también logró una reducción drástica de las lesiones al aplicar una mayor disciplina entre los jugadores.

TRES LEONES, TRES ROJAS

Ray Wilkins, David Beckham y Wayne Rooney son los tres únicos jugadores que han sido expulsados del Mundial de la FIFA. A Wilkins le echaron tras una segunda tarjeta amarilla en un partido de grupos contra Marruecos en 1986, Beckham incurrió en una roja directa en segunda ronda contra Argentina en 1998 y Rooney también recibió una roja directa contra Portugal en los cuartos de final de 2006. Los tres encuentros terminaron en empate, pero Inglaterra perdió en penaltis contra Argentina y Portugal.

COPA MUNDIAL DE LA FIFA ASISTENCIA

PLANIFICACIÓN DE LA CAPACIDAD

Si se cumplen los planes actuales y se ocupan todos los asientos, los asistentes a las próximas dos finales del Mundial superarán los 74.738 del Maracaná de Río de Janeiro en 2014. Se prevé que la capacidad del Luzhnikí de Moscú, que acogerá la final del Mundial 2018, será de 81.000 cuatro años después, y 86.250 la del **Lusail Iconic Stadium** de Lusail (Catar) en 2022. Los menores aforos en los siguientes dos torneos serán: 43.702 en el Rostov-on-Don (Rusia) en 2018 y 43.520 en el nuevo Qatar University Stadium de Doha (Catar) en 2022. El reglamento de la FIFA hace hincapié en que cualquier estadio en el que se celebre un partido mundialista tenga aforo para 40.000 personas como mínimo.

DOS SON COMPAÑÍA, 300...

La asistencia más baja registrada en un partido de la final de un Mundial fueron los 300 espectadores que vieron sus anchas la victoria romana frente a Perú por 3-1 en el Estadio Pocitos de Montevideo, en 1930. Se cree que el día anterior, 3.000 personas acudieron allí para presenciar el Francia-México que acabó 4-1 a favor del equipo galo.

BONANZA EN BRASIL

Al Mundial 2014 de Brasil asistieron 3.429.873 espectadores, en 64 partidos en 12 estadios diferentes, la segunda asistencia más alta de la historia del torneo, solo por detrás de Estados Unidos en 1994. La asistencia media fue de 53.592 personas, lo que significa que el aforo llegó al 98,4%. Esto supuso una marcada mejora en comparación con el Mundial de Sudáfrica 2010, donde la asistencia media fue de 49.670 personas, con «solo» el 92,9% de los asientos ocupados.

LA VASIJA

El aforo del **Soccer City,** escenario de la primera final del Mundial de la FIFA en África, fue de 84.490 espectadores, tras la remodelación del estadio de Johannesburgo, que hasta entonces había albergado hasta 78.000 personas. El diseño del nuevo estadio renovado se basó en la cerámica tradicional africana y se denominó «la calabaza». El Soccer City acogió el partido de apertura y la final, así como otros cuatro encuentros de primera ronda, uno de octavos y otro de cuartos de final.

IGUALDAD DE GÉNERO

Solo dos estadios han acogido fases finales de Mundiales de fútbol masculino y femenino. El **Rose Bowl,** en Pasadena (California) fue donde se disputó la final masculina en 1994, cuando Brasil venció a Italia, y la final femenina que EE. UU. ganó a China cinco años más tarde, con 90.185 personas de público. Sin embargo, el estadio Rasunda de Suecia, cerca de Estocolmo, lo logró antes, aunque hubo que esperar mucho entre la final masculina, celebrada en 1958, y la femenina, en 1995. Los espectadores estadounidenses amortizaron el precio de la entrada, ya que los dos partidos tuvieron prórrogas y se decidieron en los penaltis.

ESPECTADORES EN LA FINAL DE UN MUNDIAL

Año	Espectadores	Estadio	Ciudad
1930	93.000	Estadio Centenario	Montevideo
1934	45.000	Stadio Nazionale del PNF	Roma
1938	60.000	Stade Olympique de Colombes	París
1950	173.850	Maracaná	Río de Janeiro
1954	60.000	Wankdorfstadion	Berna
1958	51.800	Rasunda Fotbollstadion	Solna
1962	68.679	Estadio Nacional	Santiago
1966	98.000	Wembley Stadium	Londres
1970	107.412	Estadio Azteca	México, D. F.
1974	75.200	Olympiastadion	Múnich
1978	71.483	Estadio Monumental	Buenos Aires
1982	90.000	Estadio Santiago Bernabéu	Madrid
1986	114.600	Estadio Azteca	México, D. F.
1990	73.603	Stadio Olimpico	Roma
1994	94.194	Rose Bowl	Pasadena
1998	80.000	Stade de France	París
2002	69.029	International Stadium	Yokohama
2006	69.000	Olympiastadion	Berlín
2010	84.490	Soccer City	Johannesburgo
2014	74.738	Maracaná	Río de Janeiro

ASISTENCIA POR TORNEO

Año	Total	Media
1930	434.500	24.139
1934	358.000	21.059
1938	376.000	20.889
1950	1.043.500	47.432
1954	889.500	34.212
1958	919.580	26.274
1962	899.074	28.096
1966	1.635.000	51.094
1970	1.603.975	50.124
1974	1.768.152	46.530
1978	1.546.151	40.688
1982	2.109.723	40.572
1986	2.393.331	46.026
1990	2.516.348	48.391
1994	3.587.538	68.991
1998	2.785.100	43.517
2002	2.705.197	42.269
2006	3.359.439	52.491
2010	3.178.856	49.670
2014	3.429.873	53.592
TOTAL	34.538.837	44.903

FAN FESTS

Las **fiestas de la afición** en el centro de la ciudad, con pantallas de televisión gigantes, puestos de comida y entretenimientos, demostraron ser más populares que nunca en el Mundial 2014 de Brasil. Algunas de las 12 ciudades se habían mostrado reacias, en un principio, a ponerse manos a la obra. Pero los esfuerzos se vieron recompensados con más de cinco millones de aficionados visitando los emplazamientos de todo Brasil. Esto supuso una mejora importante sobre el total de 2,6 millones en todo Sudáfrica en 2010 y las fiestas de la afición iniciales de Alemania en 2006. No resultó sorprendente que la fiesta más animada en 2014 fuese la de la playa de **Copacabana** en Río de Janeiro.

AMIGOS AUSENTES

Al partido de definición entre Gales y Hungría de la primera ronda del Mundial de 1958 en el estadio Rasunda de Estocolmo solo asistieron 2.823 espectadores. Al primer partido acudieron más de 15.000 aficionados, pero la repetición se boicoteó en honor al líder insurgente húngaro Imre Nagy, que fue ejecutado.

EL MARACANÁ SE CALLA

El récord de público de un partido mundialista fue en el último enfrentamiento del torneo de 1950 en el Maracaná de Río de Janeiro (aunque nadie sabe con certeza cuánta gente había). La cifra oficial fue de 173.850 personas, aunque algunas estimaciones sugieren que hasta 210.000 espectadores presenciaron la traumática derrota de la selección anfitriona. La tensión era tal cuando sonó el pitido final que al capitán uruguayo Obdulio Varela no le entregaron el trofeo de la manera tradicional, sino a escondidas. El presidente de la FIFA, Jules Rimet, describió el sobrecogedor silencio del público como «morboso, casi demasiado difícil de soportar». Los victoriosos jugadores uruguayos se atrincheraron en el vestuario durante algunas horas hasta que consideraron que era seguro salir. No obstante, al menos en 1950 Brasil llegó al Maracaná. En el Mundial 2014, otra vez como anfitriona, Brasil jugó en São Paulo, Fortaleza, Brasilia y Belo Horizonte, pero, tras perder en semifinales, acabó en Brasilia en el eliminatorio por el tercer puesto en lugar de en el Maracaná para la final.

ESTADIOS Y SEDES

CONVOCADOS EN BERLÍN

A pesar de que se convertiría en la capital de la Alemania reunificada, la entonces dividida Berlín solo acogió tres partidos de la fase de grupos del Mundial 1974 celebrado en la República Federal de Alemania; sorprendentemente, el país anfitrión perdió frente a la República Democrática en Hamburgo. En 2002, cuando se preparaba el terreno para el torneo de 2006, se encontró una bomba sin estallar de la Segunda Guerra Mundial bajo las gradas del Olympiastadion de Berlín. Alemania, al igual que Brasil, solicitó ser la sede del torneo de 1942, antes de que se cancelase por el estallido de la guerra.

POR PARTIDA DOBLE

Hay cinco estadios que han tenido el honor de acoger tanto la final de un Mundial de fútbol como las pruebas de atletismo de unos Juegos Olímpicos: el Olympiastadion de Berlín (Olimpiadas 1936, Mundial 2006), el Stade Colombes de París (Olimpiadas 1924, Mundial 1938), el Wembley de Londres (Olimpiadas 1948, Mundial 1966), el Stadio Olimpico de Roma (Olimpiadas 1960, Mundial 1990) y el Olympiastadion de Múnich (Olimpiadas 1972, Mundial 1974). El Estadio Azteca (Ciudad de México) y el Rose Bowl (Pasadena) han albergado dos fases finales mundialistas, así como dos pruebas olímpicas.

NOMBRES OLÍMPICOS

El estadio que albergó el partido de apertura del Mundial 1930 bautizó sus tribunas en honor a los grandes triunfos uruguayos en el fútbol: Colombes, por el estadio parisino donde se celebraron las Olimpiadas de 1924; Ámsterdam, donde se revalidó el título cuatro años más tarde; y Montevideo. Quince días después del primer partido, la selección uruguaya se hacía con el primer Mundial en su misma capital.

EL MÁRIO DE RÍO

La mayoría de la gente conoce el estadio más grande de Brasil como el Maracaná, llamado así por el barrio de Río de Janeiro y el río de las proximidades. Sin embargo, desde mediados de la década de 1960, el nombre oficial es «Estádio Jornalista Mário Filho» por el influyente periodista y editor deportivo que apoyó la construcción del estadio en ese emplazamiento.

NUEVOS TERRITORIOS

En diciembre de 2010 se hizo historia dos veces cuando la **FIFA** decidió dónde se celebrarían los Mundiales de 2018 y 2022. El voto de 2018 fue para Rusia, por delante de España/Portugal, Bélgica/Países Bajos e Inglaterra; será el primer Mundial celebrado en la Europa del Este. Después, en 2022, el torneo se trasladará a Oriente Medio por primera vez en la historia, ya que Catar ha superado las apuestas de EE. UU., Japón, Corea del Sur y Australia.

MÉXICO AL RESCATE

En un principio, México no fue la sede elegida para celebrar el Mundial 86, pero se ofreció cuando Colombia tuvo que retirarse en 1982 por problemas económicos. México conservó los derechos de la celebración del Mundial, a pesar de sufrir un terremoto en 1985 que causó unas 10.000 víctimas mortales, pero que dejó los estadios indemnes. La FIFA mantuvo la fe en el país, y el **Estadio Azteca** se convirtió en el primer campo en acoger dos finales de Mundiales (y México en el primer país en ser anfitrión de dos Mundiales). El Azteca (cuyo nombre oficial era Estadio Guillermo Cañedo, en honor a un directivo del fútbol mexicano) se erigió en 1960 con 100.000 toneladas de hormigón, cuatro veces más que el antiguo Wembley.

LA PRERROGATIVA DEL ARQUITECTO

Se añadieron elementos distintivos y creativos a los estadios que se construyeron para el Mundial 2010 en Sudáfrica, incluidas unas torres en forma de jirafas en el **estadio Mbombela de Nelspruit**, un arco de 350 metros de largo con una plataforma móvil que se eleva sobre **el principal estadio de Durban** y los «pétalos» blancos que envuelven el estadio Bahía Nelson Mandela en Puerto Elizabeth.

PAÍSES QUE NO LOGRARON SER ANFITRIONES

1930	Hungría, Italia, Holanda, España, Suecia
1934	Suecia
1938	Argentina, Alemania
1950	Ninguno
1954	Ninguno
1958	Ninguno
1962	Argentina, RFA
1966	España, RFA
1970	Argentina
1974	España
1978	México
1982	RFA
1986	Colombia*, Canadá, EE. UU.
1990	Inglaterra, Grecia, URSS
1994	Brasil, Marruecos
1998	Marruecos, Suiza
2002	México
2006	Brasil, Inglaterra, Marruecos, Sudáfrica
2010	Egipto, Libia/Túnez, Marruecos
2014	Ninguno
2018	Inglaterra, Holanda/Bélgica, España/Portugal
2022	Australia, Japón, Corea del Sur, EE. UU.

* Colombia consiguió los derechos en 1986 pero se retiró.

MÁS MARACANÁ

Ni siquiera se planteó otro estadio cuando se eligió el campo para acoger la final del Mundial 2014; no podía ser otro que el **Maracaná** de Río de Janeiro. El 13 de julio se convirtió en el segundo estadio, después del Estadio Azteca de Ciudad de México, en albergar la final del Mundial por segunda vez. Aunque la asistencia oficial que se recoge es de 173.850 espectadores, se piensa que pudo llegar a haber hasta 210.000 espectadores en el Maracaná para el partido final de 1950 entre Brasil y Uruguay. Algunas reformas vieron cómo la capacidad se reducía a unas 75.000 personas sentadas para la final de 2014 entre Alemania y Argentina. El último lavado de cara del Maracaná, propiedad de las autoridades de Río de Janeiro, costó aproximadamente 285 millones de euros. Al ser uno de los primeros estadios en estar listos, albergó la final de la Copa FIFA Confederaciones en 2013, una especie de torneo de calentamiento. El Maracaná también albergará las ceremonias de apertura y clausura de los Juegos Olímpicos de 2016.

RACIONALIDAD RUSA

Los organizadores del Mundial 2018 en Rusia planean volver al sistema de agrupaciones de estadios en ciudades adyacentes para facilitar los desplazamientos, los alojamientos y las cuestiones logísticas, reduciendo así los costes para los aficionados. Al contrario que para Brasil 2014, una ciudad tendrá dos estadios: el Estadio Olímpico **Luzhnikí** y la nueva sede del Spartak de Moscú. El concepto de agrupaciones fue utilizado por última vez en Estados Unidos en 1994. Michel Platini, presidente del comité organizador de 1998, descartó la idea para repartir a los equipos más importantes por todo el país. La FIFA quiso restaurar el sistema para la fase final de 2014, pero los organizadores locales se negaron.

LOS MÁS ACOGEDORES

Ningún otro Mundial con sede en un único país se ha disputado en tantos campos (14) como el de España en 1982. El torneo de 2002 se celebró en 20 estadios diferentes, pero diez estaban en Japón y los otros diez en Corea del Sur.

LOS PENALTIS EN LA COPA MUNDIAL DE LA FIFA

Año	Ronda	Marcador a los 120 minutos	Campeones	Marcador
1982	Semifinal	RFA 3 - Francia 3	RFA	5-4
1986	Cuartos	RFA 0 - México 0	RFA	4-1
1986	Cuartos	Francia 1 - Brasil 1	Francia	4-3
1986	Cuartos	Bélgica 1 - España 1	Bélgica	5-4
1990	Octavos	Rep. de Irlanda 0 - Rumanía 0	Rep. de Irlanda	5-4
1990	Cuartos	Argentina 0 - Yugoslavia 0	Argentina	3-2
1990	Semifinal	Argentina 1 - Italia 1	Argentina	4-3
1990	Semifinal	RFA 1 - Inglaterra 1	RFA	4-3
1994	Octavos	Bulgaria 1 - México 1	Bulgaria	3-1
1994	Cuartos	Suecia 2 - Rumanía 2	Suecia	5-4
1994	Final	Brasil 0 - Italia 0	Brasil	3-2
1998	Octavos	Argentina 2 - Inglaterra 2	Argentina	4-3
1998	Cuartos	Francia 0 - Italia 0	Francia	4-3
1998	Semifinal	Brasil 1 - Países Bajos 1	Brasil	4-2
2002	Octavos	España 1 - Rep. de Irlanda 1	España	3-2
2002	Cuartos	Corea del Sur 0 - España 0	Corea del Sur	5-3
2006	Octavos	Ucrania 0 - Suiza 0	Ucrania	3-0
2006	Cuartos	Alemania 1 - Argentina 1	Alemania	4-2
2006	Cuartos	Portugal 0 - Inglaterra 0	Portugal	3-1
2006	Final	Italia 1 - Francia 1	Italia	5-3
2010	Octavos	Paraguay 0 - Japón 0	Paraguay	5-3
2010	Cuartos	Uruguay 1 - Ghana 1	Uruguay	4-2
2014	Octavos	Brasil 1 - Chile 1	Brasil	3-2
2014	Octavos	Costa Rica 1 - Grecia 1	Costa Rica	5-3
2014	Cuartos	Holanda 0 - Costa Rica 0	Holanda	4-3
2014	Semifinal	Argentina 0 - Holanda 0	Argentina	4-2

LA DIVINA COLETA

Sobre **Roberto Baggio**: el maestro italiano participó en tres tandas de penaltis, más que cualquier otro jugador, y perdió las tres. Lo más doloroso fue el tiro al larguero que le dio el trofeo a Brasil al terminar la final de 1994. También acabó en el equipo perdedor contra Argentina en la semifinal de 1990 y le volvería a suceder contra Francia en cuartos de final de 1998. En 1990 y 1998, al menos, acertó sus tiros.

EL PRIMERO ES EL MEJOR

Nueve tandas de penaltis seguidas fueron ganadas por el equipo que ejecutó el primer tiro. La racha empezó con la derrota en cuartos de final de España a manos de Corea del Sur en el Mundial 2002 y acabó con la victoria de segunda ronda de Costa Rica sobre Grecia en 2014. Holanda lanzó la segunda y aun así venció a Costa Rica en cuartos de 2014 y, en cambio, fue la primera en tirar en la semifinal que perdió contra Argentina.

LO SENTIMOS POR ASAMOAH

El ariete ghanés **Asamoah Gyan** es el único jugador que ha fallado dos penaltis en Mundiales durante el tiempo reglamentario. Dio al poste con un lanzamiento desde el punto de penalti contra la República Checa durante un partido de grupos en el torneo de 2006 y otro contra el larguero en la prórroga del partido de cuartos de final contra Uruguay en 2010. Si hubiese entrado, Ghana habría ganado por 2-1 (tras la mano de Luis Suárez en la línea de meta) y habría disputado la primera semifinal para un combinado africano. A pesar del traumático fallo, Gyan se recuperó para marcar el primer penal de Ghana en la ronda de penaltis, un tiro alto pero que esta vez sí alcanzó el fondo de la red. Aun así su equipo perdió por 4-2 en los penaltis.

PENALTIS A LA FRANCESA

La primera ronda de penaltis en un Mundial tuvo lugar en la semifinal de 1982, en Sevilla, entre la RFA y Francia, donde los desafortunados franceses Didier Six y **Maxime Bossis** fallaron sus lanzamientos. Estos dos países se volvieron a encontrar cuatro años después en semifinales, cuando la RFA volvió a ganar, pero esta vez en el tiempo reglamentario, por 2-0. El récord de más tandas de penaltis se produjo en los torneos de 1990 y 2006, con cuatro cada uno. Las dos semifinales de 1990 se decidieron en penaltis, mientras que la final de 2006 fue la segunda que se resolvió así: Italia venció a Francia 5-3 gracias a que el lanzamiento de David Trezeguet dio en el larguero.

EL KRUEL DESTINO DE COSTA RICA

Costa Rica disfrutó de un emocionante paso por el Mundial 2014. Los Ticos comenzaron encabezando el «Grupo de la Muerte», que incluía a tres campeones mundialistas: Uruguay, Italia e Inglaterra. El técnico Jorge Luis Pinto vio después cómo sus hombres empataban con Grecia a uno en segunda ronda y vencían en penaltis por 5-3 para llegar a cuartos por primera vez. Los héroes fueron el portero Keylor Navas, al parar el tiro de Teo Gekas, y el defensa Michael Umaña, por su gol. Después, pareció que la historia se repetía cuando Costa Rica no permitió meter ningún gol a Holanda y fueron de nuevo a penaltis. Esta vez se vieron frustrados por el técnico holandés Louis van Gaal. Envió al arquero de reserva **Tim Krul** como suplente de Jasper Cillessen en el último minuto de la prórroga, porque, tal como explicó van Gaal, «tiene más alcance». Krul paró los tiros de Bryan Ruiz y Umaña, y los holandeses ganaron los penaltis por 4-3. En casa, se recibió a los costarricenses como héroes.

TRES EN UNO

El portero suplente argentino Sergio Goycochea estableció un récord del torneo al parar cuatro penaltis de la ronda en 1990, aunque Harald Schumacher, de la RFA, atajó este mismo número durante las competiciones de 1982 y 1986. El portugués Ricardo logró algo sin precedentes al parar tres disparos en una misma ronda, lo que le convirtió en el héroe de su equipo en la victoria ante Inglaterra en los cuartos de final de 2006.

TANDAS DE PENALTIS POR PAÍS

5	Argentina (4 victorias, 1 derrota)
4	Alemania/RFA (4 victorias)
4	Brasil (3 victorias, 1 derrota)
4	Francia (2 victorias, 2 derrotas)
4	Italia (1 victoria, 3 derrotas)
3	Holanda (1 victoria, 2 derrotas)
3	España (1 victoria, 2 derrotas)
3	Inglaterra (3 derrotas)
2	Costa Rica (1 victoria, 1 derrota)
2	República de Irlanda (1 victoria, 1 derrota)
2	México (2 derrotas)
2	Rumanía (2 derrotas)
1	Bélgica (1 victoria)
1	Bulgaria (1 victoria)
1	Paraguay (1 victoria)
1	Portugal (1 victoria)
1	Corea del Sur (1 victoria)
1	Suecia (1 victoria)
1	Ucrania (1 victoria)
1	Uruguay (1 victoria)
1	Yugoslavia (1 victoria)
1	Chile (1 derrota)
1	Ghana (1 derrota)
1	Grecia (1 derrota)
1	Japón (1 derrota)
1	Suiza (1 derrota)

EFICIENCIA ALEMANA

Alemania, o la República Federal de Alemania, ha ganado las cuatro rondas de penaltis mundialistas en las que participó, más que ninguna otra selección. Argentina también ha ganado cuatro veces, pero perdió una ante Alemania en cuartos de final en 2006. Comenzaron con la victoria en la semifinal ante Francia en 1982, en la que el guardameta Harald Schumacher fue el héroe, gracias a que no le expulsaron por hacer una falta brutal al francés Patrick Battiston en la prórroga. La RFA también llegó a la final de 1990 por su pericia en los penaltis, esta vez frente a Inglaterra, gesta que repetirían en la semifinal de la Eurocopa 1996. Alemania fue mejor que Argentina ejecutando la pena máxima en los cuartos de final de 2006, cuando el portero Jens Lehmann consultó una nota en la que el ojeador jefe Urs Siegenthaler había apuntado hacia dónde solían chutar los jugadores argentinos. La única selección alemana que perdió una ronda de penaltis en un torneo importante fue la de la República Federal de Alemania que disputó la final de la Eurocopa 1976 contra Checoslovaquia, su primera tanda de penaltis, y evidentemente una lección de la que aprendieron, ya que no han vuelto a perder una de estas rondas desde entonces.

JUGADORES QUE HAN FALLADO PENALTIS

Argentina: Diego Maradona (1990), Pedro Troglio (1990), Hernán Crespo (1998), Roberto Ayala (2006), Esteban Cambiasso (2006)
Brasil: Sócrates (1986), Júlio César (1986), Marcio Santos (1994) Willian (2014), Hulk (2014)
Bulgaria: Krassimir Balakov (1994)
Chile: Mauricio Pinilla (2014), Alexis Sánchez (2014), Gonzalo Jara (2014)
Costa Rica: Bryan Ruiz (2014), Michael Umaña (2014)
Inglaterra: Stuart Pearce (1990), Chris Waddle (1990), Paul Ince (1998), David Batty (1998), Frank Lampard (2006), Steven Gerrard (2006), Jamie Carragher (2006)
Francia: Didier Six (1982), Maxime Bossis (1982), Michel Platini (1986), Bixente Lizarazu (1998), David Trezeguet (2006)
Alemania/RFA: Uli Stielike (1982)
Ghana: John Mensah (2010), Dominic Adiyiah (2010)
Grecia: Theofanis Gekas (2014)
Italia: Roberto Donadoni (1990), Aldo Serena (1990), Franco Baresi (1994), Daniele Massaro (1994), Roberto Baggio (1994), Demetrio Albertini (1998), Luigi Di Biagio (1998)

Japón: Yuichi Komano (2010)
México: Fernando Quirarte (1986), Raúl Servin (1986), Alberto García Aspe (1994), Marcelino Bernal (1994), Jorge Rodríguez (1994)
Países Bajos: Phillip Cocu (1998), Ronald de Boer (1998), Ron Vlaar (2014), Wesley Sneijder (2014)
Portugal: Hugo Viana (2006), Petit (2006)
República de Irlanda: Matt Holland (2002), David Connolly (2002), Kevin Kilbane (2002)
Rumanía: Daniel Timofte (1990), Dan Petrescu (1994), Miodrag Belodedici (1994)
España: Eloy (1986), Juanfran (2002), Juan Carlos Valerón (2002), Joaquín (2002)
Suecia: Hakan Mild (1994)
Suiza: Marco Streller (2006), Tranquillo Barnetta (2006), Ricardo Cabanas (2006)
Ucrania: Andriy Shevchenko (2006)
Uruguay: Maximiliano Pereira (2010)
Yugoslavia: Dragan Stojkovic (1990), Dragoljub Brnovic (1990), Faruk Hadzibegic (1990)

PARTE 3:
EUROCOPA DE LA UEFA

LA EUROCOPA ha pasado de ser una curiosidad de cuatro equipos, menospreciada por las naciones importantes, a ser quizás el tercer evento deportivo más importante del planeta, solo por detrás del Mundial y los Juegos Olímpicos. La UEFA, la Federación Europea, se fundó durante el Mundial de 1954 en Suiza con la misión de crear un campeonato de selecciones. Muchos de los principales países europeos, como Italia, Alemania o Inglaterra, rehusaron participar en la primera competición, en 1958, pues sus federaciones temían una saturación de encuentros. Así, la primera fase final, con cuatro participantes, se disputó en Francia, y la Unión Soviética fue la primera vencedora ante Yugoslavia en la final celebrada en el antiguo Parc des Princes de París.

Ahora el mapa europeo ha cambiado tanto que, aunque la UEFA cuenta con más del doble de miembros que entonces, ya no existen ni la Unión Soviética ni Yugoslavia. Los soviéticos llegaron a una segunda final en 1964, pero la selección española les arrebató el título en el estadio Santiago Bernabéu. El español Luis Suárez, del Inter italiano, se convirtió en el primer jugador en ganar la Eurocopa y la Copa de Europa en la misma temporada.

Al principio, el sistema de clasificación comprendía partidos de ida y vuelta eliminatorios, luego se pasó a un formato de grupos y posteriormente, en 1980, la fase final se amplió a ocho países. Aquel año, la República Federal de Alemania obtuvo su segunda Eurocopa, después de la de 1972. En 1996, ya reunificada, amplió su palmarés a tres títulos tras vencer en Wembley a la República Checa (anteriormente parte de Checoslovaquia) con un gol de oro en la prórroga. Por entonces, la fase final se había ampliado a 16 equipos.

En 2000, Francia ganó su primera final, cuando Bélgica y Holanda acogían el torneo. Grecia sorprendió a la anfitriona, Portugal, en 2004, mientras que España ganó dos campeonatos seguidos en 2008 y 2012, cuando la Eurocopa se celebró en Austria y Suiza y, luego, en Polonia y Ucrania. En la Eurocopa 2016, jugaron 24 equipos por primera vez. Portugal venció a la anfitriona, Francia, en la final. En 2020, el estadio Wembley de Londres acogerá la semifinal y la final, pero el torneo se diputará en 13 naciones diferentes.

Cristiano Ronaldo tuvo que abandonar el partido a los 25 minutos de la final europeísta de 2016 contra la anfitriona, Francia, pero le devolvieron el brazalete para recoger el primer trofeo importante de Portugal tras su victoria por 1-0.

EUROCOPA DE LA UEFA CLASIFICATORIA

La clasificatoria para la Eurocopa de la UEFA se ha convertido en un gran evento por derecho propio. Para la Eurocopa 2016, 53 países lucharon en la fase de grupos para unirse a la anfitriona, Francia, que se clasificaba automáticamente. Los tiempos han cambiado desde la competición de 1960, cuando solo 17 naciones participaban y el torneo era un eliminatorio con ida y vuelta. El campeonato de 1968 fue el primero en el que se introdujo una fase de grupos con siete grupos de cuatro equipos y uno de tres. En 2014, la UEFA contaba con 54 miembros, por lo que la campaña de clasificación tuvo que ampliarse para darles cabida. Para la Eurocopa 2016, los dos mejores de los nueve grupos y el tercer mejor clasificado con el mejor registro entraron de forma automática. Los cuatro puestos restantes se decidieron con repescas entre los terceros restantes.

ALTA ROTACIÓN

El alemán **Joachim Löw** fue el único técnico de los ocho que llegaron a cuartos en la Eurocopa 2008 que aún ostentaba el cargo en la fase final de 2016. Löw llevó a Alemania a la final en 2008 en Austria y Suiza, y a la semifinal en 2012 en Polonia y Ucrania. Dos años más tarde, mejoró aún más su reputación cuando Alemania venció a Argentina en el Maracaná de Río de Janeiro y ganó el Mundial 2014 celebrado en Brasil.

FONTAINE HACE HISTORIA

El francés Just Fontaine anotó el primer *hat trick* de la historia de la Eurocopa en el torneo inaugural de 1958-60. Fontaine, máximo anotador del Mundial de 1958, marcó tres goles en la victoria de segunda ronda de Francia sobre Austria por 5-2 en París el 13 de diciembre de 1959. Francia ganó la vuelta por 4-2, con lo que la victoria total fue de 9-4 y le llevó a acoger la final, en la que acabó cuarta.

LA VICTORIA IRLANDESA NO PESA

La primera derrota de la RFA en casa durante una fase de clasificación fue el 0-1 ante Irlanda del Norte en Hamburgo el 11 de noviembre de 1983, anque al ganar 2-1 a Albania en Sarrebruck cuatro días después pudieron superar a Irlanda del Norte por diferencia de goles y se colaron en la fase final de 1984.

ESPERA, PEÑAZO

Gibraltar se convirtió en la debutante más reciente de la clasificatoria cuando jugó contra Polonia en septiembre de 2014. La UEFA había endurecido sus normas de acceso a la federación, pero la Asociación Gibraltareña de Fútbol apeló al Tribunal de Arbitraje del Deporte y su batalla legal de 16 años terminó en 2013, cuando el tribunal ratificó su derecho a unirse a la familia futbolística europea. La UEFA decidió, por diplomacia, mantener separadas a España y Gibraltar en los sorteos de la competición. Su debut no fue demasiado halagüeño, ya que sufrieron una derrota por 7-0 a manos de Polonia en Faro (Portugal). El peor de los torturadores fue Robert Lewandowski, que anotó cuatro veces. Las cosas no fueron más fáciles para Gibraltar en los siguientes partidos, ya que, a pesar de marcar dos goles, encajaron 57 en total, incluido ocho ante Polonia y siete ante Alemania y la República de Irlanda.

ALEMANIA METE 13

El 13-0 de Alemania a San Marino en 2006 fue el triunfo más holgado en la historia de la fase de clasificación. Miroslav Klose (2), **Lukas Podolski** (4), Bastian Schweinsteiger (2), Thomas Hitzlsperger (2), Michael Ballack, Manuel Friedrich y Bernd Schneider firmaron los goles. La mayor diferencia de goles hasta entonces había sido el 12-1 de España a Malta en 1983.

NOCHE DE ENSUEÑO EN WEMBLEY

El mejor equipo de la historia de la República Federal de Alemania humilló a Inglaterra con un 1-3 en Wembley el 29 de abril de 1972, en la primera vuelta de los cuartos de final de la Eurocopa. Uli Hoeness, Günter Netzer y Gerd Müller marcaron los goles. La RFA se proclamó campeona tras ganar a la Unión Soviética por 3-0 en la final. En Wembley jugaron: Sepp Maier; Horst Höttges, Georg Schwarzenbeck, Franz Beckenbauer, Paul Breitner; Jürgen Grabowski, Herbert Wimmer, Günter Netzer, Uli Hoeness; Sigi Held y Gerd Müller. Ocho de ellos le arrebatarían la Copa Mundial de 1974 a los Países Bajos.

PARTICIPACIONES EN LA FASE FINAL DEL TORNEO

12	RFA/Alemania
11	Unión Soviética/CEI/Rusia
10	España
9	Checoslovaquia/República Checa
	Inglaterra
	Francia
	Italia
	Países Bajos
8	Dinamarca
7	Portugal
6	Suecia
5	Bélgica
	Croacia
	Rumanía
	Yugoslavia
4	Grecia
	Suiza
	Turquía
3	Hungría
	Polonia
	República de Irlanda
2	Austria
	Bulgaria
	Escocia
	Ucrania
1	Albania
	Islandia
	Letonia
	Irlanda del Norte
	Noruega
	Eslovaquia
	Eslovenia
	Gales

Incluye apariciones como anfitriones y coanfitriones.

LEWANDOWSKI IGUALA A HEALY

El polaco **Robert Lewandowski** fue el máximo anotador del clasificatorio para la Eurocopa 2016 con 13 goles, igualando al norirlandés **David Healy** en la previa de la Eurocopa 2008. Pero, a diferencia de Healy, los goles de Lewandowski llevaron a su equipo a la fase final y le dieron un importante récord. Tras ser el máximo goleador de la liga polaca con el Lech Pozna, llegó a los 100 goles en la Bundesliga mucho antes que cualquier jugador no germano, logrando esta hazaña con el Borussia Dortmund y el Bayern de Múnich. Los goles clasificatorios de Lewandowski lo colocaron quinto en las tablas de anotación polacas de todos los tiempos.

LA ANFITRIONA VA DIRECTA A LA EUROCOPA 2016

Francia, como anfitriona, pasó automáticamente a la fase final de la Eurocopa 2016 de la UEFA. No obstante, se la incluyó en el sorteo y cayó en el Grupo I. No disputaron partidos de competición, sino amistosos de ida y vuelta contra las selecciones que no jugaban en cada ronda: Albania, Armenia, Dinamarca, Portugal y Serbia.

PANCEV SE PIERDE LA EUROCOPA

El yugoslavo **Darko Pancev** (Skopie, 7 de septiembre de 1965) fue el máximo anotador de la fase de clasificación para la Eurocopa 92 con diez goles. Yugoslavia lideraba el Grupo 4 de la ronda clasificatoria, pero les prohibieron jugar la fase final por la guerra contra Bosnia, así que Pancev nunca pudo triunfar. Tras la disolución de la Federación Yugoslava, pasó a ser el jugador estrella de la nueva nación, la ARY de Macedonia.

LA LUCHA DE ANDORRA Y SAN MARINO

Las modestas selecciones de Andorra y San Marino no han ganado ningún partido de clasificación. Andorra ha perdido los 50 encuentros que ha disputado, con una diferencia de goles de 11-149. San Marino, que logró su primer punto en un empate a cero contra Estonia en 2014, había perdido los otros 65 choques. Su diferencia de goles es de 7-289 y en 2008 fue de -55 goles, la peor de la historia.

LA NARANJA MECÁNICA EN LA PRIMERA REPESCA

La primera eliminatoria de clasificación se celebró el 13 de diciembre de 1995 en el estadio Anfield de Liverpool; los Países Bajos ganaron 2-0 a la República de Irlanda y se hicieron con la última plaza para la Eurocopa 96. Patrick Kluivert marcó los dos goles.

QUÉ BUENO VERTE

Cuando España e Italia se batieron en la final de 2012 fue la cuarta vez en la Eurocopa que unos oponentes se enfrentaban después de haberse visto las caras en primera ronda. Países Bajos perdió ante la Unión Soviética en la primera ronda de 1988, para vencerles en la final. Alemania ganó a la República Checa en los dos partidos de la Eurocopa 1996, al igual que hizo Grecia con Portugal en 2004. España e Italia empataron a 1 en el Grupo C en 2012, cuando Cesc Fàbregas le dio la réplica al primer gol de Antonio Di Natale. Su segundo encuentro fue mucho menos igualado.

ESTO ES LA GUERRA

El 16 de junio de 1976, en la semifinal en Zagreb se sacaron tres rojas, todo un récord. El checo Jaroslav Pollak fue expulsado tras la segunda amarilla (por una falta sobre el holandés Johan Neeskens) a la hora del inicio. Neeskens le siguió en el minuto 76 tras dar una patada a Zdenek Nehoda. Wim van Hanegem fue el tercer expulsado por protestar, después de que Nehoda marcase el segundo gol checo a seis minutos del final de la prórroga.

EL INESPERADO TRIUNFO DANÉS

Dinamarca dio la sorpresa al ganar la Eurocopa 1992. Ni siquiera se esperaba que participase en el torneo cuando quedó por detrás de Yugoslavia en su grupo clasificatorio, pero fue invitada para completar los ocho equipos participantes al excluir a Yugoslavia por motivos de seguridad tras los conflictos en el país. El guardameta **Peter Schmeichel** fue el héroe danés en los penaltis de la semifinal que ganaron a los Países Bajos y en la final contra Alemania, cuando los tantos de John Jensen y Kim Vilfort certificaron la victoria de Dinamarca por 2-0.

ALEMANIA EN ASCENSO

En 56 años, la Eurocopa ha ido creciendo hasta convertirse posiblemente en el torneo futbolístico internacional más relevante después del Mundial. Solo 17 selecciones participaron en la primera edición de 1960, cuya fase final contó con cuatro equipos y dio la victoria a la Unión Soviética. El evento de 2016, ampliado a 24 equipos, contó con 53 selecciones que intentaron unirse a la anfitriona Francia. Alemania (antigua República Federal de Alemania) y España han ganado la competición tres veces, aunque los germanos han jugado y ganado más partidos (49 y 26, respectivamente), además de anotar y encajar más goles (72 y 48) que cualquier otra nación. El defensa Berti Vogts es la única persona que ha ganado el torneo como jugador (1972) y entrenador (1996), siempre con Alemania. El triunfo de Portugal en 2016, en su 35.º partido de la fase final de la Eurocopa, convierte a Inglaterra en la selección que más encuentros ha jugado (31) sin llevarse el trofeo.

DOMENGHINI AL RESCATE DE ITALIA

El gol más polémico en una final se produjo el 8 de junio de 1968. La anfitriona, Italia, perdía 1-0 ante Yugoslavia a diez minutos del final. Parecía que los yugoslavos estaban terminando de colocar su barrera cuando Angelo Domenghini lanzó una falta que batió al portero Ilja Pantelic y logró el empate. Yugoslavia protestó, pero el gol subió al marcador. A los dos días, Italia ganó 2-0 la única repetición de una final de Eurocopa, con goles de Gigi Riva y Pietro Anastasi.

FRANCIA PRESUME DE RÉCORD

Francia es la única selección que ha ganado todos los partidos desde que se ampliara la fase final a más de cuatro equipos, lo logró en su país en 1984. Además no necesitó tanda de penaltis, tras vencer a Dinamarca 1-0, a Bélgica 5-0 y a Yugoslavia 3-2 en su grupo, a Portugal 3-2 en la prórroga de las semifinales y a España 2-0 en la final.

LOS PENALTIS MÁS EFICACES

La tanda de penaltis más eficaz de una Eurocopa fue la del partido por el tercer puesto de 1980 entre Italia y Checoslovaquia celebrado en Nápoles. Los checos ganaron por 9-8 tras empatar a uno. Cada equipo metió ocho penaltis, pero el portero checo **Jaroslav Netolicka** detuvo el lanzamiento de Fulvio Collovati. En 2016, también se lanzaron 18 penaltis cuando Alemania ganó en cuartos a Italia por 6-5 en Burdeos. Matteo Darmian falló el último de los cuatro tiros errados de Italia.

FRANCIA ARREMETE SIN ARIETES

Francia todavía ostenta el récord de mayor número de goles anotados por un solo equipo en la fase final de una Eurocopa: 14 en el torneo de 1984. Sorprendentemente, tan solo uno de ellos lo marcó un reconocido delantero, Bruno Bellone, que anotó el segundo en la victoria final por 2-0 sobre España. El capitán francés, Platini, fue el que más aportó a la potencia gala, ya que metió la friolera de nueve goles en cinco partidos. Logró *hat tricks* contra Bélgica y Dinamarca y el gol de la victoria en el último minuto en la semifinal contra Portugal. Los centrocampistas Alain Giresse y Luis Fernández también marcaron en la victoria por 5-0 ante Bélgica. El defensa Jean-François Domergue puso por delante a Francia en la semifinal ante Portugal y sumó otro gol en la prórroga, después de que Jordão hubiese adelantado 2-1 al conjunto luso.

EQUIPOS CON MÁS GOLES EN LA EUROCOPA

1960	Yugoslavia	6
1964	España, Unión Soviética, Hungría	4
1968	Italia	4
1972	RFA	5
1976	RFA	6
1980	RFA	6
1984	Francia	14
1988	Países Bajos	8
1992	Alemania	7
1996	Alemania	10
2000	Francia, Países Bajos	13
2004	República Checa	9
2008	España	12
2012	España	12
2016	Francia	13

ESPAÑA NO RECIBE A LOS SOVIÉTICOS

Los conflictos políticos echaron por tierra el choque de cuartos previsto entre España y la Unión Soviética en 1960. Franco se negó a que España viajara a la comunista Unión Soviética y prohibió la entrada de los rusos a España. La Unión Soviética se apuntó la victoria, a causa de la negativa española a jugar. Cuatro años después, Franco suavizó su postura y permitió que los soviéticos disputaran la fase final en España; no obstante, se libró del bochorno de entregarles el trofeo, ya que España derrotó a la Unión Soviética por 2-1 en la final.

CAMPEONES DE LA EUROCOPA

3 RFA/Alemania
(1972, 1980, 1996)
España (1964, 2008, 2012)

2 Francia (1984, 2000)

1 Unión Soviética (1960)
Italia (1968)
Checoslovaquia (1976)
Holanda (1988)
Dinamarca (1992)
Grecia (2004)
Portugal (2016)

JUSTO A TIEMPO

Grecia consiguió la única victoria con un «gol de plata» (el equipo que va por delante en el marcador al final de la primera parte de la prórroga gana el partido) de la historia en la semifinal de 2004. El 1 de julio **Traianos Dellas** metió el tanto segundos antes del final de la primera parte de la prórroga contra la República Checa en Oporto. Los goles de oro y los goles de plata dejaron de aplicarse en la Eurocopa 2008; en su lugar las eliminatorias que acaban en empate se resuelven en 30 minutos de prórroga y de seguir el empate, en penaltis.

MI QUERIDA ESPAÑA

España no solo obtuvo la victoria con el margen más amplio de goles en una final europea al aplastar a Italia por 4-0 en 2012, sino que también se convirtió en la primera nación en defender con éxito el título. David Silva, **Jordi Alba** (que anotó su primer gol internacional) y los suplentes Fernando Torres y Juan Mata hundieron el esférico en la portería del Estadio Olímpico de Kiev el 1 de julio. El equipo de Vicente del Bosque se hizo con su tercer trofeo importante consecutivo, después de ganar la Eurocopa 2008 y el Mundial 2010.

VICTORIAS MÁS AMPLIAS EN LA FASE FINAL

Países Bajos 6 - Yugoslavia 1 (2000)
Francia 5 - Bélgica 0 (1984)
Dinamarca 5 - Yugoslavia 0 (1984)
Suecia 5 - Bulgaria 0 (2004)

LA SUERTE SONRÍE A ITALIA

Italia llegó a la final de 1968, que ganó en casa, gracias al azar; fue el único partido de la historia de la Eurocopa que se decidió lanzando una moneda. Habían empatado a cero con la Unión Soviética tras la prórroga en Nápoles, el 5 de junio de 1968. El capitán soviético, Albert Shesternev, eligió el lado que no salió e Italia llegó a la final donde venció a Yugoslavia.

EL RÉCORD DE SHEARER ANIMA A INGLATERRA

Alan Shearer es el único inglés que ha encabezado la lista de máximos goleadores. En la edición de 1996, aunque peredieron en penaltis ante Alemania, Shearer lideró la clasificación con cinco goles: marcó contra Suiza, Escocia, Holanda (2) y Alemania. Shearer anotó otros dos tantos en la Eurocopa 2000 y es el tercero por detrás de Platini y Cristiano Ronaldo, en la lista de máximos goleadores.

EL HISTÓRICO GOL DE ILYIN

El 29 de septiembre de 1958 el soviético Anatoly Ilyin marcó el primer gol de la historia de la Eurocopa de la UEFA en el minuto cuatro del partido contra Hungría. Una multitud de 100.572 espectadores presenció la victoria soviética por 3-1 en el Estadio Lenin de Moscú. La Unión Soviética acabó ganando la final en 1960.

TOQUE DE ORO

El delantero Fernando Torres se llevó la Bota de Oro, a pesar de anotar el mismo número de goles, tres, que el italiano Mario Balotelli, el ruso Alán Dzagóev, el alemán Mario Gómez, el croata Mario Mandzukic y el portugués Cristiano Ronaldo. El primer factor decisivo fue el número de asistencias, con lo que quedaron Torres y Gómez, y después la cantidad de tiempo jugada, así que los 92 minutos pasados en el campo por Torres le valieron el premio.

VONLANTHEN BATE EL RÉCORD DE ROONEY

El anotador más joven en la historia de la fase final es el centrocampista suizo **Johan Vonlanthen**. Tenía 18 años y 141 días cuando marcó el gol suizo de la derrota ante Francia del 21 de junio de 2004. Batió el récord que el inglés Wayne Rooney había establecido cuatro días antes. Rooney tenía 18 años y 229 días cuando marcó el primer gol del partido que Inglaterra ganó a Suiza por 3-0. Vonlanthen se retiró del fútbol en 2012 a los 26 años por una lesión en la rodilla.

El TRIPLETE QUE NO LLEGA

Desde el *hat trick* de David Villa en el partido de España contra Rusia de 2008, el octavo de la Eurocopa, no ha habido tripletes en el torneo. El primero fue obra del suplente de la RFA Dieter Müller en el encuentro contra Yugoslavia de 1976. En 2016, hubo siete dobletes: Antoine Griezmann (Francia contra la República de Irlanda y Alemania), Álvaro Morata (España contra Turquía), Romelu Lukaku (Bélgica contra la República de Irlanda), Balázs Dzsudzsák (Hungría contra Portugal), Cristiano Ronaldo (Portugal contra Hungría) y Olivier Giroud (Francia contra Islandia).

KIRICHENKO Y EL GOL MÁS RÁPIDO

El tanto más rápido de la historia de la fase final de la Eurocopa lo marcó el delantero ruso **Dmitri Kirichenko**. Adelantó a su equipo a los 67 segundos del partido ante Grecia el 20 de junio de 2004. Rusia ganó 2-1, pero aun así Grecia se clasificó para cuartos y dio la gran sorpresa al vencer. El gol más rápido de una final fue el del centrocampista español Jesús Pereda en 1964, en el minuto seis del 2-1 de España a la Unión Soviética. El gol inicial más tardío fue el de la victoria de Portugal contra Francia en la final de 2016. Lo ejecutó Éder en el minuto 109.

MÁXIMOS GOLEADORES DE LA EUROCOPA

1 Michel Platini (Francia)   9
= Cristiano Ronaldo (Portugal)
3 Alan Shearer (Inglaterra)   7
4 Nuno Gomes (Portugal)   6
= Antoine Griezmann (Francia)
= Thierry Henry (Francia)
= Zlatan Ibrahimovic (Suecia)
= Patrick Kluivert (Holanda)
= Wayne Rooney (Inglaterra)
= Ruud van Nistelrooy (Holanda)

EL PRIMER GOL DE ORO

El alemán **Oliver Bierhoff** anotó el primer «gol de oro» (el primer equipo que marca en la prórroga gana el encuentro) de la historia de la competición que le daría la victoria en el minuto cinco de la prórroga de la final de la Eurocopa 96, celebrada el 30 de junio en Wembley contra la República Checa. Su disparo a 18 metros de distancia rebotó en el defensa Michal Hornak y se coló entre las manos del guardameta checo, Petr Kouba.

PONEDELNIK ESTÁ DE LUNES

El 10 de julio de 1960, el ariete soviético Viktor Ponedelnik remató de cabeza el gol de la victoria por 2-1 ante Yugoslavia en la prórroga de la primera final y protagonizó algunos famosos titulares de la prensa soviética. El encuentro comenzó en París cuando en Moscú eran las 10 de la noche de un domingo, pero entraba ya la madrugada del lunes cuando Ponedelnik (que en ruso significa «lunes») anotó el segundo gol. Todos los periodistas escribieron el titular «Ponedelnik zabivayet v Ponedelnik» («Lunes marca el lunes»). Sigue siendo el gol más tardío de una final europeísta, en el minuto 113.

FUERA DE JUEGO

Solo se ha expulsado a un hombre de una final de Eurocopa: al defensa francés Yvon Le Roux, que recibió una segunda tarjeta amarilla cuando quedaban cinco minutos para que su equipo venciese a España por 2-0 en 1984. En la Eurocopa 2000 fue cuando más tarjetas rojas se mostraron: 10. Entre los que las recibieron se encontraban el rumano Gheorghe Hagi, el portugués **Nuno Gomes,** el italiano Gianluca Zambrotta y el checo Radoslav Látal, que recibió una segunda expulsión sin precedentes, ya que también le expulsaron en la Eurocopa 96. En la Eurocopa 2016, solo hubo tres tarjetas rojas.

VASTIC EL MAYOR

El anotador más mayor de la historia de la Eurocopa fue el austriaco Ivica Vastic. Tenía 38 años y 257 días cuando marcó el gol del empate a uno contra Polonia en 2008.

MÁXIMOS GOLEADORES DE CADA EUROCOPA

1960:	François Heutte (Francia)	2
	Milan Galic (Yugoslavia)	
	Valentin Ivanov (Unión Soviética)	
	Drazan Jerkovic (Yugoslavia)	
	Slava Metreveli (Unión Soviética)	
	Viktor Ponedelnik (Unión Soviética)	
1964:	Ferenc Bene (Hungría)	2
	Dezso Novak (Hungría)	
	Jesús Pereda (España)	
1968:	Dragan Dzajic (Yugoslavia)	2
1972:	Gerd Müller (RFA)	4
1976:	Dieter Müller (RFA)	4
1980:	Klaus Allofs (RFA)	3
1984:	Michel Platini (Francia)	9
1988:	Marco van Basten (Países Bajos)	5
1992:	Dennis Bergkamp (Países Bajos)	3
	Tomas Brolin (Suecia)	
	Henrik Larsson (Dinamarca)	
	Karl-Heinz Riedle (Alemania)	
1996:	Alan Shearer (Inglaterra)	5
2000:	Patrick Kluivert (Países Bajos)	5
	Savo Milosevic (Yugoslavia)	
2004:	Milan Baros (República Checa)	5
2008:	David Villa (España)	4
2012:	Mario Balotelli (Italia)	3
	Alán Dzagóev (Rusia)	
	Mario Gómez (Alemania)	
	Mario Mandzukic (Croacia)	
	Cristiano Ronaldo (Portugal)	
	Fernando Torres (España)	
2016	Antoine Griezmann (Francia)	6

LÖW LO CONQUISTA CASI TODO

El técnico alemán Joachim Löw logró el récord de más partidos disputados y más victorias en la Eurocopa. La tanda de penaltis de su equipo sobre Italia en cuartos de final de 2016 le llevó a alcanzar doce victorias antes de su derrota en semifinales ante Francia por 2-0, que fue su partido número 17 de los torneos de 2008, 2012 y 2016.

NOMBRES EN LAS CAMISETAS

Desde la Eurocopa 92 los jugadores llevan sus nombres así como sus dorsales en la parte trasera de sus camisetas. Antes solo se les identificaba por los números.

CLATTENBURG HACE TRIPLETE

En 2012, el portugués Pedro Proença logró la doble hazaña de arbitrar la final de la Champions entre el Chelsea y el Bayern de Múnich, y la final de la Eurocopa entre España e Italia ese mismo verano. Pero el árbitro inglés Mark Clattenburg fue más allá en 2016: ofició la final de la FA Cup entre el Manchester United y el Crystal Palace, y la de la Champions entre el Real Madrid y el Atlético en mayo, y la de la Eurocopa entre Francia y Portugal en julio.

GRECIA CEDE EL PASE A ALBANIA

Cuando Grecia fue emparejada con Albania en la primera ronda del torneo de 1964, los griegos se retiraron enseguida, regalándole a Albania la victoria por 3-0, ya que ambos países habían estado técnicamente en conflicto desde 1940. El gobierno griego no levantó formalmente el estado de guerra hasta 1987, aunque las relaciones diplomáticas se restablecieron en 1971.

SEQUÍA DE GOLES

En la Eurocopa 2012, entre el penalti de **Xabi Alonso** en el tiempo de descuento cuando España derrotó a Francia por 2-0 y el tanto de Mario Balotelli para Italia en el minuto 20 de la semifinal en su victoria por 2-1 contra Alemania, hubo una sequía de goles de 260 minutos, todo un récord en la Eurocopa.

DOS EN UNO

La final de la Eurocopa 2016 entre la anfitriona Francia y la ganadora Portugal fue la sexta que acabó en prórroga, pero la primera sin goles en 90 minutos, hasta que Éder anotó el tanto ganador y gol de apertura más tardío de una final de la Eurocopa en el minuto 109.

A ELLIS LE VA LO DE PITAR

El colegiado **Arthur Ellis** arbitró la primera final de la Eurocopa entre la Unión Soviética y Yugoslavia en 1960. Cuatro años antes Ellis también había arbitrado la primera final de la Copa de Europa, entre el Real Madrid y el Reims. Tras su retirada del fútbol, se convirtió en juez del programa *It's a Knock-out* (*El Grand Prix* británico).

ANFITRIONES

1960	Francia
1964	España
1968	Italia
1972	Bélgica
1976	Yugoslavia
1980	Italia
1984	Francia
1988	RFA
1992	Suecia
1996	Inglaterra
2000	Países Bajos y Bélgica
2004	Portugal
2008	Austria y Suiza
2012	Polonia y Ucrania
2016	Francia

POR PARTIDA DOBLE

En el año 2000, Bélgica y los Países Bajos empezaron la moda de albergar de forma conjunta la fase final de la Eurocopa; esta fue la primera vez que el torneo se celebró en más de un país. El partido inaugural terminó con el triunfo de Bélgica sobre Suecia por 2-1, el 10 de junio en Bruselas; la final se disputó en Rotterdam. Austria y Suiza organizaron la Eurocopa 2008, que comenzó en Basilea y acabó en Viena. En 2012, Polonia y Ucrania fueron las coanfitrionas, y Kiev acogió la final.

¿QUIÉN DA MÁS?

Para la Eurocopa 2016, se utilizaron diez estadios de toda Francia, igualando el récord establecido por Portugal en 2004. Los tres torneos coorganizados de Bélgica y Holanda en 2000, Austria y Suiza en 2008, y Polonia y Ucrania en 2012 utilizaron ocho estadios, cuatro en cada país. Todo cambiará para la fase final de 2020, ya que, por primera vez, la fase de grupos, junto con la de cuartos de final y octavos, se celebrará en 13 ciudades de 13 países diferentes. Inglaterra tendrá el honor de acoger tanto la final como la semifinal, y ambas se jugarán en el estadio Wembley de Londres.

EXPECTANTES

En la Eurocopa 2012, el partido de primera ronda entre Inglaterra y Suecia en Kiev logró la mayor asistencia oficial del torneo (64.640). Sin embargo, la final de la Eurocopa 2016 entre Francia y Portugal no fue el partido con más público, sino la victoria de la anfitriona Francia por 5-2 contra Islandia en cuartos de final, que contó con la presencia de 76.833 espectadores en el Stade de France.

UN TRABAJO EN ITALIA

La Eurocopa 1968 en Italia sirvió de escenario para la famosa película inglesa *Un trabajo en Italia*, con Michael Caine, que narra cómo una banda de ladrones británica utiliza el torneo como tapadera para dar un gran golpe y robar oro en Turín. Se estrenó el 2 de junio de 1969.

ÁRBITROS DE LAS FINALES DE LA EUROCOPA

1960	Arthur Ellis (Inglaterra)
1964	Arthur Holland (Inglaterra)
1968	Gottfried Dienst (Suiza)
	Repetición: José María Ortiz de Mendíbil (España)
1972	Ferdinand Marschall (Austria)
1976	Sergio Gonella (Italia)
1980	Nicolae Rainea (Rumanía)
1984	Vojtech Christov (Checoslovaquia)
1988	Michel Vautrot (Francia)
1992	Bruno Galler (Suiza)
1996	Pierluigi Pairetto (Italia)
2000	Anders Frisk (Suecia)
2004	Markus Merk (Alemania)
2008	Roberto Rosetti (Italia)
2012	Pedro Proença (Portugal)
2016	Mark Clattenburg (Inglaterra)

LOS GOLES NO LO SON TODO

Es posible que la Eurocopa 2016, ampliada a 24 equipos, haya sido la más prolífica en cuanto a goles: 108 en total. Pero estos tantos se produjeron a razón de 2,12 por partido, la media más baja desde la Eurocopa 1996 (2,06). Los tres goles en propia puerta de la Eurocopa 2016, cuyos artífices fueron Ciaran Clark de la República de Irlanda, Gareth McAuley de Irlanda del Norte y Birkir Már Sævarsson de Islandia, también establecieron otro récord en la competición.

NOS VA EL JUEGO LIMPIO

Solo se mostraron tres tarjetas rojas durante la Eurocopa 2016: al capitán albanés **Lorik Cana,** al austríaco Aleksandar Dragovic y al irlandés Shane Duffy, una cifra que igualó la de la Eurocopa 2008 y 2012. Por el contrario, se expulsó al doble de jugadores en el torneo de 2004, ya que en la final se mostraron diez tarjetas amarillas, superando cualquier otro partido europeísta.

PARTE 4:
COPA AMÉRICA

LA COMPETICIÓN vigente más antigua del mundo ve cómo se repite su historia a pesar de los nuevos tiempos: Uruguay ganó el primer torneo en 1916 cuando gran parte del mundo se veía envuelto en la Primera Guerra Mundial.

Viajar no era una opción para muchas naciones de Sudamérica debido al coste y al tiempo que suponía volar a Europa para un solo partido. Por eso Sudamérica vio la necesidad de organizarse y crear sus primeras competiciones.

Debido a esto todos los miembros fundadores de la FIFA, en 1904, fueron europeos. Las naciones sudamericanas como Brasil, Argentina y Uruguay no tardaron en unirse, pero las oportunidades de competir a nivel internacional eran mínimas.

Los sudamericanos decidieron organizar sus propias competiciones internacionales, que llevaron a la creación, en 1916, del Campeonato Sudamericano de Fútbol. Cuatro países compitieron en el torneo inicial, la anfitriona Argentina, Brasil, Chile y Uruguay, que ganaron aquella edición. Tras 99 años, y un año después de que se celebrase el espectacular Mundial de Brasil, Sudamérica fue el escenario de otro gran espectáculo en forma de campeonato continental: la Copa América 2015.

Una vez más, los grandes maestros de Brasil y Argentina no lograron llevarse el premio importante, ya que la anfitriona, Chile, tras 99 años intentándolo, se hizo con la Copa por primera vez en su historia. Argentina perdió en penaltis, el mismo destino sufrido por Brasil en cuartos de final. La siguiente Copa América «normal» se celebrará en Brasil en 2019, aunque en 2016 Estados Unidos fue la anfitriona de un evento especial para celebrar su Centenario. El torneo pareció un *déjà vu*, ya que Chile venció a Argentina en penaltis por segundo año consecutivo.

Todo el equipo chileno corre para celebrar su victoria con Francisco Silva tras su penalti triunfal contra Argentina en la final de la Copa América Centenario 2016.

COPA AMÉRICA RÉCORDS DE EQUIPOS

EL PEQUEÑO NAPOLEÓN

En 1942, Ecuador y su guardameta, Napoleón Medina, encajaron más goles en un torneo que ningún otro combinado, al recibir 31 tantos en seis partidos (y seis derrotas). Tres años más tarde, él y su equipo lograron mantener la portería a cero en un empate con Bolivia, pero aun así encajaron otros 27 goles en sus otros cinco encuentros.

EMPATADÍSIMO

Paraguay llegó a la final de 2011 sin ganar ni un solo partido en el tiempo reglamentario: empató los tres encuentros de primera ronda y tuvo que ir a penaltis para ganar en cuartos contra Brasil y en la semifinal contra Venezuela después de que ambos partidos finalizasen en empate a cero. Por eso no sorprende que su capitán, **Justo Villar,** fuese votado mejor portero del campeonato.

CAMPEONES DE LA COPA AMÉRICA

1916	Uruguay (formato liga)
1917	Uruguay (formato liga)
1919	Brasil 1 - Uruguay 0
1920	Uruguay (formato liga)
1921	Argentina (formato liga)
1922	Brasil 3 - Paraguay 1
1923	Uruguay (formato liga)
1924	Uruguay (formato liga)
1925	Argentina (formato liga)
1926	Uruguay (formato liga)
1927	Argentina (formato liga)
1929	Argentina (formato liga)
1935	Uruguay (formato liga)
1937	Argentina 2 - Brasil 0
1939	Perú (formato liga)
1941	Argentina (formato liga)
1942	Uruguay (formato liga)
1945	Argentina (formato liga)
1946	Argentina (formato liga)
1947	Argentina (formato liga)
1949	Brasil 7 - Paraguay 0
1953	Paraguay 3 - Brasil 2
1955	Argentina (formato liga)
1956	Uruguay (formato liga)
1957	Argentina (formato liga)
1959	Argentina (formato liga)
1959	Uruguay (formato liga)
1963	Bolivia (formato liga)
1967	Uruguay (formato liga)
1975	Perú 4 - Colombia 1 (resultado final, tras tres partidos)
1979	Paraguay 3 - Chile 1 (resultado final, tras tres partidos)
1983	Uruguay 3 - Brasil 1 (resultado final, tras dos partidos)
1987	Uruguay 1 - Chile 0
1989	Brasil (formato liga)
1991	Argentina (formato liga)
1993	Argentina 2 - México 1
1995	Uruguay 1 - Brasil 1 (gana Uruguay por 5-3 en penaltis)
1997	Brasil 3 - Bolivia 1
1999	Brasil 3 - Uruguay 0
2001	Colombia 1 - México 0
2004	Brasil 2 - Argentina 2 (gana Brasil por 4-2 en penaltis)
2007	Brasil 3 - Argentina 0
2011	Uruguay 3 - Paraguay 0
2015	Chile 0 - Argentina 0 (Chile ganó 4-1 en penaltis)
2016	Chile 0 - Argentina 0 (Chile ganó 4-2 en penaltis)

ANFITRIONES

Argentina	9	(1916, 1921, 1925, 1929, 1937, 1946, 1959, 1987, 2011)
Chile	7	(1920, 1926, 1941, 1945, 1955, 1991, 2015)
Uruguay	7	(1917, 1923, 1924, 1942, 1956, 1967, 1995)
Perú	6	(1927, 1935, 1939, 1953, 1957, 2004)
Brasil	4	(1919, 1922, 1949, 1989)
Ecuador	3	(1947, 1959, 1993)
Bolivia	2	(1963, 1997)
Paraguay	1	(1999)
Colombia	1	(2001)
Venezuela	1	(2007)
EE. UU.	1	(2016)

TIEMPO EXTRA

El partido más largo de la historia de la Copa América fue la final de 1919 entre Brasil y Uruguay. Duró 150 minutos, 90 de tiempo reglamentario más dos prórrogas de 30 minutos cada una.

CÓMO EMPEZÓ TODO

El primer «Campeonato Sudamericano de Selecciones» (como se conocía entonces) se disputó en Argentina del 2 al 17 de julio de 1916, durante la celebración del centenario de la independencia del país. Uruguay ganó el torneo, a pesar de empatar con Argentina en el último partido. Fueron unos comienzos difíciles. El encuentro del 16 de julio se tuvo que suspender con empate a cero cuando los aficionados invadieron el campo y prendieron fuego a las tribunas de madera. El partido se reanudó al día siguiente en un estadio diferente, pero aun así no hubo goles. Al final Uruguay terminó como líder de la miniliga y se proclamó primer campeón. **Isabelino Gradín** fue el máximo goleador de la primera edición, que fue pareja a la fundación de la Federación Sudamericana, la CONMEBOL, el 9 de julio de 1916. Desde ese momento, el campeonato se disputó cada dos años, aunque ahora algunas de sus ediciones se consideran extraoficiales. Hubo un intervalo de tres años entre los torneos de 2004 y 2007, y ahora la competición se celebra cada cuatro años.

LAS NORMAS SON LAS NORMAS

Durante la Copa América de 1953, se concedió la victoria a Perú en el partido que disputó contra Paraguay, cuando estos últimos trataron de hacer un cambio más de los permitidos. El jugador que iba a sustituir, Milner Ayala, se indignó tanto que le dio una patada al árbitro inglés Richard Maddison y fue suspendido durante tres años. Ya sin Ayala, Paraguay siguió compitiendo y consiguió vencer a Brasil en la final.

TIRO A PUERTA

A pesar de acabar la Copa América Centenario 2016 de nuevo como subcampeona, Argentina amplió su récord de más partidos de este torneo ganados, 119, y de goles anotados, 455. Los últimos dos tantos fueron lanzados por Gonzalo Higuaín en la victoria por 4-0 sobre Estados Unidos en la semifinal de la Copa América Centenario 2016 celebrada en Houston. Argentina también ha perdido más tandas de penaltis que ningún otro equipo: cinco.

HOMBRES CON HISTORIA

La Copa América es el torneo internacional de fútbol más antiguo que aún se celebra. Se inició en 1916 con la participación de Argentina, Brasil, Chile y Uruguay. Bolivia, Colombia, Ecuador, Paraguay, Perú y Venezuela se unieron en 1967. No obstante, en 1910, Argentina ganó un campeonato extraoficial, tras derrotar a Uruguay por 4-1 en el partido decisivo (aunque el partido final se retrasó un día porque los aficionados incendiaron una tribuna del estadio del Gimnasia en Buenos Aires).

ÁNGELES CAÍDOS

La línea delantera de la victoriosa **Argentina** de la Copa América de 1957, formada por Humberto Maschio, Omar Sívori y Antonio Valentín Angelillo, era conocida como «los ángeles con caras sucias». Al menos uno de ellos marcó en cada uno de los seis partidos que disputó el equipo: Maschio acabó con nueve goles, Angelillo con ocho y Sívori con tres. La actuación más contundente de Argentina fue la victoria por 8-2 sobre Colombia en su primer partido, en el que marcó cuatro tantos y falló un penalti en los 25 primeros minutos. Su deslumbrante juego hizo que Argentina, y no el campeón final, Brasil, fuera la favorita para el Mundial del año siguiente. Sin embargo, antes de aquello, los clubes italianos se llevaron a Maschio, Sívori y Angelillo, y la Federación Argentina se negó a recogerlos para llevarlos a Suecia, donde se celebraba el Mundial. Finalmente Sívori y Maschio acudieron al Mundial, en 1962. Pero para desconsuelo de sus compatriotas, no vistieron la camiseta albiceleste de Argentina, sino la azul de los azzurri de su patria de adopción.

LOS COLOMBIANOS SIGUEN EN SUS ONCE

En 2001 Colombia, que ganó el trofeo por primera y única vez, fue el único país que no encajó ni un solo gol en toda la Copa América. Marcaron 11 goles, seis del máximo goleador del torneo, **Víctor Aristizábal**. De mantener la portería imbatida se ocupó el arquero Óscar Córdoba, que había pasado gran parte de su carrera internacional como reserva del excéntrico René Higuita. Tan solo un mes antes, Córdoba había ganado el campeonato sudamericano de clubes, la Copa Libertadores, con el equipo argentino Boca Juniors.

TRIUNFOS POR PAÍSES

Uruguay 15 (1916, 1917, 1920, 1923, 1924, 1926, 1935, 1942, 1956, 1959, 1967, 1983, 1987, 1995, 2011)
Argentina 14 (1921, 1925, 1927, 1929, 1937, 1941, 1945, 1946, 1947, 1955, 1957, 1959, 1991, 1993)
Brasil 8 (1919, 1922, 1949, 1989, 1997, 1999, 2004, 2007)
Chile 2 (2015, 2015)
Perú 2 (1939, 1975)
Paraguay 2 (1953, 1979)
Bolivia 1 (1963)
Colombia 1 (2001)

MÁS DE MORENO

Argentina no solo fue protagonista de la victoria más amplia de la Copa América, sino que también logró el marcador más abultado de todo el torneo, cuando logró un 12-0 frente a Ecuador en 1942. Entre los cinco tantos de José Manuel Moreno figuró el gol número 500 de la historia de la competición. Moreno, natural de Buenos Aires (3 de agosto de 1916), acabó esa competición como pichichi junto con su compañero de equipo Herminio Masantonio, que marcó siete tantos. Ambos terminaron sus carreras como internacionales con 19 goles, aunque Moreno lo hizo en 34 apariciones y Masantonio en 21. Masantonio anotó cuatro en la paliza a Ecuador.

JAMAICA SIGUE EN ESPERA

Hasta la fecha, cuatro son los equipos que solo han aparecido en una Copa América: Japón (1999), Honduras (2001) y Haití y Panamá (los dos en 2016). Jamaica jugó en la Copa América por segunda vez en 2016, tras haber participado un año antes, pero todavía le queda ganar. Perdió por 1-0 ante Uruguay, Paraguay y Argentina en 2015, y en 2016 por 1-0 ante Venezuela, 2-0 ante México y 3-0 ante Uruguay. Su combinado incluía a Wes Morgan, que ganó por sorpresa una Premier League con el Leicester City, y al capitán Adrian Mariappa, que terminó la temporada como subcampeón de la FA Cup con el Crystal Palace. Mariappa nació en Londres, aunque su padre es de Fiyi y su madre tiene ascendencia jamaicana.

EL SAPO SE HIZO PRÍNCIPE

El arquero chileno Sergio Livingstone ostenta el récord de más participaciones en la Copa América, con 34 partidos entre 1941, 1942, 1945, 1947, 1949 y 1953. Livingstone, apodado «el Sapo», fue elegido mejor jugador del torneo en 1941 y se convirtió así en el primer guardameta en ser galardonado con este premio. Podría haber jugado más encuentros de Copa América si no se hubiese perdido la competición de 1946. Casi toda la carrera de Livingstone, que nació en Santiago el 26 de marzo de 1920, transcurrió en su país natal, excepto la temporada 1943-44 que recaló en el Racing Club argentino. En total, fue 52 veces internacional con Chile entre 1941 y 1954, antes de retirarse y convertirse en periodista y comentarista.

LA MALA PATA DE CHILE

El primer gol en propia meta de la Copa América fue del chileno Luis García, que dio a Argentina la victoria por 1-0 en 1917, en la segunda edición del torneo. Pero fue incluso peor de lo que parece, ya que acabó siendo el único gol chileno en toda la competición, lo que convirtió a Chile en el primer equipo en no lograr un solo tanto en la Copa América.

MÁS PARTIDOS DISPUTADOS

1	Sergio Livingstone (Chile)	34
2	Zizinho (Brasil)	33
3	Leonel Álvarez (Colombia)	27
4	Carlos Valderrama (Colombia)	27
5	Javier Mascherano (Argentina)	26
6	Álex Aguinaga (Ecuador)	25
=	Cláudio Taffarel (Brasil)	25
8	Teodoro Fernández (Perú)	24
9	Ángel Romano (Uruguay)	23
10	Djalma Santos (Brasil)	22
=	Claudio Suárez (México)	22

MÁXIMOS GOLEADORES

1	Norberto Méndez (Argentina)	17
=	Zizinho (Brasil)	17
3	Teodoro Fernández (Perú)	15
=	Severino Varela (Uruguay)	15
5	Ademir (Brasil)	13
=	Jair da Rosa Pinto (Brasil)	13
=	Gabriel Batistuta (Argentina)	13
=	José Manuel Moreno (Argentina)	13
=	Héctor Scarone (Uruguay)	13
10	Roberto Porta (Uruguay)	12
=	Ángel Romano (Uruguay)	12

REPITIENDO LA GESTA

Gabriel Batistuta es el único argentino que ha ganado el premio al máximo anotador de la Copa América en dos ocasiones. Batistuta debutó con Argentina unos días antes de la Copa América de 1991, en la que su magnífica actuación, seis goles, con uno decisivo en su último partido, favoreció su traspaso del Boca Juniors a la Fiorentina italiana. Apodado «Batigol» en Italia, fue el máximo anotador de 1995, con cuatro goles, junto con el mexicano Luis García.

DE ABUELO A PADRE Y DE PADRE A HIJO

Los dos goles de Diego Forlán en la final de la Copa América de 2011 ayudaron a Uruguay a alcanzar la victoria por 3-0 sobre Paraguay y el récord de 15 Copas América. Al alzarse con el trofeo estaba siguiendo los pasos de sus antecesores: su padre **Pablo** formaba parte del combinado uruguayo que ganó en 1967, cuando su abuelo Juan Carlos Corazzo era el entrenador. Corazzo había dirigido ya a un triunfante Uruguay en 1959. En el partido contra Paraguay, Forlán igualó la gesta de Héctor Scarone como máximo anotador de todos los tiempos, con 31 goles. Aun así, fue el compañero de Forlán, el ariete Luis Suárez (marcó el primer gol de la final), el elegido mejor jugador del torneo de 2011.

EL MAGO ÁLEX

Cuando en 2004 Álex Aguinaga vistió la camiseta de Ecuador en el partido inaugural que jugó su país contra Uruguay, pasó a ser el segundo futbolista en disputar ocho Copas América, al igual que el legendario anotador uruguayo Ángel Romano. Aguinaga, centrocampista nacido en Ibarra el 9 de julio de 1969, jugó 109 veces con su país, 25 de ellas en la Copa América, un torneo en el que marcó cuatro de sus 23 goles como internacional. Su carrera en la Copa América empezó bien: Ecuador permaneció invicto en los cuatro primeros partidos que jugó en 1987 y 1989, pero su suerte acabó al final de su carrera como internacional al perder sus siete últimos partidos de la Copa América.

TODO LO QUE EMPIEZA ACABA

El estratega Carlos Valderrama y el centrocampista **Leonel Álvarez**, de Colombia, jugaron los 27 partidos que disputó su país en la Copa América entre 1987 y 1995: ganaron diez, empataron diez y perdieron siete, incluidos los que les dieron el tercer puesto en 1987, 1993 y 1995. Los dos goles de Valderrama en la Copa América llegaron en su primera aparición, una victoria por 2-0 sobre Bolivia en 1987, y en la última, un 4-1 a EE. UU. ocho años después.

HASTA LAS BOTAS

Dos jugadores han monopolizado los premios de Bota de Oro al máximo anotador en las últimas Copas América. **Eduardo Vargas** acabó la Copa América Centenario 2016 no solo como campeón por segundo año consecutivo, sino también con una Bota de Oro para su vitrina de trofeos: ganó el mismo premio en 2015, aunque lo compartió con el peruano Paulo Guerrero, que ya había ganado la Bota de Oro en 2011. Cuatro de los seis goles de Vargas en 2016 llegaron en el aplastamiento por 7-0 de Chile sobre México en cuartos de final de 2016, que le convirtieron en el 13.er jugador en anotar al menos cuatro tantos en un partido de la Copa América. Las otras gestas de Vargas con Chile incluyen marcar en seis internacionales consecutivos (nueve goles) en 2013, batiendo el récord previo de cinco compartido por Carlos Caszely y Marcelo Salas.

LOS CINCO FANTÁSTICOS

Cuatro jugadores han marcado cinco goles en un partido de la Copa América: Héctor Scarone en el Uruguay 6 - Bolivia 0 de 1926; Juan Marvezzi cuando Argentina ganó 6-1 a Ecuador en 1941; José Manuel Moreno en la paliza argentina 12-0 a Ecuador en 1942; y Evaristo de Macedo en la victoria brasileña por 9-0 sobre Colombia en 1957.

JOSÉ, EL MODESTO

El primer gol de la historia de la Copa América, en 1916, lo anotó José Piendibene, con el que inauguró el marcador uruguayo en el triunfo por 4-0 ante Chile. Pero seguro que no festejó tal momento con ninguna extravagancia, ya que Piendibene era famoso por su sentido del juego limpio, e insistía en no celebrar los goles para evitar ofender a sus adversarios.

EL ÍDOLO DE PELÉ

El delantero brasileño **Zizinho** comparte el récord de goles en la historia de la Copa América con el argentino Norberto Méndez. Los dos marcaron 17 tantos, Zizinho en seis torneos y Méndez, en tres (incluidos los de 1945 y 1946, en los que coincidieron). Méndez fue una vez máximo goleador y dos veces segundo, y se colgó la medalla en las tres ocasiones, mientras que los goles de Zizinho solo sirvieron a Brasil para hacerse con el título una vez, en 1949. Zizinho, el ídolo futbolístico de Pelé, sobresaldría en el Mundial 1950 como máximo anotador de Brasil y como mejor jugador del torneo, pero la derrota ante Uruguay, que le costó el título a Brasil, le traumatizó de por vida.

EL ÉXITO DE LOS FORASTEROS

Solo cuatro técnicos han conquistado la Copa América con un país distinto al suyo: el primero fue el inglés Jack Greenwell, entrenador de Perú en 1939, y el segundo el brasileño Danilo Alvim, con el conjunto boliviano que venció en 1963. La historia se volvió a repetir en 2015 y 2016, cuando los argentinos Jorge Sampaoli y Juan Antonio Pizzi dirigieron a la anfitriona, Chile, a lograr la Copa, contra la Albiceleste en penaltis.

COMO EN CASA EN NINGÚN SITIO

Uruguay ostenta el exclusivo récord de haber permanecido invicto 38 partidos de Copa América disputados en casa, en Montevideo, con 31 victorias y siete empates. El último encuentro en el que ejercieron de anfitriones fue a la vez un empate y una victoria: un 1-1 contra Brasil en 1995, del que Uruguay salió victorioso por 5-3 en los penaltis, después de que Fernando Alvez parase el tiro de Túlio.

INVITADOS

1993	México (subcampeón), Estados Unidos
1995	México, Estados Unidos (cuarto)
1997	Costa Rica, México (tercero)
1999	Japón, México (tercero)
2001	Costa Rica, Honduras (tercero), México (subcampeón)
2004	Costa Rica, México
2007	México (tercero), Estados Unidos
2011	Costa Rica, México
2015	Jamaica, México
2016	Costa Rica, Haití, Jamaica, México, Panamá, Estados Unidos (cuarto)

POBRE JUAN

Hubo que esperar 21 años para ver al primer jugador expulsado en una Copa América: el uruguayo Juan Emilio Píriz, en el partido contra Chile de 1937. Fue la primera de las 186 expulsiones de la Copa (en 2016, fueron expulsados 15 jugadores y el entrenador, el ecuatoriano Gustavo Quinteros). Unos 142 jugadores han tenido la desgracia de recibir tarjetas rojas desde que la FIFA introdujo el sistema de tarjetas en 1970.

MULTIFACÉTICO

El argentino **Guillermo Stábile** no tiene rival, pues ostenta el récord de más victorias en la Copa América como entrenador. Llevó a su país a conseguir el título en seis ocasiones: en 1941, 1945, 1946, 1947, 1955 y 1957, mientras que ningún otro técnico se ha alzado con el trofeo más de dos veces. Stábile fue nombrado seleccionador argentino con 34 años, en 1939, y se mantuvo en el cargo hasta 1960, durante 123 partidos, con 83 victorias. Aun así, durante ese tiempo, se las ingenió para entrenar a tres clubes. Fue técnico del Red Star Paris durante su primer año como entrenador argentino, y después dirigió al club argentino Huracán los nueve años siguientes, antes de aterrizar en el Racing Club para trabajar de 1949 a 1960. Puede que Stábile no ganase la Copa América con su selección de 1949, pero ese año conquistó el primero de sus tres títulos de liga seguidos con el Racing Club.

LA CONSTANCIA DE UN CAPITÁN

El capitán uruguayo **José Nasazzi** es el único futbolista que ha sido elegido mejor jugador de dos Copas América. Pero lo más curioso es que lo consiguió en un lapso de 12 años, ya que obtuvo el primer trofeo en 1923 y el segundo en 1935. Nasazzi ganó la Copa América en 1923, 1924, 1926 y 1935. También fue capitán de Uruguay cuando se alzó con la victoria en los Juegos Olímpicos de 1924 y 1928, y el Mundial de 1930.

SIGUEN VIENDO

Hernán Darío Gómez entrenó a Panamá en la Copa América Centenario 2016, lo que le convierte en el tercer técnico en disputar seis torneos de la Copa América diferentes. Le sigue de cerca Óscar Washington Tabárez, que tomó a Uruguay para su quinta Copa América en 2016, después de haberla dirigido en 1989, 2007, 2011 y 2015. Darío Gómez ya había dirigido a su Colombia natal en 1995, 1997 y 2011, y a Ecuador en 2001 y 2004. Ahora, está igualado en torneos con Guillermo Stábile, técnico de Argentina en 1941, 1945, 1946, 1947, 1955 y 1957, y Francisco Maturana, que llevó a Colombia hasta la fase final en 1987, 1989, 1993 y 2001, y a Ecuador en 1995 y 1997. Darío Gómez fue el ayudante de Maturana en el club colombiano Atlético Nacional y cuando llevó a Colombia a un tercer puesto en la Copa América 1987. Stábile mantiene el récord de más partidos de la Copa América (44), seguido por el chileno Luis Tirado (35) y los paraguayos Manuel Fleitas Solich (33), Maturana (27), Tabárez (26) y Darío Gómez (23).

ESCASEZ DE GOLES

En términos de goles por partido, la Copa América 2011 fue la menos fructífera de todas: solo 54 tiros llegaron al fondo de la red en los 26 encuentros disputados, lo que supuso una media de 2,08 tantos por partido. Solo en el torneo de 1922, en Brasil, se vieron menos: 22 goles en 11 partidos, una media de dos. Ambas competiciones estaban muy lejos de la prolífica edición de 1927 en Perú, donde 37 tantos en seis encuentros supusieron una media de 6,17. Los 91 tantos en 2016 supusieron una media de 2,84 por partido.

AL ROJO VIVO

Puede que Brasil tenga el peor registro en disciplina deportiva de los Mundiales, pero su vecina Uruguay ostenta ese título en la Copa América. Los uruguayos han sido expulsados 32 veces, la última fue la expulsión de **Matías Vecino** en el partido contra México en 2016, seguidos de Perú y Argentina con 24 expulsiones, Brasil y Venezuela (20 cada uno), Chile (18), Paraguay (14), Bolivia (13), Colombia y Ecuador (11 cada uno), México (10), Estados Unidos (tres), Costa Rica (dos) y Honduras, Jamaica, Japón y Panamá (una cada uno).

¿MARKARIÁN O NO MARCARIÁN?

La Copa América de 2011 no supuso la gloria solo para el combinado uruguayo, sino también para otro compatriota: el entrenador Sergio Markarián que llevó a Perú al tercer puesto. El actual técnico de Uruguay, Óscar Washington Tabárez, tenía a Markarián como entrenador de su club, el Bella Vista, en la década de 1970. Markarián también puede presumir de tener algo que ver en que Paraguay acabase siendo subcampeona, ya que fue seleccionador del país durante las décadas de 1980, 1990 y principios del siglo XXI.

ENTRENADORES CON TROFEOS

- **6** Guillermo Stábile (Argentina 1941, 1945, 1946, 1947, 1955, 1957)
- **2** Alfio Basile (Argentina 1991, 1993)
  Juan Carlos Corazzo (Uruguay 1959, 1967)
  Ernesto Fígoli (Uruguay 1920, 1926)
- **1** Jorge Pacheco y Alfredo Foglino (Uruguay 1916)
  Ramón Platero (Uruguay 1917)
  Pedro Calomino (Argentina 1921)
  Laís (Brasil 1922)
  Leonardo De Lucca (Uruguay 1923)
  Ernesto Meliante (Uruguay 1924)
  Américo Tesoriere (Argentina 1925)
  José Lago Millán (Argentina 1927)
  Francisco Olazar (Argentina 1929)
  Raúl V. Blanco (Uruguay 1935)
  Manuel Seoane (Argentina 1937)
  Jack Greenwell (Perú 1939)
  Pedro Cea (Uruguay 1942)
  Flávio Costa (Brasil 1949)
  Manuel Fleitas Solich (Paraguay 1953)
  Hugo Bagnulo (Uruguay 1956)
  Victorio Spinetto (Argentina 1959)
  Danilo Alvim (Bolivia 1963)
  Marcos Calderón (Perú 1975)
  Ranulfo Miranda (Paraguay 1979)
  Omar Borrás (Uruguay 1983)
  Roberto Fleitas (Uruguay 1987)
  Sebastião Lazaroni (Brasil 1989)
  Héctor Núñez (Uruguay 1995)
  Mário Zagallo (Brasil 1997)
  Vanderlei Luxemburgo (Brasil 1999)
  Francisco Maturana (Colombia 2001)
  Carlos Alberto Parreira (Brasil 2004)
  Dunga (Brasil 2007)
  Óscar Washington Tabárez (Uruguay 2011)
  Jorge Sampaoli (Chile 2015)
  Juan Antonio Pizzi (Chile 2016)

PARTE 5:
COPA AFRICANA DE NACIONES

LA CONFEDERACIÓN que rige el fútbol africano, la Confederación Africana de Fútbol (CAF), es tres años más joven que la UEFA, pero su torneo transcontinental, la Copa Africana de Naciones, comenzó antes que la primera Eurocopa. La CAF se fundó el 8 de febrero de 1957 y anunció el primer campeonato solo tres días después. El triunfo de Egipto en ese torneo inaugural supuso el inicio de su leyenda: los Faraones han ganado un número récord de campeonatos, siete en total, y han sido subcampeones en dos ocasiones. No obstante, la competición ha cambiado y progresado mucho desde sus comienzos.

En 1957, solo participaron tres combinados, pero fueron 51 naciones las que compitieron por las 15 plazas clasificatorias del evento de 2017, junto con la anfitriona ya clasificada Gabón, que ejercía como sede en solitario por primera vez, aunque ya había albergado el torneo junto con Guinea Ecuatorial en 2012. La fama mundial de la Copa Africana de Naciones también ha aumentado, debido en gran medida a que las principales estrellas africanas que juegan en equipos europeos tienen que abandonar su club algún que otro enero para jugar en África. Al final, la Confederación Africana ha decidido cambiar la fase final a junio/julio, medida que entrará en vigor a partir de 2019 cuando Camerún sea anfitriona, y ampliarla para que jueguen 24 selecciones.

Independientemente de las fechas, los equipos luchan con habilidad y un gran orgullo local por el trofeo, que ya ha cambiado de forma en tres ocasiones. Este torneo cuenta con más campeones distintos que cualquier otro campeonato continental. La gloria se ha repartido entre 14 naciones diferentes, incluidas las tres más grandes de África (Sudán, Argelia y la República Democrática del Congo), así como otras medianas, como Camerún (ganadora en 2017), Marruecos, Costa de Marfil (campeona en 2015) y Ghana, además de los campeones sorpresa de 2012, Zambia.

El torneo cobró todavía más importancia cuando las fases previas de la edición de 2010 se integraron en la clasificatoria para el Mundial de 2010 de Sudáfrica.

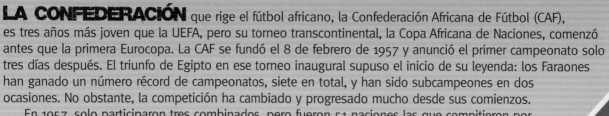

Camerún, tetracampeona entre 1984 y 2002, acabó con su espera de 15 años y ganó la Copa Africana de Naciones al vencer por 2-0 a Egipto en la final de 2017 en el Stade de l'Amitié de Libreville (Gabón).

ROMPIENDO HECHIZOS

En el fútbol africano, es corriente oír historias sobre magia, lo que irrita y avergüenza a las autoridades. Antes de la Copa Africana de Naciones de 2012, la Confederación Africana de Fútbol (CAF) prohibió formalmente las prácticas de brujería, incluidos el sacrificio de animales, rituales a medianoche, polvos, lociones y enterrar huesos delante de la portería. Uno de los portavoces de la CAF dijo: «No permitiremos curanderos en el campo, igual que no permitiríamos caníbales en las gradas. La imagen lo es todo».

GOLES

Argelia fue la máxima anotadora en la clasificatoria de 2017. Encabezaba el Grupo J con 25 goles, incluidos siete en casa contra Etiopía, a pesar de fallar un penalti, y seis contra Lesoto. El ariete argelino **El Arbi Hillel Soudani** fue el líder, por delante de los demás anotadores, con siete goles, uno más que el etíope Getaneh Kebede. El congoleño Férébory Doré anotó el mayor número de tantos en un partido, los cuatro del 4-2 a domicilio contra Guinea-Bisáu, la campeona final del Grupo E.

TAMAÑO AMAÑO

Se ha implantado un nuevo reglamento para evitar para evitar el amaño de partidos tras el escándalo en la Copa Africana de Naciones de 2016 por un empate a uno en la campaña de clasificación entre Suazilandia y Zimbabue. Se descubrió que Edzai Kasinauyo, antiguo jugador y directivo de la Federación de Fútbol de Zimbabue, había estado negociando un marcador amañado con la mafia asiática. Kasinauyo, junto con varios cómplices, intentó convencer a tres jugadores de Zimbabue para que perdiesen los dos partidos contra Suazilandia por dos goles a cambio de 15.000 dólares para cada uno. Negó su culpabilidad, pero le prohibieron trabajar en el mundo del fútbol durante 10 años. En 2007, Sierra Leona tuvo que suspender a 15 jugadores a los que se acusaba de intentar amañar un clasificatorio contra Sudáfrica, que al final terminó en empate a cero.

HAMBRE O ATRACÓN

En los 22 torneos que se han celebrado desde 1976, Nigeria ha sido campeona de la Copa Africana de Naciones tres veces, finalista en cuatro ocasiones y tercera, siete, y se ha clasificado para cinco de los seis últimos Mundiales, de 1994 a 2014. No todo ha sido fácil porque, aparte de ganar en 2013, Nigeria no ha logrado clasificarse para las demás Copas de Naciones desde 2012. En 2015-2016, tuvieron la mala suerte de estar en el mismo grupo que Egipto, Tanzania y Chad, pero Chad se retiró durante la clasificatoria, lo que supuso que solo el cabeza de grupo, Egipto, llegase a la final. Para compensar, los nigerianos más jóvenes están en plena forma. Han ganado cinco Mundiales Sub-17, incluidos los dos últimos, en 2013 y 2015.

YASSINE SE HACE

El centrocampista tunecino **Yassine Chikhaoui** se apresuró en ser el primero en lograr un *hat trick* en la clasificatoria de 2017. Abrió el marcador contra Yibuti el 12 de junio de 2015, con un penalti en el minuto nueve, y completó el triplete en los primeros 23 minutos. Túnez acabó ganando por 8-1, igualando el margen de 7-0 de sus victorias sobre Togo en enero de 2000 y sobre Malaui en marzo de 2005.

UGANDA ACABA CON 39 AÑOS DE DOLOR

En 2017, Uganda se clasificó para la fase final contra todo pronóstico por primera vez desde 1978. El entrenador **Milutin Sredojevic** dijo: «El mayor poder que nos da el deporte es el de hacer feliz a la gente, es un sentimiento muy muy especial». La felicidad ugandesa quedó un poco desdibujada cuando las Grullas acabaron últimas del Grupo D con solo un punto.

HISTORIA DE LA CLASIFICATORIA

Ni en 1957 ni en 1959 hubo clasificatoria. Los anfitriones y coanfitriones (en 2000 y en 2012) se clasificaron de forma automática, y los campeones también lo hacían hasta que Egipto tuvo que clasificarse para la competición de 2008. No todos los participantes pudieron jugar todos los partidos.

Año	Participantes	Clasificados
1962	6	2
1963	8	4
1965	13	4
1968	20	6
1970	18	6
1972	24	6
1974	27	6
1976	30	6
1978	24	6
1980	27	6
1982	34	6
1984	34	6
1986	32	6
1988	34	6
1990	33	6
1992	34	8
1994	37	8
1996	42	14
1998	34	14
2000	44	13
2002	49	14
2004	42	14
2006	51	14
2008	51	15
2010	53	15
2012	44	14
2013	46	15
2015	51	15
2017	51	15

GABÓN SIN PRESIÓN

El torneo de 2017 dio otra vuelta de tuerca cuando la anfitriona, Gabón, fue incluida en la miniliga del Grupo I. De hecho, los partidos de Gabón fueron solo amistosos, que le sirvieron únicamente de entrenamiento mientras el resto de equipos luchaba por los puntos. Este sistema había sido usado por Francia durante la clasificatoria para la Eurocopa de la UEFA de 2016.

Contra todo pronóstico, Camerún se alzó con la Copa Africana de Naciones por quinta vez, cuando los Leones Indomables vencieron a Egipto por 2-1 en Libreville. Antes de partir hacia Gabón, se criticó mucho al combinado por ser uno de los más débiles de la historia tras la retirada de sus ocho jugadores más veteranos. Fue la primera vez que los Faraones perdían la final en 55 años y la sexta derrota de su técnico argentino, Héctor Cúper, en una final importante en sus 24 años de carrera. Camerún será favorita en la Copa Africana de Naciones de 2019, ya que es la anfitriona. Sería su sexto título.

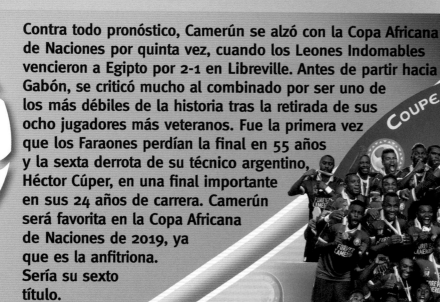

SI FUNCIONA, ¿POR QUÉ CAMBIARLO?

El fútbol africano seguirá el ejemplo expansionista de la FIFA con la Copa Mundial, que tiene intención de ampliarse a 48 equipos para 2026, o de la UEFA con la Eurocopa, que en la edición de 2016 contó con 24 combinados. De la misma forma, la Confederación Africana ha decidido abandonar su formato de 16 equipos e implantar el de 24 combinados. El cambio tendrá efecto a partir de 2019, cuando Camerún acoja la próxima Copa Africana de Naciones y dé la bienvenida lo mejorcito del fútbol africano. Además, será el primer torneo en jugarse, no en enero o febrero como era habitual, sino en junio o julio, cuando suelen celebrarse la Eurocopa, la Copa América y la Copa de Oro de la CONCACAF.

PAPELÓN

El congoleño **Junior Kabananga Kalonji** empezó su carrera de forma algo controvertida, pero todo quedó olvidado cuando se llevó el premio a máximo goleador en Gabón. Kabananga llegó a Europa con el Anderlecht en 2010, pero más tarde se demostró la falsificación de documentos. Aunque era inocente, el Anderlecht se apresuró a cederlo a otros clubes y, después, lo vendió al Astaná de Kazajistán. En Gabón, Kabananga anotó en todos los partidos de grupo, dos derrotas ante Marruecos y Togo, y un empate ante Costa de Marfil, pero contra Ghana, en cuartos, fue Paul-José M'Poku quien marcó en la derrota congoleña por 2-1.

HAYATOU ES EL PRIMERO

Issa Hayatou se convirtió en el primer africano en ser presidente de la FIFA a finales de 2015, después de que Sepp Blatter fuese suspendido. Este camerunés dirigía la Confederación Africana desde que sucedió al etíope Yidnekatchew Tessema en 1988 y, como vicepresidente sénior, ascendió a director provisional de la FIFA. Cuando Gianni Infantino se convirtió en presidente en febrero de 2016, Hayatou volvió a concentrarse en los asuntos africanos, hasta que Ahmad Ahmad de Madagascar le sustituyó en 2017.

LA LARGA CARRERA HASTA GABÓN

La anfitriona de 2017, Gabón, que había acogido la fase final de 2012 junto con Guinea Ecuatorial, logró ser la sede cinco años después de una forma algo caótica. No se presentó cuando la Confederación Africana eligió simultáneamente a los anfitriones de 2015 y 2017. Después de que la República Democrática del Congo se retirase, Marruecos fue elegida para 2015, y Sudáfrica, para 2017. Libia debía ser la sede en 2013, pero la erupción de la guerra civil hizo que se cambiase por Sudáfrica. Cuando Libia se retiró también de la lucha para la edición de 2017, Gabón fue uno de los siete países que entró en la nueva ronda. Venció a Argelia y Ghana, gracias a la experiencia e instalaciones de 2012. Por desgracia, su combinado no pasó de la fase de grupos.

LA PUERTA DEL FARAÓN

Egipto le debe la cifra récord de nueve finales al veterano portero **Essam El Hadary**. La semifinal de los Faraones contra Burkina Faso acabó en empate a uno tras la prórroga y, por tanto, fueron a penaltis. Con 44 años, y siendo el jugador más mayor de la historia de la competición, paró los lanzamientos de Hervé Kouakou Koffi y Bertrand Traoré para asegurar una victoria por 4-3. El Hadary había ganado cuatro títulos africanos en una carrera de 20 años con 154 internacionales con su país. En 2017 también batió el récord en la Copa Africana de Naciones: 653 minutos sin goles. Burkina Faso se consoló venciendo a Ghana por 1-0 en el eliminatorio por el tercer puesto.

MÁS VECES ANFITRIONES

4 Egipto, Ghana (incluida una coorganización)
3 Etiopía, Túnez
2 Camerún, Guinea Ecuatorial (incluida una coorganización), Gabón (incluida una coorganización), Costa de Marfil, Nigeria (incluida una coorganización), Sudáfrica, Sudán
1 Argelia, Angola, Burkina Faso, Libia, Malí, Marruecos, Nigeria, Senegal

GANADORES EN CASA

Gabón 2017 supuso la excepción a la tradición de que, en la Copa Africana de Naciones, en casa hay ventaja. Los anfitriones han ganado 11 de los 29 torneos:

3 Egipto 1959 (como República Árabe Unida), 1986, 2006
2 Ghana 1963, 1978
1 Argelia 1990, Etiopía 1962, Nigeria 1980, Sudáfrica 1996, Sudán 1970, Túnez 2004

LOS PREMIADOS EN GABÓN

MÁXIMO ANOTADOR:
Junior Kabananga (R. D. Congo, 3 goles)

MEJOR JUGADOR:
Christian Bassogog (Camerún)

FAIR PLAY: Egipto

EQUIPO DEL TORNEO:
Portero: Fabrice Ondoa (Camerún)
Defensas:
Kara Mbodji (Senegal), Ahmed Hegazy (Egipto), Ngadeu-Ngadjui (Camerún)
Centrocampistas:
Charles Kaboré (Burkina Faso), Daniel Amartey (Ghana), Bertrand Traoré (Burkina Faso), Christian Atsu (Ghana), Ibrahim Salah (Egipto)
Delanteros:
Christian Bassogog (Camerún), Junior Kabananga (R. D. Congo)
Suplentes:
Essam El-Hadary (Egipto), Cheikhou Kouyaté (Senegal), Préjuce Nakoulma (Burkina Faso), Aristide Bancé (Burkina Faso), Benjamin Moukandjo (Camerún), Zezinho (Guinea-Bisáu), Mbark Boussoufa (Marruecos)

PRUEBA DE RESISTENCIA

Costa de Marfil ha ganado las dos tandas de penaltis con más goles de la historia internacional: vencieron a Ghana por 11-10 con 24 lanzamientos en la final de la Copa Africana de Naciones de 1992, y a Camerún por 12-11, también con 24, en los cuartos de final de 2006.

DE NUEVO GHANA

Las Estrellas Negras se convirtieron en la primera selección en alcanzar la final de cuatro Copas Africanas seguidas; se alzaron con el trofeo en 1963 y 1965, y terminaron subcampeonas en 1968 y 1970. A día de hoy, ya han llegado a nueve finales en total, un récord solo igualado por Egipto en 2017. Los dos países también han sido sedes del torneo cuatro veces cada uno.

DE LA TRAGEDIA AL TRIUNFO

La inesperada victoria de Zambia en la Copa Africana de Naciones de 2012 fue a la vez digna y dolorosa, ya que a unos cientos de metros de donde vencieron se encontraba el lugar donde se había producido una desgracia. Los jugadores de 2012 pasaron el día anterior a la final contra **Costa de Marfil** a dejar flores en el mar en homenaje a las 30 personas que murieron en un accidente aéreo en Libreville el 27 de abril de 1993. Entre las víctimas se encontraban 18 internacionales de Zambia que viajaban a Senegal para disputar un clasificatorio para el Mundial. El entrenador francés Hervé Renard dedicó la victoria de 2012 a los fallecidos, tras presenciar cómo su equipo derrotaba a Costa de Marfil por 8-7 en los penaltis, después de un empate a cero tras la prórroga. El defensa Stoppila Sunzu lanzó el penalti decisivo, después de que Kennedy Mweene parase el tiro de Kolo Touré, de Costa de Marfil, y Gervinho enviase el suyo sobre el larguero. Los dos combinados competían en su tercera final del campeonato: Costa de Marfil ganó en 1992 y perdió en 2006, mientras que Zambia acabó como subcampeona en 1974 y 1994. El éxito de Zambia fue la sorpresa del torneo ya que los equipos más potentes tradicionalmente, Egipto, Camerún, Nigeria y Sudáfrica no lograron ni siquiera llegar a la fase final. Después Senegal, Angola y Marruecos fueron eliminados en la primera ronda.

REINO DE FARAONES

Egipto ostenta el récord de Copas Africanas. Ganaron la primera edición, en 1957, gracias a que su oponente en la semifinal, Sudáfrica, fue descalificado, y se han coronado campeones otras seis veces desde entonces, más que ningún otro país. Sus victorias en los tres últimos torneos, 2006, 2008 y 2010, la han convertido en la única selección que se ha alzado con el trofeo tres veces seguidas. También se han clasificado la cifra récord de 23 veces (una más que Costa de Marfil y dos más que Ghana) y han jugado 96 partidos (uno más que Ghana y seis más que Costa de Marfil). Egipto ha ganado 54 partidos en total. Le siguen Ghana con 53, Nigeria con 46, Camerún con 40 y Costa de Marfil con 39.

BRILLO BAFANA

La Copa Africana de Naciones la han ganado los anfitriones en 11 ocasiones, incluidas las tres de Egipto y las dos de Ghana. Pero quizás el triunfo más sorprendente de un país anfitrión fue el de Sudáfrica en 1996. El país había regresado a las competiciones internacionales cuatro años antes, después del *Apartheid*, cuando un penalti en el minuto 82 transformado por Theophilus «Doctor» Khumalo les dio la victoria sobre Camerún el 7 de julio de 1992. En febrero de 1996, el suplente Mark Williams anotó los dos goles contra Túnez con los que Sudáfrica se hacía con la Copa (Nelson Mandela se la entregó al capitán blanco **Neil Tovey**), en el estadio Soccer City de Johannesburgo. Sudáfrica ni siquiera iba a ser la sede del torneo, pero Kenia, que inicialmente iba a ser la anfitriona, fue despojada de este honor por retrasarse en la construcción de un nuevo estadio.

GUINEA AL ASALTO

Guinea igualó el récord de victoria más amplia en una Copa Africana de Naciones cuando venció a Botsuana por 6-1 en un partido de primera ronda en 2012, aunque ninguno de los dos equipos lograra pasar del Grupo D. Guinea fue también el tercer equipo en marcar seis tantos en un partido, tras la victoria por 6-3 de Egipto sobre Nigeria en 1963 y la de Costa de Marfil sobre Etiopía por 6-1 siete años más tarde. El único otro partido que igualó el récord de victoria más amplia fue en el que Guinea, esta vez la víctima, perdió por 5-0 ante Costa de Marfil en 2008.

LOS DEBUTANTES ECUATORIALES

Guinea Ecuatorial participó en la fase final de la Copa Africana de Naciones por primera vez en 2012, ya que albergó el torneo junto con Gabón. Guinea Ecuatorial nunca antes había logrado clasificarse para la competición, mientras que Gabón solo había llegado a la fase final cuatro veces. Botsuana y Níger fueron los otros dos novatos. El partido inaugural del torneo de 2012 se celebró en Bata (Guinea Ecuatorial) y la final se jugó en Libreville (Gabón). La edición de 2012 fue la segunda con dos anfitriones, después de la que organizaron Ghana y Nigeria en 2000. Libia iba a ser la sede, por segunda vez, en 2013, pero aunque Nigeria era el sustituto de reserva, el torneo se trasladó finalmente a Sudáfrica. Guinea Ecuatorial dio un paso adelante y se convirtió en la anfitriona de 2015, sustituyendo a Marruecos, la elegida en primer lugar. Libia retiró su candidatura para 2017, así que Gabón será la anfitriona ese año.

CAMPEONES DEL TORNEO

7 Egipto (1957, 1959, 1986, 1998, 2006, 2008, 2010)
5 Camerún (1984, 1988, 2000, 2002, 2017)
4 Ghana (1963, 1965, 1978, 1982)
3 Nigeria (1980, 1994, 2013)
2 Costa de Marfil (1992, 2015)
  Zaire/R.D. del Congo (1968, 1974)
1 Argelia (1990)
  Congo (1972)
  Etiopía (1962)
  Marruecos (1976)
  Sudáfrica (1996)
  Sudán (1970)
  Túnez (2004)
  Zambia (2012)

CAMPEONATOS

23 Egipto
22 Costa de Marfil
21 Ghana
18 Camerún, R.D. del Congo, Túnez
17 Nigeria, Zambia, Argelia
16 Marruecos
14 Senegal
11 Burkina Faso, Guinea
10 Etiopía, Malí
9 Sudáfrica
8 Sudán, Togo
7 Angola, Congo, Gabón
6 Uganda
5 Kenia
4 Mozambique
3 Benín, Libia, Zimbabue
2 Cabo Verde, Guinea Ecuatorial, Liberia, Malaui, Namibia, Níger, Sierra Leona
1 Botsuana, Guinea-Bissau, Mauricio, Ruanda, Tanzania

TETRAVERGÜENZA

Angola, la anfitriona en el torneo de 2010, sufrió el mayor fracaso de la historia de la Copa Africana de Naciones cuando tiró por la borda una ventaja de cuatro goles en el partido inaugural del campeonato. Lo que lo hizo todavía más embarazoso fue que iban ganando por 4-0 a Malí a 11 minutos del final en el Estadio 11 de Novembre de la capital, Luanda, y Malí remontó y marcó los dos últimos goles del encuentro, de Seydou Keita y Mustapha Yatabaré, al final del tiempo de descuento. Pero Malí no logró pasar de primera ronda, mientras que Angola llegó a cuartos.

LA LARGA ESPERA

Quince países de los 54 miembros de la Confederación Africana de Fútbol aún esperan debutar en la Copa Africana de Naciones. La última en hacerlo fue Guinea-Bisáu. Sorprendió a Gabón forzando un empate a uno en el partido inicial, gracias al gol en la prórroga de **Juary Soares.** Más tarde, fue eliminada tras las derrotas ante Camerún (2-1) y Burkina Faso (2-0). Las naciones que siguen esperando debutar en la fase final de la Copa de Naciones son: Burundi, Chad, Comoras, Eritrea, Gambia, Lesoto, Madagascar, Mauritania, República Centroafricana, Santo Tomé y Príncipe, Seychelles, Somalia, Suazilandia, Sudán del Sur, que entró por primera vez en el clasificatorio en 2015, y Yibuti.

EL MANÁ LO TRAE MANÉ

El coste que representa la Copa Africana de Naciones a los clubes europeos quedó ilustrado a la perfección cuando el senegalés **Sadio Mané** dejó el Liverpool para jugar la fase final en Gabón en enero de 2017. Mané había jugado para Senegal por primera vez en Inglaterra en los Juegos Olímpicos de Londres de 2012 y regresó dos años más tarde para jugar en la Premier League con el Southampton. En 2016, el Liverpool le compró por casi 34 millones de euros, lo que le convirtió, en ese momento, en el jugador africano más caro de todos los tiempos. Mientras Mané ayudaba a Senegal a llegar a cuartos, el Liverpool solo ganó uno de nueve partidos. Mané, sin embargo, falló el penalti crucial cuando Senegal perdió en penaltis ante Ghana y fue sacado, llorando, del campo. Al regresar a Liverpool, anotó dos veces contra el Tottenham Hotspur en cuanto su club recuperó el empuje.

LA REVOLUCIÓN DEL 9

Ningún futbolista ha marcado tantos goles en una Copa Africana de Naciones como el zaireño Ndayé Mulamba, con nueve tantos en 1974. Tres meses después fue expulsado en el partido en el que su equipo cayó derrotado por 9-0 ante Yugoslavia.

HOMBRES RÉCORD

El camerunés Rigobert Song y el egipcio Ahmed Hassan comparten el récord de haber jugado en ocho Copas Africanas de Naciones, casualmente, las mismas ediciones consecutivas entre 1996 y 2010. Hassan fue cuatro veces campeón (en 1998, 2006, 2008 y 2010), y Song, dos (en 2000 y 2002).

POKOU EL PROLÍFICO

El delantero marfileño Laurent Pokou anotó la cifra récord de cinco goles en un solo partido, en el que su combinado ganó 6-1 a Etiopía en la primera ronda de la edición de 1968. Terminó como pichichi de ese torneo y el siguiente, aunque acabó ambos sin llevarse la medalla de campeón. Solo Samuel Eto'o, la actual estrella de Camerún, ha rebasado sus 14 tantos en la historia de la Copa Africana de Naciones.

GOL INAUGURAL

El primer gol en la Copa Africana de Naciones fue el penalti marcado por el egipcio Raafat Ateya en la semifinal contra Sudán de 1957, que acabó 2-1 a favor de Egipto. Pero su compañero Mohamed Diab El-Attar pronto le superó. No solo marcó el segundo gol de Egipto ese día, sino los cuatro tantos de la final contra Etiopía.

MÁXIMOS GOLEADORES

Año	Jugador	Goles
1957	Mohamed Diab El-Attar (Egipto)	5
1959	Mahmud Al Gohari (Egipto)	3
1962	Abdelfatah Badawi (Egipto) Mengistu Worku (Etiopía)	3
1963	Hassan El-Shazly (Egipto)	6
1965	Ben Acheampong (Ghana) Kofi Osei (Ghana) Eustache Manglé (Costa de Marfil)	3
1968	Laurent Pokou (Costa de Marfil)	6
1970	Laurent Pokou (Costa de Marfil)	8
1972	Salif Keita (Malí)	5
1974	Ndayé Mulamba (Zaire)	9
1976	Keita Aliou Mamadou 'N'Jo Lea' (Guinea)	4
1978	Opoku Afriyie (Ghana) Segun Odegbami (Nigeria) Phillip Omondi (Uganda)	3
1980	Khaled Al Abyad Labied (Marruecos) Segun Odegbami (Nigeria)	3
1982	George Alhassan (Ghana)	4
1984	Taher Abouzaid (Egipto)	4
1986	Roger Milla (Camerún)	4
1988	Gamal Abdelhamid (Egipto) Lakhdar Belloumi (Argelia) Roger Milla (Camerún) Abdoulaye Traoré (Costa de Marfil)	2
1990	Djamel Menad (Argelia)	4
1992	Rashidi Yekini (Nigeria)	4
1994	Rashidi Yekini (Nigeria)	5
1996	Kalusha Bwalya (Zambia)	5
1998	Hossam Hassan (Egipto) Benni McCarthy (Sudáfrica)	7
2000	Shaun Bartlett (Sudáfrica)	5
2002	Julius Aghahowa (Nigeria) Patrick Mboma (Camerún) René Salomon Olembé-Olembé (Camerún)	5
2004	Francileudo Santos (Túnez) Frédéric Kanouté (Malí) Patrick Mboma (Camerún) Youssef Mokhtari (Marruecos) Jay-Jay Okocha (Nigeria)	4
2006	Samuel Eto'o (Camerún)	5
2008	Samuel Eto'o (Camerún)	5
2010	Mohamed **Nagy «Gedo»** (Egipto)	5
2012	Pierre-Emerick Aubameyang (Gabón), Cheick Diabaté (Malí), Didier Drogba (Costa de Marfil), Christopher Katongo (Zambia), Houssine Kharja (Marruecos), Manucho (Túnez), Emmanuel Mayuka (Zambia)	3
2013	Emmanuel Emenike (Nigeria), Mubarak Wakaso (Ghana)	4
2015	Ahmed Akaïchi (Túnez), André Ayew (Ghana), Javier Balboa (Guinea Ecuatorial), Thievy Bifouma (Congo), Dieumerci Mbokani (R.D. del Congo)	3
2017	Junior Kabananga (R. Dem. Congo)	3

HERMANOS HERMANADOS

Los dos equipos de la final de la Copa Africana de Naciones de 2015 tenían un par de hermanos en sus filas. La subcampeona, Ghana, contaba con Jordan y André Ayew, mientras que la campeona, Costa de Marfil, estaba capitaneada por **Yaya Touré** y defendida por Kolo. Los cuatro hermanos lanzaron penaltis y anotaron en la final de 2015. En la final de 2012, que Costa de Marfil perdió en penaltis por 8-7 contra Zambia, Yaya había sido sustituido en la prórroga, y Kolo falló. El capitán de Zambia y mejor jugador del torneo de 2012, Christian Katongo, compartía vestuario con su hermano Felix, que salió del banquillo para jugar. Ambos metieron un penalti. Pero este torneo ya contaba con otros casos de triunfos fraternales. En 1962, cuando Etiopía ganó el trofeo arrebatándole a Egipto un tercer título, Italo, el hermano del capitán Luciano Vassallo, anotó un gol que dio a Etiopía una ventaja de 3-2 en la prórroga de la final, que ganaron por 4-2. En 1988, François Omam-Biyik y su hermano André Kana-Biyik contribuyeron a que Camerún ganara el campeonato, aunque François se lesionó en el partido inaugural.

SAM EL INDOMABLE

El camerunés Samuel Eto'o, que debutó como internacional (contra Costa Rica el 9 de marzo de 1997) un día antes de cumplir 16 años, es el máximo goleador de la historia de la Copa Africana de Naciones. Fue campeón con Camerún en 2000 y 2002. Sin embargo, tuvo que esperar hasta 2008 para superar el récord de 14 tantos de Laurent Pokou. En aquella edición, el que fuese jugador del Real Madrid, Barcelona e Inter, llegó a los 16 tantos y a 18 en 2010. En 2005, Eto'o se convirtió en el primer jugador en ser elegido Mejor Futbolista Africano del Año por tercer año consecutivo. También ha ganado una medalla de oro en las Olimpiadas de 2000 y la Copa de la UEFA tres veces, con el Barça en 2006 y 2009, anotando en las dos finales, y con el Inter en 2010.

YO, YOBO

La leyenda nigeriana **Joseph Yobo,** jugador del Olympique de Marsella y del Everton, salió al campo en los últimos minutos de la victoria final de 2013 sobre Burkina Faso cuando jugaba su sexta Copa Africana de Naciones. Como capitán, tuvo el honor de izar el trofeo. Yobo, que se retiró del fútbol internacional en 2014, ha logrado el récord de 101 internacionalidades durante sus 13 años de carrera.

MÁXIMOS GOLEADORES DE LA COPA AFRICANA DE NACIONES

1	Samuel Eto'o (Camerún)	18
2	Laurent Pokou (Costa de Marfil)	14
3	Rashidi Yekini (Nigeria)	13
4	Hassan El-Shazly (Egipto)	12
5	Didier Drogba (Costa de Marfil)	11
=	Hossam Hassan (Egipto)	11
=	Patrick Mboma (Camerún)	11
8	Kalusha Bwalya (Zambia)	10
=	Ndayé Mulamba (Zaire)	10
=	Francileudo Santos (Túnez)	10
=	Joel Tiehi (Costa de Marfil)	10
=	Mengistu Worku (Etiopía)	10

SAN HASSAN

El egipcio **Ahmed Hassan** no solo ha sido el primer futbolista en jugar cuatro finales de la Copa Africana de Naciones, también ha sido el primero en llevarse a casa cuatro medallas de campeón. En ese mismo torneo, su aparición en los cuartos de final contra Camerún supuso su 170.º partido internacional, un nuevo récord egipcio. Hassan celebró el aniversario con tres goles, uno en propia meta y dos al portero camerunés Carlos Kameni, aunque parece que uno no cruzó la línea.

COPA AFRICANA DE NACIONES: FINALES

1957	(Anfitrión: Sudán) Egipto 4 - Etiopía 0
1959	(Egipto) Egipto 2 - Sudán 1
1962	(Etiopía) Etiopía 4 - Egipto 2 (tras la prórroga)
1963	(Ghana) Ghana 3 - Sudán 0
1965	(Túnez) Ghana 3 - Túnez 2 (tras la prórroga)
1968	(Etiopía) Zaire/R.D. del Congo 1 - Ghana 0
1970	(Sudán) Sudán 1 - Ghana 0
1972	(Camerún) Congo 3 - Malí 2
1974	(Egipto) Zaire/R.D. del Congo 2 - Zambia 2
	Desempate: Zaire/R.D. del Congo 2 - Zambia 0
1976	(Etiopía) Marruecos 1 - Guinea 1 (Marruecos gana con el sistema de la miniliga)
1978	(Ghana) Ghana 2 - Uganda 0
1980	(Nigeria) Nigeria 3 - Argelia 0
1982	(Libia) Ghana 1 - Libia 1 (tras la prórroga; Ghana gana por 7-6 en penaltis)
1984	(Costa de Marfil) Camerún 3 - Nigeria 1
1986	(Egipto) Egipto 0 - Camerún 0 (tras la prórroga; Egipto gana por 5-4 en penaltis)
1988	(Marruecos) Camerún 1 - Nigeria 0
1990	(Argelia) Argelia 1 - Nigeria 0
1992	(Senegal) C. de Marfil 0 - Ghana 0 (tras la prórroga; C. de Marfil gana por 11-10 en penaltis)
1994	(Túnez) Nigeria 2 - Zambia 1
1996	(Sudáfrica) Sudáfrica 2 - Túnez 0
1998	(Burkina Faso) Egipto 2 - Sudáfrica 0
2000	(Ghana y Nigeria) Camerún 2 - Nigeria 2 (tras la prórroga; Camerún gana por 4-3 en penaltis)
2002	(Malí) Camerún 0 - Senegal 0 (tras la prórroga; Camerún gana por 3-2 en penaltis)
2004	(Túnez) Túnez 2 - Marruecos 1
2006	(Egipto) Egipto 0 - Costa de Marfil 0 (tras la prórroga; Egipto gana por 4-2 en penaltis)
2008	(Ghana) Egipto 1 - Camerún 0
2010	(Angola) Egipto 1 - Ghana 0
2012	(Gabón y Guinea Ecuatorial) Zambia 0 - C. de Marfil 0 (tras la prórroga; Zambia 8-7 en penaltis)
2013	(Sudáfrica) Nigeria 1 - Burkina Faso 0
2015	(Guinea Ecuatrorial) C. de Marfil 0 - Ghana 0 (tras la prórroga; C. de Marfil 9-8 en penaltis)
2017	(Gabón) Camerún 2 - Egipto 1

RENARD SE REDIME

En 2015, el francés **Hervé Renard** se convirtió en el primer técnico en ganar la Copa Africana de Naciones con dos países diferentes. Estaba a cargo de Costa de Marfil cuando venció a Ghana en penaltis. Tres años antes, la Zambia que entrenaba venció a los marfileños, también en penaltis, en su segunda temporada como entrenador. Dejó la selección zambiana en 2010 para entrenar a Angola, y su regreso no fue bien recibido, aunque se le perdonó todo cuando Zambia ganó su primera Copa Africana de Naciones. En la celebración, Renard sacó al campo al defensa Joseph Musonda, que se había lesionado a los 10 minutos del partido, y le entregó su medalla de campeón a Kalusha Bwalya, probablemente el mejor futbolista zambiano de todos los tiempos. Más tarde, Bwalya sería el técnico de Zambia, pero en 2012 era el presidente de la federación de fútbol de su país.

MAURITANIA—MANÍA

Mauritania hizo historia involuntariamente en la Copa Africana de Naciones cuando cinco de sus jugadores fueron expulsados en un clasificatorio a domicilio en Cabo Verde en junio de 2003, lo que provocó el abandono del partido. Los anfitriones ganaban por 3-0 en ese momento, y ese fue el resultado final.

GEDO VA ARRASANDO POR LA VIDA

El héroe egipcio de 2010 fue Mohamed Nagy, más conocido por su apodo «Gedo» («Abuelo» en árabe egipcio). Anotó el único gol de la final, contra Ghana, su quinto tanto del torneo, que le proporcionó la Bota de Oro. Y lo hizo sin ser titular en ningún partido. Tuvo que contentarse con entrar como suplente en los seis partidos de Egipto y jugar un total de 135 minutos. Gedo, nacido en Damanhur el 3 de octubre de 1984, hizo su debut internacional dos meses antes, y solo jugó dos amistosos con su combinado antes del torneo.

EL TRÁGICO DESTINO DE TOGO

Togo sufrió una terrible tragedia poco antes de que arrancase la Copa Africana de Naciones de 2010, y después fue expulsada. El autobús del equipo fue tiroteado por guerrilleros angoleños tres días antes del primer partido programado, y murieron tres personas: el entrenador asistente, el jefe de prensa y el conductor del autobús. El combinado regresó a Togo durante tres días de duelo nacional y después fueron expulsados de la competición por la CAF como castigo por no presentarse a su primer partido contra Ghana. Togo fue expulsada más tarde de los torneos de 2012 y 2014, pero esta sanción se apeló y revocó en mayo de 2010.

ASUNTOS PENDIENTES

Nunca se sabe si los partidos de Nigeria contra Túnez durarán los 90 minutos. Nigeria consiguió el tercer puesto en la Copa Africana de Naciones de 1978 después de que el combinado tunecino abandonase el terreno de juego en el minuto 42 de la eliminatoria, con el marcador en empate a uno. Protestaban por las decisiones arbitrales, lo que otorgó la victoria por 2-0 a Nigeria. Lo extraño es que había sido Nigeria la que se había retirado del partido de vuelta de la clasificatoria para el torneo de 1962. Ocurrió cuando Túnez empató a los 65 minutos. El castigo fue una victoria de Túnez por 2-0; lo que hizo que al final quedasen 3-2 en el resultado global.

EL NUEVO (GRAN) JEFE FUE EL VIEJO (GRAN) JEFE

Stephen Keshi, conocido por sus admiradores como el «Gran Jefe», fue el segundo hombre en ganar la Copa Africana de Naciones como jugador y como entrenador, cuando llevó a Nigeria a lograr el título en 2013. Ya había conseguido el trofeo como capitán en 1994. La federación nigeriana de fútbol vio justificada su fe en Keshi en 2013, que se convirtió en el 19.º técnico en 19 años. Murió en 2016. Antes de él, el único hombre que había ganado el torneo como jugador y como entrenador fue el egipcio Mahmud El-Gohary, máximo anotador en 1959 y técnico 39 años después. Hassan Shehata, ariete cuando Egipto terminó tercero en 1970, ganó la cifra récord de tres torneos como técnico de su país.

SEQUÍA DE GOLES

El torneo de 2017 en Gabón fue el segundo que menos goles vio, con una media de 2,06 por partido, lo que supuso una caída tras los 2,12 en 2015 y una «mejora» respecto al 1,59 de 2002, la edición con menos goles. Egipto solo logró marcar un gol en todos los partidos.

SELECCIONADORES GANADORES DE LOS ÚLTIMOS TORNEOS

1988	Claude Le Roy (Camerún)
1990	Abdelhamid Kermali (Argelia)
1992	Yeo Martial (Costa de Marfil)
1994	Clemens Westerhof (Nigeria)
1996	Clive Barker (Sudáfrica)
1998	Mahmud Al Gohary (Egipto)
2000	Pierre Lechantre (Camerún)
2002	Winfried Schäfer (Camerún)
2004	Roger Lemerre (Túnez)
2006	Hassan Shehata (Egipto)
2008	Hassan Shehata (Egipto)
2010	Hassan Shehata (Egipto)
2012	Hervé Renard (Zambia)
2013	Stephen Keshi (Nigeria)
2015	Hervé Renard (Costa de Marfil)
2017	Hugo Broos (Camerún)

ATAK ATACA

Sudán del Sur ganó un internacional por primera vez el 5 de septiembre de 2015, cuando el centrocampista Atak Lual marcó el único gol de un clasificatorio para la Copa Africana de Naciones 2017 contra Guinea Ecuatorial. El encuentro se disputó en el estadio nacional de Sudán del Sur en Juba. Sudán del Sur logró la independencia en 2011, fue admitido en la CAF en febrero de 2012 y entró en la FIFA tres meses después. Empataron su primer internacional a dos contra Uganda en 2012, pero el resto de partidos fueron otro empate y diez derrotas antes de vencer a Guinea Ecuatorial.

POR NO LEER LA LETRA PEQUEÑA

Las ausencias de Camerún, Nigeria y la entonces vigente campeona, Egipto, en la Copa Africana de Naciones de 2012 sorprendieron a todos, pero por lo menos su ausencia no se debió a motivos tan embarazosos como los de Sudáfrica. Sus jugadores pensaban que el empate a cero contra Sierra Leona bastaba para pasar a la siguiente ronda y lo celebraron en el campo, pero estaban equivocados. Creían que se utilizaba la diferencia de goles para clasificarse, pero al final fue Níger la clasificada por sus mejores resultados en los enfrentamientos directos. El seleccionador de Sudáfrica, Pitso Mosimane, admitió consternado que había malinterpretado las reglas y que la táctica del equipo era conseguir un empate. La federación sudafricana de fútbol apeló en un principio la eliminación, alegando que la diferencia de goles debía ser el factor que determinase la clasificación, pero al final decidió no proseguir con el tema.

DE TRES EN TRES

El artífice del último de los 15 *hat tricks* de la Copa Africana de Naciones fue **Soufiane Alloudi** en la media hora inicial de la victoria de primera ronda de Marruecos sobre Namibia por 5-1 en 2008. Solo el egipcio Hassan El-Shazly lo ha logrado en dos ocasiones: la primera, en una victoria por 6-3 sobre Nigeria en 1963 y, seis años después, repitió la gesta al vencer por 3-1 a Costa de Marfil en el eliminatorio por el tercer puesto.

PARTE 6:
OTROS TORNEOS DE LA FIFA

UNOS tres mil millones de personas están involucradas en el fútbol de un modo u otro. La pasión que genera explica por qué la estructura competitiva de este juego internacional se ha ampliado para satisfacer la demanda y por qué los campeonatos de la FIFA se han organizado en torno a diferentes regiones, como África, Europa u Oceanía.

Esto acerca la competición mundial a un nivel más local e innovador, permitiendo así que más naciones puedan ser anfitrionas. Prueba de ello fueron las Copas Mundiales Femeninas Sub-20 y Sub-17 de 2016, ambas ganadas por Corea del Norte, que acogieron Papúa Nueva Guinea y Jordania, respectivamente. El torneo de Jordania abrió nuevos horizontes al ser el primer campeonato femenino de la FIFA que se jugaba en un país musulmán de Oriente Medio. Su legado de instalaciones y estadios mejorados beneficiará a todo el país.

En 1977, la FIFA creó el Campeonato Mundial Juvenil. Ocho años después, llegó la Copa Mundial Sub-17, y el torneo olímpico masculino se convirtió en un torneo Sub-23, en el que tres jugadores podían tener más edad. En 2000, la FIFA entró en el ámbito de los clubes con la celebración de la Copa Mundial de Clubes. La creación de estos prestigiosos torneos animó a las confederaciones regionales a crear competiciones similares para que sus equipos entraran en el plano internacional y se enfrentasen a oponentes de élite.

El Real Madrid celebra en el Yokohama Stadium (Japón) su victoria por 4-2 sobre el Kashima Antlers, que le valió su segunda Copa Mundial de Clubes, la quinta si incluimos las Copas Intercontinentales.

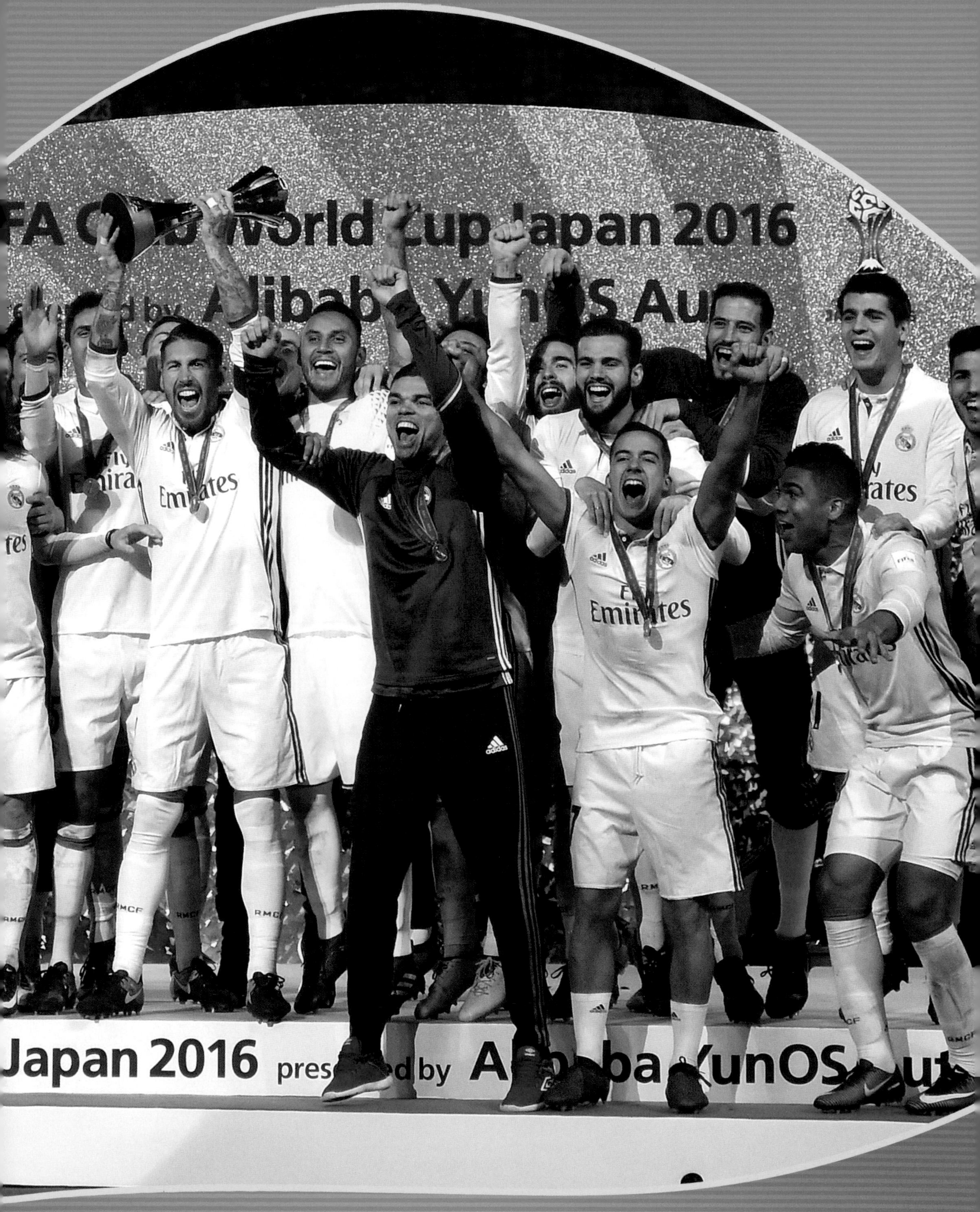
Japan 2016
Emirates

MUNDIAL SUB-20 DE LA FIFA

La Copa Mundial Sub-20 de la FIFA, que se celebró por primera vez en Túnez en 1977 y hasta 2005 se llamó Campeonato Mundial Juvenil de la FIFA, es el torneo mundial de fútbol para jugadores menores de 20 años y en él han participado algunos de los nombres más destacados de este deporte. Se celebra cada dos años y el equipo que ha logrado más triunfos ha sido Argentina, que se ha alzado con el trofeo en seis ocasiones.

SERBIA SE LO TOMA A PECHO

Serbia ganó su primer trofeo de la FIFA importante al derrotar a la favorita, Brasil, por 2-1 tras la prórroga en la final del Mundial Sub-20 2015. En su triunfo en Nueva Zelanda, estuvo dirigida por el capitán y mejor arquero del campeonato, Predrag Rajkovic, y por el mediocentro Sergej Milinkovic-Savic. El equipo vivía bajo su lema: «Un equipo con un corazón». Tuvieron que ir a la prórroga en los cuatro partidos de las rondas eliminatorias y vencieron a Brasil con un gol de Nemanja Maksimovic a dos minutos del final del tiempo suplementario. Stanisa Mandic le dio la ventaja a Serbia en el minuto 70, hasta que salió Andreas Pereira e igualó el marcador tres minutos después. Parecía que iban a llegar a los penaltis, pero Maksimovic anotó en el minuto 118.

TALENTO SOVIÉTICO

La Unión Soviética fue la primera campeona del Mundial Sub-20 al vencer al anfitrión México por 9-8 en la tanda de penaltis tras empatar a dos en la final de 1977. Su héroe fue el portero suplente Yuri Sivuha, que había sustituido a Aleksandre Novikov en la prórroga. Es la única vez que la Unión Soviética ha ganado el torneo, aunque su delantero **Oleg Salenko**, que en el Mundial 94 recibiría la Bota de Oro, logró el premio al máximo anotador en 1989, con cinco goles. Dos años después, su compañero Sergei Sherbakov también fue el máximo goleador con otros cinco goles, pero su carrera con la selección absoluta fue menos exitosa. Solo jugó dos partidos con Ucrania antes de sufrir un accidente de tráfico en 1993 que le dejó en silla de ruedas.

DOMINIC DOMINA

Ghana fue el primer país africano en hacerse con el trofeo al batir a Brasil en la final de 2009, a pesar de haber jugado con tan solo 10 hombres durante 83 de los 120 minutos, tras la tarjeta roja de Daniel Addo. La final acabó sin goles y fue uno de los dos únicos partidos en los que **Dominic Adiyiah** no marcó. Acabó el campeonato como máximo goleador con ocho tantos y también recibió el Balón de Oro al mejor jugador. Inmediatamente después logró su traspaso del Fredrikstad al AC Milan. El Balón de Plata fue para el brasileño Alex Teixeira, aunque al fallar su penalti en la tanda final, el partido pasó a muerte súbita, y Ghana salió victoriosa.

LEONES LISBOETAS

En 1991 **Portugal** se convirtió en el primer anfitrión en ganar el torneo con un equipo que fue conocido como la «Generación de Oro» del país, integrada por Luís Figo, Rui Costa, João Pinto, Abel Xavier y Jorge Costa. El entrenador de los campeones portugueses fue Carlos Queiroz, que después ha dirigido dos veces a la selección absoluta, aunque intercaló periodos a cargo del Real Madrid y como asistente del Manchester United. Su victoria en la tanda de penaltis ante Brasil en la final se disputó en el emblemático Estádio da Luz del Benfica en Lisboa. En 2001, Argentina se convirtió en el segundo equipo en hacerse con el trofeo en territorio nacional.

EL SABIO SAVIOLA

Javier Saviola ha marcado más goles en un Mundial Sub-20 que cualquier otro jugador: logró anotar 11 tantos en siete partidos en la competición de 2001, donde su selección consiguió vencer por 3-0 a Ghana en la final, y firmó todos los goles de ese encuentro. Saviola, nacido el 11 de diciembre de 1981 en Buenos Aires, jugaba en el River Plate, pero poco después fichó por el Barcelona por más de 17 millones de euros, aunque más tarde firmó con el eterno rival del Barça, el Real Madrid. Cuando en marzo de 2004 Pelé escogió a sus 125 «mejores futbolistas vivos», Saviola, que contaba 22 años, fue el jugador más joven de la lista.

AND THE WINNER IS...

Solo un jugador ha conseguido un *hat trick* en una final de un Mundial Sub-20: el centrocampista brasileño Oscar, que metió todos los goles de su combinado cuando ganó por 3-2 a Portugal y consiguió el trofeo en agosto de 2011. Le recompensaron metiéndole en la absoluta al mes siguiente, en un partido contra Argentina. En realidad, fueron los primeros tantos de Oscar en Colombia, así que la Bota de Oro fue para su compañero Henrique, que anotó cinco tantos en los partidos anteriores, incluido el gol 200 del Mundial Sub-20, en un 3-0 sobre Austria en primera ronda.

CAPITANES PRODIGIO

Dos hombres han ganado el Mundial con la selección Sub-20 y la absoluta siendo capitanes: el brasileño Dunga (en 1983 y 1994) y el argentino Diego Armando Maradona (en 1979 y 1986). Muchos esperaban que Maradona participase con la selección absoluta en el Mundial 78, pero no fue convocado. Mostró su potencial al ser elegido mejor jugador del torneo juvenil de 1979 en Japón.

ANFITRIÓN DEL TORNEO Y RESULTADO FINAL

1977	(Anfitrión: Túnez) URSS 2 - México 2 (tras la prórroga: la URSS gana 9-8 en penaltis)
1979	(Japón) Argentina 3 - URSS 1
1981	(Australia) RFA 4 - Catar 0
1983	(México) Brasil 1 - Argentina 0
1985	(URSS) Brasil 1 - España 0 (tras la prórroga)
1987	(Chile) Yugoslavia 1 - RFA 1 (tras la prórroga: Yugoslavia gana 5-4 en penaltis)
1989	(Arabia Saudí) Portugal 2 - Nigeria 0
1991	(Portugal) Portugal 0 - Brasil 0 (tras la prórroga: Portugal gana 4-2 en penaltis)
1993	(Australia) Brasil 2 - Ghana 1
1995	(Catar) Argentina 2 - Brasil 0
1997	(Malasia) Argentina 2 - Uruguay 1
1999	(Nigeria) España 4 - Japón 0
2001	(Argentina) Argentina 3 - Ghana 0
2003	(Emiratos Árabes Unidos) Brasil 1 - España 0
2005	(Países Bajos) Argentina 2 - Nigeria 1
2007	(Canadá) Argentina 2 - República Checa 1
2009	(Egipto) Ghana 0 - Brasil 0 (tras la prórroga: Ghana vence 4-3 en penaltis)
2011	(Colombia) Brasil 3 - Portugal 2 (tras la prórroga)
2013	(Turquía) Francia 0 - Uruguay 0 (tras la prórroga: Francia gana 4-1 en penaltis)
2015	(Nueva Zelanda) Serbia 2 - Brasil 1 (tras la prórroga)
2017	(Corea del Sur) Inglaterra 1 - Venezuela 0

MESSI TRIUNFA

Lionel Messi fue la estrella del torneo con Argentina en 2005. Además de marcar los dos goles de su equipo en la final, ambos desde el punto de penalti, hizo triplete al ganar la Bota de Oro como máximo anotador, el Balón de Oro como mejor jugador y capitanear a su equipo hasta el triunfo. Dos años después, su compatriota Sergio Agüero emuló la hazaña al marcar un gol en la final contra la República Checa, antes de que su compañero Mauro Zárate anotara el gol de la victoria. Otros cuatro jugadores han acabado el torneo como máximos anotadores y mejores jugadores (premio de la prensa): el brasileño Geovani en 1983, el argentino Javier Saviola en 2001, el ghanés Dominic Adiyiah en 2009 y el brasileño Henrique en 2011.

MÁXIMOS GOLEADORES

1977	Guina (Brasil)	4
1979	Ramón Díaz (Argentina)	8
1981	Ralf Lose (RFA), Roland Wohlfarth (RFA), Taher Amer (Egipto), Mark Koussas (Argentina)	4
1983	Geovani (Brasil)	6
1985	Gerson (Brasil), Balalo (Brasil), Müller (Brasil), Alberto García Aspe (México), Monday Odiaka (Nigeria), Fernando Gómez (España), Sebastián Losada (España)	3
1987	Marcel Witeczek (RFA)	7
1989	Oleg Salenko (URSS)	5
1991	Sergei Sherbakov (URSS)	5
1993	Ante Milicic (Australia), Adriano (Brasil), Gian (Brasil), Henry Zambrano (Colombia), Vicente Nieto (México), Chris Faklaris (EE. UU.)	3
1995	Joseba Etxeberria (España)	7
1997	Adaílton Martins Bolzan (Brasil)	10
1999	Mahamadou Dissa (Malí), Pablo (España)	5
2001	Javier Saviola (Argentina)	11
2003	Fernando Cavenaghi (Argentina), Dudu (Brasil), Daisuke Sakata (Japón), Eddie Johnson (EE. UU.)	4
2005	Lionel Messi (Argentina)	6
2007	Sergio Agüero (Argentina)	7
2009	Dominic Adiyiah (Ghana)	8
2011	Henrique (Brasil)	5
2013	Ebenezer Assifuah (Ghana)	6
2015	Viktor Kovalenko (Ucrania)	5
	Bence Mervó (Hungría)	5
2017	Riccardo Orsolini (Italia)	5

INGLATERRA ESPERA

La primera victoria de Inglaterra en 20 años en una Copa Mundial Sub-20 en la edición de 2017 empezó con un 3-0 sobre Argentina. En 1997, Michael Owen y Jamie Carragher ayudaron a vencer a México por 1-0, pero no pasaron de octavos. En 2017, en cambio, la generación actual se alzó con el trofeo. El ariete **Dominic Calvert-Lewin** anotó el primer gol contra Argentina y el único tanto de la final contra Venezuela tras 35 minutos, lo que valió a Inglaterra el primer título de la FIFA desde el Mundial de 1966. Freddie Woodman paró un penalti en el minuto 74 de Adalberto Peñaranda en la final y se llevó el premio de mejor portero del torneo, mientras que el Balón de Oro recayó en el inglés Dominic Solanke. Inglaterra ganó seis partidos en Corea del Sur, con lo que igualó el registro total de los nueve mundiales Sub-20 en los que había participado antes.

MUNDIAL SUB-17 DE LA FIFA

Esta competición celebrada por primera vez en China en 1985 bajo el nombre de Campeonato del Mundo Sub-16 de la FIFA amplió el límite de edad de los 16 a los 17 años en 1991 y pasó a denominarse Copa Mundial Sub-17 de la FIFA a partir de 2007. La fase final de 2015 se celebró en Chile, y la vigente campeona Nigeria logró el récord de un quinto premio. Además, han sido subcampeones en tres ocasiones.

ALZAN EL VUELO

La selección juvenil de Nigeria, los Aguiluchos Dorados, se convirtió en el primer equipo africano que ganó el torneo de la FIFA cuando vencieron en el primer Mundial Sub-16, en 1985 (pasó a ser Sub-17 en 1991). Su primer gol en la final contra la RFA fue obra del delantero Jonathan Akpoborie, que más tarde militaría en los clubes alemanes Stuttgart y Wolfsburgo.

LOS CHICOS DE ORO

Nigeria continuó liderando el fútbol juvenil internacional en 2015, cuando los Aguiluchos Dorados lograron su quinto título tras derrotar a Malí por 2-0 en Viña del Mar. Pero el margen de victoria podría haber sido mayor: el nigeriano Osinachi Ebere falló un penalti en el minuto tres. **Victor Osimhen** abrió el marcador con su 10.º gol del torneo y se convirtió en el mayor anotador de una misma competición. La final dio a Nigeria 21 goles en seis partidos, incluidas las victorias sobre la anfitriona Chile por 5-1, Brasil por 3-0 y México por 4-2 en semifinales.

SINAMA SÍ QUE GANA

El primer jugador que ha ganado tanto el Balón de Oro como la Bota de Oro de la Copa Mundial Sub-17 de la FIFA es el francés **Florent Sinama-Pongolle**. Sus nueve tantos en 2001 establecieron un récord individual en el torneo. Además, en la primera ronda marcó dos *hat tricks*. A diferencia de Cesc Fàbregas, Sinama-Pongolle acabó la final en el equipo campeón. España ostenta el récord de anotaciones por selección, ya que marcó 22 goles en el torneo de 1997, donde quedó tercera. En 2011, el récord de tantos de Sinama-Pongolle fue igualado por el delantero marfileño Souleymane Coulibaly. Mientras que Sinama-Pongolle necesitó seis partidos, el joven Coulibaly marcó los suyos en solo cuatro partidos en la segunda ronda a la que llegó su equipo, lo que le valió el traspaso del club italiano Siena al Tottenham Hotspur inglés.

SEÚL BATE RÉCORDS

La final del torneo de 2007 fue la primera que se celebró en un estadio que había acogido un Mundial. El Estadio de la Copa Mundial de la FIFA de Seúl, con capacidad para 68.476 personas, se construyó en la capital de Corea del Sur para el Mundial 2002. El partido fue presenciado por 36.125 espectadores. La edición de 2007 fue la primera que contó con 24 equipos en vez de 16; ganó Nigeria después de que España fallara tres penaltis de la tanda.

LA CARA Y LA CRUZ DE BOJAN

El *crack* del Barcelona **Bojan Krkic** pasó rápidamente de héroe a villano en los momentos finales de la victoria de España ante Ghana en la semifinal de 2007: cuatro minutos antes de acabar la prórroga anotó el gol de la victoria, pero fue expulsado tras una segunda amarilla justo antes del pitido final. Su expulsión le supuso no participar en la final, que España perdió en los penaltis frente a Nigeria.

TRAYECTORIA DE ORO

El jugador de la RFA Marcel Witeczek es el único futbolista que ha sido el máximo anotador de un Mundial Sub-16 y de un Mundial Sub-20. El ariete de origen polaco metió ocho goles en el torneo Sub-16 de 1985, seguidos de otros siete en el campeonato Sub-20 dos años después. El brasileño Adriano (no el que jugó después en la selección absoluta y en el Inter de Milán) fue quien más se acercó a igualar la hazaña: ganó la Bota de Oro como máximo anotador tras marcar cuatro goles en el Mundial Sub-17 de 1991, y después el Balón de Oro como mejor jugador en el Mundial Sub-20 de 1993.

CÓLERA Y FÚTBOL

En un principio, el torneo de 1991 iba a celebrarse en Ecuador, pero un brote de cólera obligó a cambiarlo a Italia, donde se utilizaron estadios mucho más pequeños que los empleados en la Copa Mundial del año anterior. La edición de 1991 fue la primera en la que pudieron participar menores de 17 años; las tres primeras habían recibido el nombre de Copa Mundial Sub-16 de la FIFA.

MÁXIMOS GOLEADORES DEL TORNEO

Año	Jugador	Goles
1985	Marcel Witeczek (RFA)	8
1987	Moussa Traoré (Costa de Marfil)	5
	Yuri Nikiforov (URSS)	5
1989	Khaled Jasem (Bahréin)	3
	Fode Camara (Guinea)	3
	Gil (Portugal)	3
	Tulipa (Portugal)	3
	Khalid Al Roaihi (Arabia Saudí)	3
1991	Adriano (Brasil)	4
1993	Wilson Oruma (Nigeria)	6
1995	Daniel Allsopp (Australia)	5
	Mohamed Al Kathiri (Omán)	5
1997	David (España)	7
1999	Ishmael Addo (Ghana)	7
2001	Florent Sinama-Pongolle (Francia)	9
2003	Carlos Hidalgo (Colombia)	5
	Manuel Curto (Portugal)	5
	Cesc Fàbregas (España)	5
2005	Carlos Vela (México)	5
2007	Macauley Chrisantus (Nigeria)	7
2009	Borja (España)	5
	Sani Emmanuel (Nigeria)	5
	Sebastián Gallegos (Uruguay)	5
	Haris Seferovic (Suiza)	5
2011	Souleymane Coulibaly (C. de Marfil)	9
2013	**Valmir Berisha** (Suecia)	7
2015	Victor Osimhen (Nigeria)	10

ALZAN EL VUELO

En 2013, los equipos que acabaron primero, segundo y tercero en el Grupo F terminaron el torneo en ese orden. Los Aguiluchos Dorados nigerianos ganaron con un estilo afinado para completar un año memorable en el que la absoluta ganó la Copa Africana de Naciones y se clasificó para la fase final del Mundial. Los Aguiluchos derrotaron a México por 3-0 en la final. Además, el delantero estrella Kelechi Iheanacho fue nombrado mejor jugador y Dele Alampasu, mejor portero. Suecia, gracias en parte al máximo goleador Valmir Berisha (siete tantos), acabó tercera en su primera aparición en una fase final.

GÓMEZ COMO EN SU CASA

México se convirtió en el primer país anfitrión en alzarse con el trofeo del Mundial Sub-17 de la FIFA en su propio terreno, cuando venció a Uruguay por 2-0 en la final celebrada en el estadio Azteca de México D.F. en julio de 2011. El premio de Balón de Oro al mejor jugador del torneo fue para el extremo mexicano **Julio Gómez**, que metió el gol de la victoria en la semifinal contra Alemania con una chilena espectacular en el último minuto, aunque solo jugó 10 minutos en la final porque estaba lesionado.

UN FÀBREGAS DE FÁBULA

Cesc Fàbregas, junto a Florent Sinama-Pongolle, es el único jugador que ha ganado el Balón de Oro, como mejor jugador, y la Bota de Oro, como máximo anotador, en un Mundial Sub-17. Recibió ambos premios tras marcar cinco goles en el torneo de 2003, a pesar de perder la final ante Brasil. Él y David Silva integrarían más tarde la selección absoluta que ganó las Eurocopas 2008 y 2012 y el Mundial 2010. Cesc, que nació el 4 de mayo de 1987 en Arenys de Mar, dejó el Barcelona por el Arsenal un mes después del torneo de 2003, y luego, se fue a Londres con el Chelsea en 2014.

ANFITRIÓN Y RESULTADO

(País anfitrión)

Año	Resultado
1985	(China) Nigeria 2 - RFA 0
1987	(Canadá) URSS 1 - Nigeria 1 (tras la prórroga: URSS gana 4-2 en penaltis)
1989	(Escocia) Arabia Saudí 2 - Escocia 2 (tras la prórroga: Arabia Saudí gana 5-4 en penaltis)
1991	(Italia) Ghana 1 - España 0
1993	(Japón) Nigeria 2 - Ghana 1
1995	(Ecuador) Ghana 3 - Brasil 2
1997	(Egipto) Brasil 2 - Ghana 1
1999	(Nueva Zelanda) Brasil 0 - Australia 0 (tras la prórroga: Brasil gana 8-7 en penaltis)
2001	(Trinidad y Tobago) Francia 3 - Nigeria 0
2003	(Finlandia) Brasil 1 - España 0
2005	(Perú) México 3 - Brasil 0
2007	(Corea del Sur) Nigeria 0 - España 0 (tras la prórroga: Nigeria gana 3-0 en penaltis)
2009	(Nigeria) Suiza 1 - Nigeria 0
2011	(México) México 2 - Uruguay 0
2013	(Emiratos Árabes Unidos) Nigeria 3 - México 0
2015	(Chile) Nigeria 2 - Malí 1

COPA FIFA CONFEDERACIONES

La Copa FIFA Confederaciones ha adoptado numerosos formatos con el paso de los años. En 1992 y 1995 se disputó en Arabia Saudí y congregó a varios campeones continentales. Entre 1997 y 2003 la FIFA celebró el torneo cada dos años. La primera vez que se disputó con su formato actual fue en Alemania en 2005. Ahora se celebra como el Campeonato de los Campeones sin una sede fija.

MÁXIMOS GOLEADORES

1	Cuauhtémoc Blanco (México)	9
=	Ronaldinho (Brasil)	9
3	Fernando Torres (España)	8
4	Romário (Brasil)	7
=	Adriano (Brasil)	7
6	Marzouk Al-Otaibi (Arabia Saudí)	6
8	Alex (Brasil)	5
=	John Aloisi (Australia)	5
=	Luís Fabiano (Brasil)	5
=	Fred (Brasil)	5
=	Vladimir Smicer (Rep. Checa)	5
=	Robert Pirès (Francia)	5

TRIPLETE ALEMÁN

El primer triunfo de Alemania en la Copa FIFA Confederaciones en 2017, donde venció a Chile por 1-0 en la final, completó un triplete notable. En 2014, los hombres del técnico Joachim Löw ganaron el Mundial por cuarta vez y, como campeones mundiales, se clasificaron para la Copa Confederaciones 2017 en Rusia. Dos días antes de la final en San Petersburgo, la selección alemana Sub-21 ganó el título europeo en Polonia. El ariete del Borussia Mönchengladbach **Lars Stindl** marcó el único gol de la final y, en un partido de grupos contra el mismo oponente, anotó el tanto del empate a uno.

MÁXIMOS GOLEADORES POR TORNEO

1992	Gabriel Batistuta (Argentina), Bruce Murray (EE. UU.) 2
1995	Luis García (México) 3
1997	Romário (Brasil) 7
1999	Ronaldinho (Brasil), Cuauhtémoc Blanco (México), Marzouk Al-Otaibi (Arabia Saudí) 6
2001	Shaun Murphy (Australia), Éric Carrière (Francia), Robert Pirès (Francia), Patrick Vieira (Francia), Sylvain Wiltord (Francia), Takayuki Suzuki (Japón), Hwang Sun-Hong (Corea del Sur) 2
2003	Thierry Henry (Francia) 4
2005	Adriano (Brasil) 5
2009	Luís Fabiano (Brasil) 5
2013	Fernando Torres (España) 5 Fred (Brasil) 5
2017	Leon Goretzka (Alemania) 3 Lars Stindl (Alemania) 3 Timo Werner (Alemania) 3

TORNEO DIGNO DE UN REY

Antes de rebautizarlo como Copa FIFA Confederaciones, el torneo que reunía a los campeones continentales se conocía como Copa del Rey Fahd y se celebraba en Arabia Saudí. Argentina, campeona de la Copa América, llegó a las dos finales y venció en la primera al país anfitrión gracias a los goles de Leonardo Rodríguez, Claudio Caniggia y Diego Simeone. En la edición de 1992 solo participaron dos equipos más, EE. UU. y Costa de Marfil, ya que la campeona del mundo, Alemania, y la de Europa, Países Bajos, no participaron. En 1995, compitieron seis equipos y ganó la campeona de Europa, Dinamarca. El actual formato de ocho combinados, con dos grupos y semifinales eliminatorias, se adoptó en 2005.

SUPERESTRELLAS A TONO

Tanto Andrea Pirlo como Diego Forlán celebraron su 100.ª internacionalidad en la Copa FIFA Confederaciones 2013. El volante Pirlo anotó el primer gol de los *Azzurri* en su victoria inicial por 2-1 sobre México en el Maracaná. Forlán dejó constancia de su hazaña (es el primer uruguayo en llegar a 100 internacionales) con el gol decisivo en la victoria sobre Nigeria por 2-1, un impresionante remate con la izquierda.

NEYMAR NO PARA

La Copa FIFA Confederaciones 2013 coronó seis meses de infarto para el ariete brasileño Neymar. En enero fue votado Jugador Sudamericano del Año por segunda vez consecutiva y en junio aceptó dejar el Santos y firmar un contrato de cinco temporadas con el Barcelona. En una de sus apariciones de despedida en Brasil, Neymar da Silva Santos Junior marcó el primer gol de la Copa Confederaciones en el minuto tres del partido inaugural contra Japón. Neymar anotó en cada uno de los partidos de grupo de Brasil y de nuevo cuando vencieron a España en la final.

SEGURO DE ALTA TECNOLOGÍA

La FIFA utilizó la Copa Confederaciones 2017 para probar el sistema experimental de arbitraje asistido por vídeo. El presidente arbitral, Pierluigi Collina, informó de que, en 16 partidos, se habían corregido seis fallos que incidían en el resultado. La controversia reside básicamente en el tiempo que se tarda en alcanzar una decisión sobre los vídeos. El torneo de 2013 sirvió para probar la tecnología de línea de gol.

DESDE EL OCÉANO

La diminuta Tahití sufrió la derrota más amplia de la Copa FIFA Confederaciones al caer 10-0 ante España en el torneo de Brasil. Los jugadores no profesionales del Pacífico Sur, entre los que había un contable, un carpintero y un profesor, no estaban demasiado disgustados, ya que ni siquiera se habían atrevido a soñar con jugar en el legendario Maracaná o contra los campeones del mundo y de Europa, e hicieron las dos cosas en un único partido. Los líderes oceánicos encajaron la cifra récord de 24 goles en tres partidos; en revancha, Jonathan Tehau anotó su único gol en el encuentro contra Nigeria. La derrota ante España igualó el récord de goles en un único partido: en 1999, Brasil destrozó a Arabia Saudí con un 8-2.

BRASIL DESLUMBRA

La demolición por 3-0 de la campeona mundial y europea, España, a manos de Brasil en la final de 2013 celebrada en el Maracaná corroboró su liderazgo en la Copa Confederaciones. Doce partidos sin perder hicieron que los hombres de Luiz Felipe Scolari se llevaran el trofeo a casa por tercera vez consecutiva. Marcaron al menos tres goles en cada una de sus victorias y son los únicos que han ganado cuatro veces el torneo. Brasil también bate récords fuera del campo: la venta de entradas generó una asistencia total para los 16 partidos de 804.659 personas, una media de 50.291 por encuentro. Los 68 goles supusieron una media de 4,25 por partido y convierten a Brasil en la nación más prolífica del torneo.

TODOS CON FOÉ

El torneo de 2003 quedó ensombrecido por la trágica muerte del centrocampista camerunés de 28 años **Marc-Vivien Foé**, que se desplomó en el campo del Lyon tras sufrir un ataque al corazón en el minuto 73 de la victoria en semifinales contra Colombia. Cuando Thierry Henry marcó el gol de oro de la victoria francesa en la final contra Camerún, dedicó su gol a Foé, que desarrolló gran parte de su carrera en la liga francesa. En la entrega de trofeos en el Stade de France en París, los capitanes de ambos equipos, Marcel Desailly por parte de la selección francesa y Rigobert Song del combinado camerunés, levantaron el trofeo.

CLINT LO LOGRA

La escalada de Estados Unidos hasta la final de 2009 incluyó una impactante victoria en semifinales sobre España que terminó con la racha del campeón europeo. España llevaba 35 partidos empatando o ganando, gesta solo igualada por Brasil, y consiguió un récord absoluto porque 15 de esas victorias fueron consecutivas. Pero sus esperanzas de ganar el 36.º partido se vieron frustradas por los goles del ariete Jozy Altidore y del extremo **Clint Dempsey**. El resultado llevó a Estados Unidos a la final de la competición absoluta masculina por primera vez.

ANFITRIÓN Y RESULTADO DE LA COPA CONFEDERACIONES

1997	(País anfitrión: Arabia Saudí) Brasil 6 - Argentina 0
1999	(México) México 4 - Brasil 3
2001	(Corea del Sur y Japón) Francia 1 - Japón 0
2003	(Francia) Francia 1 - Camerún 0 (tras la prórroga: Francia gana con un gol de oro)
2005	(Alemania) Brasil 4 - Argentina 1
2009	(Sudáfrica) Brasil 3 - Estados Unidos 2
2013	(Brasil) Brasil 3 - España 0
2017	(Rusia) Alemania 1 - Chile 0

COPA MUNDIAL DE CLUBES DE LA FIFA

La Copa Mundial de Clubes de la FIFA se ha celebrado con diferentes formatos desde 1960, cuando el Real Madrid derrotó al Peñarol. Actualmente los campeones de los seis continentes se enfrentan en una competición que, desde 2005, se celebra casi siempre en Japón con carácter anual. Como excepción, en 2009 y 2010 tuvo lugar en Abu Dhabi, y en 2013 y 2014 en Marruecos.

ESPÍRITU CORINTIO

El Corinthians ha sido el último club brasileño y sudamericano en ganar la Copa Mundial de Clubes. El peruano Paolo Guerrero anotó el único gol de la victoria en semifinales sobre el club egipcio Al-Ahly, y repitió la gesta en la final contra el Chelsea. La alineación del Corinthians incluía al portero y jugador del torneo **Cássio**, así como a Danilo y a Fabio Santos, una pareja que ya había ganado el campeonato con el São Paulo siete años atrás.

La derrota de los campeones europeos impidió que el recién nombrado técnico del Chelsea, Rafael Benítez, lograse emular la gesta del entrenador del Barcelona, Pep Guardiola, de ganar el torneo en su formato actual dos veces. Benítez ya se había alzado con el trofeo con el Inter en 2010.

EL REINADO DE ESPAÑA

España ha liderado el Mundial de Clubes desde 2009. El Barcelona y el Real Madrid han ganado cinco de las ocho últimas finales. El Real Madrid derrotó al San Lorenzo en 2014 por 2-0 y, gracias al *hat trick* de Cristiano Ronaldo, recuperó la corona al derrotar al club nipón Kashima Antlers por 4-2 tras la prórroga en la final de 2016 en Yokohama. El Barcelona derrotó a sus rivales argentinos en 2009 (Estudiantes de La Plata) y en 2015 (River Plate), los dos por 4-0, y al Santos de Brasil en 2011. En la final de 2015, **Luis Suárez** anotó dos veces y ganó la Bota de Oro como máximo anotador con cinco goles y el Balón de Oro como mejor jugador.

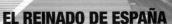

CASI NADA

El triunfo del Barça en 2009 lo convirtió en el primer equipo en conseguir seis trofeos en un mismo año: la Copa Mundial de Clubes, la Liga de Campeones, la Supercopa de Europa, y el triplete español: Liga, Copa del Rey y Supercopa. Esto hizo que su vitrina de trofeos contase con una copa más que la del Liverpool en 2001, cuando los hombres de Gérard Houllier ganaron la Copa de Inglaterra, la Copa de la Liga y la Charity Shield en Inglaterra y la Copa de la UEFA y la Supercopa en Europa.

IVAN EL VETERANO

El Auckland City neozelandés fue una de las grandes sorpresas del Mundial de Clubes de 2014, liderado por **Ivan Vicelich**, de 38 años, que se hizo con el trofeo de bronce al tercer mejor jugador del torneo. Solo los madridistas Sergio Ramos y Cristiano Ronaldo quedaron por delante de él. El Auckland City terminó tercero, la mejor posición que ha conseguido un club de Oceanía. Vencieron al Cruz Azul en penaltis tras empatar a uno.

MÁS VECES CAMPEONES*

- 10 Brasil
- 9 Argentina, Italia, España
- 6 Uruguay
- 4 Alemania
- 3 Holanda
- 2 Portugal, Inglaterra
- 1 Paraguay, Yugoslavia

* Incluye Copa Intercontinental

MARRUECOS AVANZA

Marruecos albergó el torneo en diciembre de 2014 por segundo año consecutivo, a pesar de que se negó a ser el anfitrión de la Copa Africana de Naciones que se celebraba el mes siguiente por miedo a la propagación del ébola. En cambio, acogió gustosamente la competición de la FIFA porque ninguno de los clubes provenía de países que estuviesen combatiendo esta enfermedad.

CAMBIO DE SISTEMA

De 1960 a 1968 la Copa Intercontinental se adjudicaba asignando dos puntos a las victorias y uno a los empates, y no mediante la suma de marcadores. Por eso fue necesario un tercer partido en 1961, 1963, 1964 y 1967. Ningún equipo que hubiese perdido sumando los resultados tras ida y vuelta ganó el tercer encuentro, aunque antes de que el Celtic perdiera el partido eliminatorio 1-0 ante el Racing Club de Argentina en 1967, habría ganado la final a dos partidos si hubieran contado la suma de marcadores y los goles fuera de casa. Los escoceses vencieron 1-0 en casa y perdieron 2-1 fuera. De 1980 a 2004, se redujo a un único partido en Japón.

GOLEADA EN LA FINAL

La victoria del Manchester United por 5-3 sobre el Gamba Osaka en la semifinal de la Copa Mundial de Clubes en 2008 fue el partido con mayor número de goles en la historia del torneo en todas sus versiones, superando la victoria por 5-2 del Santos de Pelé sobre el Benfica en 1962. Lo más sorprendente es que todos los goles del Manchester United-Gamba, excepto dos, se marcaron en los últimos 16 minutos más el tiempo de descuento. En el minuto 74 el Manchester se adelantó 2-0, antes de una lluvia de goles (incluidos dos del suplente Wayne Rooney) por ambas partes. El equipo inglés es el primero que ha marcado cinco goles en el nuevo Mundial de Clubes.

RIVALIDAD SIN FRONTERAS

La precursora de la actual Copa Mundial de Clubes de la FIFA fue la Copa Intercontinental, también conocida como Mundial de Clubes y/o Copa Europea-Sudamericana, que enfrentaba a los campeones de Europa y Sudamérica. De 1960 a 2004 participaron en el evento representantes de la UEFA y la CONMEBOL, pero ahora todas las federaciones continentales envían al menos un equipo a la Copa Mundial de Clubes, ampliada, organizada y respaldada por la FIFA. La primera final, en 1960, se disputó entre el Real Madrid y el Peñarol (Uruguay). Tras un empate sin goles bajo la lluvia en Montevideo, el Madrid salió victorioso por 5-1 en el Bernabéu con tres goles marcados a los ocho minutos de juego, dos de ellos de Ferenc Puskás. Estos dos clubes están entre los cinco que comparten el récord de Copas Intercontinentales, con tres cada uno; los otros son el Boca Juniors (Argentina), el Nacional (Uruguay) y el AC Milan (Italia). El Milan fue el primero de los cinco clubes en colocar una Copa Mundial de Clubes de la FIFA en su vitrina de trofeos, ya que el campeonato se celebró por primera vez en 2000 (en Brasil) antes de ser engullido por la Copa Intercontinental e instituido de nuevo en 2005 con carácter anual. Desde entonces, el Real Madrid lo ha ganado dos veces.

ÉXITO POR FASES

La FIFA introdujo su propia Copa Mundial de Clubes en 2000, con representantes de todas las federaciones. Los tres primeros equipos vencedores fueron brasileños: Corinthians (2000), São Paulo (2005) e Internacional (2006). El AC Milan acabó con el monopolio brasileño en 2007, cuando el capitán del club, Paolo Maldini, que había disputado cinco Copas Intercontinentales entre 1989 y 2003 con el Milan, junto a Alessandro Costacurta, levantó el trofeo.

EL CONGO BAILA

En 2010, por primera vez, un equipo africano jugaba la final de la Copa Intercontinental o Mundial de Clubes. El TP Mazembe, de la República Democrática del Congo, derrotó a los campeones sudamericanos, el Internacional brasileño, por 2-0 en la semifinal. El Internacional, ganador en 2006, fue el primer campeón de la Copa Mundial de Clubes de la FIFA en competir por segunda vez. Mazembe logró una sorprendente victoria a pesar de la ausencia de su ariete estrella y capitán Trésor Mputu, al que habían expulsado un año por perseguir furiosamente a un árbitro después de un partido en mayo de 2010. El Raja Casablanca de Marruecos, la nación anfitriona, fue el segundo finalista africano al acabar subcampeón tras el Bayern de Múnich en 2013.

FINALES DEL MUNDIAL DE CLUBES (2000–16)

2000	Corinthians (Brasil) 0 - Vasco da Gama (Brasil) 0 (tras la prórroga: Corinthians gana por 4-3 en penaltis)
2005	São Paulo (Brasil) 1 - Liverpool (Inglaterra) 0
2006	Internacional (Brasil) 1 - FC Barcelona (España) 0
2007	AC Milan (Italia) 4 - Boca Juniors (Argentina) 2
2008	Manchester United (Inglaterra) 1 - LDU de Quito (Ecuador) 0
2009	FC Barcelona (España) 2 - Estudiantes (Argentina) 1 (tras la prórroga)
2010	Inter (Italia) 3 - TP Mazembe (R.D. Congo) 0
2011	Barcelona (España) 4 - Santos (Brasil) 0
2012	Corinthians (Brasil) 1 - Chelsea (Inglaterra) 0
2013	Bayern de Múnich (Alemania) 2 - Raja Casablanca (Marruecos) 0
2014	Real Madrid (España) 2 - San Lorenzo (Argentina) 0
2015	Barcelona (España) 3 - River Plate (Argentina) 0
2016	Real Madrid (España) 4 - Kashima Antlers (Japón) 2 (tras la prórroga)

VICTORIAS EN EL MUNDIAL DE CLUBES (1960–2016*)

5 victorias: Real Madrid, España (1960, 1998, 2002, 2014, 2016)

4 victorias: AC Milan, Italia (1969, 1989, 1990, 2007)

3 victorias: Peñarol, Uruguay (1961, 1966, 1982); Inter de Milán, Italia (1964, 1965, 2010); Nacional, Uruguay (1971, 1980, 1988); Bayern de Múnich, República Federal de Alemania/Alemania (1976, 2001, 2013); Boca Juniors, Argentina (1977, 2000, 2003); São Paulo, Brasil (1992, 1993, 2005); Barcelona, España (2009, 2011, 2015)

2 victorias: Santos, Brasil (1962, 1963); Ajax, Países Bajos (1972, 1995); Independiente, Argentina (1973, 1984); Juventus, Italia (1985, 1996); Porto, Portugal (1987, 2004); Manchester United, Inglaterra (1999, 2008); Corinthians, Brasil (2000, 2012)

1 victoria: Racing Club, Argentina (1967); Estudiantes, Argentina (1968); Feyenoord, Países Bajos (1970); Atlético de Madrid, España (1974); Olimpia Asunción, Paraguay (1979); Flamengo, Brasil (1981); Gremio, Brasil (1983); River Plate, Argentina (1986); Estrella Roja de Belgrado, Yugoslavia (1991); Vélez Sársfield, Argentina (1994); Borussia Dortmund, Alemania (1997); Internacional, Brasil (2006)

= no disputado ni en 1975 ni en 1978

TORNEO OLÍMPICO DE FÚTBOL MASCULINO

El torneo olímpico de fútbol masculino se disputó por primera vez en los Juegos Olímpicos de 1900 en París, aunque no fue reconocido como torneo oficial por la FIFA hasta las Olimpiadas de Londres en 1908. Cumplió rigurosamente la tradición *amateur* de las Olimpiadas hasta 1984, cuando pudieron jugar por primera vez profesionales. Ahora la competición es un torneo Sub-23, aunque permite que haya tres jugadores mayores de esa edad, para dar a las jóvenes promesas la oportunidad de poder participar en una competición futbolística importante.

ABANDONO FINAL

La única vez que se ha anulado la final de un torneo de fútbol internacional fue en los Juegos Olímpicos de 1920. Los jugadores checoslovacos abandonaron el campo minutos antes del descanso para protestar contra las decisiones del árbitro británico de 65 años John Lewis, como la expulsión del checo Karel Steiner. La victoria fue adjudicada a Bélgica, que ganaba por 2-0; España venció 3-1 a los Países Bajos en el eliminatorio por la plata.

FINALES OLÍMPICAS DE FÚTBOL MASCULINO

1896 No se disputó
1900 (París, Francia)
    Oro: Upton Park FC (Gran Bretaña); Plata: USFSA XI (Francia); Bronce: Université Libre de Bruxelles (Bélgica) (solo se disputaron dos partidos de exhibición)
1904 (Saint Louis, EE. UU.)
    Oro: Galt FC (Canadá); Plata: Christian Brothers College (EE. UU.); Bronce: St. Rose Parish (EE. UU.) (solo se disputaron cinco partidos de exhibición)
1908 (Londres, Inglaterra)
    Gran Bretaña 2 - Dinamarca 0 (Bronce: Países Bajos)
1912 (Estocolmo, Suecia)
    Gran Bretaña 4 - Dinamarca 2 (Bronce: Países Bajos)
1916 No se disputó
1920 (Amberes, Bélgica) Bélgica 2 - Checoslovaquia 0
    (Oro: Bélgica; Plata: España; Bronce: Holanda)
1924 (París, Francia)
    Uruguay 3 - Suiza 0 (Bronce: Suecia)
1928 (Ámsterdam, Países Bajos)
    Uruguay 1 - Argentina 1; Uruguay 2 - Argentina 1 (Bronce: Italia)
1932 No se disputó
1936 (Berlín, Alemania) Italia 2 - Austria 1 (tras la prórroga) (Bronce: Noruega)
1940 No se disputó
1944 No se disputó
1948 (Londres, Inglaterra) Suecia 3 - Yugoslavia 1 (Bronce: Dinamarca)
1952 (Helsinki, Finlandia) Hungría 2 - Yugoslavia 0 (Bronce: Suecia)
1956 (Melbourne, Australia) URSS 1 - Yugoslavia 0 (Bronce: Bulgaria)
1960 (Roma, Italia) Yugoslavia 3 - Dinamarca 1 (Bronce: Hungría)
1964 (Tokio, Japón) Hungría 2 - Checoslovaquia 1 (Bronce: Alemania)
1968 (México D. F., México) Hungría 4 - Bulgaria 1 (Bronce: Japón)
1972 (Múnich, RFA) Polonia 2 - Hungría 1 (Bronce: URSS/RDA)
1976 (Montreal, Canadá) RDA 3 - Polonia 1 (Bronce: URSS)
1980 (Moscú, URSS) Checoslovaquia 1 - RDA 0 (Bronce: URSS)
1984 (Los Ángeles, EE. UU.) Francia 2 - Brasil 0 (Bronce: Yugoslavia)
1988 (Seúl, Corea del Sur) URSS 2 - Brasil 1 (Bronce: RFA)
1992 (Barcelona, España) España 3 - Polonia 2 (Bronce: Ghana)
1996 (Atlanta, EE. UU.) Nigeria 3 - Argentina 2 (Bronce: Brasil)
2000 (Sídney, Australia) **Camerún 2** - España 2 (Camerún gana 5-3 en penaltis) (Bronce: Chile)
2004 (Atenas, Grecia) Argentina 1 - Paraguay 0 (Bronce: Italia)
2008 (Pekín, China) **Argentina 1** - Nigeria 0 (Bronce: Brasil)
2012 (Londres, Inglaterra) México 2 - Brasil 1 (Bronce: Corea del Sur)
2016 (Río de Janeiro, Brasil): Brasil 1 - Alemania 1
    Brasil ganó 5-4 en penaltis tras la prórroga (Bronce: Nigeria)

EL VÍNCULO DEL BARCELONA

Samuel Eto'o y Xavi, más tarde compañeros en el Barça, marcaron los penaltis de sus respectivas selecciones en 2000, cuando Camerún y España protagonizaron la primera final olímpica que se decidió en los penaltis. Iván Amaya fue el único que falló, otorgándole el oro a Camerún.

NEYMAR LOGRA LA GLORIA

El fútbol suele ser un espectáculo secundario en las Olimpiadas, pero, en 2016, ocupó un papel central al celebrarse en Río de Janeiro. Brasil optó por hacer cambios para superar sus tres anteriores fracasos y ganar el oro por primera vez, y lo logró al vencer a Alemania, la entonces campeona, en la final. Dos años antes, en Belo Horizonte, Brasil había caído por 7-1 ante los germanos, por eso había tantos nervios. El partido por el oro en 2016, al igual que la final del Mundial 2014, se jugó en el Maracaná. Tras 120 minutos, el marcador estaba empatado a uno; el gol del primer tiempo de Neymar había quedado anulado por el de Max Meyer a la hora. Esto supuso que el oro se decidiese en los penaltis. Los primeros ocho lanzamientos llegaron todos a la red, salvo el de Nils Petersen que fue parado por Weverton. Así que la tarea de hacer historia recayó en Neymar, que superó la meta y consiguió el primer oro olímpico para Brasil.

AL OTRO LADO DEL MURO

Los países de Europa del Este dominaron las competiciones de fútbol olímpicas de 1948 a 1980, cuando se prohibió que tomaran parte jugadores profesionales. Los equipos con «amateurs nacionales» del Bloque Oriental se llevaron 23 de las 27 medallas que se repartieron durante aquellos años.

LA VUELTA DE HONOR

Hasta 2012, la trayectoria de Uruguay en el fútbol olímpico fue impecable, ya que ganó el oro en las dos ocasiones que había participado (1924 y 1928). Aquellas Olimpiadas fueron una especie de campeonato mundial y animaron a la FIFA a organizar el primer Mundial en 1930, que también ganaría Uruguay con los campeones de 1924 y 1928 José Nasazzi, José Andrade y **Héctor Scarone**. Se cree que el equipo uruguayo de 1924 fue el pionero de la vuelta de honor.

CITA EN LONDRES

México fue la inesperada ganadora cuando el Estadio de Wembley se convirtió en el primer recinto en acoger dos finales olímpicas masculinas: las de fútbol de 2012 y de 1948. Además, Londres es ahora la única ciudad que ha celebrado tres Olimpiadas de verano diferentes, aunque en 1908 la final de fútbol se jugó en White City. En la final de 2012, **Oribe Peralta** anotó los dos goles del México dirigido por Luis Tena, auxiliar técnico de la absoluta, que derrotaba a Brasil 2-1. El tanto tardío de Hulk fue un pobre consuelo para los populares sudamericanos, aunque el brasileño Leandro Damião terminó el verano como máximo anotador, con seis goles. Los partidos de Londres 2012 se repartieron entre ciudades alejadas de la capital inglesa, como Hampden Park en Glasgow, Old Trafford en Manchester, St James' Park en Newcastle y el City of Coventry Stadium. Por primera vez desde 1960, compitió un combinado que incluía a los cuatro países británicos, con estrellas del calibre de Ryan Giggs y Craig Bellamy.

AMBICIÓN AFRICANA

Ghana fue el primer país africano que ganó una medalla olímpica de fútbol, el bronce en 1992, pero Nigeria llegó más lejos cuatro años más tarde al lograr el primer oro olímpico del continente en fútbol, gracias al gol de la victoria de Emmanuel Amunike en el tiempo de descuento frente a Argentina. El triunfo nigeriano fue una gran sorpresa para muchos, sobre todo porque entre las estrellas rivales había futuros astros del balón como los brasileños Ronaldo y Roberto Carlos, los argentinos Hernán Crespo y Roberto Ayala, los italianos Fabio Cannavaro y Gianluigi Buffon, y los franceses Patrick Vieira y Robert Pirès. Entre los jugadores que participaron en unos Juegos Olímpicos y ganaron un Mundial o una Eurocopa están los franceses Michel Platini y Patrick Battiston (Montreal, 1976), el jugador de la RFA Andreas Brehme y el brasileño Dunga (Los Ángeles, 1984), y los brasileños Taffarel, Bebeto y Romário, el jugador de la RFA Jürgen Klinsmann (Seúl, 1988); los franceses Vieira, Pirès y Sylvain Wiltord, los italianos Cannavaro, Buffon y Alessandro Nesta, los brasileños Roberto Carlos, Rivaldo y Ronaldo (Atlanta, 1996); el italiano Zambrotta y los españoles Xavi, Carles Puyol y Joan Capdevila (Sídney, 2000); los italianos Daniele De Rossi, Andrea Pirlo y Alberto Gilardino, y los portugueses Cristiano Ronaldo y Bruno Alves (Atenas, 2004).

FIFA INTERACTIVE WORLD CUP

La FIFA Interactive World Cup es el mayor torneo de fútbol en línea del mundo. Se lanzó en 2004 en colaboración con EA Sports. Los primeros contendientes lucharon en el campo virtual del FIFA 2005. Aquel evento culminó en una final de ocho jugadores celebrada en Zúrich, y el ganador fue premiado con un viaje a la Gala de Jugador del Año de la FIFA que se celebró en Ámsterdam. La FIWC se ha ido ampliando para atraer a nuevos jugadores e incorporar rondas clasificatorias intercontinentales. El ganador obtiene 20.000 dólares, el trofeo y una invitación a la Gala FIFA The Best, donde podrá conocer a los mejores futbolistas del mundo.

TIEMPO PARA MÁS

La Interactive World Cup es un torneo de la FIFA que se ha expandido a gran velocidad sin ningún tipo de controversia. Esto también ha supuesto un mayor tiempo en completarse. Las clasificatorias para la FIWC17 comenzaron en noviembre de 2016, y la final en vivo se celebró en Londres 10 meses después.

MARAVILLA MUNDIAL

La popularidad de los juegos electrónicos está expandiéndose a muchos deportes de todo el mundo, pero la versión de la FIFA Interactive sigue creando tendencia. Emulando la estructura de las confederaciones del juego «real», las rondas clasificatorias se celebran en función de las regiones de Europa, de América del Norte, Sur y Central, y del resto del mundo. No habrá que esperar mucho a que Asia, África y Oceanía disfruten de sus propias rondas.

2,3 M Y SUBIENDO

La FIWC 2016-2017 contó con la cifra récord de 2,3 millones de jugadores. La integración de las consolas contribuyó al increíble aumento de competidores, desde los 420.000 que jugaron en 2011. La fase final de 2017 se celebró en Londres en tres días, del 16 al 18 de agosto, mientras que el último clasificatorio, incluida la nueva FIFA Interactive Club World Cup, también se celebró en Londres 10 días antes.

GRANDES CAMPEONES

Se han celebrado 14 grandes finales en la historia de la FIFA Interactive World Cup (FIWC) desde 2004. El torneo inaugural de 2004 lo ganó el brasileño Thiago Carriço de Azevedo. Un año más tarde, el inglés Chris Bullard consiguió el segundo título en suelo patrio. En 2006, el holandés Andries Smit lideró el campeonato también en su tierra natal al superar a los demás finalistas en Ámsterdam. Tras un año sin torneo, el español Alfonso Ramos lo ganó en 2008 y en 2012, antes de que el francés Bruce Grannec se convirtiese en el segundo bicampeón, en 2009 y 2013. El jugador estadounidense Nenad Stojkovic triunfó en 2010, mientras que, en 2011, Francisco Cruz, con 16 años, se convertía en el primer campeón de Portugal y en el más joven del mundo. El primer campeón de Dinamarca, August Rosenmeier, ganó en 2014, en el Pan de Azúcar de Río, durante la fase final del Mundial. Un día más tarde, él y los demás finalistas vieron cómo Alemania vencía a Francia en cuartos en el Maracaná. El triunfo del saudí Abdulaziz Alshehri en 2015 fue el primero de un competidor asiático, mientras que en Nueva York, en 2016, el título recayó en otro danés, Mohamad Al-Bacha.

MENUDO PIQUE

El fan del Real Madrid **Alfonso Ramos** no solo se convirtió en el primer bicampeón de la FIFA Interactive World Cup en 2012, sino que ganó un partido contra el defensa culé **Gerard Piqué** disputado en la celebración de la gala FIFA Ballon d'Or. Obviamente, Piqué jugó como el Barça contra el Real Madrid de Alfonso y no solo perdió por 1-0, sino que el «Gerard Piqué» virtual fue expulsado. Ramos, apodado «Vamos Ramos», celebró sus triunfos en 2012 con un baile parecido al del brasileño Neymar. Otros invitados a la gala de 2012 también jugaron, incluidos Christian Karembeu, campeón mundial con Francia en 1998, y el italiano Luca Toni, que se alzó con el trofeo en 2006.

SOMBRAS DE 1998

La final de la FIFA Interactive World Cup 2016 se disputó con ida y vuelta en dos plataformas: PlayStation®4 y XboxOne. El danés Mohamad Al-Bacha, que jugó como Francia, venció al inglés Sean Allen, que jugó como Brasil.

COPA MUNDIAL DE FÚTSAL

El fútbol sala, que surgió en Sudamérica en la década de 1930 como una modalidad del fútbol once en un recinto cerrado con cinco jugadores por equipo y 40 minutos de juego, ha visto aumentar su popularidad y sus cifras de participación en los últimos años. La primera Copa Mundial de Fútsal se celebró en los Países Bajos en 1989 y, desde 1992, se disputa cada cuatro años. España (dos triunfos) y, sobre todo, Brasil (cinco) dominan el torneo.

FINALES DE LA COPA MUNDIAL DE FÚTSAL DE LA FIFA (y anfitriones)

1989 (Anfitrión: Holanda) Brasil 2 - Holanda 1
1992 (Hong Kong) Brasil 4 - EE. UU. 1
1996 (España) Brasil 6 - España 4
2000 (Guatemala) España 4 - Brasil 3
2004 (China Taipéi) España 2 - Italia 1
2008 (Brasil) Brasil 2 - España 2 (tras la prórroga: Brasil gana 4-3 en penaltis)
2012 (Tailandia) Brasil 3 - España 2 (tras la prórroga)
2016 (Colombia) **Argentina 5 - Rusia 4**

ARGENTINA POR FIN

Argentina terminó con su larga espera de ganar un Mundial cuando se alzó con la Copa en 2016 en Colombia. Junto con España y Brasil, ha estado presente en todos los torneos. Además, el capitán argentino Fernando Wilhelm y el arquero Nicolás Sarmiento ganaron el premio a mejor jugador y mejor portero, respectivamente.

EL EMBARGO DE CUBA

Cuba ostenta el récord de menos goles marcados en un torneo. Solo lograron un tanto en sus tres partidos de la Copa Mundial de Fútsal de la FIFA 2000, mientras que encajaron 20 en las derrotas ante Irán, Argentina y la campeona final, España.

LA SUPREMACÍA DE LA SAMBA

Como es de suponer en un deporte basado en pases rápidos y precisos, y en un hábil juego de piernas, los brasileños son los que más han destacado en fútbol sala. Desde que la FIFA iniciase la Copa Mundial de Fútsal en 1989, Brasil ha ganado el trofeo cinco veces de las ocho posibles, acabando con un segundo, un tercero y un cuarto puesto. Brasil ha logrado el récord de anotación en cada uno de los torneos, con 78 goles en ocho partidos en 2000 y un asombroso promedio de 9,3 goles por encuentro. Su victoria más amplia en la Copa Mundial de Fútsal de la FIFA fue un 29-2 contra Guatemala en 2000, aunque el mejor resultado de su historia fue el 76-0 que propinó a Timor Oriental en 2006, un récord en este deporte. Por eso, sorprende que su primer partido de fútbol sala en un Mundial acabara en derrota: 3-2 ante Hungría en la fase de grupos de 1989.

MAGIA PORTUGUESA

Ricardinho [Ricardo Filipe da Silva Braga] ha demostrado ser el equivalente a Cristiano Ronaldo en fútsal. Su carrera le ha llevado del Miramar al Benfica y, ya en el extranjero, al club nipón Nagoya Oceans, al ruso CSKA Moscú y al español Inter FS. Apodado «El Mago», Ricardinho se convirtió en el primer jugador portugués en ser el máximo goleador de la Copa Mundial de Fútsal con 12 tantos en Colombia en 2016.

FABULOSO FALCÃO

El brasileño Falcão (cuyo nombre completo es Alessandro Rosa Vieira) es sin duda el mejor jugador de fútsal de la era moderna. Después de que Brasil perdiese ante Irán en octavos en el Mundial de 2015, anunció su retirada tras haber marcado el récord de 48 goles. Además de haber ganado dos Mundiales, dos Balones de Oro y una Bota de Oro, Falcão es el único jugador que ha aparecido en cinco Copas Fútsal. Se le reconoció con el premio a «toda una carrera» en la siguiente Gala de la FIFA. Falcão anotó 339 goles en 201 partidos a nivel internacional para Brasil tras pasarse al fútsal en 2005. Anteriormente, había jugado en campos abiertos para el São Paulo, incluida la Copa Libertadores de ese año.

PARTE 7:
FÚTBOL FEMENINO

LA COPA MUNDIAL FEMENINA 2015 batió todo tipo de récords y demostró que Sepp Blatter no iba desencaminado al afirmar que el «futuro del fútbol es femenino».

Más de 30 millones de mujeres juegan al fútbol en todo el mundo, y las redes sociales se hicieron eco del *hat trick* de la capitana estadounidense Carli Lloyd en la final de la Copa Mundial Femenina de la FIFA cuando anotó un golazo desde el centro del campo contra Japón.

El éxito del torneo en Canadá también provocó llamamientos para invertir en el juego y para que los mejores clubes del mundo inyectaran dinero en sus secciones femeninas. Este reconocimiento ha llevado mucho tiempo. El fútbol femenino nació en Inglaterra hace más de un siglo, pero la Asociación de Fútbol inglesa lo prohibió en 1921. Esto llevó a la creación de una asociación independiente femenina que estableció su propia Copa. En la década de 1980, la Asociación de Fútbol Femenina volvió a formar parte de la masculina. El fútbol femenino comenzó a evolucionar simultáneamente en todo el mundo y llevó, a principios de la década de 1980, a la primera Eurocopa formal y, en 1988, a una invitación al torneo de la FIFA celebrado en China Taipéi.

La FIFA organizó un campeonato mundial en 1991, en el que venció EE. UU., estableciendo su supremacía en este deporte. Estados Unidos albergó la siguiente Copa Mundial Femenina, que obtuvo un récord de asistencia de 90.185 espectadores que celebraron su victoria sobre China en la tanda de penaltis de la final de Pasadena. EE. UU. confirmó su posición de número uno al ganar la primera medalla de oro en fútbol femenino en los Juegos Olímpicos de 1996 de Atlanta, la plata en 2000 y de nuevo el oro en 2004, 2008 y 2012.

Entretanto, la FIFA creó un campeonato juvenil en 2002, inicialmente para jugadoras Sub-19 (posteriormente Sub-20), y en 2008 añadió el torneo Sub-17 al calendario internacional.

El fútbol femenino, considerado en otros tiempos una locura pasajera, ha venido para quedarse.

Las jugadoras norcoreanas de la Sub-20 celebran su victoria sobre Francia por 3-1 en la final de la Copa Mundial 2016 celebrada en Port Moresby (Papúa Nueva Guinea).

COPA MUNDIAL FEMENINA DE LA FIFA

El primer Mundial Femenino se celebró en China en 1991. Participaron doce equipos, divididos en tres grupos de cuatro, en los que los dos mejores de cada grupo y los dos mejores de los terceros puestos pasaban a cuartos de final. El torneo se amplió en 1999 para incluir a 16 equipos que estaban divididos en grupos de cuatro. En 2015, con Canadá como anfitriona, se volvió a ampliar a 24 equipos divididos en seis grupos de cuatro, en los que los dos primeros equipos de cada grupo y los cuatro mejores terceros pasaban a segunda ronda.

EL SUEÑO DE HAVELANGE SE HACE REALIDAD

El Mundial femenino fue idea del antiguo presidente de la FIFA João Havelange. El torneo comenzó como una competición de prueba en 1991 y desde entonces ha crecido en tamaño e importancia. El éxito de la fase final de 1999 en Estados Unidos supuso un punto de inflexión para el torneo, que ahora atrae a abundante público y televisiones de todo el mundo. EE. UU. y Noruega, países donde el fútbol es uno de los deportes femeninos más populares, monopolizaron los primeros torneos. Las estadounidenses ganaron el primer Mundial y el de 1999. Noruega se alzó con el trofeo en 1995. En el nuevo siglo Alemania se convirtió en la fuerza dominante, haciéndose con el título en 2003 y revalidándolo en 2007. La reciente aparición de contrincantes como Brasil, China y Suecia ponen de manifiesto la difusión y el interés que despierta el juego femenino.

EL CÉSPED

Antes del torneo de 2015, la decisión de disputar todos los encuentros en césped artificial generó bastante controversia. La FIFA y los organizadores canadienses lo justificaron por las condiciones climáticas. También se empleó por primera vez la tecnología de línea de gol.

EE. UU. CELEBRA SU PRIMER LOGRO

La victoria de EE. UU. en el primer Mundial femenino en 1991 fue el primer título de fútbol mundial de una selección de este país. El mejor resultado del combinado masculino fue llegar a semifinales en 1930 para perder ante Argentina 6-1.

LAS MÁS GRANDES DE ASIA

El combinado femenino nipón se convirtió en el primer equipo de su país en lograr un título de la FIFA cuando ganó el Mundial femenino en 2011 superando a las estadounidenses por 3-1 en los penaltis tras un empate a dos. La jugadora del torneo, Homare Sawa, había igualado el marcador cuando solo quedaban tres minutos para la prórroga, y después **Saki Kumagai** firmó el gol de la victoria en la tanda de penaltis. Japón no había conseguido ganar en los 25 encuentros previos entre ambos equipos: había perdido 22 y empatado tres. La mejor actuación de las niponas fue cuando alcanzaron cuartos de final en 1995. El triunfo de la generación de 2011 fue muy emocionante, ya que se lo dedicaron a las víctimas del *tsunami* que asoló Japón ese mismo año.

FINALES DE LA COPA MUNDIAL FEMENINA DE LA FIFA

Año	Lugar	Campeón	Subcamp.	Resultado
1991	Guangzhou	EE. UU.	Noruega	2-1
1995	Estocolmo	Noruega	Alemania	2-0
1999	Los Ángeles	EE. UU.	China	0-0
	EE. UU. gana 5-4 en la tanda de penaltis			
2003	Los Ángeles	Alemania	Suecia	2-1 (t.s.)
2007	Shanghai	Alemania	Brasil	2-0
2011	Frankfurt	Japón	EE. UU.	2-2 (t.s.)
	Japón gana 3-1 en la tanda de penaltis			
2015	Vancouver	EE. UU.	Japón	5-2

PARTIDOS POR EL TERCER PUESTO

Año	Lugar	Tercero	Cuarto	Resultado
1991	Guangzhou	Suecia	Alemania	4-0
1995	Gävle	EE. UU.	China	2-0
1999	Los Ángeles	Brasil	Noruega	0-0
	Brasil gana 5-4 en la tanda de penaltis			
2003	Los Ángeles	EE. UU.	Canadá	3-1
2007	Shanghai	EE. UU.	Noruega	4-1
2011	Sinsheim	Suecia	Francia	2-1
2015	Montreal	Inglaterra	Alemania	1-0

CUATRO CON DOS MEDALLAS

Cuatro de las campeonas estadounidenses de 1991 estaban en el equipo que venció a China en los penaltis de la final de 1999: **Mia Hamm,** Michelle Akers, Kristine Lilly y Julie Foudy.

LAS REPETITIVAS

Seis futbolistas alemanas disputaron las finales de 2003 y 2007: Birgit Prinz, Renate Lingor, **Kerstin Stegemann**, Ariane Hingst, Kerstin Garefrekes (titulares en los dos partidos) y Martina Müller (suplente en los dos encuentros).

LAS ALEMANAS BATEN RÉCORDS

En 2007 Alemania fue el primer equipo en lograr el mejor registro defensivo en un Mundial femenino. También estableció otro récord: seis partidos y 540 minutos sin encajar ni un solo gol. Como resultado, su guardameta Nadine Angerer batió el récord de Walter Zenga de 517 minutos imbatido en la fase final masculina de 1990. La última jugadora en marcar un gol a las alemanas fue la sueca **Hanna Ljungberg**, que anotó en el minuto 41 de la final de 2003. Su trayectoria acabó cuando la canadiense Christine Sinclair anotó tras 82 minutos del primer partido de Alemania en 2011.

REBELIÓN ESPAÑOLA

El debut de España en la Copa Mundial Femenina de la FIFA fue bastante amargo. Solo consiguió un punto en los tres partidos de grupo del Mundial 2015 y fue eliminada. Al volver a casa, las jugadoras culparon al veterano entrenador Ignacio Quereda, arguyendo la poca preparación para el clima frío, la falta de amistosos de calentamiento y un escaso análisis de los oponentes. Concluyeron: «Necesitamos un cambio. Se lo hemos hecho llegar al técnico y a sus subalternos».

ASISTENCIA RÉCORD EN CANADÁ

El entusiasmo por la Copa Mundial Femenina 2015 celebrada en Canadá batió muchos récords. La asistencia total de 1.353.506 espectadores superó a la de otro torneo de la FIFA femenino y mejoró la cifra de 1.194.215 conseguida en EE. UU. (con 20 partidos más). Las 54.027 personas que vieron cómo Canadá se enfrentaba a Inglaterra en cuartos de final supusieron un récord del país para un partido femenino, y fue uno de los siete encuentros que alcanzó los 50.000 aficionados.

MEJORES SELECCIONES

País	Camp.	Subcamp.	Tercero
EE. UU.	3	1	3
Alemania	2	1	-
Noruega	1	1	1
Japón	1	1	-
Brasil	-	1	1
Suecia	-	1	2
China	-	1	-
Inglaterra	-	-	1

MÁS GOLES POR AÑO

1991:	EE. UU.	25
1995:	Noruega	23
1999:	China	19
2003:	Alemania	25
2007:	Alemania	21
2011:	EE. UU.	13
2015:	Alemania	20

MÁS GOLES POR SELECCIÓN

1	EE. UU.	112
2	Alemania	111
3	Noruega	86
4	Brasil	59
=	Suecia	59

EL PRIMERO

El primer partido de un Mundial femenino fue el que disputó la anfitriona de 1991 contra Noruega en Guangzhou, con 4-0 a favor de China. Asistieron 65.000 personas.

LOS OCHO DE SIEMPRE

Hay ocho combinados que han disputado las seis fases finales: EE. UU., Brasil, Noruega, Alemania, China, Japón, Nigeria y Suecia.

Y DURAN Y DURAN

Noruega, campeona en 1995, ostenta el récord de más partidos consecutivos sin perder en una fase final: diez. Comenzó con una victoria por 8-0 sobre Nigeria el 6 de junio de 1995 y continuó hasta el 30 de junio de 1999, cuando venció a Suecia 3-1 en los cuartos de final. Acabó el 4 de julio al caer derrotada por 5-0 ante China en semifinales.

CHINA SE VA A CASA SIN CAER DERROTADA

En 1999, China se convirtió en el único equipo en acabar un Mundial sin haber perdido ningún partido y aun así, irse a casa con las manos vacías. Las chinas vencieron en la fase de grupos por 2-1 a Suecia, 7-0 a Ghana y 3-1 a Australia. Batieron a Rusia 2-0 en cuartos y a Noruega por 5-0 en semifinales, pero perdieron la final contra EE. UU. en los penaltis, tras empatar a cero. En 2011, Japón pasó a ser el primer equipo en alzarse con el trofeo a pesar de perder un partido en primera ronda, al igual que la subcampeona: EE. UU.

NORUEGA LOGRA 15

Noruega tiene en su haber el récord de haber marcado en más partidos consecutivos: 15. Empezaron con un 4-0 ante Nueva Zelanda el 19 de noviembre de 1991 y terminaron con un 3-1 sobre Suecia en los cuartos de final el 30 de junio de 1999.

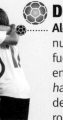

DOBLETES DE TRIPLETES

Alemania es el único equipo que ha logrado más de nueve goles dos veces en una fase final. La primera vez fue cuando aplastó a Argentina por 11-0 en Shanghái en 2007, donde Birgit Prinz y Sandra Smisek lograron *hat tricks*. Después, en 2015 en Canadá, las alemanas destrozaron a Costa de Marfil por 10-0 en primera ronda, con tripletes de Célia Sasic y Anja Mittag.

LAS MENOS VISTAS...

El menor público registrado en un encuentro de la fase final fueron los 250 espectadores que asistieron en 1995 al empate a tres entre Canadá y Nigeria en Helsingborg.

CONFÍAN EN LLOYD

Carli Lloyd ganó el Balón de Oro por ser la estrella de la fase final del Mundial Femenino de 2015. Coronó una década de fútbol internacional logrando un *hat trick* en la derrota de Japón por 5-2 en la final. Lo mejor de todo fue el tercer gol del triplete, que Lloyd metió desde el centro del campo. Resulta impresionante que fuese el cuarto de Estados Unidos en la final, cuando el partido solo llevaba 16 minutos. Anteriormente, había ayudado a EE. UU. a quedar tercera y segunda en 2007 y 2011. Esta jugadora, de 33 años, anotó los tantos de la victoria en las fases finales de las Olimpiadas de 2008 y 2012.

LAS TARJETAS MÁS RÁPIDAS

El récord a la tarjeta roja más rápida lo tiene la australiana Alicia Ferguson, que fue expulsada a los dos minutos de juego en la derrota por 3-1 ante China en Nueva York en junio de 1999. La norcoreana Ri Hyang Ok fue amonestada con la amarilla más rápida en el primer minuto de su derrota por 2-1 ante Nigeria en Los Ángeles en junio de 1999.

PRINZ CONSIGUE SU OPORTUNIDAD

En 2007 Birgit Prinz se convirtió en la primera jugadora en disputar tres fases finales de un Mundial y en la más joven en aparecer en una final. La delantera alemana contaba 17 años y 336 días cuando fue titular en la derrota por 2-0 ante Noruega en 1995. Su compañera Sandra Smisek era solo 14 días mayor. La finalista más mayor fue la sueca Kristin Bengtsson, que tenía 33 años y 273 días cuando su equipo perdió ante Alemania en la final de 2003.

MARCANDO LA NORMA

La delantera estadounidense Michelle Akers (nacida en Santa Clara el 1 de febrero de 1966) ostenta el récord de máxima goleadora en una fase final: diez goles en 1991. También estableció el récord de más tantos en un encuentro, con cinco en la victoria de EE. UU. por 7-0 sobre Taiwán en cuartos, en Foshan, el 24 de noviembre de 1991. Akers marcó los dos goles de la victoria de EE. UU. por 2-1 en la final, incluido el decisivo en el minuto 78. Los jueces de la FIFA la eligieron Mejor Jugadora del siglo xx.

EL GOL MÁS RÁPIDO

La sueca Lena Videkull anotó el gol más rápido de la historia de una fase final, en el segundo 30, cuando ganaron a Japón por 8-0 en Foshan, el 19 de noviembre de 1991. La canadiense **Melissa Tancredi** marcó el segundo más rápido, a los 37 segundos, en el empate a dos con Australia en Chengdu el 20 de septiembre de 2007.

SUSTITUCIONES PRECIPITADAS

Las dos sustituciones más rápidas en la historia de la fase final se produjeron a los seis minutos del comienzo. La defensa taiwanesa Hsiu Mei Liu fue reemplazada por la portera suplente Li Chyn Hong cuando ganaron por 2-0 a Nigeria en Jiangmen, en 1991. Li sustituyó a la guardameta titular Hui Fang Lin, que había sido expulsada. Therese Lundin reemplazó a una lesionada Hanna Ljungberg cuando Suecia venció a Ghana por 2-0 en Chicago en 1999.

DANILOVA, LA MÁS JOVEN

La más joven en marcar en una fase final fue la rusa Danilova. Tenía 16 años y 96 días cuando el 2 de octubre de 2003 marcó el único gol de su selección en los cuartos de final contra Alemania en Portland. Las alemanas respondieron con siete tantos.

MORACE LOGRA EL PRIMER *HAT TRICK*

La italiana Carolina Morace consiguió el primer *hat trick* en la historia de la fase final al anotar los tres últimos goles de la victoria de Italia sobre Taiwán por 5-0 en Jiangmen, en 1991.

INGLATERRA ALCANZA LA GLORIA EN CANADÁ

Inglaterra voló a casa desde Canadá con la medalla de bronce bajo el brazo, su mayor éxito en el Mundial Femenino hasta la fecha. El seleccionador Mark Sampson, que sustituía a Hope Powell tras una Eurocopa 2013 decepcionante, vio cómo su equipo vacilaba en el partido inicial y perdía por 1-0 ante Francia. Se recuperó para vencer a México y Colombia por 2-1, acabando segunda de su grupo y llegando a segunda ronda. El marcador en 2-1 siguió siendo la tónica cuando Inglaterra venció a Noruega y a la anfitriona, Canadá, hasta llegar a su primera semifinal mundialista. **Lucy Bronze** anotó el gol decisivo en los dos partidos. Sin embargo, la semifinal no acabó tan bien, ya que Japón venció por 2-1. Laura Bassett truncó la esperanza de ir a la prórroga con un gol en propia meta cuando llevaban dos minutos de tiempo de descuento. Inglaterra recobró la compostura y venció a la campeona europea, Alemania, por 1-0, logrando el tercer puesto con un penalti de Fara Williams en el segundo tiempo de la prórroga. Sampson comparó su combinado con el masculino que ganó el Mundial de 1966 y dijo: «Momentos de 1966, como el *hat trick* de Hurst o la entrada de Moore, se recordarán para siempre. Espero que, en 50 o 60 años, la gente recuerde a las chicas como leyendas».

⚽ MEJOR JUGADORA DEL TORNEO DE LA COPA MUNDIAL FEMENINA

Año	Sede	Ganadora
1991	China	Carin Jennings (EE. UU.)
1995	Suecia	Hege Riise (Noruega)
1999	EE. UU.	Sun Wen (China)
2003	EE. UU.	Birgit Prinz (Alemania)
2007	China	Marta (Brasil)
2011	Alemania	Homare Sawa (Japón)
2015	Canadá	Carli Lloyd (EE. UU.)

⚽ BOTAS DE ORO DE LA COPA MUNDIAL FEMENINA DE LA FIFA

1991	Michelle Akers (EE. UU.)	10
1995	Ann-Kristin Aarones (Noruega)	6
1999	Sissi (Brasil)	7
2003	Birgit Prinz (Alemania)	7
2007	Marta (Brasil)	7
2011	Homare Sawa (Japón)	5
2015	Célia Sasic (Alemania)	6
	Carli Lloyd (EE. UU.)	6

⚽ MÁXIMAS GOLEADORAS

1	Marta (Brasil)	15
2	Birgit Prinz (Alemania)	14
=	Abby Wambach (EE. UU.)	14
4	Michelle Akers (EE. UU.)	12
5	Sun Wen (China)	11
=	Bettina Wiegmann (Alemania)	11
7	Ann-Kristin Aarones (Noruega)	10
=	Heidi Mohr (Alemania)	10
9	Linda Medalen (Noruega)	9
=	Hege Riise (Noruega)	9
=	Christine Sinclair (Canadá)	9

⚽ CAPITANAS GANADORAS DE UN MUNDIAL

1991	April Heinrichs (EE. UU.)
1995	Heidi Store (Noruega)
1999	Carla Overbeck (EE. UU.)
2003	Bettina Wiegmann (Alemania)
2007	Birgit Prinz (Alemania)
2011	Homare Sawa (Japón)
2015	Christie Rampone (EE. UU.)

⚽ MÁS PARTICIPACIONES EN FASES FINALES (POR PARTIDOS)

1	Kristine Lilly (EE. UU.)	30
2	Abby Wambach (EE. UU.)	25
3	Formiga (Brasil)	24
=	Julie Foudy (EE. UU.)	24
=	Birgit Prinz (Alemania)	24
=	Homare Sawa (Japón)	24
7	Joy Fawcett (EE. UU.)	23
=	Mia Hamm (EE. UU.)	23
9	Bente Nordby (Noruega)	22
=	Hege Riise (Noruega)	22
=	Bettina Wiegmann (Alemania)	22

⚽ LAS ELEGIDAS

Solo se ha incluido a seis jugadoras en el equipo ideal de la FIFA en dos Mundiales diferentes: la china Wang Liping, la alemana Bettina Wiegmann, la brasileña Marta, la japonesa Aya Miyama y las estadounidenses Shannon Boxx y Hope Solo. En 2007 y 2011, se eligieron equipos con todas las estrellas, pero la FIFA lo cambió a 11 jugadoras en 2015.

⚽ RÉCORD EN EE. UU.

La derrota de Japón a manos de EE. UU. en el Mundial Femenino 2015 fue el partido de fútbol masculino o femenino más visto de la historia en ese país. Fox Sports registró casi 23 millones de espectadores, un aumento del 77% respecto a la misma final en 2011. La audiencia hispanohablante de Telemundo fue de 1,27 millones de espectadores.

⚽ ÚLTIMO Y DESESPERADO

El triunfo de Japón en 2011 fue agridulce para la defensa **Azuza Iwashimizu,** ya que fue la primera jugadora en ser expulsada de la final de un Mundial. Ocurrió en el tiempo de descuento del partido contra EE. UU. Se debió a una falta sobre la ariete Alex Morgan, unos minutos después de que Japón hubiese empatado a 2.

⚽ LA PRIMERA EXPULSIÓN

La portera taiwanesa Hui Fang Lin fue la primera jugadora en ser expulsada en una fase final. Vio la tarjeta roja en el minuto seis de la victoria de Taiwán sobre Nigeria por 2-0 en Jiangmen en 1991.

⚽ SUN PONE NERVIOSOS A LOS CHICOS

En 1999, **Sun Wen**, de Shanghái, se convirtió en la primera mujer en ser nominada para el premio de Futbolista Asiático del Año, tras sus logros en el Mundial de 1999. Tres años más tarde, ganó la votación en Internet para la Mejor Jugadora del siglo XX por la FIFA.

MAGNÍFICA MARTA

La superestrella brasileña acabó con una medalla de plata olímpica tanto en 2004 como en 2008, pero se fue de vacío en suelo patrio en 2016, cuando la *Canarinha* perdió la medalla de bronce ante Canadá. Su premio de consolación fue, con un total de 15 goles, superar por un gol a la alemana Birgit Prinz como máxima goleadora de todos los tiempos del fútbol olímpico femenino.

FINALES OLÍMPICAS FEMENINAS

Año	Lugar	Camp.	Subcamp.	Result.
1996	Atlanta	EE. UU.	China	2-1
2000	Sidney	Noruega	EE. UU.	3-2
	Noruega gana con un gol de oro			
2004	Atenas	EE. UU.	Brasil	2-1 (t.s.)
2008	Pekín	EE. UU.	Brasil	1-0 (t.s.)
2012	Londres	EE. UU.	Japón	2-1
2016	Río de Janeiro	Alemania	Suecia	2-1

EL DOBLE TRIPLETE DE CRISTIANE

La brasileña **Cristiane** es la única que ha conseguido dos *hat tricks* en la historia olímpica. Anotó tres goles en una victoria por 7-0 sobre la anfitriona, Grecia, en 2004 y logró otro triplete cuatro años después, cuando ganó por 3-1 a Nigeria en Pekín. Birgit Prinz, contra China en 2004, y Christine Sinclair, contra EE. UU. en 2012, son las otras jugadoras olímpicas con un *hat trick*.

ELIMINATORIA POR EL BRONCE

Año	Lugar	Tercero	Cuarto	Resultado
1996	Atlanta	Noruega	Brasil	2-0
2000	Sidney	Alemania	Brasil	2-0
2004	Atenas	Alemania	Suecia	1-0
2008	Pekín	Alemania	Japón	2-0
2012	Londres	Canadá	Francia	1-0
2016	São Paulo	Canadá	Brasil	2-1

MEDALLISTAS

País	Oro	Plata	Bronce
EE. UU.	4	1	–
Alemania	1	–	3
Noruega	1	–	1
Brasil	–	2	–
China	–	1	–
Japón	–	1	–
Suecia	–	1	–
Canadá	–	–	2

LAS ALEMANAS SE APUNTAN UN TANTO

Alemania ostenta el récord de la victoria más amplia en una final olímpica. Ganó a China 8-0 en Patras en 2004, con cuatro goles de Birgit Prinz. Los otros tantos fueron de Pia Wunderlich, Renate Lingor, Conny Pohlers y Martina Müller. Sin embargo, sorprendentemente, Alemania no logró clasificarse para el torneo femenino de fútbol de las Olimpiadas de 2012 que se celebraron en Londres. La UEFA utilizó el Mundial Femenino de 2011 como clasificatoria, por lo que Alemania, que había caído en cuartos, no entró. En cambio Suecia, semifinalista, con su jugadora más veces internacional Therese Sjögran, y Francia, entre cuyas estrellas se incluye la centrocampista Louisa Nécib (derecha), sí lograron pasar al evento de 2012.

EQUIPOS CON MÁS GOLES DEL TORNEO OLÍMPICO FEMENINO

1996:	Noruega	12
2000:	EE. UU.	9
2004:	Brasil	15
2008:	EE. UU.	12
2012:	EE. UU.	16
2016:	Alemania	14

MÁXIMAS GOLEADORAS DEL TORNEO OLÍMPICO FEMENINO

1996:	Ann-Kristin Aarones (Noruega) Linda Medalen (Noruega) Pretinha (Brasil)	4
2000:	Sun Wen (China)	4
2004:	Cristiane (Brasil) Birgit Prinz (Alemania)	5
2008:	Cristiane (Brasil)	5
2012:	Christine Sinclair (Canadá)	6
2016:	Melanie Behringer (Alemania)	5

BUENAS ANFITRIONAS

La Copa Mundial Femenina Sub-20 de la FIFA se celebra cada dos años, en lugar de cada cuatro como la de la absoluta, pero, desde 2010, el evento de las jugadoras más jóvenes tiene lugar un año antes que el de las mayores y en el mismo país. En 2014, Canadá se convirtió en el primer país en albergar el torneo dos veces, ya que lo había hecho también en 2002, y Alemania se coronó como la segunda selección en ser tres veces campeona, igualando a EE. UU. En 2016, la fase final se celebró en Papúa Nueva Guinea tras la retirada de la anfitriona original, Sudáfrica. Corea del Norte ganó el oro por segunda vez al reponerse de un 1-0 y acabar venciendo a Francia por 3-1 en la final. Un total de 113 goles lo convirtieron en el torneo con mayor número de tantos de la historia, junto con el de Chile en 2008. Puede que Francia se vengue en 2018, cuando acoja la siguiente edición.

COMIENZOS TARDÍOS, FINALES TARDÍOS

La estadounidense Carli Lloyd es una de las mejores jugadoras de la historia del fútbol olímpico femenino. Anotó el gol de la victoria de EE. UU. contra Brasil, que les merecería el oro olímpico en 2008, y, luego, el par de la final de Londres, cuando venció a Japón por 2-1. Otro momento memorable del torneo de 2012 fue el tanto de la victoria de Alex Morgan de EE. UU. contra Canadá en la semifinal. Puso el marcador 4-3 en el minuto tres del tiempo de descuento tras la prórroga, el gol más tardío de la historia olímpica. Gran Bretaña, la anfitriona, participaba como combinado por primera vez y, aunque acabó cabeza de grupo en primera ronda con tres victorias de tres y sin encajar un solo gol, Canadá la machacó por 2-0 en cuartos y la dejó sin medalla.

ALEGRÍA NIPONA

Japón se hizo con la Copa Asiática Femenina de la AFC por primera vez en 2014, cuando el torneo se celebró en Vietnam. La defensa **Azusa Iwashimizu** no solo marcó el tanto ganador en el tiempo de descuento de la semifinal contra China, sino también el único gol de la final contra Australia; algo con lo que consolarse tras su tarjeta roja en la final de la Copa Asiática Femenina de 2011. Además, en 2014, Japón ganó la Copa Asiática Femenina Sub-17 por primera vez, venciendo a España por 2-0 en la final en Costa Rica y viendo cómo Hina Sugita era votada mejor jugadora gracias a sus cinco goles. Corea del Norte venció a EE. UU. por 2-1 en la primera final celebrada en Nueva Zelanda en 2008, antes de que Corea del Sur venciese a Japón en penaltis tras un empate a 3 en el clímax del torneo en Trinidad y Tobago dos años después. La arquera francesa Romane Bruneau fue la heroína de otra tanda de penaltis, en la final de 2012 en Azerbaiyán, al parar dos tiros decisivos tras un empate a 1 con Corea del Norte.

EE. UU. PINTA OROS

EE. UU. ha dominado el fútbol femenino desde que se introdujo en los Juegos de Atlanta 1996. Ha ganado cuatro medallas de oro y una de plata en 2000. Río 2016 fue la primera ocasión en la que EE. UU. no estaba entre los medallistas, ya que perdió en penaltis de cuartos de final contra Suecia. La popularidad del torneo ha crecido rápidamente, y 52.432 espectadores vieron el partido por el oro entre Alemania y Suecia en el Maracaná de Río, a pesar de la ausencia de la anfitriona, Brasil. Además, la FIFA ha añadido otras dos competiciones mundiales para los equipos más jóvenes: la Copa Mundial Femenina Sub-20, celebrada por primera vez en 2000, y la Sub-17, cuya primera edición tuvo lugar en 2008. Una vez más, EE. UU. destacó, aunque en los últimos tiempos ha tenido que vérselas con la cada vez más fuerte Corea del Norte, ganadora en 2016 de los dos torneos.

COPA MUNDIAL FEMENINA SUB-20 DE LA FIFA

FINALES

Año	Lugar	Camp.	Subcamp.	Resultado
2002	Edmonton	EE. UU.	Canadá	1-0 (t.s.)
2004	Bangkok	Alemania	Chile	2-0
2006	Moscú	Corea N.	China	5-0
2008	Santiago	EE. UU.	Corea N.	2-1
2010	Bielefeld	Alemania	Nigeria	2-0
2012	Tokio	EE. UU.	Alemania	1-0
2014	Montreal	Alemania	Nigeria	1-0 (t.s.)
2016	P. Moresby	Corea N.	Francia	3-1

MÁXIMAS GOLEADORAS

2002	Christine Sinclair (Canadá)	10
2004	Brittany Timko (Canadá)	7
2006	Ma Xiaoxu (China);	
	Kim Song Hui (Corea del Norte)	5
2008	Sydney Leroux (EE. UU.)	5
2010	Alexandra Popp (Alemania)	10
2012	Kim Un-Hwa (Japón)	7
2014	Asisat Oshoala (Nigeria)	7
2016	Stina Blackstenius (Suecia)	5
	Gabi Nunes (Portugal)	5
	Mami Ueno (Japón)	5

COPA MUNDIAL FEMENINA SUB-17 DE LA FIFA

FINAL

Año	Lugar	Camp.	Subcamp.	Resultado
2008	Auckland	Corea N.	EE. UU.	2-1 (t.s.)
2010	Puerto España	Corea S.	Japón	3-3 (t.s.)
	(Corea del Sur ganó por 5-4 en penaltis)			
2012	Bakú	Francia	Corea N.	1-1 (t.s.)
	(Francia ganó por 7-6 en penaltis)			
2014	San José (C. Rica)	Japón	España	2-0
2016	Amman	Corea N.	Japón	0-0
	(Corea del Norte ganó por 5-4 en penaltis)			

MÁXIMAS GOLEADORAS

2008	Dzsenifer Marozsán (Alemania)	6
2010	Yeo Min-Ji (Corea del Sur)	8
2012	Ri Un-Sim (Corea del Norte)	8
2014	Deyna Castellanos (Venezuela)	6
	Gabriela García (Venezuela)	6
2016	Lorena Navarro (España)	8

EL ADIÓS DORADO DE SILVIA

Alemania remató una etapa memorable en el fútbol femenino cuando venció a Suecia por 2-1 y se llevó el oro en 2016 en Río de Janeiro. Tras dos Mundiales Femeninos y ocho Eurocopas, este fue su primer éxito olímpico, y la culminación perfecta de la carrera de la entrenadora Silvia Neid en su último partido tras 11 años en el cargo. Además, la alemana Melanie Behringer fue la máxima anotadora con cinco goles.

SINCLAIR MARCA CINCO

La canadiense **Christine Sinclair** y la alemana Alexandra Popp comparten el récord de más goles en un solo Mundial Femenino Sub-20. Cada una anotó 10, Sinclair en 2002 y Popp ocho años más tarde. Sinclair también ostenta el récord de más goles en un solo partido. Anotó cinco en la victoria canadiense por 6-2 sobre Inglaterra en Edmonton el 25 de agosto de 2002. Pero Popp es la única jugadora que ha marcado en los seis encuentros que disputó su equipo en un torneo. Únicamente Sinclair y Popp han ganado tanto el Balón de Oro como la Bota de Oro. Sinclair terminó las Olimpiadas de 2012 como máxima anotadora con seis goles, con un *hat trick* inútil en la semifinal de Canadá contra EE. UU., que acabó 4-3 a favor de las estadounidenses.

PREMIOS DE LA FIFA

Cada año, los futbolistas cambian su equipación por un traje de gala para celebrar las gestas de los jugadores más relevantes de los doce meses anteriores en una espectacular ceremonia en Zúrich.

En 1990, la FIFA lanzó su propio premio al Jugador Mundial y demás galardones pero, de 2010 a 2015, el premio más importante para el jugador más destacado se unió al premio Ballon d'Or patrocinado por la revista parisina *France Football*, que se remontaba a mediados de la década de 1950.

Sin embargo, en 2016, ambos premios volvieron a ser independientes. *France Football* reclamó sus derechos sobre el premio Ballon d'Or, mientras que la FIFA, dirigida por el nuevo presidente Gianni Infantino, decidió dar un paso adelante y crear una nueva denominación para su galardón.

En consecuencia, lo mejorcito del fútbol mundial voló a Zúrich para recibir los premios The Best. Los votantes tanto de la FIFA como de *France Football* coincidieron en que el mejor jugador de 2016 había sido el portugués Cristiano Ronaldo. La revista londinense *World Soccer,* que elabora su propia encuesta desde 1982, llegó a la misma conclusión. Era el cuarto premio para Ronaldo, que ya lo había ganado en 2008, 2013 y 2014. Lionel Messi, el ganador del FIFA Ballon d'Or en 2009, 2010, 2011, 2012 y 2015, tuvo que contentarse con el segundo puesto, y el francés Antoine Griezmann, con el tercero.

El premio The Best a la mejor jugadora fue para la capitana estadounidense Carli Lloyd. Ganó en esta categoría por segundo año consecutivo, aunque su combinado perdió la corona olímpica tras ser eliminado en cuartos en los Juegos de 2016 celebrados en Río de Janeiro.

El FIFA FIFPro World11 2016, seleccionado por más de 45.000 jugadores profesionales de todo el mundo en una votación anual, tomó el escenario de la gala de los premios The Best FIFA Football Awards en Zúrich.

PREMIO ThE BEST
AL JUGADOR DE LA FIFA 2016

◉CRISTIANO RONALDO

Cristiano Ronaldo volvió a situarse en la cima del mundo por cuarta vez al recibir el premio The Best al jugador de la FIFA 2016, que ya había ganado en 2008, 2013 y 2014. Ronaldo obtuvo un 34,54% de los votos totales, seguido por el jugador argentino del Barça Lionel Messi (26,42%). Ambos se situaron muy por delante del francés Antoine Griezmann, que juega para el Atlético de Madrid (7,53%).

Messi, ganador en cinco ocasiones, incluida la de 2015, no acudió a la gala porque tanto él como sus compañeros de club estaban preparándose para su choque copero contra el Athletic de Bilbao.

La votación se organizó con los votos de los capitanes de las selecciones (25%) y los seleccionadores (25%), y el 50% restante se dividió equitativamente entre una encuesta pública *online* a la afición y la opinión de periodistas especializados.

Ronaldo era el favorito con diferencia desde el verano anterior. Primero, marcó el penalti decisivo cuando el Madrid venció al Atlético en la final de la Champions League de la UEFA en Milán. Después, como capitán, inspiró a Portugal para que alcanzara la gloria en la Eurocopa 2016 donde, aunque se lesionó al inicio de la final, animó a sus compañeros hasta la victoria en la prórroga contra Francia. Esa lesión supuso que se perdiese la victoria del Madrid en la Supercopa de la UEFA contra el Sevilla.

Incluso tras el cierre de la votación en noviembre, continuó demostrando su toque Midas al ganar el Mundial de Clubes disputado en Japón. Finalizó el año con 42 goles y 14 asistencias en 44 partidos. Ronaldo también fue el máximo anotador en la Champions League en la temporada 2015-2016 con 16 tantos.

Ronaldo dijo: «Ha sido mi mejor año hasta la fecha. El trofeo para Portugal fue increíble. Me hizo muy feliz y, por supuesto, no me olvido de la Champions League ni de la Copa Mundial de Clubes. Hemos acabado el año de la mejor forma posible con un montón de trofeos, tanto colectivos como individuales. Estoy muy, muy orgulloso».

◉ ANTERIORES GANADORES

1991 Lothar Matthäus **(Alemania)**
1992 Marco van Basten **(Holanda)**
1993 Roberto Baggio **(Italia)**
1994 Romário **(Brasil)**
1995 George Weah **(Liberia)**
1996 Ronaldo **(Brasil)**
1997 Ronaldo **(Brasil)**
1998 Zinedine Zidane **(Francia)**
1999 Rivaldo **(Brasil)**
2000 Zinedine Zidane **(Francia)**
2001 Luís Figo **(Portugal)**
2002 Ronaldo **(Brasil)**
2003 Zinedine Zidane **(Francia)**
2004 Ronaldinho **(Brasil)**
2005 Ronaldinho **(Brasil)**
2006 Fabio Cannavaro **(Italia)**
2007 Kaká **(Brasil)**
2008 Cristiano Ronaldo **(Portugal)**
2009 Lionel Messi **(Argentina)**
2010 Lionel Messi **(Argentina)**
2011 Lionel Messi **(Argentina)**
2012 Lionel Messi **(Argentina)**
2013 Cristiano Ronaldo **(Portugal)**
2014 Cristiano Ronaldo **(Portugal)**
2015 Lionel Messi **(Argentina)**

PREMIO THE BEST
A LA JUGADORA DE LA FIFA 2016

CARLI LLOYD

Carli Lloyd fue la sorprendente ganadora del premio The Best a la jugadora de la FIFA, aunque sus gestas de 2016 no fueron equiparables a las del año anterior, cuando ganó la Copa Mundial Femenina. Era la única estadounidense de la lista final de 10 candidatas.

La capitana de Estados Unidos, que juega para el Houston Dash en casa y se unió al Manchester City en la Superliga femenina inglesa tras un acuerdo a corto plazo en febrero de 2017, consiguió el 20,68% de los votos, por delante de la cinco veces ganadora, la brasileña Marta (16,60%). La alemana Melanie Behringer (12,34%) y Dzsenifer Marozsán (11,68%) fueron la tercera y la cuarta, respectivamente. La votación se organizó con los votos de las capitanas de las selecciones (25%) y los seleccionadores (25%), y el 50% restante se repartió equitativamente entre una encuesta pública *online* a la afición y la opinión de periodistas especializados.

Marta, que es indiscutiblemente la mejor jugadora del mundo, participó en los Juegos Olímpicos de Río de Janeiro, aunque sus opciones para lograr el premio se esfumaron cuando Brasil perdió ante Suecia en la semifinal y ante Canadá en el eliminatorio por el bronce.

Behringer, la tercera, fue la máxima goleadora en Río con cinco goles y llevó a Alemania a conseguir el oro.

Lloyd, que consiguió 17 goles y 11 asistencias en los 21 partidos que disputó con Estados Unidos en 2016, dijo: «Honestamente, no me lo esperaba. La actuación de Melanie y la selección alemana en las Olimpiadas de 2016 fue fantástica, igual que la de Marta. Las dos se merecen este premio».

A pesar del papel estelar de Lloyd, el equipo estadounidense no logró llegar a la semifinal olímpica por primera vez, al perder en cuartos ante Suecia, en la tanda de penaltis.

Reconoció que estaba en deuda con sus compañeras de selección cuando afirmó: «Juego en el mejor equipo del mundo y no hubiese logrado este premio sin mis compañeras, que son unas excelentes competidoras. Nos retamos a ser mejores cada día. Estoy deseando que empiece 2017 y luchar por la clasificación para la Copa Mundial Femenina de 2019».

ANTERIORES GANADORAS

2002	Mia Hamm **(EE. UU.)**
2002	Mia Hamm **(EE. UU.)**
2003	Birgit Prinz **(Alemania)**
2004	Birgit Prinz **(Alemania)**
2005	Birgit Prinz **(Alemania)**
2006	Marta **(Brasil)**
2007	Marta **(Brasil)**
2008	Marta **(Brasil)**
2009	Marta **(Brasil)**
2010	Marta **(Brasil)**
2011	Homare Sawa **(Japón)**
2012	Abby Wambach **(EE. UU.)**
2013	Nadine Angerer **(Alemania)**
2014	Nadine Kessler **(Alemania)**
2015	Carli Lloyd **(EE. UU.)**

OTROS PREMIOS DE LA FIFA

Claudio Ranieri fue uno de los galardonados por la FIFA más aclamado de los últimos años al recibir el premio The Best al entrenador de la FIFA en 2016, gracias al impactante triunfo del Leicester City en la Premier League inglesa a pesar de no ser favoritos.

La magnitud de la gesta del italiano se valoró por encima de los logros de Fernando Santos, que lideró a Portugal y se alzó con la Eurocopa 2016, y los de Zinedine Zidane, que llevó al Real Madrid a la victoria en la Champions League de la UEFA en su primera temporada.

El nombramiento de Ranieri como técnico del Leicester en el verano de 2015 se consideró una apuesta fuerte, ya que el equipo había conseguido mantenerse en primera división por los pelos. Sin embargo, el Leicester, que no tenía que asistir a ninguna competición europea, lideró el torneo casi desde el principio y lo ganó por primera vez en su historia.

El sexagenario, cuyos 28 años de carrera le han hecho recalar en cinco países, dijo: «Lo que sucedió la pasada temporada en Inglaterra fue asombroso, algo extraño. El dios del fútbol dijo que el Leicester debía ganar».

El ariete del Leicester Jamie Vardy y el centrocampista N'Golo Kanté estuvieron entre los nominados para el FIFA FIFPro World11, pero al final no se seleccionó a ningún jugador de la Premier League. Los jugadores del Barça y del Real Madrid lideraron la lista con cinco estrellas cada uno. El único «foráneo» que se coló fue el guardameta alemán del Bayern de Múnich Manuel Neuer.

Entre otros premios, se otorgó el Premio Fair Play al Atlético Nacional de Colombia. El Atlético estuvo esperando al Chapecoense para jugar la final de la Copa Sudamericana, pero el club brasileño nunca llegó, ya que sufrió un trágico accidente aéreo cuando volaba a Medellín. El Atlético pidió a la CONMEBOL que concediese el trofeo a sus oponentes.

Premios de la FIFA 2016

Premio The Best al jugador de la FIFA: Cristiano Ronaldo (Portugal, Real Madrid)
Premio The Best a la jugadora de la FIFA: Carli Lloyd (Estados Unidos, Houston Dash)
Entrenador de la FIFA de Fútbol Masculino: Claudio Ranieri (Leicester City)
Entrenador de la FIFA de Fútbol Femenino: Silvia Neid (Alemania)
Premio Puskás de la FIFA (al mejor gol): **Mohd Faiz Subri** (Malasia, Penang FA)
Premio Fair Play: Atlético Nacional (Colombia)
Premio a la afición: aficiones del Borussia Dortmund y el Liverpool
Premio a toda una carrera: Falcao [Alessandro Rosa Vieira] (Brasil, futsal)
FIFA FIFPro World11: Manuel Neuer (Alemania, Bayern de Múnich); Dani Alves (Brasil, Barcelona/Juventus), Gerard Piqué (España, Barcelona), Sergio Ramos (España, Real Madrid), Marcelo (Brasil, Real Madrid); Luka Modric (Croacia, Real Madrid), Toni Kroos (Alemania, Real Madrid), Andrés Iniesta (España, Barcelona); Lionel Messi (Argentina, Barcelona), Luis Suárez (Uruguay, Barcelona), Cristiano Ronaldo (Portugal, Real Madrid).

1991
Premio Fair Play: Real Federación Española de Fútbol, Jorginho (Brasil)

1992
Premio Fair Play: Real Unión Belga de Asociaciones de Fútbol

1993
Premio Fair Play: Nandor Hidegkuti (Hungría)*, Asociación de Fútbol de Zambia
Equipo del Año: Alemania
Equipo de Mayor Progreso del Año: Colombia

1994
Equipo del Año: Brasil
Equipo de Mayor Progreso del Año: Croacia

1995
Premio Fair Play: Jacques Glassmann (Francia)
Equipo del Año: Brasil
Equipo de Mayor Progreso del Año: Jamaica

1996
Premio Fair Play: George Weah (Liberia)
Equipo del Año: Brasil
Equipo de Mayor Progreso del Año: Sudáfrica

1997
Premio Fair Play: espectadores irlandeses del partido preliminar de la Copa Mundial ante Bélgica, Jozef Zovinec (jugador *amateur* eslovaco), Julie Foudy (Estados Unidos)
Equipo del Año: Brasil
Equipo de Mayor Progreso del Año: Yugoslavia

1998
Premio Fair Play: federaciones nacionales de Irán, Estados Unidos e Irlanda del Norte
Equipo del Año: Brasil
Equipo de Mayor Progreso del Año: Croacia

1999
Premio Fair Play: Comunidad de fútbol de Nueva Zelanda
Equipo del Año: Brasil
Equipo de Mayor Progreso del Año: Eslovenia

2000
Premio Fair Play: Lucas Radebe (Sudáfrica)
Equipo del Año: Holanda

Equipo de Mayor Progreso del Año: Nigeria

2001
Distinción Presidencial: Marvin Lee (Trinidad)*
Premio Fair Play: Paolo Di Canio (Italia)
Equipo del Año: Honduras
Equipo de Mayor Progreso del Año: Costa Rica

2002
Distinción Presidencial: Parminder Nagra (Inglaterra)
Premio Fair Play: comunidades del fútbol de Japón y Corea del Sur
Equipo del Año: Brasil
Equipo de Mayor Progreso del Año: Senegal

2003
Distinción Presidencial: comunidad de fútbol iraquí
Premio Fair Play: afición del Celtic de Glasgow (Escocia)
Equipo del Año: Brasil
Equipo de Mayor Progreso del Año: Bahréin

2004
Distinción Presidencial: Haití
Premio Fair Play: Confederación Brasileña de Fútbol
Equipo del Año: Brasil
Equipo de Mayor Progreso del Año: China
Jugador Mundial Interactivo: Thiago Carrico de Azevedo (Brasil)

2005
Distinción Presidencial: Anders Frisk (Suecia)
Premio Fair Play: comunidad de fútbol de Iquitos (Perú)
Equipo del Año: Brasil
Equipo de Mayor Progreso del Año: Ghana
Jugador Mundial Interactivo: Chris Bullard (Inglaterra)

2006
Distinción Presidencial: Giacinto Facchetti (Italia)*
Premio Fair Play: seguidores del Mundial 2006
Equipo del Año: Brasil
Equipo de Mayor Progreso del Año: Italia
Jugador Mundial Interactivo: Andries Smit (Holanda)

2007
Distinción Presidencial: Pelé (Brasil)

Premio Fair Play: FC Barcelona (España)
Equipo del Año: Argentina
Equipo de Mayor Progreso del Año: Mozambique

2008
Distinción Presidencial: fútbol femenino (entregado a la selección femenina de EE. UU.)
Premio Fair Play: Armenia, Turquía
Premio al Desarrollo: Palestina
Jugador Mundial Interactivo: Alfonso Ramos (España)
Equipo del Año: España
Equipo de Mayor Progreso del Año: España

2009
Distinción Presidencial: reina Rania Al Abdullah de Jordania [copresid. de 1Goal: Educación para todos]
Premio Fair Play: Sir Bobby Robson (Inglaterra)*
Premio al Desarrollo: Federación de Fútbol China
Jugador Mundial Interactivo: Bruce Grannec (Francia)
Equipo del Año: España
Premio Puskás de la FIFA (al mejor gol): Cristiano Ronaldo (Manchester United vs. Porto)

2010
Entrenador del Año: José Mourinho (Inter, después Real Madrid)
Entrenador del Año (femenino): Silvia Neid (Alemania)
Premio Puskás de la FIFA (al mejor gol): Hamit Altintop, Turquía vs. Kazajistán
Distinción Presidencial: arzobispo Desmond Tutu, Sudáfrica
Premio Fair Play: selección femenina sub-17 de Haití

2011
Entrenador del Año: Pep Guardiola (Barcelona)
Entrenador del Año (femenino): Norio Sasaki (Japón)
Premio Puskás de la FIFA (al mejor gol): Neymar, Santos vs. Flamengo
Distinción Presidencial: Sir Alex Ferguson, Manchester United
Premio Fair Play: Federación Japonesa de Fútbol

2012
Entrenador del Año: Vicente del Bosque (España)

Entrenador del Año (femenino): Pia Sundhage (Suecia)
Premio Puskás de la FIFA (al mejor gol): Miroslav Stoch, Fenerbahçe vs. Gençlerbirligi
Distinción Presidencial: Franz Beckenbauer (Alemania)
Premio Fair Play: Federación Uzbeka de Fútbol

2013
Entrenador del Año: Jupp Heynckes (Bayern de Múnich)
Entrenador del Año (femenino): Silvia Neid (Alemania)
Premio Puskás de la FIFA (al mejor gol): Zlatan Ibrahimovic, Suecia vs. Inglaterra
Distinción Presidencial: Jacques Rogge (Presidente Honorario, Comité Olímpico Internacional)
Premio Fair Play: Federación Afgana de Fútbol

2014
Entrenador del Año: Joachim Löw (Alemania)
Entrenador del Año (femenino): Ralf Kellerman (Alemania, Wolfsburg)
Premio Puskás de la FIFA (al mejor gol): James Rodríguez, Colombia vs. Uruguay
Distinción Presidencial: Hiroshi Kagawa (periodista alemán)
Premio Fair Play: voluntarios de la Copa Mundial de la FIFA

2015
Entrenador del Año: Luis Enrique (Barcelona)
Entrenador del Año (femenino): Jill Ellis (Estados Unidos)
Premio Puskás de la FIFA (al mejor gol): Wendell Lira (Goianésia, Brasil)
Premio Fair Play: Todas las organizaciones futbolísticas que apoyan a los refugiados

* premio póstumo

Alemania era la número 1 cuando el sistema de clasificación de la FIFA se calculó y publicó por primera vez en 1992. Volvió a la cima en 2014, tras ganar el Mundial, pero un año después Argentina la desbancó. La siguieron Bélgica y Brasil, hasta que Alemania, tras ganar la Copa FIFA Confederaciones, volvió a situarse la primera. El sistema describe en términos estadísticos cómo aumenta o desciende la suerte tanto de las naciones más poderosas del fútbol mundial como de sus rivales más débiles. El *ranking* mensual (trimestral en femenino) se calcula en función de los resultados de los partidos internacionales oficiales aplicando diferentes criterios, como resultado final, goles, confederaciones y fuerza del oponente, y teniendo en cuenta los partidos jugados en cuatro años.

Alineación de Alemania, ganadora de tres Mundiales y de tres Eurocopas, antes de añadir la Copa FIFA Confederaciones a su vitrina de trofeos en la final de 2017 disputada en Rusia.

GERMANY

JULY 2017

tadium, Saint Petersburg

CLASIFICACIÓN MUNDIAL MASCULINA 2017

Alemania alcanzó la gloria al volver a situarse a la cabeza de la Clasificación Mundial FIFA/Coca-Cola tras ganar la Copa FIFA Confederaciones en junio y julio de 2017. Con su victoria por 1-0 sobre la campeona sudamericana, Chile, en la final de San Petersburgo los germanos quitaron la clasificación a Brasil, que se había convertido en la primera nación en asegurarse un puesto en el Mundial que se celebrará en Rusia.

El top 10 a mediados de la campaña de clasificación incluía seis equipos europeos (Alemania, Portugal, Suiza, Polonia, Francia y Bélgica) y cuatro sudamericanos (Brasil, Argentina, Chile y Colombia).

CLASIFICACIÓN (a junio de 2017)

Pos.	País	Ptos.	(+/-)
1	Alemania	1609	+2
2	Brasil	1603	−1
3	Argentina	1413	−1
4	Portugal	1332	+4
5	Suiza	1329	+4
6	Polonia	1319	+4
7	Chile	1250	−3
8	Colombia	1208	−3
9	Francia	1199	−3
10	Bélgica	1194	−3
11	España	1114	−1
12	Italia	1059	0
13	Inglaterra	1051	0
14	Perú	1014	+1
15	Croacia	1007	+3
16	México	1003	+1
17	Uruguay	995	−1
18	Suecia	933	+16
19	Islandia	927	+3
20	Gales	922	−7
21	Eslovaquia	917	0
22	Irlanda del Norte	897	+6
23	Irán	893	+7
24	Egipto	866	−4
25	Ucrania	843	+12
26	Costa Rica	839	−7
27	Senegal	831	0
28	R.D. del Congo	823	+11
29	República de Irlanda	816	−3
30	Bosnia-Herzegovina	815	−1
31	Ecuador	791	−7
32	Holanda	782	−1
33	Turquía	779	−8
34	Túnez	764	+7
35	EE. UU.	752	−12
36	Camerún	738	−4

Pos.	País	Ptos.	(+/-)
37	Austria	723	−2
38	Grecia	716	+2
39	Nigeria	715	−1
40	República Checa	714	+4
40	Paraguay	714	−4
42	Serbia	713	+8
42	Rumanía	713	+4
44	Burkina Faso	698	−3
45	Australia	689	+3
46	Japón	684	−1
47	Dinamarca	683	+4
48	Argelia	677	+5
49	Haití	667	+15
50	Ghana	665	−1
51	Corea del Sur	662	−8
52	Panamá	653	+7
53	Eslovenia	652	+3
54	Bulgaria	643	+6
54	Montenegro	643	−2
56	Costa de Marfil	631	−9
57	Hungría	616	−24
58	Escocia	612	+3
59	Malí	607	+7
60	Marruecos	604	−4
61	Arabia Saudí	601	−8
62	Rusia	590	+1
63	Albania	583	+3
64	Sudáfrica	581	+1
65	Uzbekistán	579	−3
66	Guinea	541	+6
67	Bolivia	532	+6
68	Curazao	531	+2
69	Venezuela	521	−11
70	Israel	512	−15
71	Bielorrusia	503	+12
72	Honduras	499	−

Pos.	País	Ptos.	(+/-)
73	Armenia	480	−5
74	Uganda	476	−3
75	Emiratos Árabes Unidos	459	0
76	Jamaica	442	+3
77	China	441	+5
78	Trinidad y Tobago	436	−1
79	Catar	435	+9
80	Azerbaiyán	427	−4
81	Mauritania	425	+23
82	Siria	423	−5
83	Sierra Leona	415	+30
84	Kenia	408	−10
85	Guinea-Bissau	407	+18
86	Congo	399	−1
87	Libia	396	+5
88	Noruega	391	−1
89	Madagascar	380	+8
90	Islas Feroe	376	−10
91	Gabón	373	−5
92	Zambia	369	+7
93	Benín	366	−12
94	Palestina	364	22
95	Chipre	358	−4
96	India	341	+4
97	Mozambique	336	+9
98	Estonia	334	0
99	Lituania	333	+5
100	Canadá	331	+9
101	Zimbabue	324	+14
102	Guatemala	320	−7
103	Irak	319	+17
103	El Salvador	319	+3
105	Nicaragua	312	−5
106	Kazajistán	308	−6
107	Surinam	305	+12
108	Jordania	300	+1

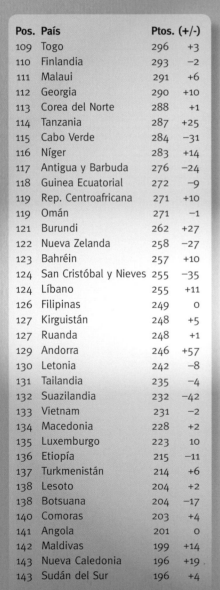

Neymar ha sido el líder inspiracional de la selección brasileña durante muchos años y contribuyó a que su equipo ocupase el primer puesto de la Clasificación Mundial de la FIFA a principios de 2017.

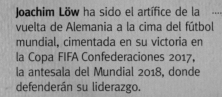

Joachim Löw ha sido el artífice de la vuelta de Alemania a la cima del fútbol mundial, cimentada en su victoria en la Copa FIFA Confederaciones 2017, la antesala del Mundial 2018, donde defenderán su liderazgo.

Pos.	País	Ptos.	(+/-)	Pos.	País	Ptos.	(+/-)	Pos.	País	Ptos.	(+/-)
109	Togo	296	+3	145	Hong Kong	192	+3	181	Barbados	84	−12
110	Finlandia	293	−2	145	Yemen	192	−21	182	Macao	82	+2
111	Malaui	291	+6	147	China Taipéi	185	+13	183	Santa Lucía	78	−6
112	Georgia	290	+10	148	Tahití	181	+3	184	Bermuda	72	+1
113	Corea del Norte	288	+1	149	Tayikistán	179	−12	185	Samoa Estadounidense	64	+4
114	Tanzania	287	+25	150	Liberia	172	+1	185	Islas Cook	64	+4
115	Cabo Verde	284	−31	151	Chad	168	+3	185	Yibuti	64	+10
116	Níger	283	+14	152	Puerto Rico	167	−19	188	Guam	62	−5
117	Antigua y Barbuda	276	−24	153	Mauricio	166	−3	188	Brunéi Darussalam	62	0
118	Guinea Ecuatorial	272	−9	154	Islas Salomón	162	+26	190	Bangladesh	60	+2
119	Rep. Centroafricana	271	+10	155	Afganistán	160	+3	191	Malta	56	−9
119	Omán	271	−1	156	Namibia	159	−62	191	Liechtenstein	56	−5
121	Burundi	262	+27	157	Myanmar (Birmania)	157	+6	193	Samoa	53	−4
122	Nueva Zelanda	258	−27	158	Moldavia	154	+3	194	Vanuatu	51	−15
123	Bahréin	257	+10	159	República Dominicana	144	−14	194	Seychelles	51	0
124	San Cristóbal y Nieves	255	−35	160	Guyana	135	−22	196	Timor Oriental	42	0
124	Líbano	255	+11	161	Gambia	132	+6	197	Sri Lanka	34	0
126	Filipinas	249	0	162	Papúa Nueva Guinea	130	−9	198	Mongolia	30	−1
127	Kirguistán	248	+5	163	Granada	128	+1	199	Islas Vírgenes Estadounidenses	26	0
127	Ruanda	248	+1	164	Cuba	123	+1	200	Pakistán	24	0
129	Andorra	246	+57	164	Bután	123	+2	201	Montserrat	20	0
130	Letonia	242	−8	164	Sudán	123	−6	202	Turcas y Caicos	13	−1
131	Tailandia	235	−4	167	Malasia	119	−12	202	Islas Caimán	13	+1
132	Suazilandia	232	−42	167	Belice	119	−26	204	San Marino	12	0
133	Vietnam	231	−2	169	Singapur	118	−12	205	Islas Vírgenes Británicas	6	0
134	Macedonia	228	+2	170	Nepal	117	−1	206	Anguila	0	0
135	Luxemburgo	223	10	171	Laos	116	+1	206	Bahamas	0	0
136	Etiopía	215	−11	172	Aruba	113	−1	206	Eritrea	0	0
137	Turkmenistán	214	+6	173	Kuwait	111	−5	206	Gibraltar	0	0
138	Lesoto	204	+2	173	Camboya	111	+1	206	Somalia	0	0
138	Botsuana	204	−17	175	Indonesia	110	0	206	Tonga	0	0
140	Comoras	203	+4	176	Santo Tomé y Príncipe	98	+2				
141	Angola	201	0	177	Dominica	90	+16				
142	Maldivas	199	+14	177	Kosovo	90	−4				
143	Nueva Caledonia	196	+19	179	S. Vicente y las Granadinas	88	−3				
143	Sudán del Sur	196	+4	180	Fiyi	87	+1				

** Los equipos inactivos durante más de cuatro años no aparecen en la tabla.

CLASIFICACIÓN MUNDIAL FEMENINA 2017

En los 14 años transcurridos desde que se introdujo la Clasificación Femenina de la FIFA en marzo de 2003, Estados Unidos ha sido la selección que más veces se ha situado en el primer puesto. Una característica de la clasificación femenina es que tiene en cuenta los resultados desde 1971, cuando se produjo el primer partido oficial reconocido por la FIFA, entre Francia y Holanda. A diferencia del sistema de clasificación masculino, la tabla se publica cada trimestre, debido a que la agenda femenina es más distendida. Sin embargo, el calendario de partidos está aumentando rápidamente. EE. UU. volvió a ser campeona mundial en junio de 2017, puesto que ocupó trimestralmente entre marzo de 2008 y diciembre de 2014.

Jill Ellis ha sido la seleccionadora permanente del equipo femenino de Estados Unidos desde 2014. Fue la promotora del triunfo en el Mundial 2015, que le valió el premio de Entrenador de la FIFA de Fútbol Femenino.

CLASIFICACIÓN (a junio de 2017)

Pos.	País	Ptos.	(+/-)
1	EE. UU.	2118	+1
2	Alemania	2111	−1
3	Francia	2076	0
4	Canadá	2027	+1
5	Inglaterra	2024	−1
6	Japón	1981	0
7	Australia	1976	+1
8	Brasil	1971	+1
9	Suecia	1956	−3
10	Corea del Norte	1949	0
11	Noruega	1924	0
12	Holanda	1918	0
13	España	1885	0
14	China	1875	0
15	Dinamarca	1872	0
16	Corea del Sur	1871	+1
17	Suiza	1858	−1
18	Italia	1841	+1
19	Islandia	1829	−1
20	Nueva Zelanda	1827	0
21	Escocia	1788	0
22	Colombia	1756	0
22	Bélgica	1756	+1
24	Austria	1746	0
25	Rusia	1738	0
26	México	1733	0
27	Ucrania	1718	0
28	Finlandia	1704	0
29	Tailandia	1669	0
30	Polonia	1657	+1
31	Costa Rica	1645	−1
32	Vietnam	1644	+1
33	República de Irlanda	1635	−1

Pos.	País	Ptos.	(+/-)
34	Nigeria	1613	0
35	Gales	1612	0
36	República Checa	1610	0
37	Rumanía	1609	−1
38	Portugal	1590	0
39	Hungría	1578	0
40	Chile	1562	+76
41	Uzbekistán	1557	+1
42	China Taipéi	1553	−2
43	Eslovaquia	1549	−2
44	Serbia	1535	−1
45	Myanmar (Birmania)	1533	−1
46	Ghana	1499	−1
47	Trinidad y Tobago	1484	−1
47	Camerún	1484	0
49	Papúa Nueva Guinea	1473	−1
50	Jordania	1462	+66
51	Bielorrusia	1452	−2
52	Guinea Ecuatorial	1446	−2
53	Sudáfrica	1444	−2
54	Croacia	1422	−2
55	Irán	1411	+61
56	Israel	1410	−3
57	Perú	1409	+59
58	Eslovenia	1408	−1
59	Turquía	1407	−5
60	Irlanda del Norte	1404	−5
60	India	1404	−4
62	Venezuela	1388	−2
63	Bosnia-Herzegovina	1387	−5
64	Costa de Marfil	1386	−5
65	Grecia	1370	−4
66	Kazajistán	1362	−4

Pos.	País	Ptos.	(+/-)
67	Azerbaiyán	1353	−4
68	Bulgaria	1345	−3
69	Hong Kong	1323	−4
70	Islas Feroe	1318	+2
71	Filipinas	1315	−3
72	Túnez	1313	−5
73	Marruecos	1299	−4
74	Guatemala	1297	−4
75	Albania	1296	−4
76	Argelia	1283	−2
77	Guam	1282	−2
78	Bahréin	1278	−5
79	Guyana	1274	−3
80	Malasia	1262	−1
81	Egipto	1256	−1
82	Senegal	1248	−1
83	Emiratos Árabes Unidos	1242	−5
84	Montenegro	1226	−1
85	Estonia	1221	−8
86	Zimbabue	1217	−2
86	Bolivia	1217	30
88	Malí	1216	−3
89	Moldavia	1215	−2
90	Letonia	1211	−2
91	El Salvador	1198	−5
92	Lituania	1181	−10
92	Palestina	1181	+24
94	Malta	1179	−6
95	Puerto Rico	1156	−4
96	Georgia	1145	−2
97	Etiopía	1143	−4
98	Singapur	1137	−6
99	Nepal	1136	−4

La centrocampista **Dzsenifer Marozsán** ha asumido la responsabilidad de ser la capitana de Alemania mientras tratan de reconquistar el número uno del mundo, un puesto que ocuparon por última vez entre marzo y junio de 2017.

Pos.	País	Ptos.	(+/-)
100	Luxemburgo	1125	−10
101	Chipre	1120	−5
102	Guinea	1077	−5
103	Nicaragua	1073	−5
104	Macedonia	1069	−5
105	Burkina Faso	1060	−5
106	Zambia	1038	−5
107	Namibia	1026	−5
108	Tayikistán	1018	0
109	Kosovo	1015	+7
110	Bangladesh	1003	−7
111	Sri Lanka	971	−6
112	Tanzania	960	−6
113	Maldivas	959	−6
114	Siria	921	+2
115	Ruanda	908	−7
116	Afganistán	884	−7
117	Irak	873	−1
118	Kenia	857	−8
119	Uganda	836	−7
120	Bután	771	−7
121	Andorra	748	−7
122	Botsuana	732	−7
**	Argentina	1621	−7
**	Paraguay	1459	−7
**	Ecuador	1451	−7
**	Haití	1372	−7
**	Panamá	1363	−7
**	Uruguay	1361	−7
**	Jamaica	1352	−59
**	Indonesia	1321	−7
**	Fiyi	1292	−7
**	Laos	1273	−7

Pos.	País	Ptos.	(+/-)
**	Tonga	1258	−7
**	Nueva Caledonia	1252	−7
**	Tahití	1238	−7
**	Cuba	1217	−7
**	Congo	1206	−7
**	República Dominicana	1191	−7
**	Benín	1187	−7
**	Islas Cook	1185	−7
**	Honduras	1152	−7
**	Surinam	1152	−7
**	Islas Salomón	1144	−7
**	Vanuatu	1139	−7
**	Samoa	1138	−7
**	Angola	1134	−7
**	Kirguistán	1134	−7
**	R.D. del Congo	1132	−7
**	Sierra Leona	1132	−7
**	Armenia	1104	−7
**	Samoa Estadounidense	1075	−7
**	Eritrea	1060	−7
**	Gabón	1052	−7
**	S. Vicente y las Granadinas**	1000	−7
**	Timor Oriental*	991	−7
**	Santa Lucía	989	−19
**	Barbados	979	−7
**	Líbano	949	−7
**	Bermuda	943	−7
**	San Cristóbal y Nieves	942	−7
**	Guinea-Bissau	927	−7
**	Pakistán	926	−7
**	Granada	914	−7
**	Dominica	900	−7

Pos.	País	Ptos.	(+/-)
**	Macao	889	−7
*	Libia	883	−7
**	Liberia	877	−7
**	Mozambique	873	−7
**	Kuwait	870	−7
**	Islas Vírgenes Británicas	867	−7
**	Catar	864	−7
**	Islas Vírgenes Estadounidenses	852	−7
**	Islas Caimán	849	−7
**	Malaui	838	−12
**	Suazilandia	836	−7
**	Lesoto	836	−7
**	Curazao	831	−7
**	Belice	825	−7
**	Antigua y Barbuda	767	−7
*	Comoras	761	−7
**	Aruba	745	−7
*	Madagascar	714	−7
*	Turcas y Caicos	704	−7
*	Burundi	519	−7
*	Mauricio	335	−7

* Posición en la lista y puntuación provisionales, ya que no se han jugado cinco partidos contra selecciones que sí aparecen oficialmente.

** Inactivo durante más de 18 meses y, por tanto, sin presencia en la clasificación. Los puntos totales son los de la última vez que el país se clasificó.

CRÉDITOS DE LAS IMÁGENES

Los editores quieren agradecer a las siguientes fuentes su autorización para reproducir sus imágenes en este libro. Los números de página de cada una de las fotografías se enumeran a continuación, con la página del libro en la que aparecen y un indicador de donde se encuentran (A-arriba, B-abajo, I-izquierda, D-derecha, C-centro).

ACERCA DEL AUTOR

Keir Radnedge ha dedicado más de 40 años de su vida a informar sobre fútbol. Ha escrito innumerables libros para todas las edades sobre el tema, desde guías de torneos hasta exhaustivas enciclopedias. A lo largo de su carrera periodística ha colaborado con *The Daily Mail* durante veinte años, así como con *The Guardian* y otros periódicos y revistas del Reino Unido y extranjeros. Fue editor de *World Soccer*, la principal revista en lengua inglesa sobre fútbol mundial. Además de sus publicaciones, Keir ha sido comentarista habitual de la radio y televisión BBC, Sky Sports y el canal de noticias estadounidense CNN. También editó un boletín del torneo durante los Mundiales de 1982, 1986 y 1990; además ha redactado el guión de los vídeos resumen de numerosos torneos internacionales.

AGRADECIMIENTOS

Queremos agradecer especialmente a Aidan Radnedge su apoyo y su incomparable visión del deporte rey.